パーパス経営

30年先の視点から現在を捉える

"Purposism" beyond Capitalism

Purpose as a New Management Driver toward the Better Well-being
and Harmonious Growth for the Generations to Come

名和高司
Nawa Takashi

東洋経済新報社

はじめに

資本主義の終焉が声高に喧伝されている。しかし、その先が見えてこない。知識資本主義やマルチ・ステークホルダー資本主義などが、次世代モデルとして浮上してきている。しかし、いずれも資本主義を前提としていることに変わりはない。

資本主義は金融資産を基軸としてきた。「ヒト・モノ・カネ」という生産活動の三大要素のうちの「カネ」だ。しかし、カネ余り現象の中で、今や金融資産そのものはコモディティにすぎない。もちろんモノ、すなわち物的資産の多くは、とっくにコモディティ化している。二一世紀の価値創造の基軸は「ヒト」、すなわち人的資産である。

しかも、その源泉は自分のための欲望ではなく、他者にとって価値のあることをしたいという信念、すなわち志《こころざし》（パーパス）だ。

今、世界中で、「パーパス経営」が注目されている。持続可能性（サステナビリティ）が地球規模での課題となる中、企業にも改めて「パーパス」が問われている。パーパスは「存在意義」と訳されることが多い。しかし、それはいかにも理屈っぽすぎて、よそよそしい。筆者はあえて、「志」と読み替えている。心の内側から湧き出てくる強い思いであってほしいと願うからだ。

また、ＥＳＧ（環境、社会、統治）、そしてＳＤＧｓの次はパーパスだ、といったうわついた風潮にも便乗したくない。一過性のバズワードではなく、時代を超えた企業経営の軸に据える必要があるからだ。しかも、外来語として取り込むのではなく、古来、日本人が大切にしてきた価値観として誇りを持って再認識する必要があるからだ。

そこで筆者は、英語の「パーパス」と同じ意味で「志」というヤマト言葉を使うことにしている。そして、資本主義の先の姿を、志を基軸とした「志本主義（パーパシズム）」と呼んでいる。本書では、この志本主義という次世代モデルを正面に見据えて、論じることとしたい。

そもそもなぜ志本主義の時代なのか（Ｗｈｙ）。

未来を拓くためには、世界が向かっている潮流（メガトレンド）をしっかり押さえる必要がある。筆者はそれを、新ＳＤＧｓと呼んでいる。といっても、世の中に流布している「持続可能な開発目標」（Sustainable Development Goals）のことではない。Sustainability×Digital×Globalsを指す新語だ。

最初のSustainabilityは、今のＳＤＧｓ論議の先を見据えたものである。ＳＤＧｓは一七の大目標を掲げているが、当然それだけで未来が創造できるわけではない。しかも、二〇三〇年までのゴールにすぎない。賞味期限は残り一〇年足らずだ。より長期的な未来に向けた新たな志を高らかに掲げる必要がある。

二番目のDigitalは、今や現実そのものだ。しかも、幾何級数的な進化を遂げつつあり、人工知能（ＡＩ）が人類の知性を超えるシンギュラリティの到来すら論じられている。そのような時代において、人間としての志が改めて問われている。多くのＳＦで描かれるようなデジタルディストピア（悪夢）を避けるためには、志を基軸にした社会の確立が待ったなしである。

三つ目のGlobalsも、あまりにも当たり前に聞こえるかもしれない。しかし、世の中は民族や国家の思惑が錯綜し、ボーダーレスどころか、ますますボーダーフルになってきている。だからGlobalsとあえて複数形で示しているのだ。そのような分断された社会を再度結び直すためには、世界に共感を呼び覚ます志の発露が、ますます求められているのである。

では、志本経営をめざすうえでの価値の源泉は何か（Ｗｈａｔ）。

資本主義における基本資産は、カネ（金融資本）とモノ（物的資本）だった。ヒト（人的資産）は、資産ではなく費用（コスト）として計上される。それが資本主義に立脚した周回遅れの現代会計学の最大の盲点である。

志本経営の源泉は、カネやモノのような目に見える資産ではなく、「志」という目に見えない資産である。それは、社外の顧客やコミュニティ、社内の経営者や従業員に共有されて初めて価値を生み出す。そのためには、自らの志に磨きをかけ、広く発信して共感を生み出すような仕組みの確立が不可欠となる。

外部と容易に連結できるデジタル時代には、コモディティとしての金融資産や物的資産は、自ら保有する必要性がなくなる。一方で、顧客資産、人的資産、そして組織資産などの無形資産をいかに蓄積するかが志本経営の成否の鍵となるのである。

最後に、志本経営をいかに実現するか（Ｈｏｗ）。

志本経営を実践している企業には、共通点がある。「ワクワク」「ならでは」「できる！」という三つの共感要件を満たしていることだ。

一つ目は、思わず心が「ワクワク」してくるような崇高な目標を掲げることだ。ムーンショット、あるいは北極星とも呼ばれるものである。危機感ではなく高揚感こそが、人々の心に火をつけるのだ。

二つ目は、自社「ならでは」の価値創出にこだわることだ。現行のＳＤＧｓのようなどこにでもある目標は、強い共感を生み出しえない。独自の価値観を打ち立てるようなこだわりが求められる。日本企業である以上、欧米のモノまねではなく、良質な「日本流」を世界に訴求することが突破口となるはずだ。

三つ目は、大きく一歩踏み出すことで、「できる！」感を醸成することだ。高い志を実現する思いを共有できれば、失敗を学習機会として取り込みながら、スケールとスピードを高め続けていけるはずだ。筆者が「学習優位」と呼ぶこの動的能力が、志本経営の最大の成長エンジンとなる。

本書は四部で構成されている。

第Ⅰ部では志本経営の基本理念を概観する。資本主義の終焉から志本主義の誕生のプロセスを紐解くとともに、日本独自の価値観の系譜をたどる。禅、武士道、西田哲学などの思想がこの「日本流」を読み解くうえでのヒントを与えてくれるはずだ。

第Ⅱ部では、志本経営の先進事例を概説する。まず、欧米やアジアなどの海外企業、次に日本の企業群を紹介する。そのうえで、両者の共通点と日本の独自性を抽出する。日本は欧米流に追随しがちだが、むしろ東洋流の多神教的な価値観を基軸に置くことで、世界をリードできる可能性がある。

第Ⅲ部では、志本経営を実践するうえでの課題を取り上げる。巷間語られているような表面的なサステナビリティ経営、ＤＸ（デジタルトランスフォーメーション）、グローバル経営などの多くは、良くて気休め、悪ければ日本企業の本質的な強みを損なうことにつながる。ここではその誤謬を指摘するとともに、日本企業特有の志本経営を磨き上げるうえで、無形資産へのシフトと経営そのもののイノベーションが必須であることを論じる。

第Ⅳ部では、志本経営を主軸とした日本再生の道を提言する。そのためにはまず、グローバルスタンダードという幻想に振り回された「平成三〇年間の失敗」を繰り返さないために、日本固有の方法論を取り戻さなければならない。そのうえで、今一度崇高な志を掲げ直し、大きな一歩を踏み出す必要がある。そのときのキーワードは、日本が古来、大切にしてきた「信頼」と「信念」である。

アメリカの経済学者ジョン・ガルブレイスが不確実性の時代の到来を予言して、四〇年以上が過ぎようとしている。二〇二〇年もバイオ（生物）ウィルスとインフォ（情報）ウィルスが世界中で猛威を振るった。今後とも、この目に見えない脅威との闘いは続くだろう。

一方でそれは、アトム（現実社会）の世界でもビット（仮想社会）の世界でも、二〇世紀型の成長神話を根底から見直す機会を提供している。そしてその答えが、これまで見失いがちであった人間の尊厳の回復であることに気づくはずだ。それを筆者は、志（パーパス）と呼ぶ。

日本の経営者や第一線で活躍する人々には、日本的な価値観を取り戻し、志本経営を実践していただきたい。そして信念を持ってそれを外に発信し、共感を得ることができれば、日本企業が世界を正しい方向に誘うことができるはずだ。

本書がそのような日本の覚醒の一助となることを、心から願ってやまない。

パーパス経営

目次

第3章 志本主義の系譜

第4章 日本流再考 091

第5章 志本経営の時代 129

第

I

部

志本経営とは何か

資本主義の破綻は、今や誰の目にも明らかだ。では、その先は何か。

アメリカの食品スーパー大手のホールフーズの創業者ジョン・マッキーは、かねてより「コンシャス・キャピタリズム」を唱えてきた。英ユニリーバで一〇年間、サステナビリティ経営を主導した前CEOのポール・ポールマンや、インドのタタグループの総帥であるラタン・タタも、この「思慮深い」資本主義という思想を強く支持してきた。

二〇一九年四月には、アメリカのノーベル賞経済学者のジョセフ・スティグリッツが『プログレッシブキャピタリズム』を出版。[1] 拡大する一方の貧富の差を抜本的に克服するために、資本主義を進化させなければならないと説いた。

また同年八月には、アメリカの大手企業のトップが集結するビジネス・ラウンド・テーブルが、伝統的な株主第一主義からの訣別を宣言し、世界中を驚かせた。企業が説明責任を負う相手は、顧客、従業員、サプライヤー、コミュニティ、株主の五者であり、株主はその一つにすぎないというのである。「ステークホルダー・キャピタリズム」と呼ばれるこの考え方は、二〇二〇年一月の世界経済フォーラム（通称・ダボス会議）の中心命題ともなった。

二〇二〇年四月には、『資本主義の再構築』が出版されてベストセラーとなる。[2] 著者は、ハーバード・ビジネススクールで学生の人気が最も高い同名の講座を持つレベッカ・ヘンダーソンだ。同書でヘンダーソンは、高いバランス感覚と豊かな感性を交えながら、次世代の資本主義をめざすべきだと主張している。

この数年の欧米、特にアメリカの経営の第一線の豹変ぶりには、目を見張らされる。そして、次世代成長に向けた新しい原理を見出そうと、さまざまな主張が飛び交う。ただし、これらはいずれも資本主義（キャピタリズム）の延長線上に解を見出そうという発想から抜け出し切れていない。

そもそもなぜ、「資本（キャピタル）」を基軸にしなければならないのか？　資本、すなわちカネは、単なる成長のための「燃料」でしかなく、それ自体は何の価値も生み出さない。しかも、今や、新たな投資先を探し求めて彷徨しているコモディティでしかない。資本主義の終焉を危惧するのであれば、資本（カネ）に代わる新たな主軸を見つけ出す必要がある。

筆者はそれは「志（パーパス）」だと考える。事実、古今東西の良識ある思想家や経営者は「志」に基づく経済や経営こそが、正しい未来を築くと信じ、実践してきた。筆者はそのような思想を、「志本主義（パーパシズム）」という造語で表現している。

資本主義の先に来るのは、「志本主義」の時代である。

第1章 資本主義の終焉

近代資本主義の「教祖」は、アダム・スミスだといわれてきた。「(神の)見えざる手」が、世界を最適化するので、市場原理に任せておけばいいという、きわめて合理的な思想である。

もっとも、スミスの真意が実は違っていたことは、追って本書の中でも紐解いていきたい。ただ近代化の推進勢力が、自己正当化するために、市場を神の座に祭り上げたことで、資本主義が一九世紀から二〇世紀を貫くイデオロギーとして崇められることになったのである。

しかし、二一世紀に入って、資本主義の綻びが、もはや修正不可能な局面を迎えている。いくら延命策をめぐらせたところで、市場原理という単純な力学によって立っている限り、資本主義に未来はない。では、その綻びは、どのようなところに現れているのか。

本章では、五つの切り口から資本主義の破綻の様相を見極めたい。資本の利己的な遺伝子、科学信奉の誤謬、デジタル化の壁、会計学の破綻、そして、企業の破綻である。

錬金術の破綻

毎年一月の第四週は、スイスのスキーリゾート「ダボス」が、季節外れの熱気に包まれる。世界経済フォーラムの年次総会（通称・ダボス会議）が開催されるからだ。世界企業の経営者をはじめ、国際的な政治家や知識人など総数三〇〇〇名が集結する年中行事である。

五〇回目となる二〇二〇年の会議には、アメリカ大統領のドナルド・トランプ（七三歳）と、スウェーデンの環境保護活動家グレタ・トゥーンベリ（一七歳）がそれぞれ気候変動問題に関する舌戦を繰り広げて話題を呼んだ。

ここ数年、ダボス会議の中心テーマは「資本主義の終焉」である。資本主義社会の頂点に立つリーダーたちがこぞってこの問題を議論しているのは、なかなか皮肉な光景だ。欲望経済を駆動し、富の偏在を世界中に引き起こしてきた張本人たちが、自分たちの原罪を懺悔するのであれば、キリスト教的な世界観としてわからなくもない。しかし、資本主義を再定義して、未来に向けて何とか延命しようという本音が痛ましいほど透けて見えているのが実態だ。

そこでは「知識資本主義」や「マルチ・ステークホルダー資本主義」などという概念が飛び交う。しかし、資本を基軸とする発想から抜け出すことができないでいる。資本の本質は、カール・マルクスが指摘したように「自己増殖する価値の運動体」である。そして資本主義は、資本が主体として再生産を繰り返すことで社会を成長させることをめざしている。

しかし、そのような成長神話そのものが、いよいよ成立しなくなってきている。

半世紀前（一九七二年）、同じくスイスに拠点を置くローマクラブが「成長の限界」を発表して大きな反響を呼んだ。システムダイナミクスというシミュレーション手法を用いたところ、「人口増加や環境汚染などの現在の傾向が続けば、一〇〇年以内に地球上の成長は限界に達する」という結論が導き出されたのである。

同クラブはさらに世界金融危機の余震が覚めやらぬ二〇〇九年、「ファクター5」というレポートを公表した。「地球上の七〇億人全員が現在のアメリカ人と同レベルの資源消費性向を持つと、地球が五つ必要となる」と試算。そして、資源消費を五分の一以下に抑えるためには、豊かさを経済（GDP）ではなく生活の質（QOL）に求めるべきだと主張。Efficiency（物質的効率）からSufficiency（精神的充足）へのパラダイムシフトを唱えたのである。

資本は放っておくと、果てしなく自己増殖をめざそうとする。そしていつの間にか、人間はその資本の奴隷として働かされるようになる。かつてマルクスは、それを労使の対立構造と捉えた。しかし、今や資本家や企業人そのものが、資本の自己増殖本能の奴隷になっているのが現実である。資本があればあるほど、その増殖運動に振り回される。世界に広がる富の偏在は、資本家の野望の結果というより、資本家や企業人をそのような行動に駆り立てる資本そのものの遺伝子の仕業といえるだろう。

　これはイギリスの動物行動学者リチャード・ドーキンスが一九七六年に唱えた「利己的な遺伝子」論を彷彿とさせる。生物の遺伝子は、自己の成功率（生存と繁殖率）を他者よりも高めることをもくろむ。生き残るためには、手段を選ばない。寄生している生物さえもあっさりと乗り換えてしまう。

　生物と同様、われわれ人間も遺伝子が自らの複製を残すために一時的に作り出した「乗り物」にすぎない。資本という遺伝子が、資本家、そして企業人という「乗り物」を使って、自己増殖を繰り返す。もし資本家がその目的を成就できないと見れば、あっさりと次の資本家や企業人に乗り換えていく。こうして資本家や企業人は、資本に使い捨てられていくのである。

　この資本の野放図な自己増殖が成長の限界を招くのであれば、それを回避するためには、主権を資本から奪い返さなければならない。そもそも今やカネはコモディティでしかない。次の「乗り物」を求めて、資本市場をさまよっている余剰にすぎず、それ自体では何も価値を生み出さない。

　一方、モノも今やますますコモディティ化している。モノの生産量を増やそうとすると、あっという間に成長の限界を迎えることも明らかだ。

　カネとモノもコモディティだとすると、ヒトはどうか？　量としてのヒトは、現在の七七億から今世紀後半には一〇〇億を超えると予想され、「成長の限界」の元凶である。この限界を乗り越えるためには、「ファクター5」が指摘するように、物理的な拡大から精神的な充足へと、ヒトの価値観そのものの大転換が求められている。

いずれにせよ、資本主義の延命を図るだけでは未来はない。価値軸そのものの進化が問われているのである。

還元主義の破綻

二〇世紀は科学万能の時代だった。確かに科学が問題解決に果たした役割は、疑いようがない。特に二〇世紀後半の世界レベルでのGDPの急成長は、科学の力の賜物だった。

科学的手法とは、現実を徹底的に分析し、仮説検証するというプロセスである。フランスの数学者ルネ・デカルトにちなんで、デカルト流要素還元主義と呼ばれるものである。その基本原理は以下の四つで表せる。

①すべてのものは、分析・分解し、要素問題に分けることができる。
②その要素問題は、他のものと置き換えることができる。
③分解した要素を足し合わせれば、全体になる。

④それぞれの要素問題を解決すれば、全体の問題を解決したことになる。

単純な機械論的な世界では、確かにこのような要素分解によって問題解決につながることが多い。しかし、要素が相互に関係し合う複雑系にあっては、そのような要素還元では答えは出せない。生物や社会を対象にする場合、当面の問題の個所を取り除いても、全体の均衡が崩れ、新しい問題を引き起こしてしまう。

アメリカの神経学者アントニオ・ダマシオは、著書『デカルトの誤り』の中で、デカルト的要素還元論を強く批判した[1]。そして、心─脳─身体の関係を、一つの有機体として捉えることの必要性を説いた。

同様に、対象を複雑系として捉え直す視点は、複雑系科学として二〇世紀末に次々と台頭してきた。カオス理論、サイバネティクス、フラクタル構造、非線形科学、散逸系、自己組織化などと呼ばれる考え方だ。最近では「システム思考」と一括りにされることが多い。いずれにせよ、要素還元の誤謬を逃れ、システム全体を視野に入れようとする点において共通している。

ただし、経済学や経営学においては、まだ要素還元主義の残像が色濃く残ってしまっている。環境や社会コストを「外部不経済」などとして、意図的に経済性の外に置いてしまう。空間軸上の誤謬だ。一方、善意の輪が広がって正の経済スパイラルを生み出すという「Pay it Forward（善の巡環）」ダイナミズムを、時間軸の中にうまく取り込めない。この点において、会計学が最も遅れていることは、後述するとおりである。

二一世紀になって資本市場も、要素還元思考では「成長の限界」という資本主義そのものの破綻を回避できなくなることに気づき始めた。

最近はやりのＥＳＧ重視の流れだ。しかし、それはリスク回避と資本主義延命のための苦肉の方便でしかない。例によって、Ｅ（環境）とＳ（社会）とＧ（統治）という三つに分解する。そして、そのいずれも利益との正の相関が曖昧だ。要素還元思考から抜け切れていないのである。

社会課題を解決することによって、新しい価値創出をめざすという意味では、ＳＤＧｓのほうがより未来志向といえるだろう。しかし、ここでもご親切に、一七の大項目、そして一六九の細目に分類してしまう。それぞれの関係性については、深く考えられていない。

そして最大の弱点は、それらが単なる投資ではなく、いずれ利益につながるというダイナミクスが見通せない点である。ここでも要素還元の呪縛から抜け出し切れていないのである。これでは資本主義の未来は描けない。

デジタル思考の破綻

この要素還元主義の象徴が、デジタル思考だ。すべての事象をゼロと１に要素還元してしまう魔法の杖だ。これによって、分析、再生、組み換え、予測などが、自由自在に行えるようになる。

デジタル技術は、問題解決や価値創造において、桁違いのスケール（規模）とスピード（速度）をもたらす。その結果、指数関数的な成長が可能になる。シリコンバレーでは、「10X（一〇倍）」という言葉が呪文のように唱えられている。

今やＩｏＴやＡＩなどのデジタル技術は、あらゆる領域に応用されている。「○○テック」と呼ばれている現象だ。フィンテック、ヘルステック、フードテック、アグリテック、エドテックなどと、すべての産業がデジタル技術によって異次元の成長をめざしている。

しかし、デジタルが最もパワーを発揮するのは、「スコープ（範囲）」の経済である。情報をゼロと1に置き換えることで、産業の枠そのものが取り払われていく。たとえば農業と食と健康はつながり、そこに保険や教育もクロスしてくる。

業界プラットフォームではなく、異業種をまたぐ「業際」プラットフォームが、より高い価値を生むのである。そこは、ジョセフ・シュンペーターがかつて「新結合」と呼んだイノベーションの宝庫となるはずだ。筆者はこれをわかりやすく「異結合」と読み替えている。

そこで求められるのが、「編集（remix）」の力である。単に混ぜる（mix）だけでも、複製（remake）するだけでもない。異質なものを編集して、新しい価値を創造するスキルが求められるのである。クリエイティブであるためには、見えない価値軸を発見しなければならない。

たとえば、これまでは便利なことが良いことだとされてきた。しかし、あえて不便であることが良いという価値観が、これからは大切になるかもしれない——京都大学教授の川上浩司が提唱する「不便益」という発想である。川上はもともとＡＩの研究者で、今は「不便益システム研究所」を主宰、一般公開講座「京大変人講座」で不便益をテーマとした講義を担当している。

これまでは「便利＝益」「不便＝害」とデジタルに考えられてきた。しかし実は、便利でありすぎることが、害につながる「便利害」がある。たとえば、階段の上り下りをなくすなど、バリアフリーな生活をしていると、ストレスがなくなる一方で、フレイル（心身の活力低下）や認知症を誘発しやすくなる。逆に、適度な障害物などがある環境（川上は「バリアアリー」と呼ぶ）のほうが、心身の活性度が保たれる（「不便益」）。実際にそのような視点に立った介護施設が注目を集めている。

「便利や効率性といった現代の『神』を無条件に崇めることを慎み、立ち止まって思考をめぐらさなければならない」と川上は警告する[2]。

同じデジタルとはいえ、二軸にプロットして見ることで、これまで見えてこなかった価値に気づく。そもそも、「善 vs. 悪」「合理 vs. 非合理」などというデジタルな発想は、一神教を基軸とする西洋特有の一面的なものの見方である。

一方、多神教から出発した東洋思想は、異質な個がつながって全体系としての調和と進化を作り上げていると考える。デジタルに分断された世界ではなく、曼荼羅のように円形につながっていく世界観なのである。この東洋思想、そして、そこから派生していった日本流の思考法については、第4章で詳しく論じることとしたい。

昨今、デジタル旋風が吹き荒れる中で、「DX（デジタルトランスフォーメーション）」が経営の世界でも流行語となっている。なかでも好んで語られるのが、「セルフディスラプション（自己破壊）」という勇ましい言葉だ。ゼロからのスタートという意味では、きわめてデジタルな姿勢である。

しかし、これまで積み上げてきた企業の文化や無形資産まで、簡単にゼロクリアできるものではない。できたとしても、ゼロベースのスタートでは勝算もゼロだ。そもそもトランスフォーメーション（変革）の本質は、既存のものを破壊することではなく、転換することにある。ここを取り違えてデジタルディスラプションに走った企業は、洋の東西を問わず、ことごとく「自爆」している。

歴史を振り返ると、日本が大きく変革したときは、外圧が引き金となってきた。黒船も、敗戦もしかり。しかし、そのたびに日本はゼロベースで外圧を受け入れたのではない。日本固有の無形資産と、外来の「飛び道具」をリミックスして、日本ならではの進化形を作り上げていったのである。このあたりの事情も、第4章で改めて考えてみたい。

デジタルは一見、切れ味が良さそうに見える。しかし、社会も市場も企業も、複雑系の産物である。デジタルに切ろうとすると、生ものとしての現実をつかみ取ることはできない。デジタルが生み出す現実は、どこまで行っても「仮想」現実でしかない。そこから本当の未来は生まれてこないのである。

会計学の破綻

デジタル思考から、すべてを数値化しようという強迫観念が生まれる。「数値化しない限り、経営を科学することはできない」と豪語する経営者や経営学者も少なくない。もっとも、前述したように科学の破綻が明らかになった今、経営を科学しようとすること自体、時代錯誤的な発想でしかないのだが。

企業の体温計、あるいは通信簿として、頼られてきたのが企業会計である。Ｐ／Ｌ（損益計算書）にせよ、Ｂ／Ｓ（貸借対照表）にせよ、デジタルな数字の羅列である。しかし、そのような数値から、生き物としての企業の実態や未来に向けた可能性、換言すれば、本質的な企業価値を見極めることは至難の業だ。

企業会計は、そもそも人為的な決め事でしかない。一定のルールがなければ、価値を測定も試算もできないからだ。いわば、企業を解剖するためのデジタルな執刀である。しかし、解剖したとたんに、生き物としての企業の実態が見えなくなってしまう。もっとも、最近の多くの日本企業のように、生気を失った企業を死体解剖するには、最適かもしれないが。

二〇一六年に *The End of Accounting and the Path Forward for Investors and Managers* という本が出版された[3]。日本語版のタイトルが『会計の再生』となっているのには思わず苦笑してしまった。会計学者の気持ちとしては、わからなくはない。しかし、この本が突きつけている本質は、会計上の数字をいくら腑分けしてみても、企業の実態や将来性はわからないということである。

P／L上のコストには、環境コスト（たとえばCO_2排出）や社会コスト（たとえば過剰労働）などは計上されない。その企業には直接関係がない「外部性」と見なされてしまうからである。最近では資本市場においてESGへの関心が高まる中、これらの「非」財務情報の開示が求められてきている。しかし、それらはあくまで会計の外数でしかない。会計はサステナビリティという社会課題を、いまだに取り込めずにいるのである。

また、B／S上の資産には、ブランド、知識、人財、関係性（エコシステム）などは算入されない。これらは一括りに無形資産と見なされ、物的資産や金融資産のような有形資産に比べて、資産価値を算定しにくいからである。

二〇一八年に出版された『無形資産が経済を支配する』[4]（原題 *Capitalism without Capital*）が、冒頭で興味深い事例を挙げている。二〇〇六年当時、時価総額で世界トップだったマイクロソフトのケースである。

Ｂ／Ｓには、同社の総資産は七〇〇億ドル、そのうち有形固定資産は三〇億しか計上されていない。一方で時価総額は二五〇〇億ドルを超える。「伝統的な資産会計によると、マイクロソフトは現代の奇跡だ。これは資本なき資本主義なのだ」と著者のジョナサン・ハスケルらは主張する。

もちろん、マイクロソフトに限らない。デジタル化が進む中、無形資産の価値は飛躍的に高まっている。この事態に対応できない会計学は、時代錯誤を超えて今や有害無益になりつつあるといっても過言ではない。

資本市場や企業活動のグローバル化が進む中、世界共通の会計ルールの確立がめざされてきた。現在はＩＦＲＳ（国際財務報告基準）がグローバルスタンダードと位置づけられ、世界中でＩＦＲＳへの移行が進んでいる。日本でも二〇一九年六月末の時点で、東証上場会社（三六三九社）のうち、六％（二二五社）が適応（予定）している。ＪＰＸ日経インデックス４００の中では、半数近い企業にあたる。

このように標準化が進むことによって、資本市場のグローバル化がさらに加速するものと期待されている。しかし、上記のように問題だらけの会計ルールで統一してしまうと、会計の進化がますます止まってしまうことが懸念される。

慶應義塾大学教授の太田康広は一〇年前より、「オープンなマーケットで個々の投資家や企業が自主的に選択する市場力学によって、最適会計基準を探す」べきだと異論を唱えてきた。[5]「ダーウィンの小宇宙」と太田が呼ぶ自由度を、強権的なルールで縛ってしまっては、時代に逆行するばかりだ。もっとも、会計学は意図的に破綻への道を選んでいるのかもしれないが。

いずれにせよ、サステナビリティ、デジタル、グローバルズ（なぜ複数形を使うかは、後述する）という三つの時代の潮流に乗れない以上、会計学に未来はない。

企業の破綻

日本では、「人生一〇〇年時代」が喧伝されている。欧米発のコンセプトが大好きな政府が素早く飛びつき、二〇一八年に「人生一〇〇年時代構想」を発表した。

火付け役は、ロンドン・ビジネススクール教授のリンダ・グラットンらが二〇一六年に出版した『ライフ・シフト』（原題 *The 100-year Life*）だ。その翌年にグラットンは、安倍晋三首相を議長とする「人生一〇〇年時代構想会議」の議員にも就任している。もっとも、長寿国の日本において、いずれ一〇〇年人生が実現するであろうことは周知のことだったはずだ。

グラットンの著書では、二〇一一年に出版された『ワーク・シフト』（原題 *The Shift*）のほうが[6]、より衝撃的だった。二〇二五年の働き方を予測したものだが、その中で企業に属さない自由人をめざす生き方を奨励している。いわゆるフリーランスという選択肢だ。

アメリカでは、二〇一八年時点で、フリーランス（パートタイムも含む）人口は五六七〇万人で、就業人口の約三五％にあたる。「ギグ・ワーク」が盛んなミレニアル世代の中では、すでに五〇％近くにのぼる。

日本では、二〇一九年七月に内閣府が三四一万人という推計値を発表した。就業人口六〇〇〇万人に対して五％程度。なお、民間企業のランサーズの試算では二〇一八年時点で一一〇〇万人強。こちらは単発的な業務委託も含めているために膨らんでいるが、六人に一人以上の割合だ。

南カリフォルニア大学教授のジョン・ブードローは、二〇二五年までに働き方が二つの方向で進化すると唱えている。高度化と民主化である。では、日本ではどうか。

「高度化」は、デジタル化が追い風となっている。今回の新型コロナがリモートワークを強いたことで、一気に加速した。

曲者は、「民主化」である。二〇一八年一月には厚生労働省が「副業・兼業の促進に関するガイドライン」を発表、「副業元年」と期待された。しかし、人材サービス大手のエン・ジャパンが二〇一九年夏に行ったアンケート調査によると、副業・兼業を容認している企業は四社に一社にすぎない。

副業・兼業を禁止している企業は、以下のような懸念を挙げている。

①本業に専念してもらいたい（七三％）
②社員の過重労働の懸念（五六％）
③社員の健康の懸念（三八％）
④情報漏洩のリスク（三五％）
⑤労務管理が煩雑になる（三〇％）

しかし、「働き方改革」で時短が進められ、かつ、リモートワークが定着していく中で、これでは全く従業員指向とはいえない。八時間は本業に専念するとしても、空いた時間をどう過ごすかに、そもそも会社が口出すべきことではないはずだ。子育てや介護、家族との団らん、リカレント学習など、いろいろな選択肢があるだろう。自分が役に立てる機会や、さらに自分を磨く機会を会社以外の仕事に求めることも、選択肢の一つであってよい。それこそが、「仕事の民主化」のはずである。

日本で活躍したアメリカ人コンサルタントのジェイムズ・アベグレンは、五〇年ほど前に「終身雇用」「年功序列」「企業内組合」を日本的経営の「三種の神器」として評価した[7]。確かに高度成長期には、従業員を囲い込み、労使一体となって突き進む雇用慣行が日本企業の成長エンジンとして機能した。

しかし、不確実性と一〇〇年人生の時代を迎えて、そのような雇用慣行は企業にとって非現実的であるだけでなく、従業員にとっても不幸を生むだけだ。この二〇世紀後半の成功神話を脱学習しない限り、日本の未来はない。

たとえばロート製薬は、二〇一六年にいち早く副業を解禁した。その理由を、会長の山田邦雄は次のように語っている。[8]

「会社の中では、社員が能力の三分の一ぐらいしか出していないんですよ。だから、会社の枠組みじゃないところで経験させたり、つながりの中で刺激を受けると、人生が豊かになるし、うちにも新しい可能性を吹き込んでくれる」

翌二〇一七年には、タニタがさらに大胆な施策を打ち出した。正社員に退社してもらい、業務委託契約を結び直すことにしたのだ。同社社長の谷田千里は、インタビューで次のように語っている。[9]

「社外で鍛えられるほうが成長は速い。つながりがあるうちに、社外の情報や人脈を社内にフィードバックしてもらえれば経営上の見返りはある」

このような施策こそが、仕事の民主化につながる。もちろん、仕組みや制度上の課題は少なくない。タニタのケースも、評価が分かれるだろう。また、今回の新型コロナ騒動で、フリーランスへの社会保障制度の不備が浮き彫りとなった。この点でも、日本はヨーロッパ諸国に比べて大きく遅れている。

　またコロナ禍は、もう一つ、潜在的にはより大きな論点を提起している。ＢＩ（ベーシックインカム）、すなわち政府がすべての国民に対して最低限の生活を送るのに必要とされている額の現金を定期的に支給するという政策の是非である。

　たとえばフィンランドでは、二〇一七年に失業者二〇〇〇人を対象に、月額七万円の現金を支給する実験を実施。参加者は、健康やストレスに関する問題が減り、将来への信頼と将来を変えられる自信度を高めたと報告されている。

　またアラスカ州では、すでにユニバーサル・ベーシックインカム（ＵＢＩ）制度が一九八二年から実施されている。石油から得た収益の一部を全住民に給付する「アラスカ永久基金」がある。毎年の支給額は財政事情や石油収益によって変動するが、年間一人当たり一〇〇〇〜三〇〇〇ドル程度。二〇一九年には一七万六〇〇〇円が支給された。これだけでは生活するにはもちろん不十分だが、その結果、フリーランス人口が増えたという。また、出生率が一三％も向上するという期待外の効果も報告されている。

　一人当たり総額一〇万円という日本政府による緊急支給額は、少額すぎるという批判もある。

その一方で、これを毎年実施するとなると、財政に対する負担も年間一〇兆円近くにのぼる。しかし、コロナ禍を一過性のものとせず、ＢＩ制度の導入を真剣に検討するきっかけにするべきだろう。

いずれにせよ、企業が従業員を囲い込むというモデルは、もはや時代錯誤以外の何物でもない。究極的には、一人一人が事業主となって仕事を自由に選択する時代がやって来るはずだ。そのときに企業は、存在意義が改めて問われることになる。なぜなら、プロジェクトごとに人財がネットワークされればすむのであれば、企業という組織体は必要なくなるからだ。

企業は、経済的な成果（利益）を実現するために、資産をストック（内部化）しようとする。前述した会計学的にいえば、前者がＰ／Ｌで後者がＢ／Ｓである。しかし、ネットワーク経済の進展によって、あらゆる資産が市場で最適に集めることができるようになると、あえて自らストック化する必要がなくなる。デジタル時代の企業価値が、Ｂ／Ｓ上の資産と大きく乖離しているのは、そのためだ。

デジタル経済の下では、オープンイノベーションなど、囲い込み型から開放型への戦略シフトの必要性が声高に唱えられている。上滑りのビジネスモデル論議風にいえば、ストック型からフロー型への転換だ。

しかし本当に、ストックは軽んじられてよいのだろうか？　ヒト・モノ・カネの流動性が高まりつつある中で、企業が自社において蓄えるべき本質的な資産は何か？　そして、そもそも、資本主義が破綻しつつある現在において、企業の存在意義は何か？　次章では、そのような本質的な問いに真摯に向き合うこととしたい。

第2章 資本主義を超えて

資本主義の先に来るものは何か。これまでもいくつか候補は挙がってきている。

たとえば社会主義。しかし、そもそも社会というものの実態が、はっきりしない。しかも社会のためと言いつつ、その構成員であるはずの個人の自由を束縛する。一党独裁体制の下での計画経済をめざしたものの、ソ連の崩壊（一九九一年）やアラブの春（二〇一二年）などとともに、社会主義は世界的に失墜していった。他方、中国は資本主義を取り入れることによって、大成長を遂げてきた。しかし、一党独裁体制という民主主義や自由主義の犠牲の上に成り立っていることには変わりない。

一方、社会主義に民主主義を取り込んだ社会民主主義は、北欧諸国などで資本主義を超える選択肢として注目されている。北欧型福祉国家モデルと呼ばれているものだ。税金は高いが教育や医療などは無料、貧富の差も大きくない。しかも幸福度ランキングでは、上位をほぼ独占している。

この北欧型モデルが主軸に置く福祉(welfare)や幸福(happiness)は、理想郷(utopia)の世界を彷彿とさせるものがある。では、そのような世界を維持し発展させるためには、カネではないとすれば、何が経済の主体となるのだろうか?

人本主義(Talentism)

ふたたび舞台を、ダボス会議に戻してみよう。

ここに一枚の写真がある。二〇一九年のダボス会議でのワンシーンだ。人種も年齢も性別も違う七人の人物が写っている。いずれも有名人だが、おわかりだろうか?

種を明かすと、左からセールスフォース・ドットコムCEOのマーク・ベニオフ、科学者のジェーン・グドール博士、U2のリードシンガーで慈善活動家のボノ、一〇代の気候活動家グレタ・トゥーンベリ、外交官で環境保護活動家のクリスティアナ・フィゲレス、SOMPOホールディングスグループCEOの櫻田謙悟、ラッパーで慈善活動家のウィル・アイ・アム。

この日は、「地球を救うには」というテーマについての議論が交わされた。この「七人の侍」は異口同音に、資本主義を超えた未来のあり方を模索することの重要性を訴えた。

「私たちの情熱、ハート、頭脳を結集しましょう。そうすれば一〇年後、この世界を孫たちに残して、私は心安らかにこの世界を去ることができるでしょう」（グドール）

「われわれも自分自身に問いかけねばならない。この世界を今から一〇年後、二〇年後の子どもたちに残すことができるのかと」（ベニオフ）

「私たちは決断しなければならない。消防士になるのか、それとも、放火犯になるのか？」（ボノ）

「テクノロジーを発展させると同時に、歴史と教養に蓄積されてきた知恵をさらに高めていく必要がある」（櫻田）

▶ダボス会議2019のワンシーン

出所：セールスフォース・ドットコム

二〇二〇年のダボス会議では、ＳＯＭＰＯホールディングスが米『ＴＩＭＥ』誌と共催した夕食会が開催された。そこで、ダボス会議会長のクラウス・シュワブは、「キャピタリズムの先はタレンティズムだ」と語った。地球課題を解決するためには、世界中のタレント（人財）を集結しなければならないと提案したのである。

それに呼応して、ウィル・アイ・アムは、次のように主張した。

「タレンティズムという言葉は大賛成。ただし、優秀な人やエリートの声を集めるのではなく、地球上のすべての人がタレントを持っていることを念頭に置いて、本格的なダイバーシティ&インクルージョンを進めていかなければならない、そのためのムーブメントをここから作りたい」

経済同友会の代表幹事でもある櫻田は、帰国後の記者会見の席で、「この一連の議論に大変感銘を受けた。しかし、経済フォーラムのわりに、ビジネスサイドの意見が少なかった」と語っている。

ここで浮上してきた「タレンティズム」は、カネ（キャピタル）からヒト（タレント）へと経済の主体がシフトすると唱える。しかし、この言葉を聞いて、デジャブ（既視感）を禁じえないのは筆者だけではあるまい。

西欧ではルネサンス期に、「ヒューマニズム（人文主義）」が勃興したことがあった。教会の権威や神中心の中世的世界観のような非人間的重圧から人間を解放しようという精神運動であったはずだ。しかし一八世紀に入ると、合理的な人間中心主義にすり替えられていく。その本質は、理性中心主義であり、西欧中心主義にほかならない。資本主義、科学万能主義、さらには帝国主義へ突き進んでいったのである。西欧では人文主義が、今日の社会・経済の破綻の引き金となったのは、なんとも皮肉な話である。

一方で日本では、かねてより経済や企業活動の主体はヒトであることは、当たり前のように考えられてきた。一橋大学名誉教授の伊丹敬之（現・国際大学学長）が「人本主義」と名づけた考え方である。伊丹は一九八七年の著書『人本主義企業』の中で、かつての日本企業の大成長の原動力が、ヒトを基軸とした日本型システムであったと論じた。[1]

しかし、これまた皮肉なことに、その直後、日本企業の多くはこの経営原理を、前近代的なローカルルールだと見なし、アングロサクソン型の資本主義経営へと傾斜していく。それが「失われた三〇年」に重なったことは、決して偶然ではあるまい。

その後、伊丹は「人本主義は死んだのか?」という問いに、こう答えている。[2]

「少なくとも日本電産や京セラでは生きてるよね。どちらも社員に厳しい会社だけど、情がある。ついていけない人は自発的に辞めているんだろうけど、残った人たちは頑張るでしょ。両社に共通しているのは管理会計をきちんとやっていること。自分たちが頑張った成果がきちんと数字で表れる。これは大事です。会社は株主のものか、それとも社員のものか、と言うけれど、人本主義をちゃんとやれば、株主にもメリットがあります」

日本にはもう一社、人本主義を貫き続けて世界トップの座に就いた企業がある。ダイキン工業だ。同社は「人を基軸に置く経営」をぶれずに実践している。会長兼ＣＥＯの井上礼之は『人の力を信じて世界へ』の中で、「働く一人ひとりの成長の総和＝企業発展の基盤」という信念を語っている。[3] これこそ、人本主義の基本原理といえるだろう。それにしても、これら三社がいずれも関西系企業だというのは、偶然だろうか。

筆者は、四年ほど前、二一世紀に入って最も成長した世界の大企業一〇〇社[4]を研究した。売上高、収益、企業価値の三つの成長率が高い順に、ランキングしたものである。

そこに日本企業一〇社がランクインしている。ファーストリテイリング（二〇位）、ダイキン（五五位）、アステラス製薬（五八位）、小松製作所（八八位）、アサヒグループ（九三位）、キリン（九五位）、ブリヂストン（九六位）、デンソー（九七位）、トヨタ（九九位）、ホンダ（一〇〇位）の一〇社である。

これらの日本企業には、いくつかの共通点がある。

第一に、やはり地方出身企業が圧倒的に多い。首都圏を出自とした企業はキリン（横浜出身）だけである。都会派は時代の波に流されやすく、ひ弱だということか。

第二に、リストの上位（ちなみに一位はアップル）ではなく、終わりのほうに固まっている。海外企業に比べ、超成長（これらを筆者は皮肉を込めて「ドーパミン企業」と呼ぶ）はしていないが、しっかり二桁成長を続けている企業群である。

第三に、いずれも人に基軸を置いた経営に定評がある。やはり、人本主義は今なお、日本発グローバル企業のバックボーンになっているのだ。これらの企業は「失われた三〇年」説が唱えるような負け癖に縁はない。

ダボス会議会長のシュワブの指摘を待つまでもなく、資本主義の先は人本主義（タレンティズム）ではないか。だとすれば、日本企業は破綻しつつある株主主権の資本主義を「グローバルスタンダード」と崇める時代錯誤から、早く目を覚ますべきである。

欲本主義（Greedism）

しかし、ではなぜ西欧型の人文主義と、日本型の人本主義が全く異なる原理に向かったのか。ここでは「ヒト」の本性を、今一度深く洞察する必要がありそうだ。

たとえば「欲望」を軸とした場合、「人間らしさ」を欲望主義とするのか禁欲主義とするのかが議論の分かれどころである。キリスト教では、古くから人間の持つ欲（高慢、物欲、嫉妬、憤怒、色欲、貪食、怠惰）を「七つの大罪」と捉え、そこからの救済の必要性を説いた。

とはいえ、中世までは、普段の生活では、人間らしさを容認していた。夜明けとともに仕事が始まり、仲間とゆっくり昼食時間をとり、午後には昼寝（シエスタ）、日が沈むと仕事を終える。カトリックが根強い南欧諸国では、今でもこのような「人間的」な（しかし、必ずしも生産的ではない）生活パターンが色濃く残っている。

これに対して、プロテスタンティズムは一切の欲望や贅沢や浪費を禁じ、すべてのエネルギーを信仰と労働のみに集中させることを説いた。この禁欲的労働がもたらす利潤は、社会への貢献、隣人愛の実践の結果として容認された。

こうして禁欲主義から出発したはずのプロテスタンティズムは、金儲けに邁進する近代資本主義を生み出していったのである。社会経済学者のマックス・ウェーバーが一九〇四〜〇五年、有名な『プロテスタンティズムの倫理と資本主義の精神』でえぐり出してみせた構図である[5]。

残念なことは、ウェーバーが宗教学的なレベルに昇華させた「精神」が科学万能主義という名の下に色あせ、世俗化していってしまった点である。その結果、「資本主義」という利潤追求マシンが自己目的化してしまい、人間性から大きく逸脱していくことになったのである。

一方、日本人の伝統的な価値観の本質を読み解くことは、容易ではない。宗教という側面では日本固有の神道に加えて、そもそもは外来宗教であった仏教が日本で独特の進化を遂げていった。また倫理学という側面では、外来の儒教や道教に加えて、日本古来の武士道や国学などが独自の思想として日本人の精神的なバックボーンとなっていった。

ただし、日本に最初に伝わった宗教である仏教が、出家を前提とした個人の悟りを追求したきわめて禁欲的な原始仏教（小乗仏教）ではなく、すべての人が救われるとする大乗仏教であったことは、その後の日本人の精神構造に大きく影を落とすことになった。

大乗仏教の根本は、「自利利他」の精神、すなわち他者に対する慈悲を重視することにより、悟りに到達しようとする宗教的実践にある。キリスト教や小乗仏教が個人の救済を原点としているのに対して、大乗仏教は利他の精神を基軸としているのである。

哲学者の和辻哲郎は『人間の学としての倫理学』の中で、日本語の「ヒト」には三つの意味があると指摘している。[6] 自分（例「ヒトを馬鹿にするな」）、他人（例「ヒトのものを取るな」）、世間（例「ヒト聞きが悪い」）の三つである。

また、評論家の山本七平は、イザヤ・ベンダサンのペンネームで著した『日本人とユダヤ人』の中で、日本人の根本思想を「日本教」と呼ぶ。[7] そして日本教とは、神ではなく人を中心とする「和」の思想だという。

このように日本人にとっての伝統的な人間観は、近代西欧の個人主義や利己主義とは対極にあるといえるだろう。人は他の人々に生かされつつ生きているという考え方、全体と個を一体に見る「和」の思想が根底にあったのである。

したがって日本の「人本主義」は、本来、近代西欧の「人文主義」とは根本的に異なり、利他主義を内包したきわめて社会性の高い思想に根差しているといえるだろう。もっとも、欧米流の戦後教育で育った現代の日本人が、そのような伝統的な価値観を持ち続けているかは、大いに疑問ではあるが。

一方、西欧型の思想も進化しつつある。ある意味で「進化」こそ、ダーウィン以来、近代西欧の伝統的な価値観である。西欧でもてはやされている最新理論を紹介することで注目を集めようとしている似非経営学者や、「グローバルスタンダード」好きな官僚や経営者は、過去の幻影にとらわれているにすぎない。

西欧でかつて有力だった仮説として、「欲求段階説」が有名だ。アメリカの心理学者アブラハム・マズローが一九五四年、『人間性の心理学』で提唱したモデルだ[8]（図2－1）。

そこでは欲求には五つの段階があるとされる。最初の二段階（生理的欲求、安全の欲求）は物質的なレベル。欲求を駆動するのは「恐れ（fear）」である。

恐れがなくなるとこの欲求はパワーを失い、次々に頭をもたげてくるのが上位の三段階、精神的な欲求（所属と愛の欲求、承認の欲求、自己実現の欲求）だ。駆動力は「欲望（greed）」である。そして、欲望は満たされることを知らない。まさに二〇世紀の資本主義は、このような欲望によって、けたたましく駆動され続けていったのである。

マズローのモデルは、科学的な厳密さが欠如しているとされ、アカデミアではまともに取り上げられなくなった。いかにも西欧らしい科学万能主義的偏狭性がうかがえる話である。一方、比較文化論的な立場からは、あまりに西欧的な偏見にとらわれすぎだと非難されている。逆にいえば、まさに西欧的な価値観が如実に表現されているともいえるだろう。

このように、必ずしも評価されなかったマズローは、晩年、さらにもう一つの段階があると

図2-1

マズローの欲求段階説との関係

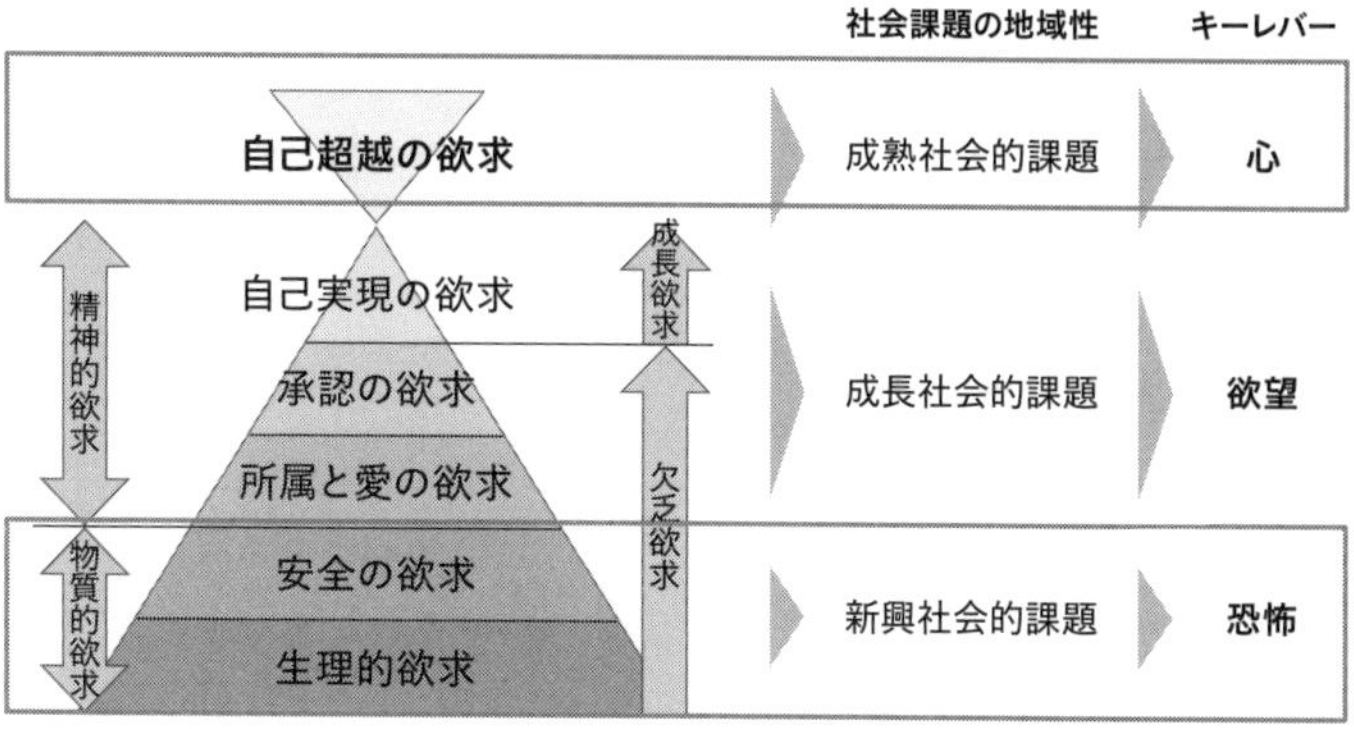

唱えた。『完全なる人間』の中で、「人間の欲求や利害よりもむしろ宇宙に中心を置き、人間性、アイデンティティ、自己実現などを超えていこうとする」姿勢だと説く。[9]「自己超越(self-transcendence)と欲求」と呼ばれる第六段階である。そこでの原動力は、「心(mind)」である。

こうしてマズローは、西欧的な利己主義を超え、東洋的な利他主義に近づいていく。そして、それは同時に時代の新しい空気ともなっていった。一九六〇年代には「人間性回復運動」の中で、トランスパーソナル心理学が勃興していく。一九七〇年代には禅ブームへとつながり、二〇〇〇年代に入ると、瞑想やヨガなどと融合し、今や「マインドフルネス活動」としてミレニアル世代を中心に、世界中に広まっている。

以上、概観したように、二一世紀に入り、西欧においても利他的な精神がみなぎり出し始めている。資本主義以前の人文主義(ヒューマニズム)の流れを汲み、かつ、日本における人本主義とも軌を一にする潮流である。

ところが、資本主義はこの未来を拓く新潮流から、大きく取り残されている。「欲望」という二〇世紀型のパラダイムから抜け出せずにいるのだ。NHKが二〇一六年から二〇二〇年にかけて放映してきた『欲望の資本主義』シリーズは、この「欲本主義（Greedism）」の迷路をオカルト風に描き出して注目された。

終わりのない欲望による自己増殖が、資本主義の基本原理だとすれば、このゲームは果てしなく続くだろう。しかし、それでは地球が確実に破綻する。この資本主義の根底にある欲本主義の暴走を制御する新しい価値観の確立が、今こそ求められているのである。

知本主義（Intellectualism）

野放図な欲望が「野性」であり「感情」であるとすれば、それを制御し、より高い次元をめざそうとする知的能力は「理性」であり「知識」である。資本主義社会の先に知識社会が来るという主張は、これまでも繰り返し唱えられてきた。

口火を切ったのが、アメリカの社会思想家であるピーター・ドラッカーだ。一九六九年の著書『断絶の時代』の中で、これからは「カネ」ではなく「知識」が主体となると主張した。[10] また一九八〇年には、アメリカの未来学者アルビン・トフラーが『第三の波』の中で、産業社会の次に情報化社会が押し寄せると予言した。[11]

一九八〇年代には日本でも、ポスト産業社会論が盛んに議論されるようになった。代表例は評論家の堺屋太一の『知価革命』である。[12] この中で堺屋は、「『知』の価値が経済の成長と資本の蓄積の主要な源泉となる知価社会」の到来を予言した。

この一連の先見的な洞察は、科学的合理主義を旨とする経済学の世界では、完全に無視されていた。とはいえ、経済学の中でも一九八〇年代には、技術イノベーションをドライバーとする経済成長モデルがようやく研究されるようになった。その金字塔となったのが、アメリカの新進気鋭(当時)の経済学者ポール・ローマーが、一九八六年と一九九〇年に発表した「内生的成長理論」に関する論文である。

その中で、ローマーは従来型生産財が収穫逓減の法則に縛られるのに対して、知識は収穫逓増という性質を持つことを指摘した。言い換えれば、知識が増えると、それ以上に生産が増えるというのである。ローマーの主張は、まさにインターネット時代の幕開けと重なり、経済学もようやく情報化社会、知識社会の入り口に立つことができた。[13] リーマンショック後一〇年を経て、資本主義の破綻がいよいよ明白になった二〇一八年に、ローマーがノーベル経済学賞を受賞したことは単なる偶然の一致ではあるまい。

その頃日本では、知識創造のプロセスの解明が進められた。なかでも世界の注目を集めたのが、いずれも一橋大学名誉教授である野中郁次郎と竹内弘高（現・国際基督教大学理事長）の共著『知識創造企業』である。[14] 同書は、ハンガリーの科学哲学者マイケル・ポランニーの『暗黙知の次元』を足掛かりに、個人間、組織間の相互作用によって暗黙知から形式知を生み出していくダイナミズムを明らかにした。

こうして二一世紀直前に、アメリカでも日本でも、「カネ」ではなく「知」が、次世代の成長のドライバーであることが理解されるようになっていった。「知本主義(Intellectualism)」の台頭である。

この頃はまだ「知識（ナレッジ）」という合理的・科学的な知が対象であった。しかしそれでは、近代西欧型価値観の延長でしかない。野性から理性、あるいは知性に向かうだけで、より良い未来を拓くことができるのか。そもそも、「知識」を生み出す源泉は、人間の内奥に宿る「知恵（ウィズダム）」ではないか。

このような洞察に基づいて、野中と竹内は二〇一一年に「賢慮のリーダー」という論文を『ハーバード・ビジネス・レビュー』誌に発表し、世界中で注目を集めた。[15] この論文はアリストテレスが『ニコマコス倫理学』で唱えた「賢慮（フロネシス）」という概念に立ち返ったうえで、真善美のうち、科学者が「真」を追求するものだとすれば、リーダーは「善」を中心に据えるべきだと主張する。そして、本田宗一郎や柳井正など、日本を代表する経営者を例にとり、その実現にあたっては、暗黙知、形式知に加えて、「実践知」が必要だと説く。[16]

こうして知本主義は、知識から知恵へと、さらに進化のプロセスをたどり始めたのである。

志本主義（Purposism）

二一世紀に入ると、「パーパス」がキーワードとして浮上してきた。

ここに面白いデータがある。おそらく世界初である（図2－2）。とはいっても、たいした代物ではない。グーグルで「purpose」という言葉を入れると、各年に年間どれだけの件数がヒットするかが〇・五秒も経たずに割り出せるからだ。

一九九九年は三〇万件しかなかった。これが二〇〇〇年には五六〇万件、二〇〇一年には二二五〇〇万件と増え続け、二〇年後の二〇一九年には年間三億六〇〇〇万件となった。二〇年間で一二〇〇倍の伸びである。

グラフからは、大きく二つの急勾配が読み取れる。一つ目は二〇〇九～一一年で、いうまでもなく、リーマンショック直後である。もう一つは二〇一二～一四年で、二〇一五年に国連でＳＤＧｓが採択される前夜だ。二〇一六年には四億件を超えたものの、その後にピークアウトした感があるのも興味深い。

経営の世界においても、パーパスがもてはやされている。パーパスマネジメント、パーパス

図2-2

「Purpose」の検索数

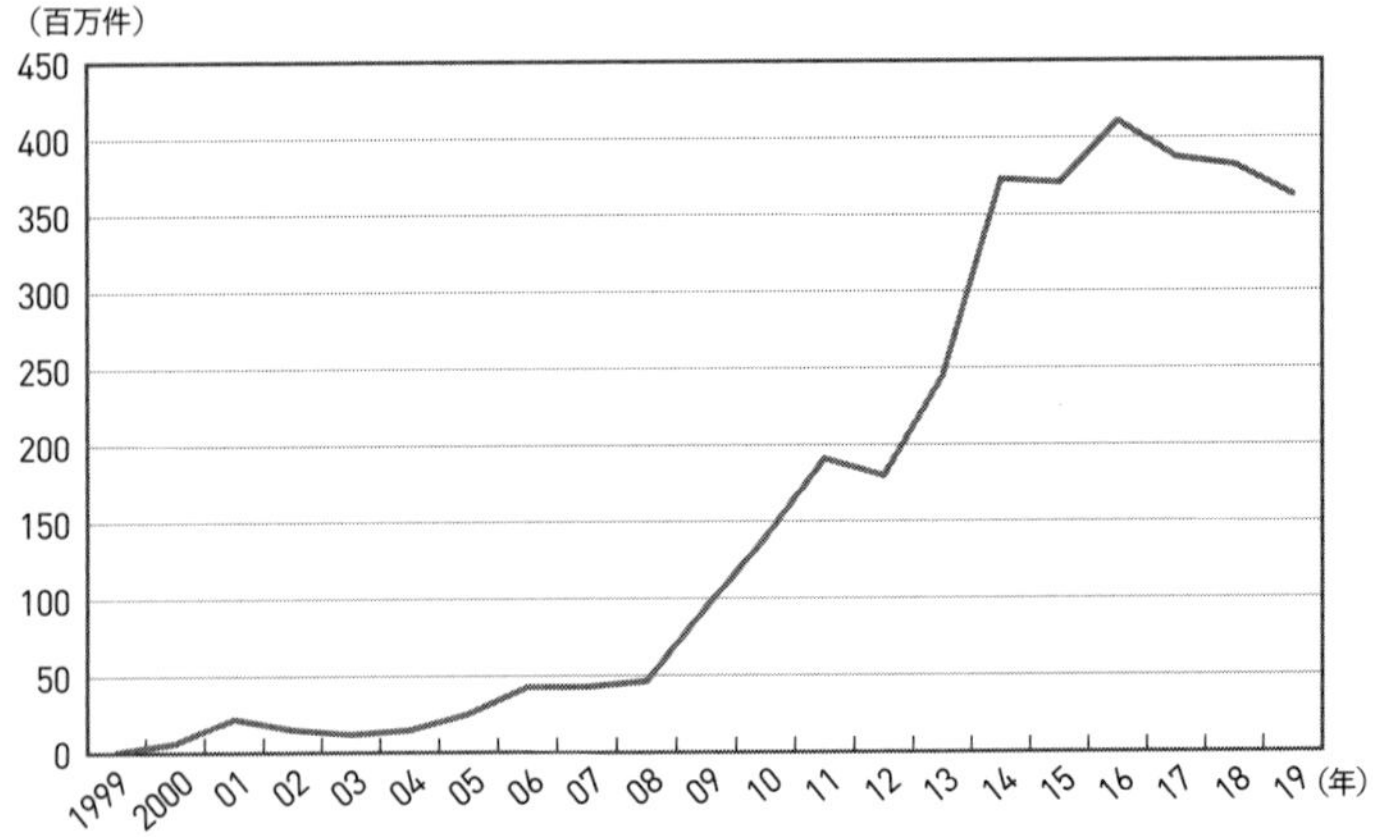

出所：グーグルの検索結果をもとに作成

ブランディング、パーパスマーケティングなどなど。

たとえば、P&Gでグローバルマーケティング責任者を務めたジム・ステンゲルが二〇一一年に出版した『本当のブランド理念について語ろう』（原題 *Grow*）は、その代表例だ。[17] その中で、社会的大義をパーパスに掲げる五〇のブランドが、代表的な上場企業の四倍の成長率を達成していることを指摘。パーパスブランディングが成長のドライバーとなると主張したのである。

二一世紀の波頭に躍り出たシリコンバレーでは、「MTP」（Massive Transformative Purpose）という言葉が呪文のように唱えられている。直訳すると「巨大で革命的な目的意識」、いかにもデジタル破壊軍団らしい仰々しさだ。グーグルでは「ムーンショット」、他の企業では「北極星」などと呼ばれることもある。

名づけの親は、シリコンバレーで「シンギュラリティ大学」を創業したサリム・イスマイルだ。イスマイルは、『シンギュラリティ大学が教える飛躍する方法』（原題*Exponential Organizations*）の中で、指数関数的に成長する企業（飛躍型企業）になるための一つの必要条件と一〇の十分条件を示した。[18] そのうちの必要条件がＭＴＰである。これがない限り、決してデジタル旋風に乗った超成長は実現できないと断言したのだ。

イスマイルはインタビューの中で、次のように語っている。[19]

「ＭＴＰは組織の核となるもので、組織の目標を示しています。飛躍型企業が過去に発表した意見表明報告書を見ると、当時からすれば荒唐無稽とも思えるような設立理念が書かれています。これがＭＴＰです。一度大きく成長できたとしても、ビジネスモデルはすぐに陳腐化するから、常に大きな目標を持つようにすることが大切なのです」

多くの企業は、かねてより「ミッション・ビジョン・バリュー（ＭＶＶ）」を掲げてきた。ミッションがＷｈｙ（存在意義）、ビジョンがＷｈａｔ（未来の姿）、バリューがＨｏｗ（共有価値観）に相当する。このうち、パーパスはミッションに近いが、三つの点で本質的に異なる。

第一に、ミッションは自分起点（独りよがり）か、逆に社会におもねっていることが多い。イスマイルも前述のインタビューの中で、「『社会に貢献する』的なスローガンは、どの企業でも言いそうなありきたりなものです。従業員の誰も覚えていないのではないでしょうか」と語っている。これに対して、パーパスとは「Me」でも「You」でも「They」でもなく「We」でなければならない。自らの思いと社会の思いが同心円を描くことが鍵となるのだ。

第二に、ミッションは原点回帰か、未来志向のどちらかに偏りがちだ。しかし、原点回帰だと懐古趣味に走りがちであり、未来志向では白昼夢（寝言）に終わってしまう。イスマイルは先のインタビューで、次のように語っている。

「ＭＴＰは『今やっていること』ではなく、『これから達成しようと志していること』です。そして、組織の中の人々だけでなく、外部の人々の心や想像力、野心を掻き立てるものでもあるのです」

一方で、それが誰でも考えつくような「あるべき姿」にならないためには、その企業の本源的な思いに根差していなければならない。ここでは、原点と未来をいかに「つなぐ」かが鍵となるのである。

第三に、ミッションは社外向けになりがちか、逆に社内向けになりがちだ。社外を意識すると、社会志向や未来志向のメッセージになりやすい。社内を意識しすぎると、独りよがりや懐古趣味に偏りがちだ。パーパスは社外にとってはその会社らしさが強く伝わり、社内にとっては外と未来に向けて熱い思いを束ねていくパワーの源泉にならなければならない。

　これら三点はいずれも、二律背反になりがちな二つのベクトルをいかに合わせるかが勝負となる。こここそが、「パーパス」を掲げ、実践するうえでの知恵の絞りどころである。

　ここ数年、パーパス旋風は日本にも季節風のように吹き始めている。

　二〇一七年三月、サステナブル・ブランド国際会議東京は「『パーパスブランディング』は日本に上陸するか？」と題したセッションを実施。その中で、同会議創始者のコーアン・スカジニアは、今後七〇％のブランドが社会から必要とされなくなるだろうと主張し、パーパスブランディングの重要性を強調した。

　二〇一八年には、『パーパス・マネジメント』と題した本が話題となった。[20] 著者の丹羽真理は、二〇一五年にパーパス経営を支援するアイディール・リーダーズを共同創業している。

　二〇一九年に入ると、『ＤＩＡＭＯＮＤハーバード・ビジネス・レビュー』が「PURPOSE」を特集。[21] 勉強熱心な経営者やビジネスパーソンが関心を示すところとなった。

　ただし、この「パーパス」狂騒曲が、日本人特有の「グローバルスタンダード」への迎合に見えてしまうのは、大変残念な光景である。しかも、パーパスを「存在意義」などと訳すものだから、いかにも取って付けたようでよそよそしい。

　筆者はあえて「志《こころざし》」という、ヤマト言葉を使うようにしている。なぜなら、日本人は古来、

「ヤマト魂」という強い志を持ち続けてきたからである。そして、日本企業はそれぞれ独自の志を軸に活動を行ってきたからである。

資本主義が破綻した今こそ、日本の原点に立ち返ってみる必要がありそうだ。そして、そこを起点に、見えない未来に向けて志を貫いてゆく「志本主義」をめざすべきではないだろうか。日本企業は、そろそろ西欧を周回遅れで後追いするという愚行から訣別すべきだろう。そして、日本独自の価値観に根差した志本経営を確立し、資本主義の先を世界に示すことを志すべきである。この日本固有の志本主義の系譜に関しては、第4章で詳述することとしたい。

志本主義の先？

「人本主義」から出発しても、ヒトの本質を欲望（野性）と捉えてしまうと、欲望資本主義の呪縛から逃れられない。一方、それを理性や知性として捉え直せば、「知本主義」の時代がやって来るかもしれない。さらに心（精神）や倫理観のレベルに高めることができれば、社会性、利他性にあふれた「志本主義」へと進化させることが可能になるはずだ。

では、それが果たして究極の姿であろうか。「志本主義」の先に来るものは何か。すでに、いくつかの候補が名乗りを挙げている。

たとえば、「共感主義（Empathism）」である。志の輪が内外に大きく広がっていくことで、個としての志が全体の共感に進化していく。いかにもＳＮＳ時代にふさわしいダイナミズムである。そこでは、「いいね！」をどれだけ獲得できるかが問われる。

しかし、そこには大きな落とし穴がある。世の中の空気を読んだ「迎合型」か、世の中を煽るような「扇動型」に陥りやすいからだ。前者は、人気取りに走るメディアや政治家、学者、そして、経営者の低俗化が実証している。後者はユーチューバーやインフルエンサーが、独自の価値観を訴求することで「信者」を集めている社会現象に見られるとおりである。

単純な「共感」は、このような衆愚主義に堕しかねない。未来を拓く正しい原動力となるためには、高い精神性や社会性に立脚した志の存在が不可欠である。

本当に先見性の高い志は、すぐには世間に理解されないことが常である。たとえば、前にも紹介した「不便益のすすめ」はいぶかしがられる。「デジタルの時代だからこそ、アナログにこだわる」などというと変人扱いされかねない。「ハードワークこそがヒトを成長させる」などと口走ろうものなら、即座に犯罪（ブラック）企業扱いされてしまう。

人財派遣・活用支援を展開するエン・ジャパン会長の越智通勝は、このような志を「主観正義」と呼ぶ。二一世紀に求められるのは、客観正義におもねることではなく、主観正義を強い志を持って貫き、それを客観正義にまで高める姿勢である。「共感」がＳＮＳ時代の新しい通貨になっているだけに、共感資本主義に陥る愚を避けなければならない。

もう一つ、最近は「幸福主義(Happinessism)」が盛り上がりを見せている。志がめざすものは「富(ウェルス)」ではなく「幸福(ハピネス)」であるはずだという主張である。

口火を切ったのが、アメリカのポジティブ心理学者ショーン・エイカーの著書『幸福優位七つの法則』である。[22] 同書の中で、エイカーは「幸せ」と感じることが成功につながると主張した。

アメリカではＣＨＯ(Chief Happiness Officer)という役職が急浮上している。こちらの先鞭をつけたのは、グーグルでＣＨＯ役を務めた瞑想家チャディー・メン・タンである。タンはベストセラー『サーチ・インサイド・ユアセルフ』の中で、幸福を体得する方法としてマインドフルネス活動を奨励している。[23]

今ではＣＨＯクラブがいろいろな国で立ち上がっている。たとえばフランスでは、二〇〇〇を超える企業が登録し、その中にはロレアル、アクサ、ミシュラン、カルフールなどの超大手企業も含まれているという。

日本でのＣＨＯとしては、前述したアイディール・リーダーズの丹羽真理が有名だ。丹羽は日本ＣＨＯクラブの事務局も担っており、メンバーは二〇一九年一〇月末の段階で、約四〇名まで拡大しているという。

アカデミアの世界でも「幸福経営学」を提唱する学者が出てきた。慶應義塾大学でシステムデザイン・マネジメント研究科を創設した前野隆司である。「幸福」「欲求」「共感」「感動」の計測化などを研究テーマとしているという。

定量化といえば、国家の繁栄を測る尺度を、ＧＮＰ（国民総生産）からＧＮＨ（国民総幸福量）に替えようという動きも、注目される。「世界幸福度レポート（ＷＨＲ）２０２０」[24]によると、首位は三年連続でフィンランドで、他にも北欧諸国が毎年上位をほぼ独占している。残念ながら日本は六二位（前年は五八位）で、相変わらずＯＥＣＤ諸国で最下位である。

評価項目別で見ると、「ＧＤＰ」と「健康寿命」は高いものの、「社会的自由」「寛容さ（他者への寛大さ）」「人生評価／主観満足度」が非常に低い。もっとも、評価軸は大いに疑問の残るところである。たとえば、寛容さは一カ月以内に寄付したかどうかが設問となっており、寄付という習慣がない日本が寛容さに欠けるとは結論づけにくい。また、主観満足度はまさに個人の主観によるものであり、期待値が高いために満足度が低いという理由で幸福度が低いとも決めつけにくいだろう。

そもそも幸福度は主観的なものであり、何に価値を置くかによって当然大きく評価が違ってくる。たとえば、国民の九七％が「幸せ」と答えるブータン。ＧＮＰよりＧＮＨを重視することで知られているにもかかわらず、二〇一九年のランキングでは九五位（なぜか二〇二〇年のランキングには、顔すら出していない）。

ブータンが提唱するＧＮＨは、評価項目がまるで異なる。ＷＨＲがＧＤＰや自由度など、西洋型資本主義的価値観を持ち込んでいるのに対して、ＧＮＨは心の豊かさや利他性など、東洋型精神的価値観を大切にしている。みんなが仲良く、当たり前の日常を送れることが、最も幸せなことなのである。同じ「幸福」という言葉を使っていても、全く違う尺度で見ているのだ。これでは、話がかみ合うわけがない。

もっとも、「WHR2020」は、同年三月に発表されたこともあり、新型コロナによって世界観が大きく変わる可能性を示唆している。そして、予断を許さないとしながら、今こそ利他的精神や連帯、共感の重要性が試される時期だと語りかけている。

いずれにせよ、幸福度という価値観は、場所と時間によって多様に形を変えるものであり、一律な尺度を持ち込むことは大変危険である。

では、経営の目的に幸福主義を持ち込むことはどうだろうか。幸福経営の論者は、「社員の幸せを大切にする経営」をめざす。これは一見、最近の「働き方改革」の論調にも符合した、今風の主張ではある。

しかし、社員の幸せとは何か。それはそれぞれの社員の価値観によって違うはずだ。楽な仕事や不安のない仕事が幸せだと感じる人もいるだろう。そして、「きつい仕事」や「ハードワーク」は不幸せをもたらすので敬遠される。アメリカの臨床心理学者フレデリック・ハーズバーグが「衛生要因」と名づけた評価軸だ。

しかしハーズバーグは、仕事の満足度を上げるためには、これに加えて「動機づけ要因」が必要になると説く。チャレンジングな仕事をこなして達成感があることで、初めて本当の幸福感を満喫するはずだ。

アメリカのグラスドアは、毎年『フォーブス』誌上で「Best Places to Work」を公表している。二〇一九年のランキングでは、経営コンサルティング会社のベイン・アンド・カンパニーがトップ、ボストン コンサルティング グループが五位にランクされた[25]。ちなみにマッキンゼーは二〇一八年に一二位、二〇一九年には少し下がったが、それでも一九位につけている。

これらの企業は、決して「気楽」な職場ではない。死ぬような思いで知的格闘に挑まなければ、あっという間に淘汰される世界だ。いわば「きつい会社」の典型である。それにもかかわらず従業員の満足度が高いのは、「動機づけ要因」が圧倒的に優れているからである。

社員が高いレベルで幸福感を達成するためには、社員が成長する環境を提供することが求められる。日本企業が「幸福経営」という名の下に「ハードワーク(懸命に働く)」を否定してしまえば、かつてのゆとり教育の失態を繰り返すだけに終わってしまう。幸福の定義を見直し、「働き方改革(Work-Life Balance)」から「働きがい改革(Work in Life)」に舵を大きく切り直す必要がある。

そのためには、安易に「幸福」という耳に心地良い概念に逃げるのではなく、襟を正して「志」を問い続ける真摯な姿勢が求められるはずだ。

脱成長主義(De-growthism)の誘惑

資本主義の根本的な欠陥は、無限に自己増殖するという原理そのものにあるのではないか？

これが前述した資本主義の「利己的な遺伝子」説だ。まるで最近のコロナウィルスのように、繁殖し続けようとする本能が暴走して、人間社会を食い尽くす。だとすると、「成長しなければならない」という強迫観念そのものを、取り払う必要があるのではないか。幸福主義は、そのような「脱成長主義」を呼び込む魔力にあふれている。まさにブータンの国民のように、当たり前の生活を繰り返すことができれば、それで十分幸せなはずだ。

中国では古来より、道教が儒教・仏教と並んで、三大宗教の一つとされてきた。老子・荘子の老荘思想が源泉となっている。老子は、私(小我)を捨て、一切をあるがままに受け入れ、天地自然の動きに身を任せて生きることを説いた。「無為自然」という教えである。また「上善は、水の如し」(理想は、水のように生きることである)という言葉も残している。

「道《タオ》」とは、今より上をめざすことではない。夢や希望、理想を追い求めることそのものが、自然な姿や幸せから人間をどんどん遠ざけてしまう。言い換えれば、成長願望を絶つことが本来の「道」に通じると説く。

現代中国では、道教は文化大革命時代に他の宗教と同様に弾圧を受けたが、その後復活を果たした。習近平主席も、宗教を中国共産党の管理下に置こうとしつつも、実は道教の教えを大切にしていると聞く。

西欧では「ユートピア」思想が、古来脈々と受け継がれてきた。ギリシアの哲学者プラトンは、『国家』の中で哲人が統治する理想国家を描いた。そもそもユートピアという言葉は、ギリシア語の「無(ou)」と「場所(topos)」が組み合わされて「架空の場所」を意味していた。

この言葉を広く知らしめたのが、一五一六年に出版されたイギリスの思想家トマス・モアの著書『ユートピア』だ。[26] ただし、そこで「理想郷」とされている世界は、きわめて管理社会的なものとして描かれている。言い換えれば、モアのユートピアは、その反対語である「ディストピア(暗黒社会)」と背中合わせなのである。

二〇世紀になると、この「ディストピア」の世界が、ＳＦ小説として描き出されるようになる。なかでも、イギリスの作家オルダス・ハクスリーの『すばらしい新世界』は秀逸である。[27]

そこでは人間は受精卵の段階から管理され、病気にかかることもない。不快な気分になったときは、ソーマという薬で楽しい気分になれる。家族はなく、結婚もご法度だが、人々は幸せに共同生活を送り、社会はきわめて安定している。一見すると、まさにユートピアの世界である。しかし、そのような人工的に管理された社会が、果たして本当に人間的で幸せといえるのかと、ハクスリーは皮肉を込めてわれわれに問いかけているのである。

同じくイギリスの作家ジョージ・オーウェルの『一九八四』は、さらに強烈なディストピアの世界を描いている。[28] ビッグブラザーと呼ばれる独裁者の下で、すべてが監視下に置かれる。現在のデジタル監視社会を彷彿とさせる内容である。こちらもハッピーエンドには至らないが、そもそもハピネスとは何かを深く考えさせられる。

　この「ユートピア／ディストピア」思想は、二一世紀にも受け継がれている。ヘブライ大学の歴史学者ユヴァル・ノア・ハラリは、世界的ベストセラー『ホモ・デウス』で、超・人類至上主義（ポストヒューマニズム）の未来を展望した。[29] 先端的な人類の一部が、ＩＴとバイオテクノロジーを駆使して、不死と至福を手に入れようとする。それが神の座にアップグレードされた超人（神人）の姿であり、欲望社会の頂点に立つ存在である。人類の多くがＡＩに支配される中で、彼らだけが特権階級として君臨するというのである。

　このように、欲望社会の延長線上には、決して理想郷は来ない。リーマンショックを契機として、西欧社会においても、利己的な利益最大化への抜本的な見直しの気運が高まりつつある。また、持続可能性への懸念が高まるにつれて、世界的に二〇世紀型の欲望経済の限界が声高に唱えられている。

　こうした風潮を背景に、環境や社会との共存を第一義に掲げる企業像が注目され始めている。たとえば、「Ｂ（ベネフィット）コープ」と呼ばれる一群だ。Ｂコープとして認証されるのは、株主のみならず、従業員やコミュニティ、環境や社会に対しても等しく利益をもたらす事業活動を行っている企業群である。認証機関はアメリカにあるものの、今や世界六〇カ国、三〇〇〇社以上に広がっている。大手企業では、アウトドア・アパレルブランドのパタゴニア、アイスクリームのベン&ジェリーズ、ヨーグルトのダノンなどの有名ブランドが並ぶ。

たとえば、パタゴニア。同社の基本理念は、「成長を抑制する」と「消費を抑える」である。同社の「このジャケットを買わないで」という広告は、世の中をあっと驚かせた。さらにコピーは、「私たちは、長持ちする商品をつくっています。必要がないなら、新しいものは買わないで」「もし壊れたのなら、直そう！」と続く。パタゴニア精神を見事に表現したキャンペーンである。

同社の創業者イヴォン・シュイナードは、「われわれは、毎年売上をアップすること、会社を大きくして店舗を増やすことに興味はない」と平然と語っている。シュイナードは「サステナブル」という言葉を嫌う。なぜならば人間の存在そのものが地球にとってサステナブルではないからだ。自著『レスポンシブル・カンパニー』の中でも、「サステナブル・カンパニー」ではなく「レスポンシブル・カンパニー（責任ある企業）」をめざすと明言している[30]。

さらに圧巻は、社員がスポーツを楽しみたければ、就業時間中であっても自由に出かけていけるという社風である[31]。シュイナードの著書『社員をサーフィンに行かせよう』に生き生きと描かれている。日本の「働き方改革」のはるか先を行く経営モデルである。

株式を公開せず、同族経営を貫いているから、好きなことができる。経営者も従業員も、顧客と一体となってアウトドアをこよなく愛し、地球に対して責任ある行動を取り続ける。仲良しクラブというより、ほとんど宗教団体に近い。資本主義の先を示した企業モデルといえるかどうかは、後述のとおり、議論の余地があるところだ。

企業内部の従業員の関係性を進化させた形態としては、「ホラクラシー」が注目されている。ホラクラシーの特徴は、階層や上司・部下の関係が一切存在しないフラットな組織形態を持つこと。ピラミッド型の指示命令系統ではなく、個人の自主性と役割分担、そして合議制の下で業務を進めていく。

ホラクラシー企業としては、アメリカのネットアパレル企業ザッポスが知られている。日本でも、面白法人カヤックなど、一握りのベンチャー企業が、このモデルを導入している。

日本でより広く知られているのは、坂本光司（法政大学前教授）の『日本でいちばん大切にしたい会社』のシリーズなどに取り上げられる「ホワイト企業」だろう。[32] 従業員の幸福を、企業としての利益や成長より優先するところに特徴がある。このシリーズで取り上げられている企業は主に中小企業で、三一社にのぼる。どこか、資本主義以前の古き良き価値観への回帰を色濃く漂わせている企業群である。

しかし、これら企業の「ユートピア」的な世界観には、どこかに違和感を禁じえない。誰もが成長に背を向け、自然と一体化するだけでは、多くの社会課題は未解決のまま放置されてしまう。たとえば、貧困や病気、食料の枯渇や高齢化といった課題は、ユートピア思想では解けない。もちろん、今回のコロナショックのような世界的な問題解決など、望むべくもない。

資本主義で疲弊し尽くした現代社会において、「脱成長」は魅力的な選択肢に見える。しかし、そのような誘惑に逃げ込まず、未解決の課題に立ち向かい、未来を切り開いていく「志」こそが、今こそ問われているのではないだろうか。

生命主義（Lifeism）は福音か？

次世代の組織モデルとして、「ティール組織」が注目されている。マッキンゼー出身のフレデリック・ラルーが、著書『ティール組織』（原題 *Reinventing Organizations*）で提唱したモデルである。[33] ラルーは、組織の進化には五つの段階があるという。それを色で表すと次のようになる。

第一段階　レッド（衝動型）：「オオカミの群れ」個の力による支配構造
第二段階　アンバー（順応型）：「軍隊」役割が明確な階層構造
第三段階　オレンジ（達成型）：「機械」科学的マネジメントが可能な機械的組織
第四段階　グリーン（多元型）：「家族」社員第一の格差のない社会
第五段階　ティール（進化型）：「生命体」個と全体が同期しながら進化する組織

この分類に基づけば、「いい会社」は「グリーン」な段階にとどまっている。確かに、競争原理の下で、大きな組織の歯車となってあくせくと働かされる二〇世紀型の「オレンジ」企業に比べれば、はるかに人間的で居心地が良さそうに見える。

しかし、そのような一見ユートピア的な組織に、未来を切り開く力はあるだろうか？ それは、激しく変化していく現実からの逃避行にすぎないのではないだろうか？

ラルーは「グリーン」企業を超えるあり方として、ティール組織を位置づける。個人が自立しつつ、組織体としての共通の目的に向かっていく組織である。個人と企業そして環境が、相互に関係し合いながら進化する姿は、前述した複雑系理論とも軌を一にしたモデルだといえるだろう。

ラルーは、ティール組織は、以下の三つの共通要件があると指摘する。

①進化する目的（エボリューショナリーパーパス）
②自律性（セルフマネジメント）
③全体性（ホールネス）

②は、グリーン組織と同じだ。違いは①と③にある。

まず、①進化する目的。環境が変化する以上、生命体としての組織も変化し続けなければならない。そのためには、「この組織は何のために存在するのか？」という存在目的（パーパス）そのものを見直す必要がある。

そのうえで、自律性（②）と同時に、③の全体性を常に意識すること。そのためには、細胞としての各個人がお互いの多様性を尊重し、相互に補完し合いながら、常に進化し続ける目的の達成に向けて、協働していくことが求められる。

ティール組織は生命をモデルとしている。二一世紀には静的な「いい会社」ではなく、躍動する生命のように動的で「いきいきした会社」をめざさなければならない。

生命は、個々の細胞が自律していると同時に、細胞同士がつながってシステムとしてより大きな機能を果たしている。また生命同士が連携することで、より大きな生態系の中で共存し、共進化している。細胞分裂だけでなく、細胞結合、ひいては補完し合う組織間結合（＝異結合）こそが、生命の持続と進化の原動力となるのである。

「スイミー」の童話が一つのメタファーとして参考になる。小学校の教科書に出てくる「ちいさなかしこいさかな」の話だ。仲間たちがみんな赤い魚だったのに、スイミーだけは真っ黒。そこでスイミーはみんなで集まって大きな魚のふりをし、黒い自分は目の役割を担うことを提案する。その結果、小魚たちは大きな魚に食べられることなく、自由に海で泳げるようになったという物語だ。このように、「個」でありつつ「群」としても振る舞えることこそ、生命的組織の特質なのである。

このように見ると、この生命主義(Lifeism)こそ、二一世紀型モデルのように思えてくる。しかし、それは果たして「人間的」だろうか？　さらに踏み込んでいえば、一般の生命と人間の違いは何か？

最も顕著な違いは、ヒトは心を持ち、哲学を持ち、宗教を持つことができるということではないだろうか。もちろん、このような形而上学的な世界から縁遠い人も少なくないが。

生命は生きることを第一義とする。個体としてはいずれ死を迎えるとしても、種として生き延び続けようとする。しかも、その際には周りの生態系との共存が必須となる。ラルー的にいえば、③の全体性への配慮である。ある意味で、生命は、利己的な資本主義に洗脳された現代人より、はるかに持続可能性への知恵に富んでいるともいえるだろう。

しかし、では何のために生きるのか、と問われたとき、彼らはどう答えるだろうか？　ラルー的にいえば、①の進化する目的を持っているのだろうか？

これを筆者は「志」と呼ぶ。生命主義と志本主義の本質的な差異は、ここにある。生命主義は人間にとって、「福音」ではない。なぜなら、人間は生命(生きる物体)であるだけでなく、生きることの意味、すなわち、哲学や宗教(福音)を確立しなくてはならないからである。

第3章 志本主義の系譜

この章では、経済学を超えて先人たちのいろいろな言説を「志本主義」という切り口から分析してみよう。

志本主義は、実は決して新しい理念ではない。たとえば資本主義の源流は、アダム・スミスの『国富論[1]』だというのが定説である。しかし、スミスは功利主義ではなく、むしろ志本主義に近い思想の持ち主であった。資本の自己増殖を招いたのは、スミス以降の市場原理主義者たちの思想の系譜によるところが大きい。

しかし西欧においても、二〇世紀の後半、資本主義の暴走に異を唱える動きが胎動し始めた。戦後フランスにおいて、哲学者ジャン＝ポール・サルトルや文学者アルベール・カミュなどを中心に、人間の主体性に焦点を当てた実存主義が勃興する。その後、構造主義やポスト構造主義が、人間は環境に従属すると主張、実存主義は下火になった。

しかし、最近になって、ドイツの新進気鋭の哲学者マルクス・ガブリエルが「新実存主義」を提唱、人間性とは何かという形而上学的な問いかけが復権してきている。

アメリカにおいても西海岸を中心に、一九九〇年前後から、デジタル経済がもたらす収穫逓増の法則が脚光を浴び始める。そこでは市場原理を超えた人間同士の創発性が、幾何級数的な成長のドライバーとして注目されるようになった。

功利主義ではなく志こそが、成長のドライバーであるという考え方は、東洋ではむしろ主流であり続けた。二〇世紀においても、インド哲学をふまえたマハトマ・ガンディーの「非暴力・非服従」や、儒教精神をふまえた渋沢栄一の「論語と算盤」などが、時代の精神となった。功利主義者たちが唱える欲望経済が、東洋の伝統的な精神構造を蝕み始めたのは、ここ三〇年ぐらいの一時的な現象でしかないのである。

アダム・スミスの「見えざる手」

近代経済学の父アダム・スミスは、神の見えざる手が働く市場原理を唱えたことで知られている。市場経済においては、それぞれの個人が自ら利益を追求すれば、結果として社会全体において適切な資源配分が達成されるという考え方だ。スミスによれば、その見えざる手の正体は価格メカニズムである。ここから、価格を通じて需要と供給が自然に調節されていくという近代経済学の基本原理が生まれていった。

スミスほど曲解されて後世に伝わっている思想家も珍しい。『国富論』の中では、一カ所だけ見えざる手(invisible hand)という表現は出てくるが、「神の(of God)」というフレーズはどこにもない。

そもそもスミスは、大学教授として経済学を担当する前は、倫理学を教えていた。そのときの著書が『道徳感情論』である。その中でスミスは、共感(sympathy)こそが社会秩序の基盤となると唱えている。共感とは、他人の感情や行為の適切性を評価する能力であり、利害対立を超えた公平な判断を下すには、賢人(wise man)が必要だとしている。

スミスは決して利己的な意思を肯定していたわけではないのだ。それを是正する役割を担うのは、利益の最大化を図る市場原理ではなく、共感という社会原理だと考えていた。

新進気鋭の論客の一人であるチェコの経済学者トーマス・セドラチェクも、このスミスに対する世の中の誤解を指摘する。スミスが言いたかったことを正確に表現すると、「神の見えざる手」ではなく「社会の見えざる手」だったはずだと論じる。そして、『善と悪の経済学』で、経済学に倫理を取り入れる必要性を説く[2]。

しかし、そのようなスミスの意に反して、資本主義は「市場原理」を金科玉条として突き進んでいく。一九三〇年代の大恐慌時には、イギリスの経済学者ジョン・メイナード・ケインズの財政政策が資本主義の破綻を食い止めたものの、その後はまた、市場原理万能主義が主流の座に就く。

その旗頭が、一九七六年にノーベル経済学賞を受賞したアメリカの経済学者ミルトン・フリードマンだ。彼は市場原理に基づく自由放任主義を説き、アメリカを頂点とする金融資本主義の時代を築いていった。フリードマンは、企業は経済的責任以外のことを考慮すべきでなく、ただ株主の利益のために行動するべきだと説く。そして、それによって結果として、社会の豊かさの実現につながると主張する。筋金入りの株主資本主義論者である。

フリードマンは、ＣＳＲ（企業の社会的責任）を徹底的に否定したことでも有名である。社会への慈善行為がビジネスに役立つなどと考えるとすれば、不純な動機に基づく偽善行為だといって切り捨てる。

道徳、そして社会性から出発したスミスが聞いたら、さぞかし目を剥くことだろう。市場原理が独り歩きして、二世紀の間に資本主義はとんでもない迷路に入り込んでしまったのである。

なお、そのフリードマンに、猛然と異議を唱えたシカゴ大学の同僚がいた。宇沢弘文である。宇沢は効率重視の過度な市場競争は、格差を拡大させ社会を不安定にすると主張。その後、東京大学に戻った宇沢は、「社会的共通資本」という概念を提唱。医療、教育、金融などの社会インフラ、さらには農業、都市、環境などの社会資本を蓄積、進化させ続けるためには、市場原理を超えた社会的装置が必要だというのである。

現代の最先端の課題であるサステナビリティを、半世紀前から直視していた日本人学者がいたことは、改めて注目に値する。宇沢が日本人で最もノーベル経済学賞受賞に近い学者といわれながら二〇一四年に亡くなったことは、時代が早すぎたとはいえ、大変残念なことである。

さて、もう一つ、資本主義の父・スミスにとっては、きわめて不本意な顛末があった。

スミスは経済成長についても、重要な提言をしていた。経済が成長するためには、労働の価値を高める必要があり、そのためには設備投資や資本の蓄積が必要となる。市場において自由に競争することによって労働生産性が高まり、社会全体の進歩の原動力になると唱えたのである。このように、スミスはヒト・モノ・カネを経営の三要素と捉え、なかでも、労働、すなわちヒトこそが、価値の源泉と考えていた。

しかし、スミスの後継者たちは、このうちの資本、すなわちカネこそ、すべての資源を生む元手であると位置づけ直した。ここに、資本か労働かという本質的な二項対立が産み落とされたのである。

『国富論』から約一世紀を経て、カール・マルクスは『資本論』の中で、資本を「自己増殖する価値の運動体」と捉えた。そして、資本主義の下では資本家に富が集中し、格差が広がっていくと唱えた。[3] このマルクスの予言は、産業資本主義、さらには金融資本主義が世界市場を席巻していった二〇世紀に現実のものとなっていった。

ここに大きなボタンの掛け違いがあった。成長の源泉が、ヒトではなく、モノ、そしてカネへとすり替わってしまったのである。本来「人本主義（Talentism）」から出発していたはずのスミスは、「資本主義（Capitalism）」の殿堂に祭り上げられてしまう。この異教徒集団に教祖として崇められたのでは、スミスもさぞ居心地の悪いことだろう。

アマルティア・センの「合理的な愚か者」

このような経済合理性を前提とした考え方に異論を唱えたのが、一九九八年にノーベル経済学賞を受賞したインド出身の経済学者、アマルティア・センである。

センは功利的に振る舞う人間像を「合理的な愚か者」と呼ぶ。これまで経済学が「ホモ・エコノミクス（経済人）」として想定してきた自己利益の最大化に向けて合理的に行動する人間像である。そして、そのような利己主義が、貧困や国際的な紛争を引き起こすと警告する。

センは経済学がひたすら「工学」化していくことに警鐘を鳴らし、「人はいかに生きるべきか」という倫理学の必要性を説いた。近代経済学が無視してきた、スミスのもう一つの原点への回帰である。

そして、飢餓や貧困などの社会的課題を、他人事として切り捨てず、真摯に向き合うべきだと主張。今のＳＤＧｓなどへの大きな流れの源流の一つとなった。

センは、人々をそのようなポジティブなエネルギーに向かわせる三つのキーワードを提示している。共感、コミットメント、そしてケイパビリティである。

- 共感……自身の利益に直接関係がない事態や行動に心が動かされることを指す。たとえば、弱者への共感、自然環境保護への共感など
- コミットメント……そのように共感したものに対して、自らかかわろうとする心の動きや行動を指す。弱者への支援、環境保護活動への参加など
- ケイパビリティ……個々人の潜在能力である。共感の輪を広げるインターパーソナルスキル、望ましい結果を生み出す現場力など

これこそ志本主義の教義そのものだ。そしてそこには、インド特有の非西欧的宗教観や倫理観が脈々と息づいている。

インドの近代思想の体現者といえば、インド独立の父と呼ばれるマハトマ・ガンディーが真っ先に思い浮かぶ。ガンディーの語った数々の名言の中に、「パーパスを見つけよ。手段は後からついてくる」という一節がある。まさに、「パーパス」すなわち志の大切さを説いている。

ガンディーはまた、以下のとおり、「七つの社会的罪」を指摘している。

- 理念なき政治
- 労働なき富
- 良心なき快楽
- 人格なき学識
- 道徳なき商業
- 人間性なき科学
- 献身なき信仰

イギリスで教育を受けたガンディーは、カトリック教の「七つの大罪」はよく知っている。高慢、物欲、嫉妬、憤怒、色欲、貪食、怠惰の七つである。しかし、これらはあくまでも神と個人の関係における罪でしかない。

ヒンドゥー教やインド哲学というインドの伝統的な価値観を受け継ぐガンディーは、そこに違和感を覚えたはずだ。社会を基軸とした価値観を持ち込むことによって、西欧的な個人主義の限界を突破しようとしたのである。「労働なき富」や「道徳なき商業」などは、アングロサクソン型資本主義への痛烈な抵抗精神にあふれている。

そしてそれは、まさに日本的な商業倫理にも通じるものである。これについては、本章の最後に論じることにしたい。

カミュの「反抗的人間」

ガンディーの「抵抗」に通底した思想を提唱するのは、フランスのノーベル文学賞作家のアルベール・カミュだ。筆者が最も好きな作家の一人である。彼の処女作『異邦人』を読まれた方も多いだろう。また、『ペスト』は、最近、新型コロナの中での生き方に通じるところがあることから、ベストセラーランキングのトップに躍り出ている[4]。

世界は不条理であるという認識がカミュの出発点である。合理性とは、しょせん、人工的な架空の世界でしかない。そして、その不条理に立ち向かうことこそ、人間らしい選択肢であると説く。それを「反抗」と呼ぶ。

それはまず、「神」という絶対権力への反抗である。同時に、神の座を奪った科学への反抗である。「反抗が生を価値あるものたらしめる[5]」。反抗によって初めて、「人間性」を取り戻すことができるというのである。

ただし、それは「革命」ではないとも説く。革命は、暴力という手段を目的化してしまい、全体主義へと通じていく。真の「反抗」とは、肯定でも否定でもなく、そのような二律背反を超える姿勢だと主張する。ガンディーの「非暴力・非服従」、そして、東洋的な中庸の精神そのものに通底している。
ところが、この中庸さが、戦後のフランス哲学界のドンであったジャン＝ポール・サルトルの逆鱗に触れる。サルトルは「社会参加」を提唱し、マルクス革命に傾斜していたからである。これが「革命か反抗か」という有名な論争に発展していった。カミュは、当時の知識人が飛びついた革命思想にもマルクス主義にも、徹底的に「反抗」したのである。

『反抗的人間』の中で、カミュは実存主義が基軸としてきた「個の主体性」という思想にも反抗する。[6]「他者の中へ自己を超出する」ことによって、共同体としての「連帯」が生まれると説く。

『異邦人』では、まだ不条理の中での「個の主体性」のあり方が中心課題であった。しかし『ペスト』は、この連帯がもたらす「集合としての社会の主体性」のあり方を、生き生きと描き出している。

実存主義は不条理から出発している以上、「ユートピア」的な見かけ上明るい未来など夢想だにしない。「ハピネス」や「ハッピーエンド」とも無縁だ。同時に、科学や資本主義が現実を捨象して構築してきた合理主義の虚像にも背を向ける。

「合理的な愚か者」であるよりは、「不条理に立ち向かう反抗者」であることを選ぶ。主体性の哲学と呼ばれるゆえんである。そして、それこそ筆者が提唱する「志本主義」の人間的な原点でもある。

実存主義は、サルトルらによってマルクス主義に傾斜し、革命運動に火をつけ、燃え尽きていった。反資本主義というアンチテーゼで終わってしまったことは、大変悔やまれる。

サルトルが声高に唱えた「社会参加」は、半世紀後の現在、ＳＤＧｓ活動として、世界中に広がりつつある。そこには「革命」の起爆力はない。むしろ、牧歌的な人間愛（ヒューマニズム）にあふれた運動である。サルトルが見たら、大いに嘆くことであろう。

一方、今回の新型コロナが露呈したように、そのような牧歌的な世界観は一皮むくと虚像でしかない。むしろ『ペスト』の主人公リウーよろしく、不条理に立ち向かい続ける悲壮な覚悟が問われている。今回のコロナをきっかけに再びベストセラーになったコミックの題名ではないが、『リウーを待ちながら』[7]という心境に立たなければならない。

カミュは次のように語っている。

「反抗は常に世界を問題にし、危機が人を自覚的にするように、形而上学的反抗は緊張感を持って意識を経験全体に行き渡らせます」

志本主義は、今世の中に蔓延しつつある偽善的なヒューマニズムとは対極に位置している。カミュのいう反抗精神と、そこから生まれる本当の連帯こそが、出発点となる。

そしてそれは、ポストコロナ社会におけるギリギリの選択のはずだ。

ピーター・センゲの「学習する組織」と
ブライアン・アーサーの「収穫逓増」

さて、一方のアメリカでは、新時代の成長理論が台頭していった。二〇世紀後半に飛躍的な成長を遂げた情報技術が、その起爆剤となった。しかし、東海岸と西海岸とでは、異なる潮流を形成していった。

東海岸の震源地はマサチューセッツ工科大学（ＭＩＴ）である。戦時中からフィードバック制御を研究していたノーバート・ウィーナーが、戦後に「サイバネティクス（人工頭脳学）」を提唱。システム内における因果律に注目した。いわゆる「複雑系」科学の走りである。

このサイバネティクスの考え方を経営や社会システムに応用したのが、ＭＩＴのジェイ・フォレスターだ。「システムダイナミクス」と名づけられたシミュレーションモデルが、一九七二年にローマクラブが提唱した「成長の限界」に使われたことは、前述したとおりである。

このシステム思考を、広く企業や人間に応用したのが、同じＭＩＴのピーター・センゲだ。センゲは、『最強組織の法則』（原題 *The Fifth Discipline*）で因果ループをベースに、学習する組織のあり方を提唱した。[8] 筆者も、一九九一年にマッキンゼーに入社したばかりの頃、システムダイナミクスで産業や企業戦略のシミュレーションを試みたものである。

しかし残念ながら、システムダイナミクスは、変数や係数の置き方次第で、きわめてランダムな結果を導いてしまう。そのため、計数化を重視する経済学においては、その後失速していった。センゲも経済学の限界を見極め、社会学、人間学、さらには宗教学など、形而上学的な世界へと旅立っていった。この点については、後述することとしたい。

一方、西海岸の震源地はスタンフォード大学だ。五一歳という史上最年少で、一九七二年にノーベル経済学賞を受賞後の一九八〇年、東部のハーバードから移ってきたケネス・アローがその中心的な存在となった。そこでのキーワードは「収穫逓増(increasing returns)」である。古典的な経済学では、収穫逓減が常識だった。ヒト・モノ・カネの投入によって得られる収益は、追加投入していくと伸びるものの、次第に伸び率が低下していくという法則である。しかし、ソフトウェアやコンテンツなどの無形資産は、開発費や設備費は固定費となるため、販売量が増えれば増えるほど収穫(利益)は増価する。

特に一九八〇年代以降のシリコンバレーで見られたように、ライフサイクルのスピードが急激なＩＴ分野では、加速度的な収穫逓増が実現する。いわゆる「勝者総取り(Winner takes all)」現象だ。

この収穫逓増理論の源流が、アローの論文「実践による学習の経済的意味合い[9]」である。その後この発見は、「学習曲線(learning curve)」として、ボストン コンサルティング グループの創業者ブルース・ヘンダーソンらによって経営の現場にも広まっていった。

東海岸のシステムダイナミクスから生まれた「学習する組織」論と、西海岸の複雑系理論の出発点が「実践による学習」であったことは、資本主義を超えようとする試みが、時空を超えて通底していたことを示唆している。

アローの収穫逓増理論は、西海岸でさらに二つの潮流へと引き継がれていった。

一つは、サンタフェ研究所（ＳＦＩ）である。アローらが賛同して、一九八四年にニューメキシコ州サンタフェに設立された学際的な研究組織だ。

クリストファー・ラングトン（コンピュータ科学、人工生命）らによる「カオスの縁」、スチュアート・カウフマン（理論生物学）による「自己組織化」、ブライアン・アーサー（経済学）の「収穫逓増」などの最新モデルが、まさに百花繚乱となって咲き乱れた。複雑系研究のメッカとも呼ばれたゆえんである。

インターネット経済が幕明ける中、筆者もマッキンゼーのデジタルグループのメンバーとして、複雑系モデルの経営への応用に取り組んだ。なかでも一九九〇年にシュンペーター賞を受賞したブライアン・アーサーとの共同研究は、今から振り返っても知的興奮に満ちていた。

しかし、その後ＩＴバブルの中で、世の中は複雑系や創発といった概念に熱狂した。本質を理解せず、収穫逓増の波に先を争って飛び込んでいったのだ。そのような安易な投資が実体経済に実を結ぶことはなく、ＩＴバブルはあっけなく幕を閉じていった。

アーサーは、著書『テクノロジーとイノベーション』の中で、「テクノロジーは目的を達成するための手段である」と述べている。[10] 当時の情報資本主義の目的は、収穫逓増であり、一攫千金でしかなかったのではないか？　それは結果かもしれないが、目的であってはならない。アーサーは、目的とは何であるべきかについて多くを語っていないが、それこそが志本主義に向けて舵を大きく切る際の本質的な課題だったはずである。

　さて、アローが発見した収穫逓増の謎は、西海岸でもう一つの潮流を生み出していった。二〇一八年にノーベル経済学賞を受賞したポール・ローマーの一派である。ローマーらは、収穫逓増の源泉が企業内の知識の蓄積にあると指摘した。「内生的成長理論」と呼ばれるゆえんである。

　この理論については、第2章の「知本主義」のところで概説したとおりである。ローマーは一九八六年に論文「収穫逓増と長期成長」[11]を発表、技術に関する知識が技術革新を起こし、生産性を向上させ、長期的な経済成長につながると主張した。その後のデジタル革命を予言する理論として、広く注目を集めた。

　しかし、このローマーモデルは、三つの課題を残していた。

　一つ目は、技術、あるいは知識以外に、収穫逓増のドライバーはないのか（Ｗｈａｔ）という課題である。実際には、ブランド、エコシステム、人財など、幅広い内部資産が収穫逓増と長期成長をもたらすはずだ。この点は、無形資産の経済として、第12章で取り上げることにしたい。

二つ目は、知識は企業内でいかに生まれるのか（Ｈｏｗ）という課題である。この点については、野中郁次郎らが知識創造のプロセスとして解明していったことは前述したとおりである。

三つ目は、そもそもなぜ企業は、知識、あるいはそれ以外の無形資産を蓄積し、収穫逓増、そして長期成長を実現しようとするのか（Ｗｈｙ）という課題である。それが私利の追求だとすれば、欲望経済の呪縛から逃れたことにはならない。より高い志（パーパス）に根差しているときに初めて、資本主義から志本主義へのパラダイムシフトが起こるはずだ。

さて、収穫逓増の法則が約束したはずの新天地は、ＩＴバブル崩壊で無残にも消え去ったかに思われた。しかし二一世紀初頭、その焼土の中から、真性の指数関数的成長企業（ExOs: Exponential Organizations）群が躍り出てくる。ＧＡＦＡ（Google, Amazon, Facebook, Apple）たちだ。

二〇〇八年にシリコンバレーに創設されたたシンギュラリティ大学が、ExOs（エグゾス）になるためにはＭＴＰ（Massive Transformative Purpose）が必要であると見抜いたことは、前述したとおりだ。ここで上記の三つ目の課題であるＷｈｙの答えが暗示されたのである。異次元の成長をめざすためには、「パーパス（志）」から出発しなければならない。

しかし、指数関数的成長は、永久に続くのだろうか？　その問いに答えるためには、収穫逓増の法則が見過ごした大きな盲点に気づく必要がある。

フィードバックには、正のフィードバックと負のフィードバックがある。このうち収穫逓増の法則は、正のフィードバックに焦点を当てたものだ。それだけであれば、確かに幾何級数的な成長がもたらされるだろう。

しかし一方で、負のフィードバックは、そのような成長を妨げる働きをする。たとえば、知識は収穫逓増により独占状態をもたらしうるが、一方で独占を阻止する負のフィードバックが、企業側からも規制側からも発動される。二一世紀初頭、マイクロソフトが直面し、今ではGAFAが直面している成長の限界である。

生態系は、まさにこの正と負のフィードバックが複雑に連鎖しながら進化していく。複雑系といわれるゆえんである。システムダイナミクスは、この両方の作用を補足しようとする姿勢において、より中立的であり巨視的である。このシステムダイナミクスに基づいて「成長の限界」が示されたことは、前述したとおりだ。

カオス理論に当てはめれば、収穫逓増の法則は、カオスの縁に発生する「ストレンジ・アトラクター」とでもいうべき現象である。小さな「ゆらぎ」がひきつけられて自己組織化していき、大きな「相転移＝進化」へとつながっていく。しかし、全体の空間と長い時間軸の中で見れば、それはきわめて局所的、かつ一過性のものでしかない。GAFA現象も同じである。

生態系全体の持続的な共進化につながるためには、利己的な成長のための成長ではなく、全体を巻き込んでいく利他的な志が不可欠だ。アダム・スミス以降、二世紀半にわたって科学を追求し続けてきた経済学は、そのような形而上学的な視座を見失ってしまったのである。

ピーター・ドラッカーの「ポスト資本主義社会」

一方、経済学から派生していった経営学は、さらに迷走していった。

ハーバード・ビジネススクールのマイケル・ポーターの戦略論。あるいは、ノースウェスタン大学ケロッグスクールのフィリップ・コトラーのマーケティング論。今や経営学の古典だが、科学と呼べる代物ではない。ノーベル賞に経営学賞がないのもうなずける。とはいえ、形而上学としての洞察からも無縁だ。経営の実務家には多少役には立つものの、常識的な知恵が後づけでまとめられているにすぎない。

しかし、経営学の父といえば、いうまでもなくピーター・ドラッカーである。ドラッカーは初期の著作で、経営学の礎を築いた。

たとえば、『産業人の未来』で新しい職業人のあり方を示した。この処女作をきっかけに、ゼネラルモーターズから会社組織の変革を請け負い、名声を高めた。また、『企業とは何か』では、企業の社会的使命について論じた[12]。

圧巻は、一九五四年に出版された『現代の経営』[13]である。「マネジメント」という言葉を広め、マネジメントブームに火をつけた。この本には今日なお、経営者にとって多くの学びが詰まっている。中味をいくつかかいつまんで紹介しよう。

『現代の経営』は、次の有名な一文から始まる。

「マネジメントとは事業に命を吹き込むダイナミックな存在である」

また、「企業の目的」を、次のように定義している。

「企業は社会の機関であり、その目的は社会にある。企業の目的としての有効な定義は一つしかない。すなわち、顧客の創造である」

さらに、次のように論じていく。

「企業の目的が顧客の創造であることから、企業には二つの基本的な機能が存在する。すなわち、マーケティングとイノベーションである。この二つの機能こそ起業家的機能である」

「企業は、発展する経済においてのみ存在しうる。少なくとも変化が当然であり望ましいとされる経済においてのみ存在しうる。企業とは、成長、拡大、変化のための機関である」

経済学が二〇世紀後半、延々と格闘してきた経済成長の議論の本質を、ドラッカーは半世紀近く前から見極めていたのである。

また、成長する組織の文化について、次のように語る。

「優れた組織の文化は人の卓越性を発揮させる。卓越性を見出したならば、それを認め、助け、報いる。そして他の人の仕事に貢献するように導く。したがって優れた文化は、人の強み、すなわちできないことではなく、できることに焦点を合わせる。そして組織全体の能力と仕事ぶりの絶えざる向上をもたらす。優れた組織の文化は、昨日の優れた仕事を今日の当然の仕事に、昨日の卓越した仕事を今日の並みの仕事に変える」

これは後述するように、マイクロソフトが二〇一〇年代後半、組織文化を「成長マインドセット」にリフレッシュさせたことによって、不死鳥のように甦った物語に見事に再現されている。このような本質論は、五〇年という歳月を経てますます輝きを増している。

さらに、時間軸のマネジメントについて、次のように説いている。

「経営管理者はあらゆる意思決定と行動において、当面するニーズと長期のニーズを調和させなければならない。この二つのいずれを犠牲にしても企業を危機に陥れる」

最近、日本では「両利きの経営」が話題になっているが、ドラッカーはその本質を半世紀以上前に語っていたのだ。その慧眼には驚かされる。

また、企業の株主と社会への責任に関しては、次のように語っている。

「マネジメントは、利益をあげることは株主への責任であるという。しかし株主は、少なくとも上場企業ならば株を売ることができる。だが、社会は企業から逃げられない。企業が十分な利益を生み出さなければ、社会が損失を被る。企業がイノベーションや成長に成功しなければ、社会が貧困化する。（中略）

マネジメントたる者は、企業の活動が公共の利益を促進するか、社会の基本的信条を前進させるか、社会の安定、力、調和に寄与するかを常に考える必要がある」

最近ＥＳＧやＳＤＧｓへの関心が高まり、企業による社会課題に対する姿勢が問われている。しかしそれを理由に、十分な利益を生み出し続けることへのこだわりが後回しにされがちだ。

このような安易な風潮に対して、マイケル・ポーターは、社会価値のみならず、経済価値を創出することを忘れてはならないと釘を刺す。後述するCSV(Creating Shared Value)モデルである。しかしドラッカーは半世紀前から、この共通価値創造の必要性を説いていたのである。

『現代の経営』の最後のほうで、ドラッカーは、哲学と倫理の重要性を強調している。


「新しい課題は、明日の経営管理者に対し、哲学をもってあらゆる行動と意思決定を行い、知識、能力、スキルだけでなく、ビジョン、勇気、責任、真摯さをもって人を導くことを要求する。(中略)経営管理者にとって決定的に重要なものは真摯さである」


資本主義はアダム・スミスの真の意図に反して、哲学や倫理のような「非科学的」なもの(まさに「外部経済」)に背を向けて進化(退化?)し続けてきた。そのツケが「合理的な愚か者」を生み、「成長の限界」への盲目的な行進を生んだ。ドラッカーは、「経営原本」とも位置づけられる本書で、そのような資本主義の暴走を強く戒めたのである。

その後も、ドラッカーは精力的に経営のフロンティアを拓き続けていった。一九六九年には、『断絶の時代』の中で、知識社会や起業家精神、そしてグローバル化の到来を予言。一九九三年には、『ポスト資本主義社会』と『すでに起こった未来』を出版[14]。資本主義の限界を説き、社会課題の解決や生態系への配慮の必要性を唱えた。

たとえば、『ポスト資本主義社会』の中で、ドラッカーは次のように論じる。

「富の創出の中心は、古典派経済学、マルクス経済学、ケインズ経済学、新古典派経済学など一九世紀と二〇世紀の経済学における二つの柱、すなわち、資本と労働の生産的使用への配賦ではなくなる。今や、知識の仕事への応用たる『生産性』と『イノベーション』によって、価値は創出される」

「ポスト資本主義社会は、価値観によって知識人と組織人に二分される。前者は言葉と思想にかかわりを持ち、後者は人と仕事にかかわりを持つ。この二分を乗り越えた新たな統合こそ、ポスト資本主義社会における哲学的および教育的な課題となる」

ドラッカーは一九七一年まで東海岸（ニューヨーク大学）、その後は西海岸（クレアモントスクール）で教職を務めた。しかし、いずれも経済学や経営学の主流からは縁遠かった。

経済学者や経営学者からすると、ドラッカーは自説を主張するだけで、アカデミックな数式化や実証研究を軽視（というより無視）している。一方でドラッカーは、哲学や倫理を顧みない経済学や経営学の実態に愛想を尽かし、自らを「社会生態学者」と称していた。

ドラッカーには、『傍観者の時代』[15]という自伝がある。実業や政治はもちろん、アカデミアの世界からも「社会的距離（ソーシャルディスタンス）」を取り続けた傍観者だったのである。

アメリカの経営者や企業人と話してみると、そもそもドラッカーのことを知らないのに驚かされる。「ドラッカー信者」が多い日本のシニア層と比べると、大変な温度差である。もっとも、最近の日本のＭＢＡホルダーは、ポーターやコトラーには敬意を表しても、ドラッカーを真面目に読んでいることは稀だ。

確かにドラッカーは理論的というより、予言的である。そして学術的であるというより、実践的である。もっとも、資本主義の延命に躍起になるアメリカの実業家や、最近のアメリカかぶれの日本の企業人にとって、資本主義の限界を説き、その先を見据えるドラッカーは、実践的ではないのかもしれないが。

学問の中でも外縁に追いやられた経営学において、ドラッカーは「カオスの縁」ともいうべき存在といえるだろう。外縁のさらに縁にいたということは、むしろ中心に近いということかもしれないし、逆に全く異次元の入り口に立っていたのかもしれない。いずれにせよ、ドラッカーは企業や経営ではなく、人間の生態とその社会的使命に向き合い続けてきた。

その意味で、ドラッカーは先述した実存主義的な哲学を経済学や経営学に持ち込んだ唯一の知識人だったといえるだろう。そして、筆者が志本主義と呼ぶ思想を半世紀以上にわたって、真摯に唱え続けた孤高の人（傍観者）でもあったのである。

渋沢栄一の「論語と算盤」

ドラッカーは、知日派としても知られている。日本には何度も足を運び、日本の古美術のコレクターとしても有名だった。また、クレアモントにあるドラッカースクールを訪問すると、「The Peter F. Drucker and Masatoshi Ito Graduate School of Management」という看板が迎えてくれる。そう、セブン&アイ・ホールディングス名誉会長の伊藤雅俊の寄付によって設立した教育機関なのである。

そのドラッカーが絶賛する日本の企業家が、渋沢栄一である。いわずと知れた「日本資本主義の父」である。ドラッカーよりさらに半世紀先に活躍した人物である。なお、二人とも命日が一一月一一日という話を聞くと、不思議な縁を感じてしまう。

前述した『断絶の時代』の中で、日本の近代化の成功は渋沢栄一に依るところが大きいと語っている。半世紀にわたって、人財を育成し続けることによって、欧米資本に頼ることなく、日本独自の繁栄を築くことができたというのである。まさに日本流の人本主義の源流であり、アメリカも渋沢栄一から学ぶことが多いという。

ドラッカーは著書『マネジメント』[16]の第1章「マネジメントの登場」の中で、渋沢栄一を以下のように紹介している。

「日本の渋沢栄一が明治の頃に描いた、プロフェッショナルとしての経営陣という儒教的な理想像が現実のものとなった。マネジメントの本質は、富でも地位でもなく、責任であるとの渋沢の洞察が実現された」

また、同書の第24章「マネジメントと社会」の中で、次のように述懐している。

「はるか前の時代のリーダーたちのほうが、企業の社会的責任を正面から捉えていた。明治の日本の渋沢栄一であり、第一次世界大戦前のドイツのヴァルター・ラーテナウだった」

ちなみに、ラーテナウは日本では知られていないが、ドイツの著名な実業家かつ政治家だ。ラーテナウが創業したAEGはGEと双璧をなす総合エレクトロニクスメーカーだった。日本でいえば、日立や東芝の巨大版である。第二次世界大戦後に財閥解体の対象となり、今はオートメーション事業はフランスのシュナイダーエレクトリックに、家電事業はスウェーデンのエレクトロラックスに、鉄道部門はカナダのボンバルディアに吸収されている。

渋沢栄一について、知らない日本人は稀だろう。二〇二四年からは、一万円札の顔になる。二〇二一年には、NHK大河ドラマの主人公として、お茶の間に登場している。本書を執筆中の現在は、コロナ禍で巣ごもり生活が続いているが、その中で渋沢栄一ブームが静かに広がっている。

渋沢栄一は、第一国立銀行をはじめ、東京海上火災保険、東京ガス、キリンビールなど、五〇〇以上の企業の創設に尽力した。また、日本赤十字社や女子教育奨励会などをはじめ、数々の非営利組織も立ち上げた。筆者がここ一〇年にわたって教鞭をとっている一橋大学もその一つで、遠からぬ縁を感じる。

渋沢栄一といえば七六歳のとき（一九一六年）に出版した『論語と算盤』[17]が有名だ。とはいえ、この本を実際に読んだことがある人は、決して多くない。最近は現代語版も出ているので、ぜひ一読をお勧めする。一日で読めてしまう量ではあるが、中味は大変深く、学びが多い。筆者が感銘を受けたくだりを、いくつか紹介しよう。

「まず、何かをするときに極端に走らず、頑固でもなく、善悪を見分け、プラス面とマイナス面に敏感で、言葉や行動がすべて中庸にかなうものこそ、常識なのだ。これは学術的に解釈すれば、『智・情・意（知恵、情愛、意志）』の三つがそれぞれバランスを保って、均等に成長したものが完全な常識であろうと考える」

「自分を愛する気持ちが強いなら、その分、社会もまた同じくらい愛していかなければならない」

「人情の弱点として、利益が欲しいという思いが勝って、下手をすると富を先にして道義を後にするような弊害が生まれてしまう。それが行きすぎると、金銭を万能なものと考えてしまい、大切な精神の問題を忘れ、モノの奴隷になってしまいやすいのだ」

「仁や義といった、社会正義のための重要な道徳を考えてみると、東洋人の考え方は古今であまり変化がないように思われる。これは西洋の数千年前の学者や、聖人や賢人と呼ばれている人の考え方を見ても、全く同じなのだ。今日、理学や化学がいかに進歩して、モノに対する知識が豊かになったとしても、この根本の点については変わらない」

最後の引用にある仁や義は、まさに孔子の教えそのものである。道徳と利益の両立をめざすその思想は、道徳経済同一、あるいは、義利合一と呼ばれている。合理主義や利己主義に堕しやすい西欧型資本主義に対する戒めである。

そもそも渋沢栄一が説いたのは、資本主義ではなく合本主義だ。渋沢栄一の玄孫《やしゃご》(孫の孫)にあたるコモンズ投信会長の渋澤健は、この合という言葉に注目し、それを共に通じるものとする。そして、「論語と算盤」の「と」に注目し、その思想の根底に流れるパワーを「と」の力と呼ぶ。アメリカ流の「か(or)」ではなく「と(and)」こそが、経営の真髄であるというのである。

最近注目されているインクルージョンやサステナビリティは、まさにこの「と」の力の重要性が再認識されたからにほかならないとも論じる。共感、共助そして共創。確かに、日本の資本主義の父がめざしたのは、「共感経済」だったのかもしれない。

しかし、共感は目的ではなく結果にすぎないはずだ。渋沢栄一の精神の本質は、周りに共感を呼び起こす高い「志」にあるのではないだろうか。

渋沢栄一は、その志について、以下のように語っている。

「志を立てることは、人生という建築の骨組みであり、小さな骨組みはその飾りなのだ。だから最初にそれらの組み合わせをしっかり考えてかからないと、後日、せっかくの建築が途中で壊れるようなことになりかねない。志を立てることは、このように人生にとって大切な出発点であるから、誰しも簡単に見過ごすわけにはできないのである」

渋沢栄一は日本に資本主義が根を下ろすことに奔走した。しかし一方で、「利益拡大」を目的化しやすいという資本主義の本質的な弱点にも気づいていた。そこで、その力に屈することのない高い倫理観と高い志の重要性を説いたのである。このような思想を、筆者は「志本主義」と呼ぶ。

そもそも「志本主義」は、資本主義が輸入された明治維新以前から、日本的商売道の基軸であった。たとえば『論語と算盤』の中にも、二宮尊徳が登場する。まだ大蔵省の役人だった渋沢栄一のところに、西郷隆盛がやってきて、二宮尊徳が作った江戸時代の租税法を廃棄してほしいと掛け合ってきたというエピソードである。渋沢は二宮が「天地人」という三徳に合わせて公平な税制を整備したという経緯を説明、西郷はその話に納得して翻意したという話である。二宮尊徳は「道徳なき経済は犯罪であり、経済なき道徳は寝言である」という名言で知られる。経済も道徳も両立させなければならない。これはＳＤＧｓなどという「道徳」側に気をとらわれがちな最近のゆるい風潮に対して、大きな戒めとなるはずだ。

さらに日本的精神のルーツをさかのぼれば、同様の教えには事欠かない。たとえば、「自利利他」。そもそもは日本に古代から伝わる大乗仏教の教えだ。自らの悟りのために修行し努力するとともに、他の人の救済のために尽くすという精神である。

この精神を基軸としてきたのが、住友グループだ。約三五〇年前に初代・住友政友が遺した『文殊院旨意書』に「浮利に趨《はし》らず」という家訓が記されている。そのような教えの中から、「自利利他公私一如」という住友の事業精神が生まれ、今日まで大切にしてきている。

住友商事のホームページでは、次のように解説している。(18)

「住友の事業は、自分たちだけが利潤を上げることのみを目的とするのでは不十分であり、国家や社会の利益をかなえるほどの壮大な事業でなければならない。それだけの企画の計画性と報恩の精神、使命感を持って仕事をすべし」

「自利」と「利他」が一体となる。「公私」が合致する。利己的なDNAと利他的なDNAがトレードオフではなく、トレードオンになるという思想が読み取れる。

より広く知られているのが、「三方よし」という商道徳だろう。売り手の都合だけを優先するのではなく、買い手が心の底から満足し、さらに商いを通じて世の中の発展に貢献しなければならないという教えである。

そもそもは戦国時代から江戸時代にかけて活躍した近江商人たちに代々伝わる家訓である。それを近江出身の伊藤忠商事創業者・伊藤忠兵衛（初代）が、広めたとされる。

こちらも何世紀も前の話で、いかにも古ぼけて聞こえるかもしれない。しかし伊藤忠商事は、二〇二〇年四月にグループの企業理念を「三方よし」に改訂することにしたのである。これまでの「豊かさを担う責任」から二八年ぶりの改訂である。

社長兼COO（当時）の鈴木善久は二〇二〇年の年頭挨拶で、約二〇〇〇人の社員を前に、次のように語った[19]。

「利益はもちろん、環境や社会にどれだけの価値を生み出しているかで企業価値が評価される時代になった。本年は三方よしの原点に立ち返る年にしたい」

ただし、それが単なる懐古趣味であっては意味がない。現代の若者にとって、このような一見「古風」な価値観が、どうして未来につながるのであろうか？　「ポストコロナ」をめぐって渋澤健と筆者がオンライン対談をした際に、渋澤は次のように語っていた。[20]

「何かをやりたいと思ったとき、Ｈｏｗ（どのように）ではなく、そのことをやりたい気持ち、Ｗｈｙ（なぜ）が重要ではないでしょうか。実はこの感覚、ミレニアル世代はすでに持っているのです。

彼らは、世の中の課題意識に鋭敏で、インターネットからの情報獲得も朝飯前。そのため、社会と利益が一緒に得られるビジネスを行いたいときにパッと動けるのです。その背景には、ミレニアル世代の価値観が、利益の最大化ではなく価値の最大化にあるからだと思います」

「論語と算盤」「自利利他公私一如」「三方よし」は、いずれも筆者の言う「志本主義」の教えを受け継ぎ、次世代につないでいく。しかも、これらの商道徳は、日本古来の思想に深く根を下ろしている。

次章では、日本流の志本主義の本質を理解するために、資本主義が流れ込む以前の日本的思想の源泉にまでさかのぼってみたい。

第4章

日本流再考

「日本流」という言葉を聞いて、何を想像するだろうか。

神道、華道、武士道？　禅、茶の湯、枯山水？　和食、和紙、和楽？　日本画、日本庭園、日本舞踊？　無常、わび、いき？

日本流には、確かに多様な宗教、作法、文化や価値観が織り込まれている。しかし、どこかその底流に、共通するものを感じずにはいられない。そして、日本流の志本主義にも、そのような思想が力強く脈打っているはずだ。

本章では、四つの切り口で「日本流」の本質を探ってみたい。

一つ目は「武士道」だ。「ヤマト魂」という言葉で想起される日本的精神の代表である。現代風にいうと「サムライジャパン」に込められた魂である。宮本武蔵の『五輪書』[1]からスタートして、新渡戸稲造の『武士道』[2]の中に、志本主義の精神を読み解いてみたい。

二つ目は「禅」である。まず、日本の禅を世界に広めた鈴木大拙の教えを振り返る。そのうえで、現代の禅師・藤田一照のマインドフルネスに通じる思想を展望する。

三つ目は「日本哲学」である。京都学派の「教祖」である西田幾多郎の思想を振り返る。そして、新・京都学派ともいうべき福岡伸一の「動的平衡」論と西田哲学の共通点を探る。

そして、四つ目が「方法日本」だ。和魂漢才や和洋折衷といった日本独特の方法論である。編集工学を提唱する松岡正剛はこのような「編集力」こそが「日本流」の本質であるという。松岡が「日本という方法」と呼ぶ流儀に迫ってみる。

どの切り口一つとっても、深く語り出せば、それぞれが一冊の本の中にはとても収まらない。本書ではあくまで「志本主義」への意味合いという観点で、これらの思想に通底するものを探ってみたい。

新渡戸稲造の「武士道の倫理と志本主義の精神」

『論語と算盤』は基本的に論語、すなわち儒教の精神を説いたものである。しかし、その中に「実業と士道」という章が設けられている。その中で、実業道が武士道から学ぶべき精神として「正義」「廉直」「義侠」「敢為」「礼譲」の五つを挙げている。

渋沢栄一は、次のように主張する。

「ヤマト魂や武士道を誇りとするわが日本で、その商工業者が道徳の考え方に乏しいというのは、とても悲しむべきことだ」

「欧米から入ってくる新しい文明は、日本の商工業者に道徳や人の踏むべき道がないことをいいことに、みなを利益追求の科学にばかり向かわせている」

「われわれは今日ここから欧米心酔の時代に別れを告げ、模倣の時代から立ち去って、自ら創造し、満足するレベルに上らなければならないのだ」

「日本資本主義の父」は、欧米の拝金型資本主義を模倣することを唾棄した。そして、日本的な誇りを取り戻すために、いま一度、武士道の精神に立ち返れと説く。

では、武士道とは何か。筆者の海外の知人には、サムライの心を知るために『五輪書』を愛読している親日派が少なくない。宮本武蔵が、一六四三年から亡くなる直前の一六四五年にかけて、自らの剣法の奥義と人生観を綴ったものである。

「地・水・火・風・空」という五巻に分かれているが、圧巻は最後の「空《くう》之巻」である。この中で、武蔵は以下のように語っている。

「直なるところを本とし、実の心を道として、兵法を広くおこなひ、ただしく明らかに、大きなる所をおもひとつて、空を道とし、道を空と見る所也」

この「大きなる所」は、高い志を指す。そして、それを「空」、つまり、迷いの曇が晴れた「万里一空」の境地だという。

武蔵は、『五輪書』を書き終えると、亡くなる七日前に、辞世の書として『独行道』を綴った。そこには、その独自の人生観が二一カ条に凝縮されている。その一つに次のような条項がある。

「身をあさく思、世をふかく思う」

私利を捨て、世に尽くす。まさに、利他の精神だ。この武士道を極めた達人の境地には、「志本主義」の精神が深く漂っている。

武士道精神といえば、必ず話題に挙がるのが『葉隠』[3]である。江戸時代の中頃に、佐賀鍋島藩士の山本常朝の口述に基づいて、武士の心得が記されている。冒頭の一文がなんとも強烈である。

「武士道といふは、死ぬ事と見つけたり」

しかし、中味をよく読むと、その覚悟を持って、死ぬまで正しく生きることを説いている。そして「正しく」とは、主君への忠義と、自らの美学を貫くことを意味する。前者を「公」、後者を「私」とすれば、まさに「公私一如」である。

この本に心酔したのが三島由紀夫である。「私のただ一冊の本」とまで評価し、三島は死の数年前、『葉隠入門』を著している[4]。その中で、『葉隠』を「死と生とを楯の両面に持った生ける哲学」と語っている。楯といえば、三島は翌年「楯の会」を結成し、そのミッションとして「日本の文化と伝統の死守」を掲げた。

『葉隠入門』の中で、「死＝選択＝自由」を武士道の理想的な方程式だと三島は語る。

「切腹という積極的な自殺は、西洋の自殺のような敗北ではなく、名誉を守るための自由意志の極限的なあらわれである」

その三島が一九七〇年、壮絶な割腹自殺を遂げた。当時小学生だった筆者には真意がわからなかったが、日本の未来を憂い、自らの美学を全うしようとしたのであろう。まさに『葉隠』がいう「『武士道』は死狂いなり」の実践である。

三島はイデオロギー論争に明け暮れるのではなく、「純粋行動」に出よと唱えた。そして最後に、不屈の志を持たず、亡国の民となった現代の日本人に対して、自らの行動をもって警鐘を鳴らそうとしたのだろう。

しかし、戦後ボケした多くの日本人には、それが独善的な三島美学の歪んだ末路としか映らなかった。皮肉にも、それ自体が、日本人の本質的な変容を物語っている。

このような日本人をバナナと呼ぶことをご存じだろうか。外は黄色い（東洋人）が、中は白い（西欧化している）人種のことを指す。一方、日本人の心を持った西欧人を「逆バナナ」とも呼ぶ。彼らは日本人以上に、禅や武士道への造詣が深い。「日本人が忘れた日本の真の美徳」が外国人によって再評価される。皮肉なことに、それが日本の現状である。

さて、渋沢栄一が活躍していた頃、武士道を世界に広めたのが新渡戸稲造である。その英文の著書 *Bushido: The Soul of Japan* はアメリカで発刊され[5]、大きな反響を呼んだ。

新渡戸は、尊王攘夷派の転向組であった渋沢とはまた違った意味で、数奇な人生を送った人物である。そもそも一五歳のときに札幌農学校の二期生となる。「少年よ大志を抱け」であまりにも有名なウィリアム・クラーク博士とは、ちょうど入れ違いだったという。

そこで同期の内村鑑三とともにキリスト教徒となり、卒業後はアメリカとドイツに留学、その間にアメリカ人女性と結婚している。帰国後は、母校札幌農学校、京都帝国大学、東京帝国大学などで教鞭をとり、一九二〇年に国際連盟が創立された際に初代事務次長に就任した。

その日本屈指の国際派であった新渡戸が、三八歳のときに著したのが、この『武士道』である。アメリカの滞在中、「日本には宗教教育がないですと！　それでは、あなた方はどのようにして道徳教育を授けているのですか」と問われたことがきっかけだった、と同書の序文で語っている。

「そこで、私の善悪や正義の観念を吹き込んだものが武士道だったことに気づいたのである」

本文は次の格調高い文で始まる。

「武士道は、日本の象徴である桜花と同じように、日本の国土に咲く固有の華である」

新渡戸は武士道の源流は、仏教、神道、そして儒教にあるという。仏教、なかでも禅は、生への執着を絶ち、神道が愛国心と忠誠心を養い、儒教が人としての道徳律を教えた。そして、武士道は「知行合一」を実践するために、リベラルアーツとマーシャルアーツを重視する。いわゆる文武両道である。

そもそもは武士の教えだったが、やがて日本人全体がめざすべき規律となっていった。

「武士道精神を表す『ヤマト魂』という言葉は、ついにこの島国の民族精神（エートス）を象徴する言葉となったのである」

武士道は儒教が説く多くの徳目の中で、「義」を最も重んじる。正義、すなわち、人としての正しい道である。その中でも最高の道義が「大義」である。

武士にとって、さらには大きな行動を起こすものにとって、「そこに大義があるか？」が最も重要な判断基準となる。「大義」とは「正当性を持った高い志」のことだ。そう、武士道の精神が志本主義に「大義」を迫るのである。

新渡戸は、同書の最終章で、西欧化の流れを受けて、武士道の精神が軽視されていく風潮を嘆く。

「功利主義者と唯物論者の損得哲学は、魂を半分しか持たないような屁理屈屋の間では人気があるようだが、いま功利主義や唯物論に対抗できる他の強力な道徳体系は、キリスト教だけである。これに比べれば、武士道はもはや『今にも消えそうな灯心』だと白状しなければならない」

だからこそ、風化する前に、武士道の精神を資本主義に注入しなければならない、と説く。まさに志本主義のすすめである。

封建主義や復古趣味に染まった国粋主義者の言葉ではない。最も国際的で、進取の気質に富んだ知識人が、資本主義を超える思想として武士道に根差した志本主義を説いているのである。新渡戸が国際連盟の事務次長に選任されたのは、彼が著書『武士道』で資本主義の暴走に警鐘を鳴らし、志の大切さを強く訴えたからではないか。

ちょうどこの頃に西欧では、マックス・ウェーバーの『プロテスタンティズムの倫理と資本主義の精神』が出版されている[6]。しかし、禁欲主義からスタートしたはずの倫理学は形骸化していき、資本主義の富の増殖だけが正当化されていった経緯は、前述したとおりだ。

新渡戸は、まさに「武士道の倫理と志本主義の精神」とも呼ぶべき崇高な理想を世界に唱えた思想家であった。その志本主義の「灯心」を、われわれはいま一度呼び覚ます必要があるのではないだろうか。

鈴木大拙の「無心」と藤田一照の「身体知」

では、日本的志本主義のルーツを探る二つ目の切り口として、「禅」を取り上げてみよう。

新渡戸と同様、禅を海外に知らしめたのが仏教学者の鈴木大拙である。二人には共通点がある。英文で書籍を書いたこと。アメリカ人女性と結婚したこと。そして欧米に滞在し、数多く講演をしたこと。要するに、二人とも筋金入りの国際派だったのである。

しかも、武士道と禅は表裏一体である。鎌倉時代に禅が中国から伝わると、常に死と隣り合わせに生きていた武士たちが禅の精神を受け入れていったのである。大拙は沢庵和尚の「剣禅一如」という教えを好んで引用する。

大拙は英文で書かれた『禅と日本文化』の中で、「禅と武士」について一章を割いている。[7] その中に、次のようなくだりがある。

「禅は行動することを欲する。最も有効な行動は、ひとたび決心した以上、振り返らずに進むことである。この点において禅は実に武士の宗教である」

では、そこに大義はあるか。

大拙は、禅は道徳と非道徳という対立を超えた心境をめざすという。また、没善悪、超善悪ともいう。さらには、あらゆる「空間的対立」を超えなければならない。『無心ということ』の中で、「空間的に考えるのではなく、時間的に見ること」の必要性を説く。[8] 刹那(「永遠の今」)を大切にすることによって、「無限の未来=自由」を手に入れることができるというのである。

「時間の考えを入れると、動くものが見え出すのである。動くものが見えるときには、対立の世界が自ら消えていく」

それは当時ヨーロッパで盛り上がっていた実存主義とは本質的に異なるという。実存主義が有限な人間という認識から出発するのに対して、禅は無限の可能性の中に存在するからである。

「禅にとっては、有限はすなわち無限である。時間はそのまま永遠である。（中略）禅はそれ自身が自由そのものであるがゆえに、限りない自由を享受する」[9]

しかし、それはあまりにも受動的で、無力ではないのか。

大拙は、一九五八年のブリュッセル万博でのメッセージで、「力」を超える「愛」の必要性を説く。

「力は常に尊大で、独断的で、排他的である。それに反して、愛はおのれを低うし、一切を包括する。力は破壊を意味し、自己破壊をさえあえてする。愛の創造性とは全く反対である。愛は死に、そして再び生きる。しかるに力は殺し、そして殺される。（中略）

愛は信頼する。常に肯定し、一切を抱擁する。愛は生命である。ゆえに創造する。その触れるところ、ことごとく生命を与えられ、新たな成長へと向かう」

そして、こう締めくくっている。

「だから、われわれは、人類の福祉と智慧の全体的発展を妨げるような条件を、ことごとく改善もしくは除去するように努めなければならないのである」

そこに、前述したマハトマ・ガンディーの「非暴力」思想や、渋沢栄一の「利他」の心に通じる高い志を感じるのは、筆者だけではないだろう。事実、大拙はガンディーや渋沢と同様、ノーベル平和賞の候補に挙がったこともある。大拙は、政治家、実業家とは異なる宗教家という立場から、「志本主義」を世界に発信し続けたのである。

では、現代の禅師の話に耳を傾けてみよう。

筆者は、国内や海外の経営者とともに、藤田一照禅師に教えをいただく機会が多い。一照禅師は、灘高、東大というエリートコースを歩みながら、二八歳で博士課程を中退して禅道場に入山し、二九歳で得度。三三歳で渡米して以来、一七年半にわたってマサチューセッツ州ヴァレー禅堂で座禅を指導するという変わった経歴の持ち主だ。今は葉山を拠点に座禅会などを開いている。

一照禅師は、ソマティック・スピリテュアリティ（身体禅）を提唱する。「身体化された気づき（embodied awareness）」という言葉で、心身一如な体験の重要性を説く。そして、座禅はそのような気づき（身体知）を得るための時空間なのだという。

西欧の近代化は、全体から「個」を分離するプロセスだった。要素還元を方法論とする科学、個の思惟性から出発する哲学、自己利益の最大化を原動力とする経済学など、いずれも「独在性」に着目した視座である。これを一照禅師は「分離のビジョン」と呼ぶ。

しかし、それは真理（あるいは実体）を一面的にしか捉えていない。仏教は関係性からスタートする。個人同士の関係から成り立つ組織や社会、個人と環境との関係から成り立つ生態系や宇宙。「共在性」に着目した視座である。そのような「つながりのビジョン」を体得するためには、「個」を開かなければならない。

座禅体験の後、一照禅師はにこやかに問いかける。

「体軸を通じて、自分が土と天につながっていることが実感できたのではないですか。自分が一人でありながら、周りとつながっていることも実感できたのではないですか。そう、それでいいのです。頭ではなく身体を通じて、生きていることの喜びを実感する。そうすれば、何かにとらわれたり、迷ったりすることがなくなるはずです」

禅を実践する欧米人も少なくない。その最大の功労者が、（鈴木大拙とともに）「二人の鈴木」といわれる鈴木俊隆禅師だ。俊隆禅師は一九五九年に渡米し、亡くなるまでの一二年間、サンフランシスコ禅センターなどを舞台に、禅の教えを広めた。

俊隆禅師が英文で書いた『禅マインド ビギナーズ・マインド』[10]はアメリカ人にとっての禅のバイブルとなった。スティーブ・ジョブズが愛読したことでもよく知られている。同書は、以下のような言葉から始まる。

「初心者の心には多くの可能性があります。しかし、専門家といわれる人の心には、それはほとんどありません」

今まで難しい教義、あるいは、修行だと捉えられがちだった禅は、これで一気に初心者の間に広まっていった。最初のブームは一九八〇年代から九〇年代にかけてである。西欧科学の限界が問われる中で、超自然現象を知覚する「ニューサイエンス」の手法として脚光を浴びた。

そして今、第二のブームが起こっている。今回は「心の科学」としての側面が注目されている。「マインドフルネス」と呼ばれる活動である。現代社会のストレスに向き合うための心理療法的な側面よりも、創造性を養うために自分をいったんゼロクリアしようという生産的なねらいが主眼となっている。西海岸のＩＴ企業が盛んに取り入れている手法である。

一照禅師もグーグルやフェイスブックなどで、マインドフルネスの研修に登壇する機会が多い。しかし、マインドフルネスと禅とは、瞑想するという行為は同じであったとしても、マインドの場や方向が本質的に異なるという。

前者を「有心の（世俗的）マインドフルネス」、後者を「無心の（仏教的）マインドフルネス」とも表現する。分離した個人（有心）の発想から考えるのが世俗的なマインドフルネスであり、開かれた個人（無心）という前提に立つのが仏教的なマインドフルネスだという。

「マインドフルネスで自分自身を解き明かす」というインタビューの中で、一照禅師は次のように語っている。[11]

「米国ではそもそも、無心という発想が受け入れられません。有心、つまり我を強くすることにみな、熱心で、そこに疑いを持っていませんからね」

「日本でもほとんどの人は、仏教のいう無我や無心なんて自分とは縁遠すぎるので関係ないと思っているでしょう。でもそういう話ではありません。なぜなら、基本的にすべてが無我で動いているからです。無我とは縁起、すなわち万物はつながりの上で成り立っていることを意味します。そのために縁遠いどころではなく、まさに自分のことなのです」

そして、「生かされて、生きている」という仏教の奥義を説く。「生かされて」は、すべてがつながっていることを、「生きている」は個々がユニークであることを指す。それを仏教の二重構造と呼ぶ。仏教は自立した人々が共同体を作ることを提案しているのだという。そのときに初めて、「共依存や馴れ合いではない、成熟した共在性の世界」を創造できるのだと語る。二〇二〇年五月にNHKで放映された「禅×二一世紀」は、「コロナとどう生きるか」を特集したものだった。一照禅師は、その中のオンラインインタビューでこう答えていた。

「われわれがいかにフラジャイルかという現実をつきつけられた。だからこそ、確実な地に足を着けなければならない」

「周りを守ることが、自分を守ることにつながる。『思いやりの実験』のよい機会を与えられた」

「分断されながら、つながる(reconnect)世界を開こう。そして、われわれが真に幸せに生きることができる未来を思い描こう」

コロナという厳しい現実に直面することで、自利利他公私一如の思想を取り戻す。そして、未来に向けて共進化していく。ここにも、志本主義の精神が脈々と流れている。

西田幾多郎の「絶対矛盾的自己同一」

日本的志本主義のルーツを探る三つ目の切り口として、哲学を取り上げてみたい。

近代日本哲学の元祖が西田幾多郎ということは、よく知られているとおりだ。しかし、西田の書籍を読み込んでいる者は、ごく限られる。旧制高校では必読書であったことを思うと、隔世の感である。

かく言う筆者も、大学時代には法学部から哲学科に転向しようと哲学に傾倒したものの、西田哲学には悪戦苦闘した。まず言葉遣いがきわめて難解なのだが、それだけなら、筆者が愛読したマルティン・ハイデガーやジル・ドゥルーズだって負けていない。おそらく、あまりにも独創的な発想法と世界観についていけなかったのだろう。

しかし後年、東洋思想、なかんずく禅について多少理解が深まると、俄然西田哲学が面白くなってきた。論理で理解しようとする努力自体が、救いようがないほど間違っていたのだ。「論理」ではなく「直観」を磨くこと、そして「理解」ではなく「会得」しなければならない。

初期の『善の研究』[12]における「純粋経験」は、主観と客観、あるいは知・情・意が未分化の原初的な世界を語っている。また、最晩年の「絶対矛盾的自己同一」という概念は、知行合一によって対立（矛盾）を超える「行為的直観」を説いている。いずれも、西欧的な観念論哲学というより、東洋的な宗教学に限りなく近い。

そもそも西田自身が、まさに禅の実践者だった。二〇歳代には、故郷の金沢にある粗末な独居庵に足しげく通い、雪門玄松禅師から教えを受けた。在野禅を標榜する雪門玄松の破天荒な半生は、水上勉の『破鞋《はあい》』という評伝に描かれている[13]。

また、京都帝国大学で教鞭をとっていた頃には、「哲学の道」を前屈みに黙々と歩いていた姿がよく目撃されたという。アダム・スミスの有名な逸話のように、寝間着のまま（着替えるのも忘れて）二マイルも歩いていたかどうかは定かではないが、瞑想に明け暮れていたようだ。座禅ならぬ「歩禅」である。

京都帝国大学を辞した後は、鎌倉に籠もり、やはり禅寺に通っては、座禅と歩禅の日々を送ったという。最晩年、病床にあっては「臥禅」だったというのだから、まさに師匠にならって「在野禅づくし」の半生だったといえるだろう。

しかし、西田が禅に傾倒していったのは、鈴木大拙の影響が最も大きかった。そう、前節で論じたあの鈴木大拙である。金沢の旧制中学・高等学校時代の同級生で、生涯の友であり続けた。大拙は禅の道に、西田は哲学の道に進んだが、二人の精神は同期し、共鳴し続けた。大拙は西田が終戦の二カ月前に病死したとき、葬式で「これからの世界のためにも、あと五年長く生きていてほしかった」と号泣したという。

一方、西田はその五年前、大拙の『禅と日本文化』日本語版の序文に、次のように書いている。[14]

「私は多くの友を持ち、多くの人に交わったが、君の如きは稀である。君は最も豪さうでなくて、最も豪い人かもしれない。私は思想上、君に負ふ所が多い」

西田の哲学は、一貫して西欧哲学的な観念論と唯物論の対立を超え、知識と道徳と宗教が融合する地平をめざした。しかも、その基盤となるのが宗教だという。『善の研究』の中で、次のように語る。[15]

「学問道徳の本《もと》には宗教がなければならぬ、学問道徳はこれに由りて成立するのである」

純粋経験をあるがままに受け取ること、すなわち、主客合一を直観することを「覚悟」することこそが宗教だという。ここで宗教というのは、東洋的思想、なかんずく禅を指している。

では、なぜ「禅」の研究から出発して「善」の研究となるのか。

「真の善とはただ一つあるのみである、即ち真の自己を知るということに尽きて居る。われわれの真の自己は宇宙の本体である、真の自己を知れば啻《ただ》に人類一般の善と合するばかりでなく、宇宙の本体と融合し神意と冥合するのである。宗教も道徳も実はここに尽きて居る。而《しか》して真の自己を知り神と合する法は、ただ主客合一の力を自得するにあるのみである」

禅の心を会得することこそが、「完全なる善行」に直結するという。なぜなら自分を開き、人類、そして、宇宙につながることによって、視座に立てるからである。まさに大拙の教えと通底する価値観である。

晩年の思想である「絶対矛盾的自己合一」も、仰々しくは聞こえるが、「自己＝人類、宇宙」と捉えれば、一貫している。「一即多」や「多即一」という表現も、禅の教えそのものだ。大拙はそれを「即非の論理」と名づけた。弁証法に代表される西欧的な思想が分別あるいは対比の論理の上に成り立っているのに対して、大拙は禅の心は関係性と包摂性に着目するという。それを大拙は「日本的霊性」と呼んだ[16]。西田が亡くなる一年前である。

西田の遺稿の中に、「逆対応」という西田らしい概念が突如として登場する。これも全体が個に対応し、個が全体に対応するという包摂関係を語ったものにほかならない。そして、それは先に紹介した一照禅師の「生かされて、生きている」という言葉にも通じるものだ。

福岡伸一の「動的平衡」

西田哲学は、その後、京都学派と呼ばれる系譜へとつながっていった。田辺元、和辻哲郎、三木清など、多彩な哲学者が名を連ねる。そしてその日本独特の思索は、哲学を超えて広がっていく。

一九四九年に日本人で初めてノーベル賞を受賞した湯川秀樹は、その代表例である。物理の道を究めた湯川は、旧制三高時代、西田哲学に没頭していた。そして京都大学の学生時代には、まさに「行列のできる授業」だった西田の哲学概論が楽しくて仕方がなかったという。また、晩年は空海の世界にも傾注し、空海をニュートンに勝るとも劣らぬ「世界的スケールで見ても超人的」な天才と評した。[17]

湯川は『創造的人間』の中で、次のように語っている。[18]

> 「科学における理論の最も重要な進歩は飛躍的に行われるのである。その場合には帰納論理や演繹論理では足りない。われわれ研究者が一番苦しむ所はここである。普通ここで入用なのは天才的な直観とか洞察力とかであるといわれている。その正体はよくわからないのであるが、これと関連がありそうに思われる一つは類推である」

そして、この「類推」を発想の原点にして日本独自の生態学と文化人類学を作り上げたのが、同じく新・京都学派と呼ばれる今西錦司である。今西の最初の理論書『生物の世界』は、哲学的な視座から生物を論じた記念碑的な著作である。[19] その冒頭で、分析ではなく類推こそが発見をもたらすと語っている。

今西は、当時は主流とされたダーウィンの生存競争や適者生存、そして漸進的進化を真っ向から否定した。今西理論によれば、よく似た個体同士が競争と協調の中で複数の動的平衡状態、すなわち「種社会」を形成する。種社会はお互いが「棲み分け」ることで競争を避けつつ、生物個体（部分）と種社会（全体）はそれぞれ自己完結的で自律的に動く。そして、生物は適切な環境に移動したり、環境変化を事前に察知することで、主体的に進化していくと論じた。[20]

そこにはまさに、全体と個が「包み、包まれる」という包摂関係（入れ子構造）にあるという西田哲学を読み取ることができる。今西自身、三高、京大時代を含めて、西田の影響を大きく受けていたことは明らかだ。同時に、前述した西欧の「自己組織化」や「創発」といった先進的な理論を、すでに独自に構築していたのである。

その後、生物学の狭い世界では、今西理論はあまりも哲学的だとして、日本においてすら異端扱いされてきた。二〇世紀的な「合理主義」や「還元主義」に背を向けているからだ。しかし、今日改めて読み直してみると、今西こそ日本的なパースペクティブを受け継ぎつつ、二一世紀に求められる生物学、生態学、人類学の視座を提示した先駆的な思想家であったことがわかる。

今日、この京都学派の思想を継承する思想家の筆頭が、福岡伸一である。福岡も今西と同じく京都大学農学部の出身だ。昆虫少年だった頃から、今西のようなナチュラリストになることに憧れていたという。もっとも、入学したのは今西が退官したずっと後だが。

福岡は『生物と無生物のあいだ』の中で、「生命とは動的平衡にある流れである」と定義する。[21] エントロピーが増大する世界において、生命は動きながら、常に変化しながら平衡をとるという考え方である。

> 「流れこそが、生物の内部に必然的に発生するエントロピーを排出する機能を担っている」

そのためには、生命は、常に自ら秩序を崩し、新しい平衡を作り続けなければならないと主張する。あえて壊すことによって、エントロピーの法則から逃れて、時間を先回りすることができるのだという。

また、『世界は分けてもわからない』では、近代科学の分析的なアプローチに異議を唱える。[22]

「動き続けている現象を見極めること。それは私たちが最も苦手とするものである。だか

ら人間はいつも時間を止めようとする。止めてから世界を腑分けしようとする。（中略）
そこに見えるのは、本来、動的であったものが、あたかも静的なものであるかのようにフリーズされた、無残な姿である。これはある種の幻でもある。（中略）本来、危ういバランスを保ちながら、一時もとどまることのない振る舞い、つまり、かつて動的な平衡にあったものの影である」

部分ではなく全体、空間ではなく時間にこそ真相が隠れている。このような包摂性と動的視点こそ、大拙の禅、西田の哲学に通底するものである。その後、福岡は、哲学者・池田義昭との対話を通じて、西田哲学と福岡生命論が相似形であることに気づく[23]。

「動的平衡によって生命を実在として定義し直そうという私の試みの基本的なエッセンスは、すでに西田哲学において実現されていた。（中略）科学はいつでもすでに人間が感得していたことを言い直す作業にすぎない」

まさに福岡自身が、西田のいう「純粋経験」であり「行為的直観」を感得したのである。科学的手法の限界に気づいた福岡は、京都大学から青山学院大学に移り、さらに理学部から総合文化政策学部に移籍している。今西と同様、福岡を異端扱いしかできなかったとすれば、世界に誇るべき京都学派の将来は危うい。もっとも、福岡から見れば、生物学という狭い思考の檻から解放されることで、さらに自由な世界に踏み出したのかもしれない。

今回のコロナ禍について、福岡はウィルスが生命の進化を促すと語る。[24]

「私たちはこれまでも、これからもウィルスを受け入れ、常に動的平衡を生きていくしかない」

元に戻ることが答えではない。これまでの状態（静的平衡）をあえて崩し、新たな流れを先取りした未来を作り続ける必要がある。生命や生態系がそうであるように、ヒトや組織にもその覚悟が求められるのである。

では、この西田哲学や福岡生命論は、経営にとってどのような意味があるのか。

知本主義として先に紹介した野中郁次郎の経営論は、実は西田哲学との共通点が多い。西田が「純粋経験」や「知的直観」と呼んでいるものは、野中理論では暗黙知と呼ばれている。どちらも知行合一を説き、実践知を重んじる。客観的な科学や合理的な割り切りではなく、倫理（西田の「善」、野中の「賢慮」）に価値を置く。そして、部分最適ではなく全体適合に向かう。

野中はアリストテレスやマイケル・ポランニーなどの西欧哲学者を引用することが多い。しかし、実は西田哲学を経営学に敷衍したものが野中理論だといっても、過言ではないだろう。

もし意図的ではないとすれば、そこは東洋思想という暗黙知のレベルで通底しているからかもしれない。

実は、西欧においても、全体と部分の包摂性に注目した経営論が台頭している。「ホロン経営」である。ホロン(holon)とは、ギリシア語で全体を意味するholosと、個を意味するonとの合成語で、「関係子」と訳される。科学哲学者アーサー・ケストラーが著書『機械の中の幽霊』や『ホロン革命』の中で提唱したものだ。[25]

ホロンには、次のような特性があるという。

①ゆらぎを持つ
②柔構造である
③自己組織化能力を持つ
④他のリズムと同期化する
⑤相補性を持つ
⑥自主的でありつつ協調的である
⑦分散的である

まさに先述した複雑系にも通じる先駆的な組織論である。同時に鈴木大拙の禅や西田哲学にも通底する思想である。

一九八〇年代半ばに日本では『ホロン経営革命』[26]が、話題となった。著者は筆者の父で経済評論家(元・朝日新聞編集委員)の名和太郎だ。ちょうど同じタイミングで出版された野中郁次郎の『企業進化論』[27]と同期する提言だった。前川製作所や京セラが日本におけるホロン経営の先進事例として紹介された。元祖ホロン理論は、ニューサイエンスや複雑系理論とともに盛り上がり、その後ブームとともに消えていってしまった。

しかし、最近になって「ホラクシー理論」として復活する。ホラクシーとはホロンらしさを意味し、上記の①~⑦の特性を持ったフラットな組織を指す。前述した「ティール組織」も、二一世紀型モデルとして脚光を浴びているが、実はホロン経営論の焼き直しといってもよい。

経済学では景気循環説が唱えられている。有名な「コンドラチェフの波」は五〇年のサイクルなので、これはちょうどドラッカーの登場から現在までというスパンである。それに対して「クズネッツの波」は二〇年サイクルだ。ホロン理論は、ちょうどこの循環サイクルに乗っているのかもしれない。

一方、生命論を経営論に近づけたのは、東京大学名誉教授の清水博である。清水はケストナーのホロンモデルは機械論的だとし、生命論的に捉え直した「バイオホロニクス(生命関係子)理論」を唱えた。

清水は「ゆらぎ」に着目する。個が情報を自由に選択し、それをもとに全体が自律的に形成されていく。逆に全体が、個に影響を与える。このフィードフォワードとフィードバックのループ（情報の循環）が生命、そして組織に進化をもたらす。

名著『生命を捉えなおす』の中で、清水は生命を「動的秩序を自己形成する能力」だと定義する[28]。次節で登場する松岡正剛は、「この一冊から受けた衝撃は機関銃掃射のようだった。ぼくが三四歳のときである」と述懐している[29]。筆者は二一歳の大学生だったが、今でも衝撃を覚えている。

筆者は最初の理論書『学習優位の経営』の中で書いたように、ノーベル化学賞を受賞したイリヤ・プリゴジンの散逸構造論と、この清水理論とを経営論に敷衍させていった[30]。組織進化、組織変革のキーワードとして取り上げた「ゆらぎ―つなぎ―ずらし」という運動論は、まさに散逸理論とバイオホロニクスにヒントを得たものである。

清水の生命論は、「自己組織化」「創発」「場」などというイノベーションモデルの宝庫であった。前述したように、複雑系理論が脚光を浴びるのが一九八四年にアメリカ中南部にサンタフェ研究所が設立されてからだ。少し遅れて、経済学がポール・ローマーの登場でようやく収穫逓増に着目するようになる。清水の生命論は、そのようなアメリカの最先端の動向を先取りしていたのである。そして、福岡の動的平衡論を、四半世紀以上先取りしていたのである。これも「クズネッツの波」効果といえるかもしれない。

清水はその後、東洋思想や武芸の世界に傾注していく。ここでも、これまで述べてきた日本的な思想が、リゾーム（根茎）のように通底し、「自己組織化」していったのである。

松岡正剛の「方法日本」

さて、四つ目の切り口として、日本文化を取り上げてみよう。

日本文化は、さまざまな思想家によって、多彩に語られてきた。

明治以降では、哲学者の九鬼周造の『「いき」の構造』[31]は出色である。九鬼はドイツではハイデガーに学び、フランスではジャン＝ポール・サルトルを家庭教師としたうえで、日本固有の精神構造をえぐり出して見せた。

「いき」とは「運命によって『諦め』を得た『媚態』が『意気地』の自由に生きること」だと定義する。そして、「『いき』は武士道の理想主義と仏教の非現実性とに対して不離の内的関係に立っている」とも語っている。これまで見てきた伝統的な日本思想を、色濃く受け継いでいるというのである。

九鬼は京都大学で教鞭をとったが、そもそもは東京生まれの東京育ち。「いき（粋）」という概念も、母親が育った深川芸者の美意識が投影されている。

同年代の哲学者に和辻哲郎がいる。九鬼より一歳若く、同じく旧制一高、そして東京大学哲学科でハイデガーなどを学んだ後、京都大学で教鞭をとった。和辻は西洋思想と日本思想を融合させた独自の倫理体系を築き上げ、前述した西田幾多郎の直系の京都学派の一人にも数えられる。

和辻は一九三五年の著書『風土』の中で、日本人はモンスーン型の風土に適する「受容的・忍従的」な国民性を持つとする。[32] その結果、季節的、突発的で、かつ、淡泊に忘れることが日本人の美徳となり、「しめやかな激情、戦闘的な恬淡」という二重性を持つという。生態学的な観点からの考察は、戦後、梅棹忠夫らの新・京都学派に受け継がれていった。

戦後、日本人論は百花繚乱の賑わいを呈した。口火を切ったのはアメリカの文化人類学者ルース・ベネディクトの『菊と刀』だ。[33] 欧米の「罪の文化」に対して、日本は「恥の文化」を基軸にしていると論じた。

その後、評論家・加藤周一による『雑種文化』、社会人類学者・中根千枝による『タテ社会の人間関係』、精神分析学者・土居健郎による『「甘え」の構造』などが続く。[34]

筆者が大学生時代には、評論家・山本七平が日本人論に再び火をつけた。イザヤ・ベンダサンというペンネームで出版した『日本人とユダヤ人』に続き、『「空気」の研究』[35]が日本人の気質を的確にえぐり出して見せた。「KY（空気読めない）」なり「忖度《そんたく》」などが、日本人の特性として、いまだに自嘲的に語られているのを見るにつけ、山本の指摘の的確さを痛感させられる。

山本は日本人の気質を、「日本教」という言葉で表現する。「日本人の中に無意識にしみ込んでいる宗教」を指す。ただしそれは神や仏を敬うものではなく、あくまでも人間を中心とする「和」の思想だという。キリスト教徒でありつつ、太平洋戦争に出兵して修羅場を体験した山本の思想（「山本学」）には、独特の凄みとシニシズムが漂っていた。

ここまで日本文化論や日本人論を概観してきた。それにしても、日本人ほど自分探しが好きな人種も珍しい。どの見方も、それなりの真理をついている。しかし、それらはいずれも一つの切り口からの断面図にすぎない。福岡伸一から「日本は分けてもわからない」といわれそうだ。

これらに対して、「動的平衡」論とでもいうべき手法で、日本、そして、日本人を捉えた思想家がいる。松岡正剛だ。

松岡は筆者より一回り年長で、筆者が学生の頃、『遊』という雑誌を創刊し[36]、一躍注目を集めた。古今東西の多様な知を、独自の解釈で読み解く手法で、知の探究者の心をわしづかみにしたのだ。

その後、多彩な文化活動を展開し続けているが、なんといっても圧巻は、二〇〇〇年からインターネットで配信し続けている「千夜千冊」シリーズだろう[37]。この章で紹介した多くの書籍が、このシリーズでも取り上げられている。

松岡は「編集工学」を専門としている。編集とは「対象の情報の構造を読み解き、それを新たな意匠で再生するもの」だという[38]。そして、さまざまな情報の異質性と関係性を読み解く仕組みを作ることを「編集工学」と呼ぶ。

松岡の日本論が、他の多くの日本文化論と大きく異なるのは、「編集」という切り口から読み解いているからである。言い換えると、日本文化の特徴そのものではなく、日本がどういう方法で情報を編集しているかという視点から語っているのである。これを松岡は日本流、日本という方法、方法日本などと呼ぶ[39]。

その主張は一貫している。最新作である『日本文化の核心――「ジャパン・スタイル」を読み解く』の中では、それを「ジャパン・フィルター」と呼んでいる[40]。

まず、日本の風土が変化に富み、フラジャイル（壊れやすい）なことが、背景にある。その結果、「無常」すなわち、常態が存在しない現実に直面している。そして、「空」すなわち絶対なものは存在せず、すべては無に帰り、逆に新たな可能性に満ちていることも理解されやすい。

その結果、日本人が情報を編集する際には独特の「フィルター」を通す。それは常に複眼的かつ動態的に捉えようとするからである。松岡は前者を「おもかげ」、後者を「うつろい」と呼ぶ。そこから「多様」で「一途」という、日本文化ならではの動的平衡が生まれるという。

松岡は要約を嫌うが、あえて要約すると、「ジャパン・フィルター」には、次の一〇の特質があるといえそうだ。

①デュアルモード……先述した類推力、あるいは連想力といってもよいだろう。一つのもの

に触発されて、次々に発想を広げていくという手法である。松岡はそれを「あわせ」(アワセ・キソイ・ソロエ・カサネ)や「見立て」という日本的な編集文化に見出す。多神多仏、真名(漢字)と仮名(カタカナ、ひらがな)、編集文化的な連歌、茶の湯における見立て、「わび」と「さび」、「かぶき」と「ばさら」、「あそび」と「すさび」などは、そのような横展開(アナロジー)から生まれていった。筆者が「ゆらぎとずらし」と呼ぶ手法である。

②リバースモード……一面だけにとらわれず、常に対比や対立を想定する。「和」と「荒(あら)」、「あわれ」と「あっぱれ」、「ウツ」(幻想)と「ウツツ」(現実)、「常民」と「遊民」、「みやび」と「ひなび」、「ハレ」と「ケ」、「いき」と「野暮」、「義」と「利」、「経世」と「済民」など、列挙にいとまがない。そのような対比や対立は、時間軸、空間軸の中で、必ず起こる。逆に一面的なものは「今だけ、ここだけ」の瞬間の断面でしかない。

③和す……これらの対比や対立を、いずれも排除せずに受け入れてしまうことである。西欧的な二項対立ではなく、二項合一。前述した西田幾多郎の「絶対矛盾的自己同一」であり「逆対応」だ。鈴木大拙の「即非の論理」である。「論語と算盤」も、この流れの一つだろう。ただし、論語(倫理)と算盤(計算)には、西欧的な論理思考が欠落しているとも指摘している。義「利」合一ではあっても、義「理」合一ではないということでもあろう。

④内生化……異質なものを換骨奪胎して取り込む手法。神仏習合であり、和漢折衷であり、和魂洋才である。松岡は「外来コードの内生モード化」と呼ぶ。一方で、現代日本の思想

は「外発的で内発なし」という夏目漱石のシニカルな見方も紹介している。確かに哲学の世界においては、近代以降、内発的な思想は西田哲学しか出てきていない。

⑤型化と型破り……装いを文化として定着させるためには、「型」に落とす必要がある。「まなび」(学習)はこの型の「まねび(物まね)」から始まる。能楽師の世阿弥は「物学」と書いて「まねび」と読ませた。そして、その先に本格と同時に破格、すなわち「型破り」がある。「ばさら」や「かぶき」はそのような進化の産物である。また、茶の湯における「守破離」は、まさに「まねび」から入って、新たな境地を切り開いていく進化を説く。ルーティンからクリエイティビティへと昇華していく「逆クリエイティブルーティン」ともいえるだろう。

⑥間の思想……日本人は、「間」を大切にする。「空間」と「時間」においても「間」が最も意味を持つ。たとえば日本建築でも日本画でも、「空間」における「空」(空白、余白)を尊重する。また和歌や俳句において、時の「間(うつろい)」や、かつての「面影《おもかげ》」に思いを馳せる。そこから「わび」や「さび」といった日本独自の美意識が生まれてきたのである。「間」がないことを「間抜け」と称するのも面白い。時間に追われて狭い世界で働き続ける都会人は、みな「間抜け」ということになる。

⑦柔構造……地震などが起こるフラジャイルな国土の下、日本の建築、そして組織・社会は剛構造ではなく柔構造(しなやか、しなり)を基調としている。「崩れやすいから、壊れに

くい」と松岡は言う。内部は中空構造であり、部分が全体と一体となっていたり（ハイパーパート）、部分同士が自由に「つなぎ」合い（ハイパーリンク）、組み換え（脱構築）が可能になる。左右対称という空間的なバランス（「ある」）より「流れ」という時間的なバランス（「なる」）が大切にされる。その結果、動的平衡、創発性、自己組織化が生まれる。

⑧不・未の美学……清少納言が「小さきものはみなうつくし」と語ったのが一〇〇〇年前。今もその美学は「かわいい」に受け継がれている。その先には、千利休が茶室を二畳にまで小さくしたように、より小さくという「縮みの文化」と「引き算の美学」「事足りぬ美学」が宿る。そして、その先にあるのが、無の中に本来の存在に気づく感性だ。枯山水を眺めて、そこにはない山水を愛でるという感性である。

⑨遊民（ノマド）性……日本人は辺境（縁）や漂泊（渡り）を大切にする。建物でいえば、縁側や渡り廊下だ。また趣向性でいうと「数奇」。特徴ある風情や風趣に執着する傾向を指す。より広くは「遊《すさ》び」。前述したように松岡は『遊』という雑誌を一〇年間発刊し続けたが、「遊」という字の語源は、旗を立て犠牲を掲げて未知の領域に進むことだという。日本人はこのように、彷徨者（ノマド）あるいはネットワーカーとしての特性を持つ。

⑩編集力……上記①～⑨に共通している資質が情報編集力だ。「編集」のプロを自任する松岡によれば、編集とは関係性の発見であり、そこから新しい意匠を編み出すことである。そして、「オリジナリティ」はゼロからではなく、「リミックス」、すなわち、異質なもの

の再編集から独創的なものが生まれるという。まさに、ヨーゼフ・シュンペーターのいうイノベーションと同義である。しかも編集は、時間や環境や意識とともに同時進行する動的技法であるともいう。先に紹介した福岡伸一の動的平衡と同義だ。そして古来、日本人は、そのような情報編集力をいかんなく発揮してきた。それが日本流であり、ジャパン・フィルターの本質なのである。

人間はみな、本来「編集子（エディトン）」を持っていると松岡はいう。脳の中のエディターマシンである。とりわけ、異質なものの間の関係性を見出し、それらを柔軟に結合させてきた日本人は、編集に長けていた。

しかし、残念なことに、この編集力が近年大きく退化しているのではないかとも嘆く。外来の概念や作法の安易な受け入れ。日本の「おもかげ」の喪失。「いいね！」というおもねり。そこには、リミックスという日本人が得意としてきた日本流イノベーションの作法の片鱗すら見られない。

松岡が敬愛する作家・司馬遼太郎は『この国のかたち』の中で、日露戦争から敗戦に至る三〇年を「異胎」の時代と呼んだ。[41] 外に背を向け、極端な国粋主義に走っていったからだ。松岡がいう「ジャパン・フィルター」は機能不全に陥ったといわざるをえない。しかし、戦後の日本、とりわけ一九九〇年以降の平成ボケの三〇年間は、逆に日本の「おもかげ」に背を向けた逆「異胎」時代だったのかもしれない。

松岡は西條八十の童謡「歌を忘れたカナリヤ」に、大正時代独特の喪失感をなぞらえる。

「歌を忘れたカナリヤは　後の山に棄てましょか　いえいいえ　それはなりませぬ」という物悲しい歌詞をリフレインしていく歌だ。ある意味で平成の三〇年間も、日本人は「歌を忘れたカナリヤ」だったのではないか。

令和の時代を迎えた今、日本人はもう一度「日本流」を取り戻して、独自の編集技法を編み出し直す必要があるのではないか。

そしてそれは、生活や文化、教育や価値観だけの問題ではない。経済モデルや経営モデルにおいても、「編集力」を基軸とした新日本流の再確立（リミックス）が問われているのである。

第5章

志本経営の時代

日本の思想の系譜を俯瞰したところで、また世界に目を転じてみよう。

渋沢栄一の『論語と算盤』(一九一六年)が世に出てから一〇〇年が過ぎ、ようやく世界は渋沢の思想にたどり着きつつある。ドラッカーが渋沢栄一を「発見」してからも五〇年近く経っている。このあまりの時間のズレは驚くばかりである。

では、世界は最近、どのようにして渋沢にたどり着こうとしているのか。本章ではＥＳＧ、ＳＤＧｓ、ＣＳＶなどといった三文字英語の系譜をたどりながら、欲望資本主義を超えようとする欧米の潮流を概観する。

ただし、残念ながらいずれも志本主義には到達しえない。資本主義の論理の中で、答えを出そうともがいているにすぎないからだ。

そのような世界全体の潮流の中で、欧米の後追いが好きな平成時代の日本が、伝統的な日本流の先見性に背を向けて、二〇世紀型の欧米流を後追いしている様子も眺めてみたい。その先に、ようやく背を向けてきた日本の原点にたどり着こうとしている。皮肉でもあり滑稽でもある。

しかし、おそらくまだ遅くはあるまい。コロナショックに世界が震撼する中で、日本企業が本来の持ち味である「志本経営」に目覚めれば、世界の先頭に立てる可能性は十分あるはずだ。

ESG感染症

今、資本市場ではＥＳＧ旋風が吹いている。いわずと知れた環境(Environment)、社会(Social)、統治(Governance)の三つである、新聞紙上に、ＥＳＧという三文字が躍っていない日のほうが珍しい。

ＥＳＧが世界に広がり始めたのは、二〇〇六年に始まったＰＲＩ(責任投資原則)にさかのぼる。当時、国連事務総長だったコフィー・アナンが、機関投資家に対してＥＳＧを投資意思決定に加味することを提言したのである。

それ以来、ＥＳＧは新種の疫病のように先進国を席巻しつつある。まずヨーロッパが先行し、これをオーストラリア、ニュージーランド、カナダが短期間にキャッチアップ。アメリカと日本は、はるかに後塵を拝している状態だ。

ただしヨーロッパでは、ＥＳＧ投資の割合がむしろ右肩下がりになっていることを見落としてはならない。ＥＳＧが必ずしも投資パフォーマンスに結びつくわけではないことに、ヨーロッパの金融市場はいち早く気づいたからである。

ＥＳＧ投資以前にブームになったグリーンファンドやＳＲＩ（社会的責任投資）ファンドなどは、「ボランティア投資」というシニカルな別名がついて失速していった。現在のＥＳＧ投資の一つである「インパクト投資」の中には、初めから経済的リターンを犠牲にすると明言する確信犯すら存在する。

もっとも、ＥＳＧ投資に早くから取り組んできたヨーロッパの機関投資家の中には、もはやＥＳＧを特別扱いする必要がないと豪語する強者もいる。たとえば、オランダの資金運用会社ロベコ・ジャパン社長の坪田史郎[1]だ。

「今は特別なものとして見られているかもしれないが、企業の価値を測る基準として適用が進めば、ＥＳＧ投資という言葉は早晩、死語になるだろう。ＥＳＧ投資はメインストリームになる」

一方、アメリカが簡単にＥＳＧに走らないのは、リターンが低いことを初めから嫌気しているからだともいえる。たとえば二〇一二年からの五年間をとると、ＥＳＧ投資のリターンはＳ＆Ｐ５００への投資に比べて明らかに劣後している。

「オマハの賢人」と呼ばれる投資の神様ウォーレン・バフェットは、安易なＥＳＧ賛美に警鐘を鳴らす。ＥＳＧは長期的にもリターンを蝕む恐れがあるからだという[2]。

「もし、電力会社が持つ石炭火力発電所を止めようと思えば、私たちの株主か消費者のいずれかがそのコストを負担することになる。たまたま住んでいる地域によって、一部の消費者が高い電気料金を払うことになったとしたら、それははたして『正しいこと』なのか。市場のシステムを変えるのは政府の仕事であって、企業が担うべき役割ではない」

バフェットの投資会社バークシャー・ハサウェイは、風力発電などの再生可能エネルギーに大きく投資をしている。しかし、それはあくまでリターンが確実に期待できるからだという。

「税のメリットがない限り、こんなこと（風力発電への投資）は、長期投資家としてやってはならない」

翻って日本はどうか。世界最大級の年金であるＧＰＩＦ（年金積立金管理運用独立行政法人）が二〇一七年以降、ＥＳＧ投資に大きく舵を切った。ＥＳＧ指数に連動した運用資産は二〇一九年三月末時点で三・五兆円にのぼる。ＧＰＩＦ投資戦略部次長の塩村賢史は、「広い意味では、ＧＰＩＦが運用する一六〇兆円すべてにＥＳＧの概念が組み込まれている」と語っている[3]。

同じインタビューの中で、塩村はＥＳＧ投資をめぐる二つの課題を指摘する。ＥＳＧ投資の効果が運用成績に表れてくるのには時間がかかることと、パフォーマンスの評価・分析方法がまだ確立されていない点である。そのうえで、ＥＳＧ投資の広がりと課題への取組み強化のサイクルがうまく循環していけば、長い目で見て安定的かつ効率的な収益の獲得に結びついていくはずだと語っている。

しかし、ＥＳＧがリターンに結びつくという保証は、どこにもない。そもそも環境や社会に配慮し、企業統治の仕組みを強化すれば、短期的には確実にコストが上がるはずだ。では、そもそもなぜＧＰＩＦ、そして機関投資家はＥＳＧを気にするのか。

ＥＳＧ投資にアクセルを大きく踏んだのは、二〇二〇年三月末まで五年間、ＧＰＩＦのＣＩＯ(Chief Investment Officer)を務めていた水野弘道である。二〇一九年に、筆者が水野になぜＥＳＧなのかというそもそも論を質問したところ、「リスク対策」という簡潔な答えが返ってきた。環境や社会に配慮しない企業、そしてガバナンスが緩い企業は、不祥事などで大きく足をすくわれるリスクがある。長期投資家として安定収益をめざすためには、そのような企業への投資はできるだけ抑える必要があるというのである。

しかし、リスク耐性が高いからといって、リターンが高いことにはならない。ESG対応に躍起になっている企業ほど、不確かなリターンを獲得するために正しくリスクをとるという企業としての本来の役割に背を向けていることに気づいていない。ESGに振り回される企業は、相変わらず資本主義の論理におもねっているにすぎない。そのような企業は志本主義から最も遠く、持続的な未来を手にする資格すらない。

ガバナンス改革という時代錯誤

ESGの中に、ジョーカーが一枚紛れ込んでいる。とはいっても、最近アカデミー賞をとったバットマンの宿敵ではない。トランプの「ババ」だ。英語のスラングでは「冗談きついやつ」「うざいやつ」といった意味合いだ。ただし、ここでは「Geoker」と綴る。それがGである。E（環境）とS（社会）は、もちろん正しいカードだ。持続可能な未来に向けて、この二つは外せない。

しかし、G（統治）はいかにも場違いである。企業の振る舞いを対象にした内向きの視点だからだ。エンロン事件や東芝事件に代表されるように、不正や不祥事を犯す企業は、罰則や退場を迫られるのは当然である。日本においても、データ偽造などの事件が後を絶たないのは、ゆゆしき問題だ。

愚直に誠実性を大切にしてきたはずの日本企業が、このような悪しき慣行に手を染めるようになったのは、なぜか。そこには、やみくもに短期的な収益を求める欧米流の資本の論理があったことを、見逃してはならない。資本市場が企業に短期的に業績を上げるよう迫ったあげく、コンプライアンス違反に目を光らせるというのは、泥棒と警察を自作自演しているようなものだ。

そもそも外づけの監視装置が必要な「信用できない企業」は、投資に値しないはずだ。企業への信頼を取り戻すためには、従業員の一人一人に倫理観をしっかり植えつけることが先決である。しょせん、コンプライアンス違反など、外から取り締まれるものではない。「統治」ではなく「自治」こそが求められるのだ。まずこの出発点が、本末転倒といえるだろう。

よりタチが悪いのは、短期株主の利益を増やすことで株価を上げたいという本音である。これは、株主こそが企業の所有者であるという資本の論理に基づいたものである。経営者は株主の「代理（エージェント）」であり、株主価値の向上をめざすことが責務だというものだ。

これは二〇世紀後半に「エージェンシー理論」として資本主義の基軸となっていた。そして、エージェントとしての経営者が株主利益を棄損していないかどうかを監視するために、ガバナンスを強化しようとするのである。筋金入りのアングロサクソン型株主資本主義である。

今や本家のアメリカにおいてすら、このエージェンシー理論は過去の遺物となっている。

ハーバード・ビジネススクール教授のジョセフ・バウアーらは、「健全な資本主義のためのコーポレートガバナンス」の中で、そもそも企業は株主のものではないと主張する。[4] 株主の投資期間は過去四〇年下がり続け、今や一年を大きく切っている。このような短期投資家は、企業を所有の対象としてではなく、「投機」という金融ゲームの駒としか見ていない。そして、エージェンシー理論には、次の五つの誤謬があると指摘している。

①会社法上、株主は企業の所有者ではなく、株式の所有者にすぎない
②株主（特に投信などの受益株主）は企業経営に関心を寄せるインセンティブがない
③株主は企業活動に責任を持たず、企業利益を守る責任も持たない
④株主中心主義は、経営の視野を極端に狭める
⑤株主の目的はさまざまであり、十把一絡げに経営主体扱いするのは不適切

株主の短期指向（ショートターミズム）が、結果的には企業価値を蝕んでいく。二〇一八年までマッキンゼーの世界代表を務めていたドミニック・バートンらは、『ハーバード・ビジネス・レビュー』の同じ特集の中で、一つの有力な調査結果を提示している。

それによれば、二〇〇一年以降、長期視点で経営している企業の経済利益は、二〇一四年時点で、平均的な企業の一・八倍である。時価総額の差はそこまで顕著ではないが、それでも五

八％も上回っている。しかもその差はいずれも、リーマンショック以降に際立っている。
言い換えれば、短期投資家にとってのリターンを最大化することは、企業の持続的な成長と逆行する可能性が高い。なぜならば短期投資家は、将来のための投資を抑え、株主還元を要求するからだ。

ＲＯＥ経営が、その最たるものである。Equity（株主資本）に対して、Return（利益）を今どこまで吐き出せるかが問われるからだ。持続可能な経営に背を向けた、きわめて刹那的でその場限りの経営である。

そのような株主資本主義は、短期指向の株主にとっては心地良いものだろう。しかし、企業にとっても従業員にとっても、そして社会にとっても、決して持続的な価値をもたらさない。より端的にいえば、株主が他のステークホルダーを搾取し、自分だけが利益を享受する仕組みなのである。

この資本主義の欺瞞は、リーマンショック以降、世界中で「Ｎｏ」を突きつけられている。さすがのアメリカ企業も、株主至上主義を伝家の宝刀としてかざし続けるわけにはいかなくなった。

二〇一九年八月一九日、アメリカのビジネス・ラウンド・テーブル（ＢＲＴ）は、「Statement on the Purpose of a Corporation（企業の目的に関する声明文）」を発表した。ＢＲＴはアメリカの主要企業の経営者一八一名が集まるアメリカ最大の経済団体だ。この声明の中で、これまで金科玉条であった「株主第一主義」を改めると宣言したのである。

そこに掲げられたのは、以下の五つのステークホルダーを尊重しようという姿勢である。顧客、従業員、取引先、地域社会、そして株主。そう、株主はリストの最後に回されたのである。ＢＲＴ会長を務めるＪＰモルガン・チェース会長兼ＣＥＯのジェイミー・ダイモンは、「アメリカンドリームは生きているが、ボロボロだ」と述べた。

「大企業は従業員や地域社会への投資を始めている。それが唯一、長期的に成功する道だからだ」

もちろん、この声明を懐疑的に見る向きもある。ビル・クリントン政権で財務長官を務めたラリー・サマーズは、『フィナンシャル・タイムズ』紙のインタビューで、「必要な税金や規制の改革を遅らせる戦略の一部なのではないか」と述べている。

二〇二〇年五月、ＪＰモルガン・チェースの年次株主総会では、一部の環境団体や投資家が気候変動対策でより踏み込んだ姿勢への転換を要求した。ダイモンに言行一致を迫ったのである。今や短期株主の価値を棄損することを、隠れ蓑にすることはできなくなった。

もちろん、前述したバフェット流にいえば、そこには長期株主の価値を向上させるようなストーリーと施策は当然求められる。

「ＥＳＧはワンセットで捉えなければならない」

ＧＰＩＦ前ＣＩＯの水野は、そう口酸っぱく主張していた。Ｅ（環境）とＳ（社会）の課題を解決するためには、リスクを果敢にとり、それをリターンに変えるイノベーションが不可欠である。真のガバナンスは、短期投資家にへつらって利益還元するのではなく、未来に投資をして、そこから将来価値を生む仕組みを組織内に埋め込むことなのである。

その真意は別として、株主第一主義は、今やアメリカにおいてすら市民権を失いつつある。そして従業員、地域社会を含むマルチ・ステークホルダーに対応すべきとの論調は、アメリカにおいても着実に根を下ろしつつある。

二〇二〇年には、『資本主義の再構築』（原題 *Reimagining Capitalism in a World of Fire*）が、世界のベストセラーとなった。[5] 著者はハーバード・ビジネススクールのレベッカ・ヘンダーソン。「株主価値最大化」は過去の遺物であり、企業が主役となって社会と地球を救うべきだと説く。

彼女の講義は、今や同校のＭＢＡコースで、最高の人気を集めている。日本の事例としては、前述したＧＰＩＦの最新のケースが使われている。ちなみにこのケースには、筆者もファーストリテイリングの社外取締役として登場し、株主資本主義を超えた日本のあるべき姿について言及している。

しかし、日本の実態は残念ながら、キャッチアップどころか、周回遅れの真逆の動きになってしまっているのが実態である。日本政府は二〇一四年二月に「日本版スチュワードシップ・コード」、二〇一五年六月には「コーポレートガバナンス・コード」を相次いで発表。前者は投資家に対して、後者は企業経営者に対して、コーポレートガバナンスの徹底を迫っている。日本企業として、ＲＯＥをせめて海外企業並みの八％まで上げるべきだという、きわめてお節介な数値目標まで示している。

ねらいは明白だ。海外投資家からの投資を増やし、株価を上げることにある。しかしそれは、質の高い日本企業を海外の短期投資家の金融取引の道具に仕立て上げるか、海外の長期投資家の支配下に置くことを意味する。欧米、そして新興国の株バブルが弾けた後、日本企業を食い物にしようというのが、海外資本家の魂胆だった。

そして政府は、知ってか知らずか、このきわめて売国奴的な「禁断の果実」に手を伸ばしてしまったのである。また、それを後押しした外資系投資機関や政府御用達の学者は同罪、いやむしろこの国家的な犯罪の影の主導者ですらあった。

この株主第一主義を基軸とするガバナンス改革は、上記のとおり、アメリカにおいてすら時代錯誤の象徴となっている。過去の数字しか見えていない会計学者の口車に乗って、今のＲＯＥを高めることに躍起になる企業には未来はない。

社会課題を解決するために未来の事業に積極的に投資し、将来の企業価値を向上させることこそが、二一世紀型企業の成長エンジンとなる。それが企業のガバナンスの本来の姿である。

ＲＯＥ八％を旗印にガバナンス改革を推進してきた官金学の迷走組も、さすがに自らの拝金主義の愚かさに気づいた。そこで二年近く検討したあげく、二〇一八年の八月に「ＲＯＥＳＧ」なる珍妙な評価軸を発表。ＲＯＥとＥＳＧスコアを掛け合わせたという指標である。

ランキングを見ると、ぶっちぎりのトップは、ノボ・ノルディスク。糖尿病用のインシュリンを製造・販売するデンマーク企業だ。なんといっても、八〇％近いＲＯＥが光る。日本企業とは一桁違いだ。ＥＳＧスコアもトップクラス。このノボについては、後で詳しく紹介したい。

一方、日本企業としては、五六位にランクインした花王がトップ。こちらもＲＯＥが二〇％弱という欧米企業並みで、ＥＳＧスコアはトップクラスである。ノボと同様、経済価値も社会価値もバランスの取れた日本を代表する超優良企業である。

ただし、よくよく見るとＥＳＧスコアが高くない企業も、上位に並んでいる。業種でいえば、タバコ、ビール、カジノ、石油化学、航空機・空運などだ。なぜか。当然ＲＯＥが圧倒的に高いからである。要するに、このランキングは明らかにＲＯＥ偏重型で、少しＥＳＧで色を付けるというポーズを見せたものにすぎない。

タバコ会社は業態を大きく変えない限り、一〇年後にこのリストに残っていることはないだろう。また今回の新型コロナ危機で、航空機・空運会社は確実に欄外に消えるはずだ。ＲＯＥという瞬間風速を主軸に位置づけている限り、持続可能性は全く保証されないのである。

新型コロナは、世界経済全体を戦後最大の混迷に陥れた。企業がこの危機を乗り越えるためには、財務体質が強固であることが生命線だ。株主第一主義に踊らされて、債務を増やしたり、株主還元を厚くしてきた企業は、生存の危機に直面することになった。

欧米においてすら、政府や中央銀行が、株主還元に厳しい目を向け始めた。資金繰りが悪化して借入を増やそうとしている企業に対して、株主配当を禁じる措置を取っている。コロナ対策や従業員への手当てを優先せずに、資金を株主に還元するのは本末転倒だというのである。

前述したＪＰモルガン・チェースのダイモンＣＥＯは、新型コロナ危機が格差是正の契機となるという。自社株買いは辞め、家計や中小企業への支援に資金を回すと宣言したのだ。もちろん、それこそが銀行の本来の役割であり、志であるはずである。

世界の有力年金基金や優良会社が所属する国際コーポレート・ガバナンス・ネットワーク（ＩＣＧＮ）は、全体で五四兆ドルの運用規模を誇る。そのＩＣＧＮが、二〇二〇年四月、企業は減配してでも従業員の解雇を避けるべきだという声明を発表した。株主第一主義から社員第一主義への転換である。

ガバナンス改革という欧米流の旗印の下、社員第一主義から株主第一主義へと官金学一体となって時代に逆走してきた日本は、コロナ禍を契機に、再度原点回帰を迫られるという茶番劇を演じることになる。

TBLの真ん中にあるもの

本来ESGは、投資家側の特殊用語である。彼らは、企業に投資することはできても、自ら価値創造の主役にはなれない。そこでせめて投資先がリスクで足をすくわれないようにと、三つの指標でネガティブスクリーニングをかけているにすぎない。

一方、企業がESGを経営目標に掲げるのは、投資家に迎合した本末転倒な姿である。それは、企業こそ価値創造の主体でなければならないからである。前述したように、特にG(統治)が迷走して企業をリスク回避に走らせると、価値創造に逆行することにすらなりかねない。

ESGという珍妙な組合せの言葉が生まれる前に、トリプルボトムライン(TBL)というコンセプトがヨーロッパを中心に広がりを見せていた。企業のパフォーマンスを、環境的側面(Planet)・社会的側面(People)・経済的側面(Profit)という三つの軸で評価をするという考え方だ。一九九四年にイギリスの起業家ジョン・エルキントンが提唱し、その後、サステナビリティ報告書の国際基準にも取り入れられた。

通常、「ボトムライン」といえば、プロフィットを指す。それに加えて「環境」と「社会」に関するインパクトを目的関数とする。したがって、環境や社会の課題解決のために投資をしつつ、持続可能な利益を出し続けられるかどうかが問われるのである。

図5-1

TBL vs ESG

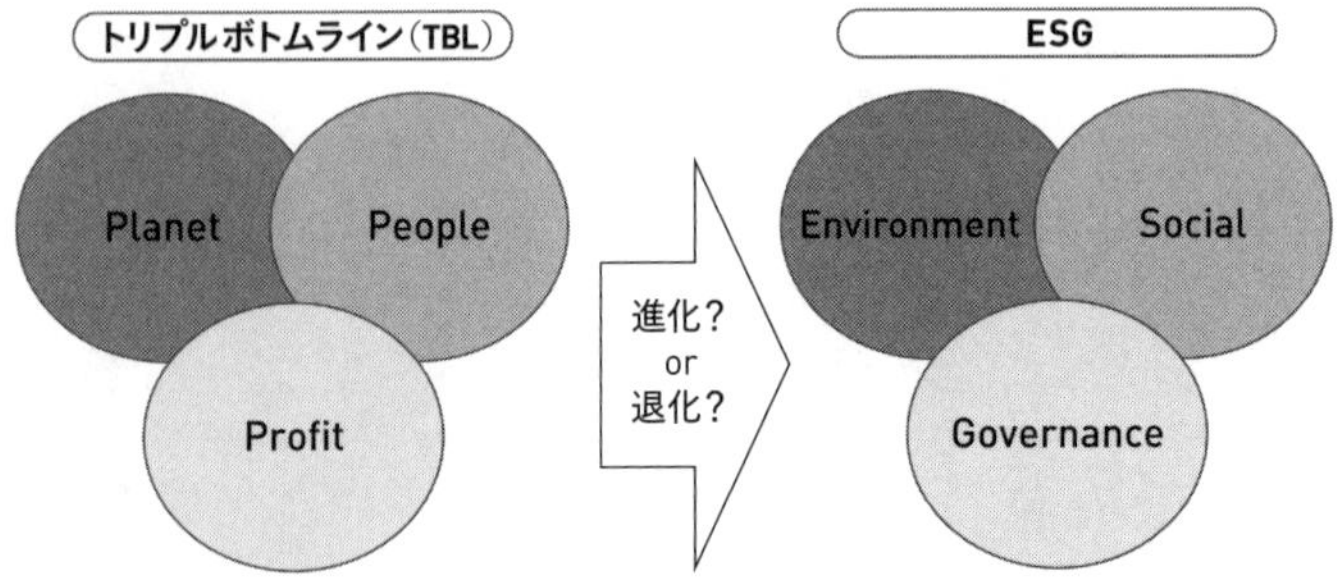

ＴＢＬとＥＳＧを比べてみよう（図5－1）。明らかに一カ所が異なる。そう、ＴＢＬのProfitが、ＥＳＧではGovernanceにすり替わっているのだ。企業価値は本来、現在および将来の利益が生み出すものであるはずだが、投資家は利益に直接働きかけることはできない。そこで少なくとも利益を破壊しないように、Ｇでコントロールを利かせようとするのである。

しかし、いくらＧをコントロールしても、利益創出にはつながらない。価値創造の主役である企業経営の立場に立てば、ＴＢＬこそが本筋であり、ＥＳＧは投資家目線への迎合であり、退化にほかならないのである。これは二〇世紀的な株主第一主義の残影にすぎない。

前述のノボ・ノルディスクを例にとろう。そう、桁外れの利益率をたたき出している企業である。同社は二〇〇四年以来、今日に至るまでＴＢＬを掲げ続けている。環境や社会への価値創造と同時に、利益というボトムラインにも徹底的にこだわる。企業であれば、当然といえば当然である。Ｇにかまけていたのでは、Ｐは創造できないのだ。

同社にはもう一つＰがある。三つのＰの真ん中に、「患者（Patient）」を置いているのである。糖尿病患者のＱＯＬ（生活の質）を向上させることが、同社が最も大切にしているパーパス（志）なのだ。したがって、真ん中のＰはPatientであると同時にPurposeである。それが主軸となって、三つのボトムラインがデリバティブ（派生物）として生み出される仕組みになっている。世界の超優良企業は、資本主義が延命のために生み出したＥＳＧ感染症などには侵されていない。これらの企業が主軸に置いているのはトリプル・ボトムラインですらなく、Purpose（志）である。

このような経営こそが、二一世紀を拓く志本経営なのである。

SDGsという規定演技

さてＥＳＧと同様、パンデミック（世界に広がる伝染病）の様相を呈しているのがＳＤＧｓである。そう、国連が二〇一五年に定めた「Sustainable Development Goals（持続可能な開発目標）」のことである。

なかでも日本はＳＤＧｓの優等生だ。政府が旗を振り、学校や企業の教材となり、マスコミがこぞって喧伝している。これだけ国を挙げてＳＤＧｓ狂騒曲にかまけているところも珍しい。「ＳＤＧｓにあらずば、人にあらず」とでもいった風潮である。この官民一体ぶりには、中国や北朝鮮も舌を巻くだろう。

その最たる光景が、ＳＤＧｓの一七色のバッジだ。大手町、丸の内、霞が関あたりに行くと、みんなが嬉しそうにこのバッジを胸につけている。そもそも国連まで行けば買えるのだが、日本からの特需で品薄になったため、下請けの工場に模倣品を量産させたという強者企業まで現れる始末だ。「元祖モノづくりの国」の面目躍如である。

この全体主義国家的な光景は、外国人には相当奇妙に映るらしい。筆者のアメリカ人の知人からは、「どうしてみんな、レインボーカラーをつけているの?」と不思議そうに尋ねられた。レインボーカラーはＬＧＢＴＱの象徴である。日本の紳士淑女がみな得意そうにレインボーカラーをつけて歩いているように見えたのだとしたら、確かに異様な光景に違いない。あれは七色ではなく、一七色だと説明しておいたが、そもそも一七色そのものが、普通の外国人には意味不明なものである。

そう、日本人には広く知られているとおり、ＳＤＧｓは一七の大項目を掲げている。そして、実はあまり知られていないが、その下に一六九の小項目が並んでいる。

いずれも立派な目標である。あまりにも当たり前すぎて、議論の余地がないといったほうが正確かもしれない。

図5-2

マテリアリティ分析

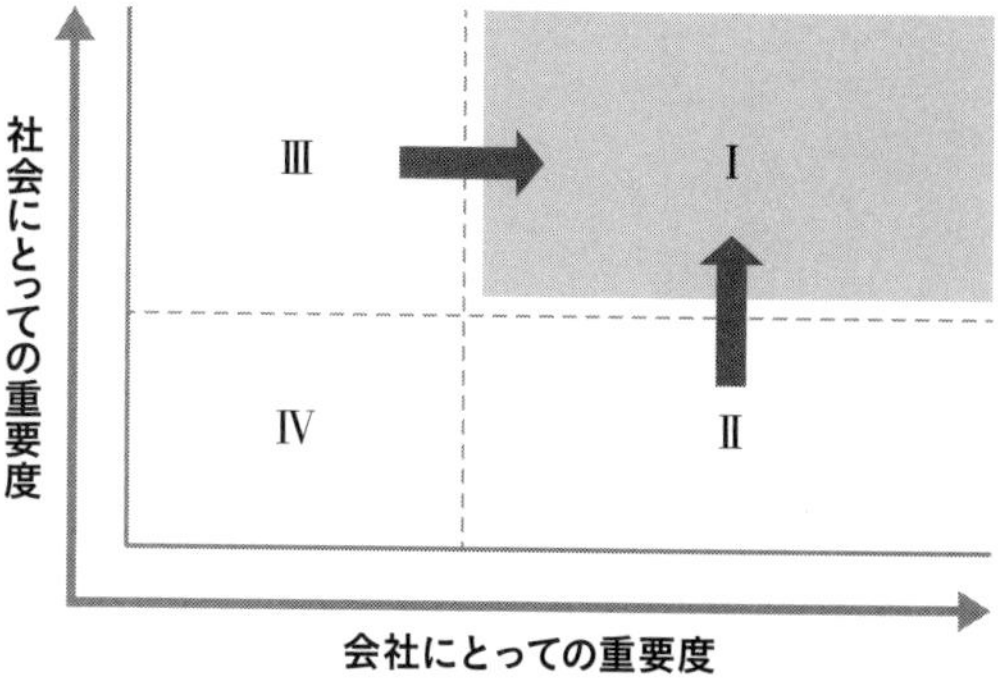

そしてそのことこそが、問題なのだ。サステナビリティ（持続可能性）の目標を、これらの当たり前の項目に限定してしまいがちだからである。事実、最近はやりの統合報告書を見ると、各社とも、どの項目に取り組んでいるかを忠実になぞっている。

しかし、内容は同業他社とほぼ横並びだ。これを筆者は「規定演技」と呼んでいる。与えられた規定演技をきちんと演じるだけでは、その企業ならではの独自性も真の競争優位も築きえない。ましてやそこには、ワクワクするような志（パーパス）は感じられない。

筆者は毎年十数社の企業から、統合報告書の支援やコメントを頼まれる。そのたびに、「マテリアリティ（重要度）分析」を見せられることになる（図5－2）。縦軸に「社会」にとっての重要度、横軸に「会社」にとっての重要度を取る。そこまではよいのだが、セオリーに従ってほとんどの企業が両方とも重要度の高いゾーンⅠだけを選んでしまう。これが曲者である。

社会で重要だと思われていることは、当然ながら共通である。ＳＤＧｓの一七項目、一六九細目がそれにあたる。そこから自社にとっても重要なものを選べば、同じ業界であれば当然ながらほとんど同じ項目になってしまう。

着目すべき領域は、会社側の重要性だけが高いゾーンⅡである。自社ならではのこだわりゾーンだ。まだ社会的には広く重要性を認識されていないが、だからこそ、独自の価値が訴求できる。もちろん社会の共感を集めることができなければ、単なる独善に終わってしまう。社会とのコミュニケーションを通じて、ゾーンⅡからゾーンⅠへと進化させていくことをめざさなければならない。

社会の重要度だけが高いゾーンⅢも、盲点になりやすい。自社には関係ないと高をくくっていると、世の中で健康や環境意識が想定以上に高まっていることに気づかずに、いつまでも糖分や塩分の濃い食材を売り続けたり、化石原料由来の製品を作り続けることになる。逆に、このような社会課題に対して、他社とも連携して積極的に取り組むことで、ゾーンⅠへと進化させることができるはずだ。

高い先見力を誇る企業や団体は、一七枚の規定演技を超えた「一八番目のカード」を提唱し始めている。たとえば、アメリカのＮＰＯであるナショナル・スペース・ソサエティは「宇宙との共生」をうたっている。この団体ならではのゾーンⅡのテーマである。

日本企業では、三菱ケミカルホールディングスが二〇一〇年から「ＫＡＩＴＥＫＩ」を独自の価値観として打ち出している。花王は「Kirei Lifestyle」を、ファーストリテイリングは「LifeWear（究極の普段着）」を基軸に置いた世界観を提唱している。トヨタは、二〇二〇年に一八枚目のカードを高らかに掲げた。そこにはハートマークの中に「waku-doki」と記されている。まさにトヨタ用語である。

いずれもＳＤＧｓの当たり前のゴールには収まらない。このように、ゾーンⅡのテーマを、次世代のゴールとして世の中に先駆けて打ち出す「自由演技」を演じることが、世界のフロントランナーになる条件だ。

日本人は生真面目で、学習能力が高い。したがってＳＤＧｓが世界共通の目標だと知ると、それを習得しようと躍起になる。その結果、視野狭窄に陥ってしまう。

そもそもＳＤＧｓは、当時ユニリーバのＣＥＯだったポール・ポールマンを筆頭に、環境や社会意識の高い欧州勢が、巧妙に立ち回って、ヨーロッパのローカルルールを世界標準に仕立て上げたものである。さらに狡猾なアメリカ勢は、この欧州勢の意図に気づいて、是々非々の態度を崩さない。好戦的なトランプ政権に至っては、地球温暖化対策の国際的な枠組み「パリ協定」からも離脱してしまった。

日本企業も、そろそろ「グローバルスタンダード」という幻想から脱学習すべきである。たとえば前述した三菱ケミカルホールディングスは、「脱炭素」という安易なキャッチフレーズに異議を唱える。

同社会長の小林喜光は、以下のようにコメントしている。[6]

「そもそも人間の身体の八割は炭素でできています。植物は光エネルギーを使って水と空気中のCO_2から炭水化物を合成し、動物はその植物を食べてCO_2を排出している。植物と動物が炭素のキャッチボールをすることで、地球のシステムは成り立っている。

ところが、産業革命以降、人類が化学資源を野放図に燃やしてきたため、植物による吸収が追いつかず炭素のバランスが崩れてしまった。

化学産業は、炭素を加工して付加価値の高い製品を作り出す、いわば『錬炭素術師』。当社も参加する『人工光合成』のナショナルプロジェクトもあるが、化学産業の力でこの崩れたバランスを是正し、持続可能な『新・炭素社会』をめざしたい」

二〇二〇年二月、同社は「KAIKEKI Vision 30（KV30)」という中長期ビジョンを発表した。その中で二〇五〇年のあるべき姿として「新・炭素社会」をうたっている。その実現に向けて、CO_2回収・利活用やケミカルリサイクルなどによる炭素循環を、二〇三〇年の成長の柱の一つとして位置づけている。

「脱炭素」という安易かつ無責任な世の中の風潮に迎合せず、化学の力で正しい未来を拓こうとする同社ならではの高い志がうかがえる。これこそが、志本経営のあるべき姿である。

Ｂ２Ｃの世界では、良品計画の取組みが光る。同社は「感じ良いくらし」の実現をパーパスに掲げている。ホームページには、「生活者や生産者に配慮した商品・サービスを無印良品として具体化することで、人々が喜び、美を伝播し、そして社会に貢献することができると考えています」とうたう。

同社社長の松﨑曉は、その思いを次のように語っている。[7]

「最近ではサステナビリティ（持続可能性）や環境保全への関心が世界的に高まっています。このようなＳＤＧｓ（持続可能な開発目標）のトレンドが登場する以前から、当社は創業期から『消費社会へのアンチテーゼ』をテーマにさまざまなことに取り組んできました。

　このような無印良品が長年継続してきたコンセプトが、現在になってより多くの消費者から理解されつつあるのではないかと考えています。特に若い人の消費傾向として、パッケージにプラスチックを使用していないなど、社会貢献につながる商品を購入することも多くなりました。

　しかし、当社は『自然環境を守っています』など、ＳＤＧｓに取り組んでいることを直接的にアピールするような企業ではありません。あくまで商品が持つ意味や製造の背景を伝えることによって、お客さまに当社の考え方やものづくりのコンセプトを理解してもらう。この『さりげなさ』が無印良品の良さで、非常に重視している点です」

図5-3

良品計画の「感じ良いくらし」

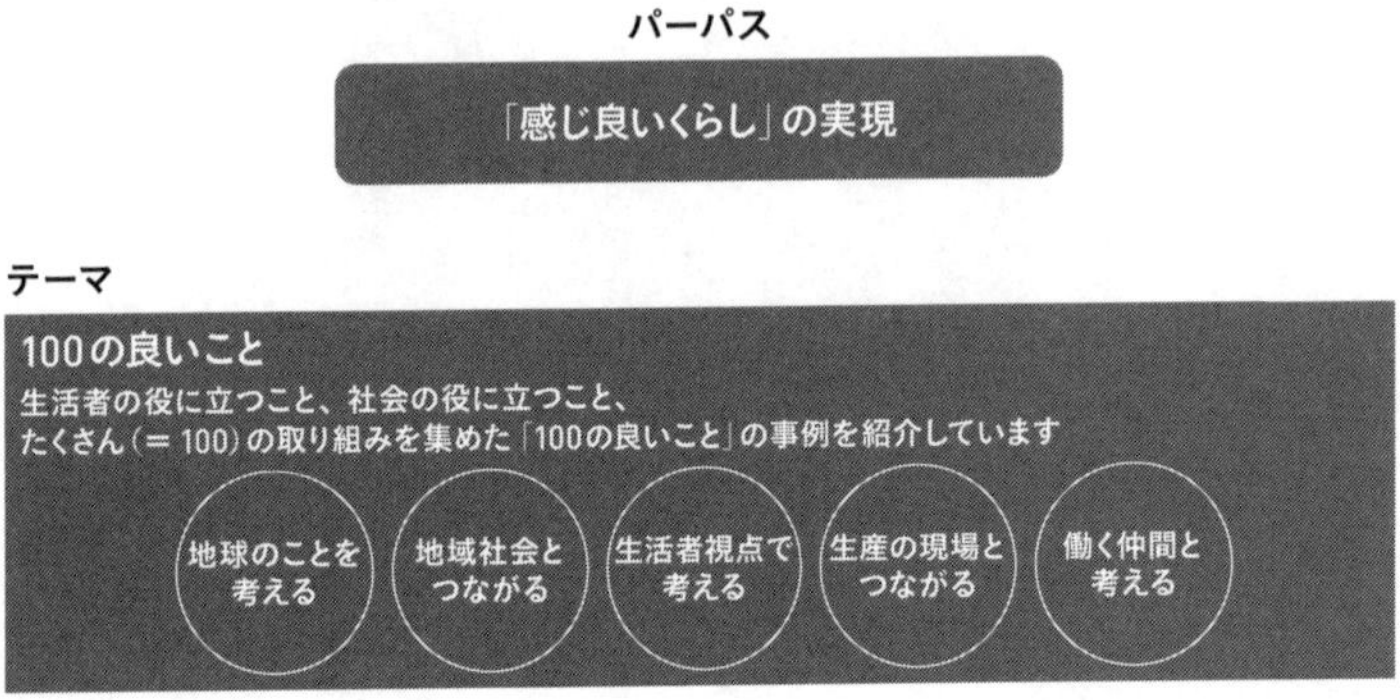

出所：良品計画

同社はＳＤＧｓの一七枚のカードは使わない。その代わり「一〇〇の良いこと」という事例を紹介している（図５－３）。それらは大きく、五つのカテゴリーに括られる。いずれも「つながること」と「ともに考えること」を大事にしている。たとえば、「地域社会とつながる」や「働く仲間と考える」といった視点は、ＳＤＧｓの一七枚のカード（規定演技）にとらわれない同社ならではのゾーンⅡ領域（自由演技）である。

同社会長の金井政明は、日本にはＳＤＧｓより素晴らしい言葉や思想があるという。たとえば、「Okage Sama」「Otagai Sama」「Otsukare Sama」だ。ＳＤＧｓに自らをはめ込もうとするのではなく、「これらの三つの『さま』を世界に輸出していく」ことを提唱している。[8]

ＳＤＧｓの「規定演技」を忠実にこなしても、

真に持続可能な社会を創ることはできない。前章で見てきたように、「守破離」こそが日本独自の進化の法則だったはずだ。いつまでも海外から持ち込まれた「型」にはまらず、日本流の「型破り」をめざさなければならない。

ＣＳＶという切り札

ＥＳＧは投資家向けの目線であり、企業経営上のリスク対応が主目的となる。それに対してＳＤＧｓは、社会課題の解決を目的としたもので、企業には新たな成長機会をもたらす。すなわち、トップライン（売上高）を伸ばすレバーとなりうるのである。

ＥＳＧにばかり気を取られている企業経営者は、資本市場（＝株価）を向いて経営をしているという本音が透けて見える。株主資本主義に縛られた旧世代である。

それに対して、ＳＤＧｓに真面目に取り組んでいる経営者は、現実、そして、未来の実体市場にきちんと向き合っている。しかも、ＥＳＧは中味がきわめて曖昧であるのに対して、ＳＤＧｓは具体的に一七のゴールを示している。二一世紀型の志本経営をめざすのであれば、ＥＳＧではなくＳＤＧｓにより関心を示すのは当然である。

しかし、ＳＤＧｓに本腰を入れて取り組むと、すぐに大きな壁に直面する。トップラインは

図5-4

CSRからCSVへ

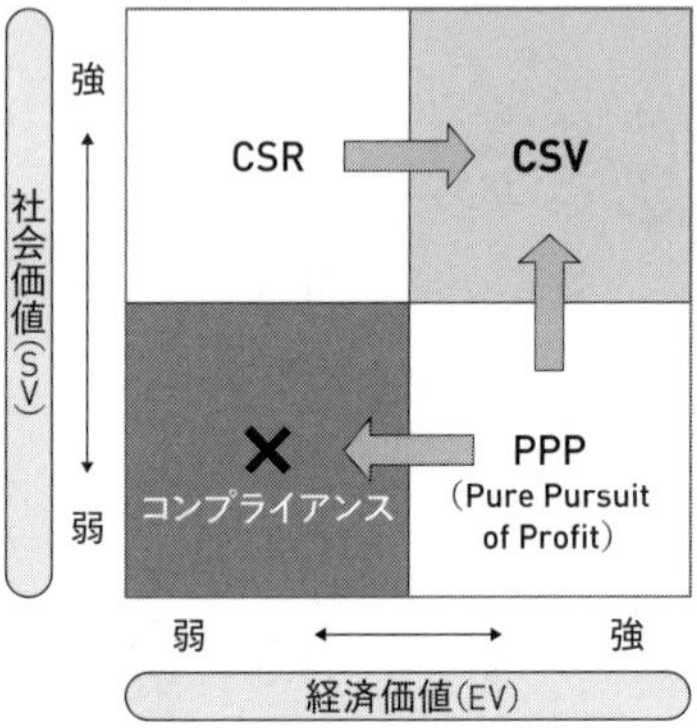

上がっても、コストがそれ以上にかかってしまうのだ。やればやるほど、ボトムラインを棄損してしまう。

当然といえば当然だ。社会課題は、儲からないから、これまで放置されてきたのである。言い換えれば需要はあるのに、供給が出てこない。収益を生まないからだ。市場が成り立つためには、異次元のコスト削減、課金モデルの工夫、あるいは規制などのルール変更が求められる。すなわち、イノベーションが必須なのだ。

そこで注目されるのが、CSV（Creating Shared Value：共通価値の創造）である。戦略論の権威であるマイケル・ポーターが、二〇一一年の論文で提唱したものだ。社会価値（SV）を高めながら、自らの経済価値（EV）も高めるという経営モデルである（図5－4）。

従来、民間企業は経済価値さえ高めればよいとされた。この図のＰＰＰ（Pure Pursuit of Profit：利益追求主義）ゾーンだ。二〇世紀後半、アメリカの経済学を牽引したミルトン・フリードマンがその急先鋒だった。新自由主義という美名のもとに金融（＝株主）資本主義へと世界経済を駆り立てていったフリードマンは、当時台頭してきたＣＳＲ（企業の社会的責任）という概念そのものを否定した。民間企業の責務は、しっかり利益を生んで税金を払うことにある。社会課題を解決するのは、税金を使う政府の仕事だと論じたのである。

確かにＳＤＧｓで社会価値を高めるのはよいが、それで経済価値が上がらなければＣＳＲでしかない。利益を生まない事業に資源を配分するのは、株主に対する「背任行為」ということになる。そこでポーターは、ＣＳＲではなくＣＳＶ、すなわちＳＶとＥＶの両立をめざせと説く。

ＥＳＧ、ＳＤＧｓ、そしてＣＳＶ。巷ではこれら三つのコンセプトが乱れ飛んでいるので、交通整理が必要だ。たとえば、ＧＰＩＦ前ＣＩＯの水野弘道は、ＥＳＧは投資家と企業の握りであり、一方で企業経営者は本来、ＳＤＧｓに関心があり、ＥＳＧやＳＤＧｓを実現しようとすれば、ＣＳＶ経営に向かうはずだと語る。

もっと簡単にいうと、図５－５のようになる。ＥＳＧはリスク、ＳＤＧｓはトップライン、ＣＳＶはボトムラインに照準を合わせたコンセプトなのだ。ポーター流にいえば、ＣＳＶこそが企業戦略の本筋なのである。最近も「Where ESG Fails（ＥＳＧのつまずきどころ）」という論文

図5-5

ESG & SDGsの先へ

図5-6

CSVと競争戦略論

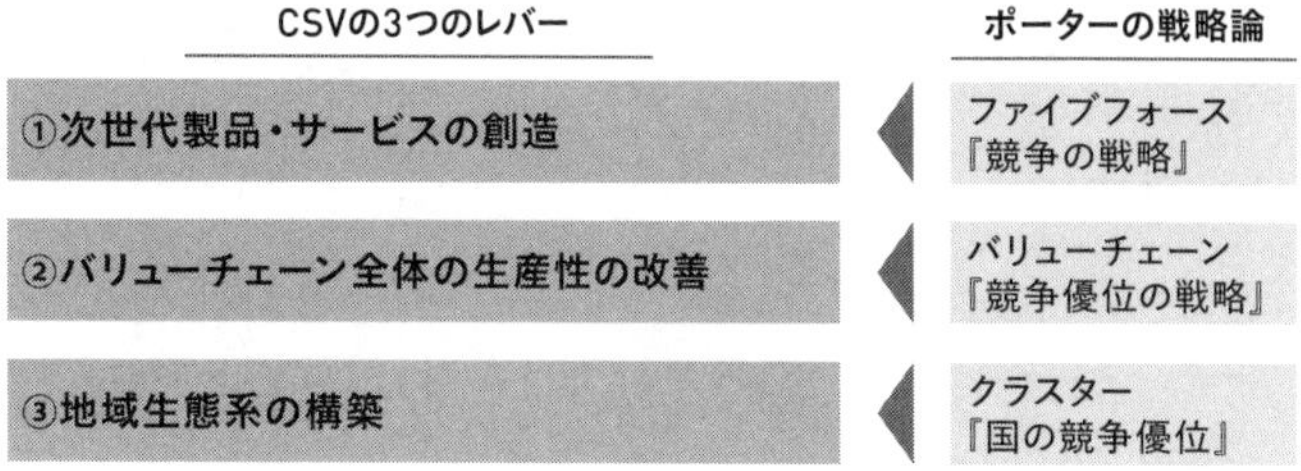

の中で、企業価値を棄損したくないのであれば、ESGやSDGsなどという流行語にまどわされず、すべからくCSVをめざせと説いている。[9]

CSVを実践してきちんと利益を出せれば、それを再投資し続けることで、社会価値を高め続けることができるはずだ。そして、それがあるべき資本主義の姿だとも主張する。筆者はハーバード・ビジネススクールで学んだ二年間、そして、ここ一〇年はポーター賞の選考メンバーとして、ポーターを間近に見てきたが、筋金入りの資本主義経営論者である。

ポーターによれば、CSV戦略は企業戦略全体を包含する。なかでもファイブフォース、バリューチェーン、そしてクラスターという三つのレバーが重要だと説く(図5-6)。日本に多い「ポーター通」であれば、彼の三冊の古典的戦略本、すなわち『競争の戦略』『競争優位の戦略』『国の競争優位』の焼き直しだということにすぐ気づくはずだ。

とはいえ、社会価値を上げつつ経済価値を上げるのは、簡単な話ではない。前述したとおり、普通に取り組んでも、利益は出ないからだ。ポーターのCSV論に欠けているのは、この二律背反を解くためのイノベーションという視点である。

元祖CSV企業と目されるネスレは、イノベーションの必要性に当初から気づいていた。同社はCSVを6×3のマトリクスで因数分解している（図5－7）。

縦軸には六種類のステークホルダーを示している。消費者、従業員、株主に加えて、バリューチェーン上のパートナー、コミュニティ、さらには競合他社まで視野に入れている。

横軸には三種類の価値創造を並べている。経済価値と社会価値は、ポーターのCSV論そのものだ。そして、その間に「知識価値」を入れている。ネスレの幹部に、なぜこの三つ目の価値を導入したのかと尋ねたところ、次のような答えが返ってきた。

「経済価値と社会価値はトレードオフ（二項対立）になりやすい。これをトレードオン（二項合一）にするためには、イノベーションが欠かせません。だから真ん中に、イノベーション軸を入れているのです」

ただし、ネスレの考えるイノベーションの対象は、「技術」だけではなく、より広範な「知識」全般を指していることに留意してほしい。この図のイノベーション軸にも、食育などの知識伝達が示されている。日本企業では通常、「マーケティング」に括られる活動である。ネス

図5-7

ネスレにおける3つの価値創造

ネスレのステークホルダーへの共通価値提供

ステークホルダー	経済価値	知識価値*	社会価値
消費者	消費者にとってのValue for Moneyの創出	栄養と健康に関する知識の提供	スマート・グリーン商品の提供
サプライヤ・ディストリビュータ	原料やパッケージング業者にとっての経済価値の提供	農家への知識提供、食のバリューチェーンの改善	安定的な作物管理や家畜の健康管理などの持続可能プロセスの整備
同業他社	価格・コスト削減圧力を通じた同業他社の生産性向上	模倣や競争を通じた知識の伝達、食産業全体の効率の向上	労働・環境基準の改善
従業員	従業者とその家族にとっての仕事と収入の確保	従業員教育の実施	公共や職場における安心・安全・健康の担保
コミュニティ・政府	税金、インフラなどの提供	子供の健康などに関するコミュニティ教育の提供	地域開発と資源の持続可能な利用
株主	株主価値の向上	生態系全体の価値向上に関する資本市場の理解向上を通じた株主価値の向上	ペンションファンドなどESGを重視する株主への株主価値の向上

注：*イノベーション・ナレッジトランスファー
出所：ネスレ資料をもとに作成

レがめざしているのは、市場そのもののイノベーションなのである。

COLUMN

日本発ネスカフェCSV物語

ネスレは二〇一一年以降、全世界のグループ会社から「CSV大賞」を募集している。ただその多くは新興市場の生活困窮者を対象としたものだった。図2-1で示したマズローの欲求段階説のレベル1、2にあたる。このような市場では、ネスレの祖業である粉ミルクなどで栄養を提供することにより、社会課題を解決するというストーリーを展開しやすい。

一方で先進国では、コーヒーやチョコレートを売っているネスレが社会課題の解決と意気込んでも、なかなか本業とは結びつかない。そこで二〇一〇年に、日本人として初めてネスレ日本の社長に就任した高岡浩三は、独自に「イノベーション賞」という名称にすり替えて展開することにした。

社会課題という大上段に振りかざしても、答えは出ない。CSVの本質は、イノベーションにある。希代のマーケターである高岡は、本社の技術開発や商品開発に頼らなくても、日本という市場でマーケットイノベーションを生み出すことはいくらでもできるはずだと確信していたのである。

数年前にイノベーション賞を獲得した契約社員のケースを紹介しよう。東北地区に住み、地元のスーパーを担当していた彼女は、契約社員もイノベーション賞に応募しなければならないということで、はたと困る。そこで、高岡が日頃から、イノベーションの基本は顧客の行動を新鮮な目で見ることだと語っていたことを思い出す。

普段なら棚出しなどの作業に追われてお客に背を向けていることが多いが、このときばかりはじっくりとお客の行動を観察することにした。すると、いつも同じ顔ぶれの年配の人たちが、特にこれといった目当てのものがあるでもなく、そぞろ歩いている。疲れると、ベンチのある一角でサービスのお茶をすすりながら、顔見知り同士で世間話に花を咲かせている。

そのような光景を見て、彼女ははたとひらめいた。このコーナーにネスプレッソのマシンを置いてみては？　早速、実験してみたところ、みんなが喜んで美味しいコーヒーを楽しんでくれる。一杯一〇〇円というのもお手頃らしい。しかも、以前より頻繁に足を運んでくれるようになり、店も賑わいを取り戻した。顧客にとっても、店にとってもＷｉｎ－Ｗｉｎだ。

くだんの契約社員の女性も、イノベーション賞を受賞。一〇〇万円の賞金と、スイス往復チケットをゲットした。ネスレ本社でこの話を披露したところ大好評で、正社員として採用されることになったというのだから、現代のシンデレラ物語である。

しかも、なんといっても嬉しいのは、新しい収益源を獲得したネスレである。この成功にヒントを得て、人が集まる公共の場にネスプレッソマシンを置くという事業モデルを生み出した。まさに顧客の経験価値に着目したイノベーションである。では、これは社会課題を解決したことになるのか？　高齢化、過疎化社会において、人が交感する時空間を作ることは、十分に社会価値があるはずだ。新興国の人々を助けるといった派手さはないかもしれないが、先進国特有の社会のひずみを癒す一助になっている。そして、そこには、先に紹介した良品計画の「感じ良いくらし」にも通じる日本ならではの上質な気配りが感じられる。

ネスカフェといえば、さらに代表的な日本発のCSVイノベーションモデルがある。「ネスカフェアンバサダー」だ。オフィスの従業員がボランティア（アンバサダー）となって「ネスカフェバリスタ」マシンの無料貸与を受けることで、同僚が美味しいコーヒーを楽しめるという仕組みである。

「働き方改革」旋風により、オフィスの中では無駄なおしゃべりがなくなった。隣の同僚ともメールでやり取りをするような有様だ。そのような殺伐とした仕事場に、アンバサダーが「人間的な交流のひと時」を作り出してくれるのである。

このコーヒータイムは時間の無駄か？　それどころか、この一〇分間のひと時の後、従業員の幸福度はぐっと高まり、生産性が三〇％以上改善するのである。ダウンタイムどころか、心のエネルギーをリチャージするひと時なのである。従業員にとっても、企業にとっても、Ｗｉｎ－Ｗｉｎなのだ。

　そして、最も喜んでいるのはネスレである。オフィスに独占的に自販機を設置したようなものである。むしろ、造幣機と呼びたくなるくらいだ。ジレットで有名な「レーザーブレード」モデル、すなわち、本体を安くして消耗品で稼ぐという課金方式のコーヒー版である。まさに典型的な事業モデル・イノベーションといえるだろう。

　では、どのような社会価値を創出しているのだろうか？　殺伐としたオフィスに、癒しと交流のひと時を演出しているのである。平日起きている時間の多くを過ごす仕事場に、生産性と同時に幸福感をもたらしているのだ。

　そもそも、「ワーク・ライフ・バランス」などという掛け声自体、ワークとライフは切り離されているという二〇世紀的な考え方である。これからは「ワーク・イン・ライフ」をめざさなければならない。生産性向上にとらわれてロボットのように働かされる（そして、いずれロボットに置き換えられる）のではなく、仕事の中に人間らしさを取り戻すことこそ、先進国における社会課題の解決につながるはずである。

　社会課題先進国の日本こそ、そのような未来の課題を先取りして、世界に発信していかなければならない。ＳＤＧｓの一七枚の規定演技をこなしてアリバイ工作をしている場合ではないのだ。

　このような日本ならではのＣＳＶ事例が、ネスレ日本という外資系企業から生まれたことに、日本企業は忸怩たる思いを持つべきである。ネスレ日本のように、しっかりと顧客と社会に向き合えば、日本発のＣＳＶイノベーションの機会は、いくらでもあるはずだ。

　日本企業のＣＳＶ事例としては、三菱ケミカルが参考になる。前述したとおり、同社はポーターのＣＳＶ論が出る前の二〇一〇年から一〇年以上、「ＫＡＩＴＥＫＩ」をパーパスとして掲げている。そこでは、三つの軸が設定されている。ＭＯＳ（Management of Sustainability）、ＭＯＴ（Management of Technology）、ＭＯＥ（Management of Economics）の三つである（図5－8）。それぞれ社会価値、イノベーション、経済価値にあたる。

　ここでも社会価値から出発し、経済価値に結びつけるために、イノベーションが必須であるという考え方がしっかりと示されている。その意味では、ポーターのありきたりのＣＳＶ論よりもはるかに優れたモデルである。

　イノベーションの軸をＭＯＴ、すなわち技術革新としているところが、いかにも日本の伝統的な素材メーカーらしさが表れている。

　しかし前述したとおり、イノベーションの源泉は技術だけではない。むしろ顧客ニーズの捉え方であり、マーケティングであり、事業モデルであることは、先のネスレの事例が示すとお

図5-8

KAITEKI経営

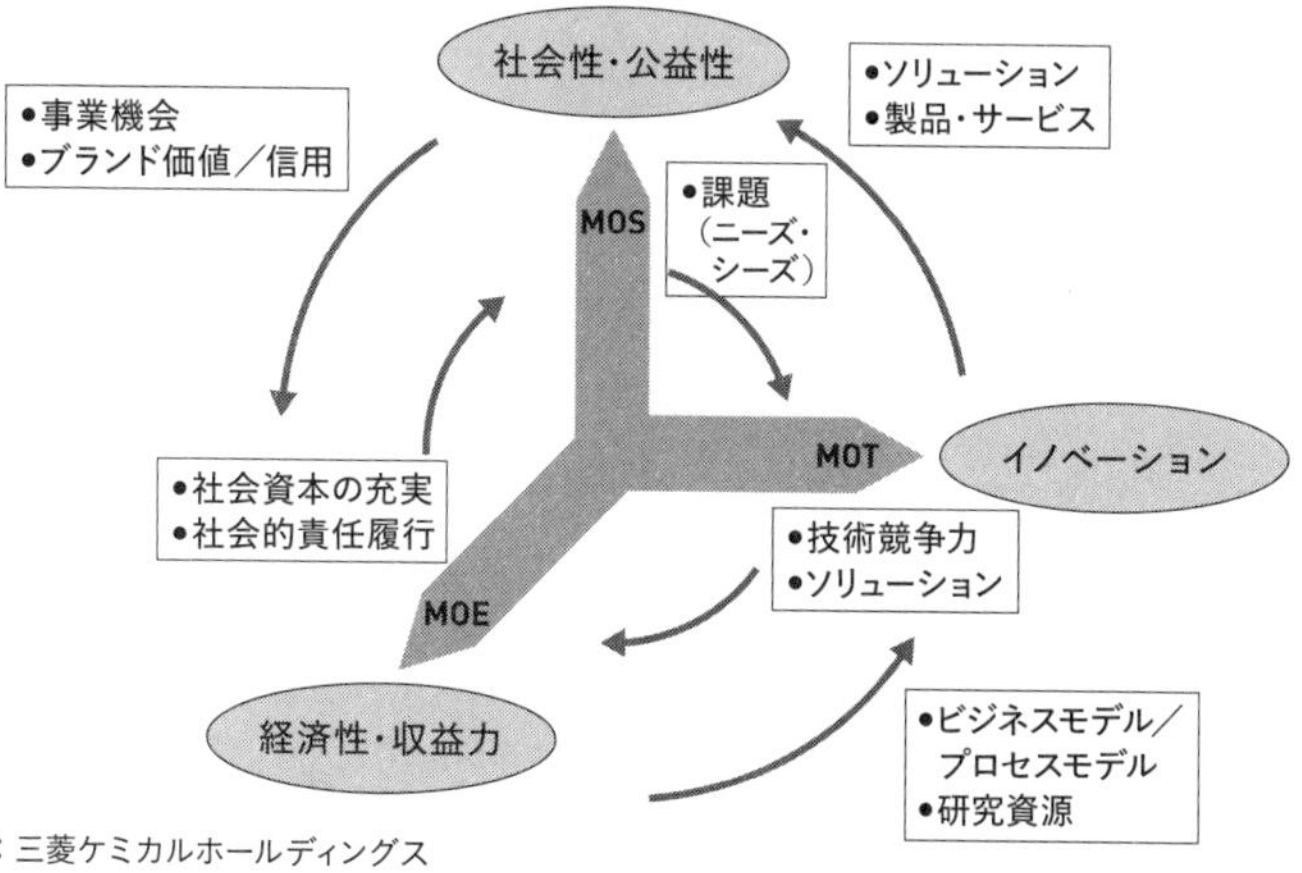

出所：三菱ケミカルホールディングス

りである。

日本企業としては、技術に加えて、知識、ブランド、ネットワークなどといった無形資産を活用していかに市場にイノベーションを生み出せるかどうかが、次世代成長の大きな課題となるはずだ。このあたりは、本書の後半でさらに深く考察したい。

CSVの十字架モデル

社会課題を経済価値に変換することは、容易ではない。簡単であれば、需要と供給がマッチするところで市場が成立し、社会課題はとっくに解消されているはずだ。したがって、CSVを実現するためには、前述したように、イノベーションという変換装置が不可欠なの

図5-9

ＳＶからＥＶへ

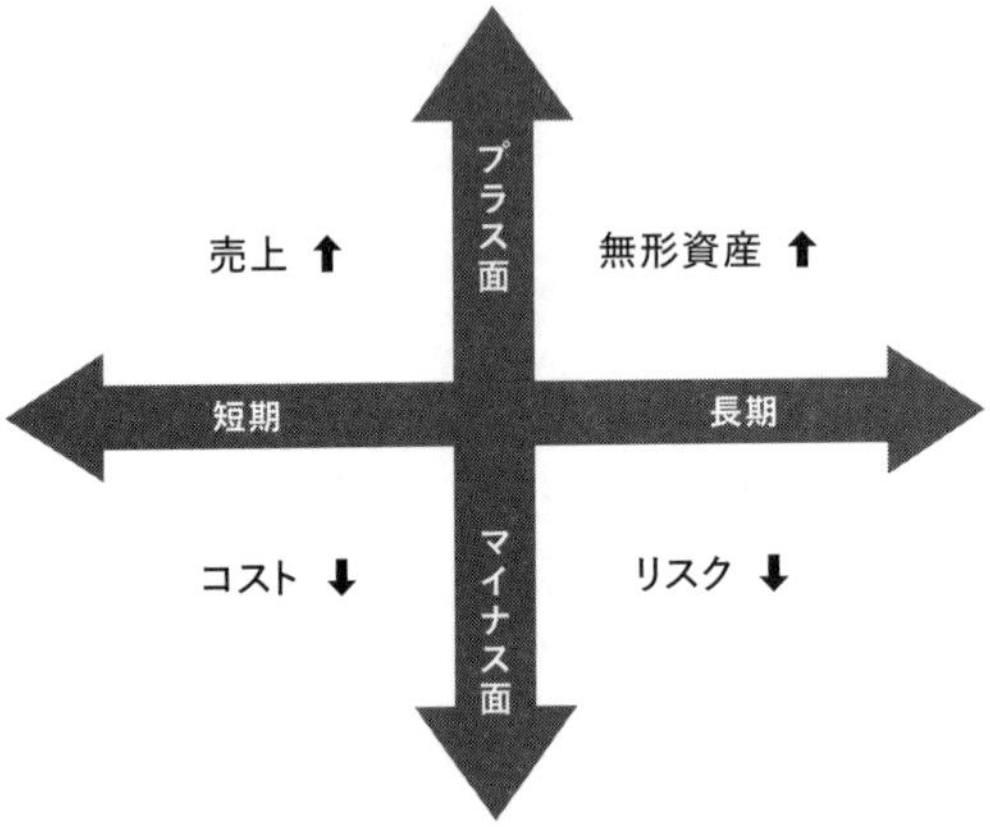

である。

では、イノベーションはどのようなメカニズムで、社会価値（ＳＶ）を経済価値（ＥＶ）に変換するのか？　筆者はＣＳＶのグローバル先進企業の幹部に会うたびに、必ずこの問いかけをすることにしている。前述のノボ・ノルディスクやネスレ、ユニリーバやシュナイダーエレクトリック、あるいは３Ｍやグーグルなど、どこに聞いても、異口同音の答えが返ってくる。

それらは、大きく四つの経済効果に分類される。それをまとめたのが図５―９だ。「ＣＳＶの十字架」と筆者が呼んでいるモデルである。

縦軸はプラス効果を上げるか、マイナス効果を下げるかを示している。横軸は時間軸で、左は短期、右は長期。短期は会計上のＰ／Ｌ（損益計算書）、長期はＢ／Ｓ（貸借対照表）にあたる。ただし、現在の会計ルールではＢ／Ｓに現れない無形の負債と資産を指している。左上から、反時計回りで各象限のボックスを説明しよう。

第一に、売上の向上。トップライン効果だ。社会価値の高い企業は顧客の共感を得られやすい。したがって、ファン顧客が増えて、売上が上がる。逆に社会価値が低い企業に対しては、SNSなどでネガティブな口コミがあっという間に広がり、顧客が離れてしまう。

B2Cの話だと高をくくってはいけない。B2BやB2B2Cの世界は、もっとはっきりしている。環境や社会への配慮が足りない企業は、顧客企業のサプライヤーリストから外されてしまう。そうなると、売上はゼロだ。

第二に、コストが下がる。三つの費目で顕著に表れる。

- マーケティングコスト……SNSなどで口コミが広がるので、広告費が節約できる。スターバックスや良品計画は、そもそもマス広告すらしていない。
- オペレーションコスト……社会や環境に配慮すればイニシャルコストが上がるが、廃棄やリサイクル、リコールや炭素税・砂糖税などを始めから考慮に入れれば、トータルコストは下がる。ファーストリテイリングではこれを、「後始末ではなく前始末」と呼んでいる。
- 人件費……社会価値の高い仕事に従事している社員の生産性は、普通の社員の二〜三倍。「自分ごと化」しているので、「ワーク・ライフ・バランス」などという、やらされ感満載の仕事とはのめり込み方が全く異なる。結果的に、人件費は二〜三分の一で済む。

第三に、リスクが下がる。不正や不祥事、さらには「想定外」リスクなどは、通常「負債」としてＢ／Ｓには反映されていない。しかし、これらは現場や経営者が絡む「人災」であり、組織が抱え込む最大のリスクである。一人一人のＤＮＡの中に、社会価値を棄損しないという信念が埋め込まれていれば、そのような人災を防ぐことができる。ジョンソン・エンド・ジョンソンの「我が信条(Our Credo)」という価値観は、その代表例だ。

そして第四に、長期的な資産が高まる。この中味は、Ｂ／Ｓに反映されない無形資産である。ブランドや顧客資産、ノウハウや知識、ネットワークや人財だ。社会価値が高い仕事をめざすことによって、このような無形資産が形成され、長期的な競争優位を生み出す。この無形資産を基軸とした次世代経営モデルについては、第12章でじっくり論じることとしたい。

ＣＳＶの先進企業が異口同音に語るのは、この第四象限、すなわちイノベーションの源泉となる無形資産への投資の重要性だ。ＲＯＥ経営に代表される株主価値向上にとらわれた経営では、こうした将来への投資は切り捨てられる。そのような短期指向の企業は、持続的社会の実現はおろか、自社の持続性すら危うい。

日本企業は、短期ではなく長期、自社の利益の最大化より、社会全体の価値の向上を第一義としてきたはずだ。しかし、株主優先という時代錯誤のモデルをグローバルスタンダードという美名の下に導入するようになってから、短期指向、自社利益優先に走るようになった。

経営の実際を知らない政府や経営学者であればいざ知らず、第一線の経営者まで金融資本主義に魂を売るようでは、情けない限りである。

Ｊ－ＣＳＶという解

令和を迎えた今こそ、この平成の「失われた三〇年」の惰眠から目覚める必要がある。そのための第一歩は、ＣＳＶの十字架を、いま一度胸に刻み直すことだ。そして、志を基軸とした日本本来のＣＳＶをめざすべきである。それはＥＳＧやＳＤＧｓなど、外来の価値観にとらわれない「自由演技」でなければならない。それを筆者はＪ－ＣＳＶ（日本版ＣＳＶ）と呼ぶ。

先にも紹介した良品計画の「感じ良いくらし」が好例である。社長の松崎暁は次のように語る[10]。

「われわれは『感じ良いくらし』の実現をめざしています。現代では社会が分断され、人同士のつながりが希薄になりつつあります。このような状況下で社会との関係性を再構築するため、当社は地域活性化を中心に、さまざまなことに取り組んできました。

商品を購入していただきたいのはもちろんですが、それ以前にまず人が店舗に集まることが大切だと考えています。そのため、無印良品は人と人をつなげる『プラットフォーム』になることをめざしています。

しかし、企業としてしっかり利益を出さなければ、このような地域活性化の取り組みはできません。二〇一八年二月に創設した『ソーシャルグッド事業部』は、その名のとおり社会に良いことをするために設置した部署ですが、ただ社会に役立つだけではなく、同時に利益の確保をめざして『事業部』と名づけました。社会貢献につながり、かつ利益も見込めるのであればこんなに良いことはありません。

無印良品は今後も何が社会のためになり、何が会社の利益になるのかを両面から考えながら、さまざまなことに取り組んでいきたいです」

ＣＳＶという言葉はどこにも出てこない。しかし、「ソーシャルグッド事業部」という位置づけそのものが、社会価値と経済価値の両立をめざしていることを明確に示している。そして、そのコアとなる社会価値が、ＳＤＧｓの一七枚のようなありきたりのものではなく、同社ならではの価値観を訴求したものとなっている。

松崎が指摘している社会的分断（ソーシャルディスタンス）という社会課題は、アフターコロナの世界でますます深刻化していく。その中で、社会との関係性を再構築するという志は、「和」の精神というきわめて日本的な価値観に根差したものといえるだろう。

日本企業の多くは、「安全・安心」を訴求価値としてきた。たとえば、前出の三菱ケミカルのKAITEKIのサステナビリティ軸の基盤は、「安全・安心」である。自動車会社も飲料・食品や生活用品の会社も、判で押したように、「安全・安心」を唱えている。

「安全」は、もちろん必須である。物理的・化学的に安全でないものは、危なくてハナから願い下げだ。これに対して、「安心」はきわめて高次な価値をうたったものである。筆者は「Peace of Mind」と訳している。まさに文字どおり「心の平安」だ。

「感動(excitement)」「情熱(passion)」「野心(ambition)」などに比べると、いかにもベタな感じがするかもしれない。事実、ホームページを見ると、このような勇ましいブランドステイトメントを並べた企業が少なくない。マズロー風にいえば、自己実現欲求レベルであり、経済モデル風にいえば、思い切り欲望経済的である。そして日本風にいえば、思い切り「昭和」である。

「心の平安」こそ、現代で最も希少価値の高いものである。今風にいえば「幸福価値」の基盤となるものだ。そして、バイオウィルスやインフォウィルスといった目に見えない病気や攻撃にさらされる今日、いかに心の平安を社会や生活に取り戻すかがますます問われている。

日本のモノづくりやサービス精神は、「過剰品質」と後ろ指をさされてきた。だから、感性価値の高い欧米やコスト競争力を誇る新興国の間に挟まれて、失速していったのである。

しかし、日本企業の「信頼のモノづくり」や「おもてなし精神」は、「心の平安」が求められる今日、世界遺産級の価値がある。そしてそのような日本的な価値観は、十分世界に通用するはずだ。

このようなＪ－ＣＳＶを、日本企業は今こそ世界に発信すべきである。このＪ－ＣＳＶに関しては、本書の第Ⅲ部、第Ⅳ部でさらに深く考えてみたい。

志本主義に目覚める欧米

欧米では、ＥＳＧやＳＤＧｓなどに寄り道しつつも、ＣＳＶが二一世紀型の資本主義モデルとして広がりつつある。いまだにＥＳＧやＳＤＧｓなどを後追いしている日本は、またしても周回遅れの感は否めない。

株主第一主義の本丸である資本市場においても、ようやくＣＳＶ視点の価値観が提唱され始めた。発信源は世界最大の資産運用会社であるブラックロックだ。同社の運用資産残高は六・四六兆ドル（約七〇〇兆円）にのぼっている（二〇二〇年三月末現在）。

同社ＣＥＯのラリー・フィンクは、毎年年始に、投資先企業のＣＥＯにレターを送っている。二〇一九年、二〇二〇年の二年にわたり、レターのタイトルは「Purpose & Profit」だ。

その企業の本質的な存在理由、すなわち「Sense of Purpose」（志）が、何にも増して重要であると説く。そして企業経営は、長期的な視点に立って、環境や社会の価値を高め、人々の心に火をつけることに基軸を置くべきだと主張する。Profit（利益）は、その結果であって目的であってはならないというのである。

さらに、「ガバナンス」という時代遅れのモデルからの訣別を宣言している。統治などという外部目線は、内なるパーパス（志）を駆動する経営にとって有害無益であるという。ガバナンスの強化こそグローバルスタンダードだと主張してきた日本の政金学の迷走トロイカは、ここにきていよいよ、当のグローバルスタンダードセッターから、見事にＮｏを突きつけられたことになる。

しかし、トヨタ社長の豊田章男や東レ社長の日覺昭廣など、ぶれない信念を持ち続けてきた経営者は、大いにうなずいていることだろう。先の読めない未来に向けて必死に舵取りをしている経営者にとって、資本市場の欲望経済や経営を知らない政府や学者の戯言に、つきあっている暇などないのである。そして、いかにも歪んだコンセプトだったＥＳＧのＧが、ここに来て欧米流資本主義においてすら否定されたことに、溜飲を下げている日本の経営者は少なくはないだろう。

おそらく、最も大きくうなずいているのは、草葉の陰から世の中を見守っている渋沢栄一だろう。「Purpose & Profit」はまさに「論語と算盤」そのものだからだ。一〇〇年経って、世界がようやく日本的資本主義に歩み寄ってきたのである。渋沢はそれを「合本主義」と呼んだ。筆者はそれを「志本主義」と読み替えている。志、すなわちパーパスこそが、これからの経済、そして経営の基軸となるからである。

先述したように、欧州の優良企業はESGという資本市場のあだ花にはなびかず、この四半世紀にわたり「トリプルボトムライン（TBL）」を標榜し続けてきた。Planet、People、Profitの三つのボトムラインを睨んだ経営である。そのど真ん中にあるのが、四つ目のP、すなわちPurposeである。この欧州流の良質な「3P＋P」経営もまた、志本主義に深く根差したものといえるだろう。

日本企業もそろそろ、金融資本主義の周回遅れの追随から卒業しよう。そのためにはまず、ESGという呪縛（マインドコントロール）から目覚めることが先決である。

新SDGsをめざせ

さて、これでESGというパンデミックは、収束の方向に向かうだろう。では、SDGs病はどうなるか？　トップラインをめざすターゲットとしては一定の価値はあるものの、それだけでは競争優位にはつながらず、ましてや、ボトムライン（Profit）には直結しない。そもそもありきたりのゴールを掲げても、人々の心に火をつけるPurposeにもならない。

そこで筆者は、現在のSDGsに変わる「次世代SDGs」を提唱している（図5－10）。以

図5-10

新SDGs——資本主義から志本主義へ

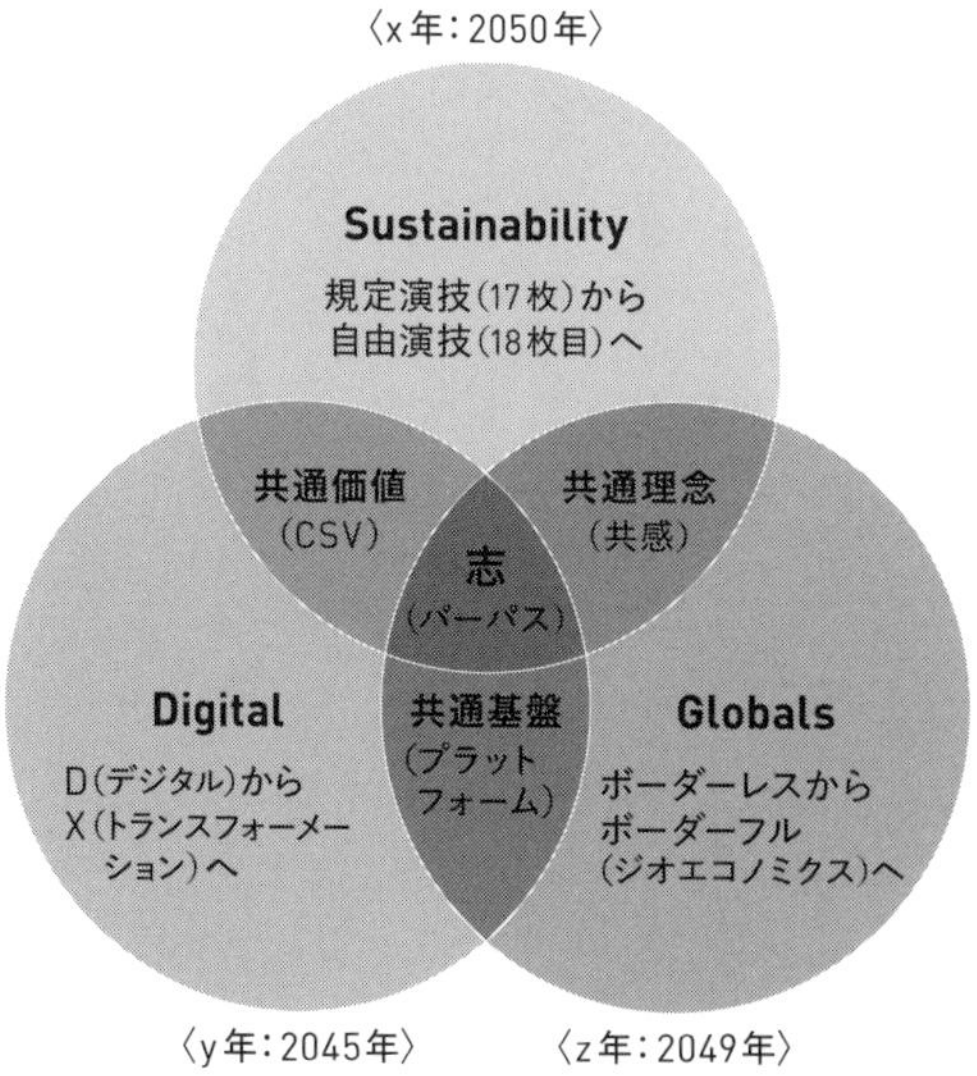

下に説明しよう。

現行のＳＤＧｓには、三つの陥穽《かんせい》がある。

第一の落とし穴が、視野狭窄に陥りやすい点である。サステナビリティの実現を、記載された一七項目（そして、その下部構造としての一六九項目）に限定してしまいがちな点である。これらの「規定演技」をきちんと演じるだけでは、真の競争優位は築きえない。

高い先見力を誇る企業や団体は、「一八番目のゴール」を提唱し始めている。前述した三菱ケミカルホールディングスの「ＫＡＩＴＥＫＩ」や良品計画の「感じ良いくらし」は、その好例である。次世代のゴールを世の中に先駆けて打ち出す「自由演技」を演じることが、世界のフロントランナーになる条件だ。

第二が、奥行きに関するものである。SDGsでは社会課題をいかに解決するかが問われる。しかし私企業である以上、経済価値を維持、向上させることが至上命令である。収益に結びつかない社会活動は「余技」でしかない。社会価値を高めつつ、いかに経済価値を高めるかが、企業経営の本質的な命題となる。そこで切り札となるのがCSVだ。

CSVを実現するには、サステナビリティに加え、二つの視座を奥行きとして持つ必要がある。

一つ目がデジタルだ。収益化のためには、オペレーション、そして収益モデルレベルで、非連続なイノベーションを実現する必要がある。そこで期待されるのがデジタル技術だ。DX(デジタルによる変革)が脚光を浴びているのは、きわめてタイムリーだ。

ただし、デジタルは手段でしかない。大切なのは目的(パーパス)、すなわち、志としてのサステナビリティを主眼に据えることである。そして、いかにデジタルを駆使して経営そのものを変革するか。言い換えれば、Dではなく「X＝変革」こそが経営の主軸とならなければならない。

二つ目が、グローバルな視座である。社会も環境も通底しており、国内や地域に閉じた取組みでは限界がある。サステナビリティの急先鋒は北欧や米カリフォルニア州だが、中国やインドも環境規制を急速に強化しており、日本の常識は世界では通じない。

ただし、世界のボーダーレス化は幻想でしかない。規制や市場の特性は国や地域ごとにバラバラで、個別に細やかな対応が求められる。また、中国とアメリカの衝突や欧州におけるＧＡＦＡ規制に象徴されるように、デジタル技術の覇権をめぐる国や地域間の争いは、深刻化の一途をたどっている。

そこで、国境は当然あるという「ボーダーフル」であって、かつ通底している世界がそこかしこに存在するという、すなわち「グローバルズ（複数の世界）」という複眼的な視点が必要となる。このようなジオエコノミクス（地経学）への配慮こそが、グローバル経営の舵取りをするうえで鍵を握る。

サステナビリティとデジタルとグローバルズという三つのキーワードを合わせて、筆者は「新ＳＤＧｓ」と呼んでいる。今のＳＤＧｓがサステナビリティ一辺倒であるのに対して、新ＳＤＧｓはＣＳＶ実現に向けて、経営により奥行き感のある視座を提供してくれるはずだ。

さて、第三の落とし穴は何か。それは、時間軸に関するものである。ＳＤＧｓは二〇三〇年までのゴールでしかなく、一〇年未満で賞味期限切れとなる。真に持続可能な経営をめざすためには、次世代のアジェンダ（行動計画）を設定すべき時期に来ている。

新ＳＤＧｓでは、二〇五〇年を一つの到達点として設定してはどうだろうか。

二〇五〇年には、現在七七億人いる世界の人口が、一〇〇億人に近づくと見込まれる。これらの人々が今のアメリカ人並みの生活水準をめざすと、地球五個分の資源が必要になると試算されている。サステナビリティをめぐっては、異次元の取組みが求められる。

デジタルという観点からは、二〇四五年が一つの分水嶺となる。シンギュラリティ（技術的特異点）、すなわち、人工知能（ＡＩ）が人間の知性を超える時点として、ＡＩの権威であるレイ・カーツワイル博士が一〇年前に予言した年だ。実際にそうなるかは別として、ＡＩが人間の知性に限りなく近づいていくことだけは確かだ。そのときには生活や仕事のあり方、さらには人間の役割そのものが本質的な変容を迫られる。

そして、グローバルな地殻変動が確実に進行する。インドやアフリカ諸国などが、人口ボーナスを享受して飛躍的な経済発展を遂げ、「北低南高」現象をもたらすはずだ。地経学の観点からは、二〇四九年が一つの大きな転換点となる。中国政府は、建国一〇〇年を迎えるこの年に、アメリカを超えて世界の頂点に立とうとしているからだ。

ここにきて、日本企業はようやく中期計画の精緻化に時間を浪費することの愚かさに気づき始めた。一寸先が見えない時代に、三年後や五年後の数値目標を当ててどうしようというのか。といって、長期計画に軸足を置き換えた多くの企業も、二〇三〇年あたりに照準を合わせている。それではまだ現在の延長という発想から抜けきれていない。

現在の経営者にとって、二〇五〇年ははるか遠くのように感じるかもしれない。しかし、今年生まれた子どもたちが三〇歳になり、今年の新入社員が五〇代を迎える時代と捉えればどうか。次世代に責任を持とうとすれば、今こそ、大きく舵を切らなければならない。
今のＳＤＧｓは、実は日本企業にとって、とても心地の良いテーマだ。そもそも持続可能な社会を実現するというパーパス（志）は、共感を持ちやすい。国を挙げて、このような耳に心地の良いテーマに取り組むのは、真面目な性格で同質的な風土にぴったり合っている。一七の答えのゾーンや「教科書ガイド」まで準備してくれているので、受験生体質にも大変なじみやすい。

しかも、これに取り組んでいるポーズをとれば、誰からも後ろ指はさされない。日頃は資本市場から攻められっぱなしの経営者にとって、実に好都合な逃げ道だ。財務指標の数字は、世界のトップレベルから大きく劣後していても、「非」財務指標を厚くすることで、辻褄を合わせようとする。恰好のアリバイ工作である。

しかし、サステナビリティという理想だけを追いかけても、企業としての真の競争優位は築けない。その結果、日本企業の持続可能性そのものが危うくなるばかりだ。サステナビリティは未来に向けた大事なテーマである。しかしそれは、三つの大きな経営課題の一つにすぎないことを、十分留意すべきである。そして、その中心に「志」を埋め込むことこそが、最重要な経営課題であることを、肝に銘じるべきである。

現行のＳＤＧｓから、「サステナビリティ×デジタル×グローバルズ」という新ＳＤＧｓに大きく視座を高めること。そして、二〇五〇年からバックキャスト（将来の視点から現在を考える）して、非連続な一歩を大きく踏み出すこと。そうすれば日本企業が現在の混迷から抜け出し、二一世紀型の成長に向けて世界をリードできる日が来ることも、夢ではないはずだ。

新ＳＤＧｓをいかに実現するかについては、第Ⅲ部でさらにじっくり読み解くこととしたい。

第

Ⅱ

部

志本経営企業の群像

第Ⅰ部「理論編」が長々と続いてしまったが、ここからは志本経営を実践している企業群を紹介したい。

志本主義という名称は、いかにも日本流を連想させるかもしれない。確かに、「三方よし」や「論語と算盤」を日本的資本主義の精神と読み替えれば、ヤマト魂を感じさせる言葉である。「志」とは「士の心」と書く。「武士道」を想起させてしまいがちだ。

しかし、パーパス経営というコンセプトは、欧米においても主流となりつつある。キャピタリズム（拝金主義）からパーパシズム（志本主義）へという流れは、止めることはできない。そして今回のコロナ禍が、利己主義から利他主義への転換を加速させている。

この潮流は、アジアにおいても同様である。今や超大国となった中国では、渋沢栄一が儒教から学んだ「義利合一」論が、逆輸入されて注目を集めている。大きな社会課題に直面するインドやバングラデシュなどの新興諸国においても、そのような課題解決に挑む現地企業が活躍している。

逆に日本も、「三方よし」の上にあぐらをかいていたのでは、複雑化する課題を抱えている地球や社会を救うことはできない。ましてや、企業価値を大きく向上させることは不可能だ。そもそも「三方」には、株主が入っていないのである。

欧米にもアジアにも、そして日本にも、志本経営を実践している超優良企業が存在する。この第Ⅱ部では、そのような海外、そして国内企業の実態に光を当てることとしたい。そこから、普通の企業が学べることは少なくないはずだ。

そして最後に、海外と日本の先進企業群の共通点と相違点をあぶり出すことにする。もちろん、洋の東西を問わず、志本経営には共通点が多い。一方で、海外の事例に優位性がある特徴、逆に日本の事例が海外を凌駕している点も少なくない。

日本企業としては、前者から謙虚に学ばなければならない。他方、後者に関しては自信と誇りを取り戻すとともに、世界に向けて高らかに発信し続ける必要がある。そうすれば、日本がフロントランナーとなって、世界を志本主義に向けて力強く牽引していくことができるはずだ。

第6章

世界の志本経営企業

本章では、海外の事例を取り上げたい。

まずはＣＳＶ経営の本場、ヨーロッパ。ここではネスレ（スイス）、ユニリーバ（イギリス）、ノボ・ノルディスク（デンマーク）の三社を選んでみた。

他にも、食品系ではフランスのダノン、エレクトロニクス系では同じくフランスのシュナイダーエレクトリック、機能性化学品系ではオランダのＤＳＭやドイツのヘンケル、電力・エネルギー系ではデンマークのオーステッドやフィンランドのネステ、イタリアのエネルなど、チャンピオン級のＣＳＶ企業がひしめいている。

金融資本主義の本拠地アメリカでも、ＣＳＶを標榜する好業績企業は少なくない。小売系のホールフーズ、医薬系のジョンソン・エンド・ジョンソン、ＩＴ系のグーグルは、よく知られているＣＳＶ企業である。一方で最近注目度が高くなっているのが、セールスフォース・ドットコムである。本書ではアメリカを代表するＣＳＶ企業として、同社を取り上げてみたい。

次に中国に目を転じよう。今、中国ではＣＳＶが着実に広がりつつある。まずは中国におけるＣＳＶのチャンピオン企業、アリババグループを取り上げることとする。さらにコロナショックを経たニューノーマル時代における中国の最前線の様子も紹介したい。

最後に新興国を見てみよう。そもそも新興国はＣＳＶの宝庫である。あらゆるところに社会問題が山積しているからだ。インドにおいて生活用品を手掛けるユニリーバの子会社ヒンドゥスタン・ユニリーバ、アフリカにおいて携帯電話ベースの送金サービスを手掛けるボーダーフォンの子会社Ｍペサなどは、その代表例といえるだろう。

これら欧州系だけでなく、地元企業の活躍も目覚ましい。なかでも筆者が注目するのが、インドのタタグループとバングラデシュのグラミングループである。本章では新興国企業の代表例として、これら二社を取り上げることにしたい。

ネスレ――元祖CSV企業

最初に取り上げるのはＣＳＶの元祖ともいえるスイスのネスレ。世界最大の食品メーカーは、どのようにＣＳＶに傾注していったのか。

二〇一五年に掲げられたＳＤＧｓでは、「貧困の減少」「健康的な生活」が一七の目標に含まれているが、その約一五年前からネスレは本業で取り組んできた。「健康」に主軸を移すために、ピザやアイスクリーム事業を売却する一方、乳幼児栄養食品や医療食品企業の買収を進めている。

しかも、その間に業績を大きく伸ばしている。企業価値は一九九七年時点の約六兆円から二〇二〇年時点で約三〇兆円にまで高まっている。世界における企業価値ランキングでも、一九九七年時点の三八位から二〇二〇年には一三位にまでランクアップしている。

トップ一〇に名を連ねるのは、アメリカのアップル、アルファベット（グーグルの親会社）、アマゾン、マイクロソフトや、中国のアリババ、テンセントなどのデジタル企業ばかり。この二〇年間のデジタル産業の躍進を考えると、オールドエコノミー企業でこの位置をキープしているのは驚異的である。まさに、社会価値を高めながら企業価値も高めるという、ＣＳＶの典型例である。

ネスレの経営の軸を端的に表しているのが、図6－1である。

まず、法律や地域社会の規範に則り、企業としての行動規範を順守するコンプライアンスがすべての土台にある。この基本が守られなければ、社会価値は創造できない。

そして、二層目がサステナビリティ。長期にわたって価値を生み出していくためには、地球環境や天然資源の保全が不可欠である。ただしネスレは、このサステナビリティとＣＳＶをあ

図6-1

ネスレのCSV経営の全体像

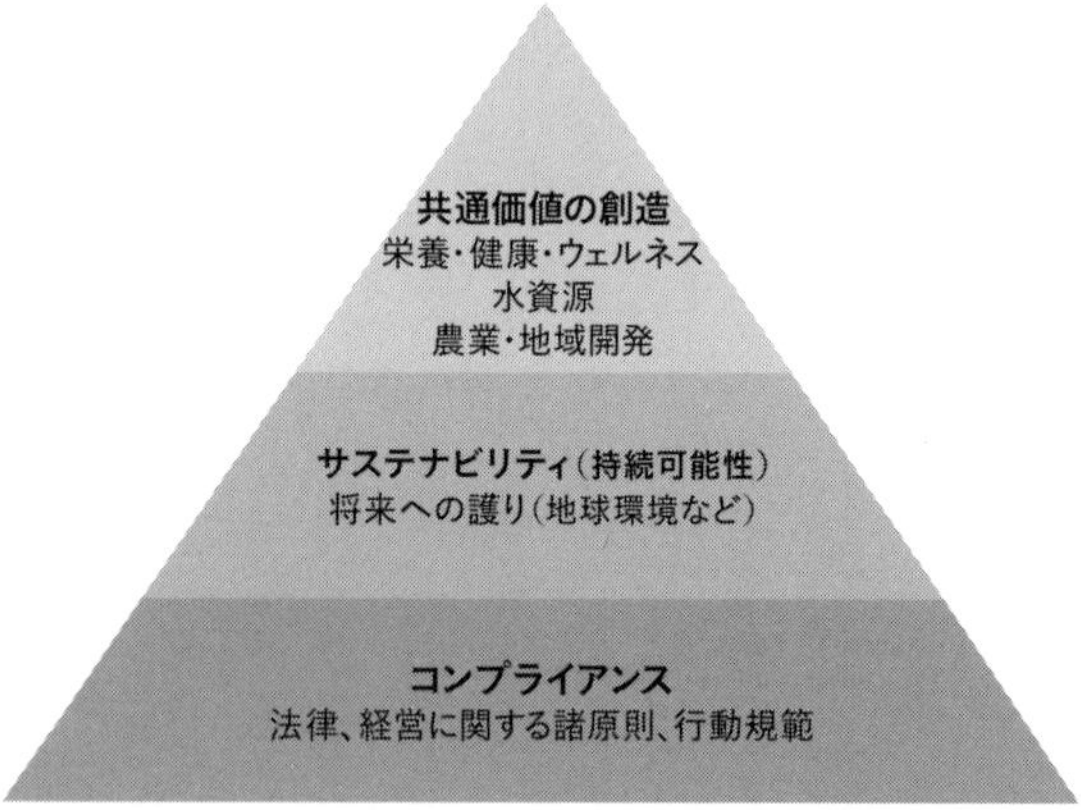

出所：ネスレ

えて分けている。ＣＳＶの土台ではあるものの、環境保全そのものはネスレの本業ではないからだ。

本業は食を通した体の健康（Health）と心の健康（Wellness）。あくまでもこの本業を通して、社会価値と経済価値（＝利益）を両立することをＣＳＶと位置づけている。

では、なぜネスレはＣＳＶを実践できたのか。大きく二つの理由が挙げられる。

一つはネスレが置かれた状況だ。世界最大の食品メーカーであるがゆえに、視線は自然と地球全体に向かう。ネスレは、世界で最もコーヒー豆を消費し、カカオ豆を加工し、ボトルウォーターを販売する会社である。気候変動で豆が取れなくなれば、ネスカフェやキットカットを作れない。水資源が枯渇すれば、傘下のペリエやサンペレグリノの販売ができなくなってしまう。つまり、地球の未来が業績に直結する。そう考えれば、「これからの地球全体の課題」に自社の経営課題と重ねて捉えるようになる。

ただし、それだけでは十分ではなかったはずだ。なぜなら、他の数多ある食品メーカーも同じ環境に置かれていたからである。

ネスレの本業シフトの原動力となったのは、当時のCEOピーター・ブラベックのリーダーシップだった。ブラベックは、ダボス会議でも主要メンバーの一人として参加し、世界に対して、水や食資源の枯渇リスクを訴え続けた。「放置し続けると、二〇五〇年には水資源の枯渇によって、穀物生産量が三分の一減少する」と。

利益のことだけを考えるのであれば、こうした発言はしないほうが得だったかもしれない。水源を牛耳り、世界中でボトルウォーターを販売するネスレが「水資源の重要性」について語れば、批判が集中することは目に見えている。

それでも、警鐘を鳴らし続けた。会長から退任した今でも水資源の問題を訴えているところを見ると、ブラベックは本気で地球の将来を危惧していたことがわかる。

ブラベックは、一言でいうと「志の人」である。単に彼が経営者としての私利私欲でウェルネス企業をめざし、資源問題に警鐘を鳴らしているわけではないことを従業員が感じていたから、企業全体が動いていったのである。

CSVを世界に広めたマイケル・ポーターは、ネスレのアドバイザリーボードの一人でもある。ブラベックに声を掛けられて就任したのが二〇〇六年。これはＣＳＶの論文を二〇一一年に発表する五年前のことである。

ポーターの得意技は、新しい理論を生み出すことではなく、既存の情報を整理して新しいモデルとして世の中に提唱することだ。そしてネスレは、ポーターの情報整理力と発信力に注目したのである。

どれだけブラベックがウェルネス企業に転身するという思いを強くしても、上場企業である以上、株主を説得しなければならない。長期的な成長戦略ではあっても、短期的にはコストアップになったり、事業再編の過程で利益を落とす可能性すらある。

そこで、ポーターをＩＲにも使った。ＣＳＶという思想を世界に広めて新しいルールをつくることで、ネスレをその先駆者としてイメージづけたのである。このあたりには、世界のルールづくりに関与してきた百戦錬磨の欧州企業としての巧みさを感じさせられる。

二〇〇八年からの八年間、ブラベックの後任としてＣＳＶ経営を実践していったのがポール・ブルケだ。そして二〇一七年、次のＣＥＯとして透析器世界最大手フレゼニウスＣＥＯのウルフ・シュナイダーをトップに迎え入れることになる。ネスレが外部人材をトップに招聘するのは、九六年ぶりの出来事である。

就任直後、シュナイダーはアクティビストからの挑戦を受ける。ダン・ローブ率いる米ヘッジファンドのサード・ポイントが三五億ドル（約三九〇〇億円）相当のネスレ株を取得し、同社に短期的な収益改善を求めたのだ。

しかし、シュナイダーは翌日、成長促進に向けた取組みを死守する考えを示し、この挑戦を退けた。その一方で、食と健康の領域に向けて、さらに積極的に舵を切り始めている。

最近、ネスレが注力している領域が植物肉である。アメリカでは菜食主義者を対象に、ビヨンド・ミートやインポッシブル・フーズが急成長している領域だ。イギリスの調査会社ユーロモニター・インターナショナルによると、二四年の世界市場は二二七億ドル（約二兆四〇〇〇億円）と、一九年に比べて約二割増える見通しだという。

植物肉の利点は、なんといっても地球に優しいこと。家畜生産では飼料や水資源を多く使い、生育の過程で二酸化炭素（CO_2）を排出する。現在地球から排出されている温室効果ガス全体の一五％は、この家畜産業が原因だとされている。これに対して、大豆などの植物由来肉は、地球環境の負荷低減に直結する。

ネスレは二〇一七年に、植物ベースの冷凍食品メーカーである米スイートアースを買収し、二〇一九年よりオーサム・バーガーというブランドで市場に投入している。同社のパテは先行二社のそれに比べると食物繊維を二倍多く含む一方で、摂りすぎると糖尿病や心血管疾患の原因となる飽和脂肪を含まず、さらに鉄分、ビタミンC、タンパク質を多く含むとのこと。さすがに健康企業を標榜するネスレらしい目のつけどころである。

二〇二〇年五月には、中国の天津工場に一億スイスフラン（約一一〇億円）超を投資して、同社としてはアジアで初めて植物肉の生産を始めると発表。さらに同年八月には、二〇二一年から日本でもハンバーガーチェーンやレストランなどに向けて、まずは業務用として販売するという。欧米に比べると菜食主義者が少ないアジアでも、市場開拓に意欲的だ。元祖ＣＳＶ企業ネスレの新しい挑戦として、注目したい。

ユニリーバ——「金融資本主義」との闘い

欧州の消費財企業としてネスレと肩を並べるのが、イギリスに本社を置くユニリーバである。同社の歴史は一八八四年、「不衛生から命を守る」という願いを込めた石鹸から始まった。その当時からの同社のパーパスは、「Make Cleanliness Commonplace（清潔を暮らしの『あたりまえ』に）」だった。

そして、ポーターのＣＳＶ論文が発表される一年前の二〇一〇年に、「ユニリーバ・サステナブル・リビング・プラン（ＵＳＬＰ）」を発表。二〇二〇年までに事業を倍増させる一方で、社会への貢献と環境負荷半減をめざすというものだ（図6－2）。

これには、リーマンショックからの病み上がりの世の中は度肝を抜かれた。もっとも、当初は社内でも耳を疑うものが少なくなかったという。しかし、それが自社のパーパスであること

図6-2

ユニリーバ・サステナブル・リビング・プラン

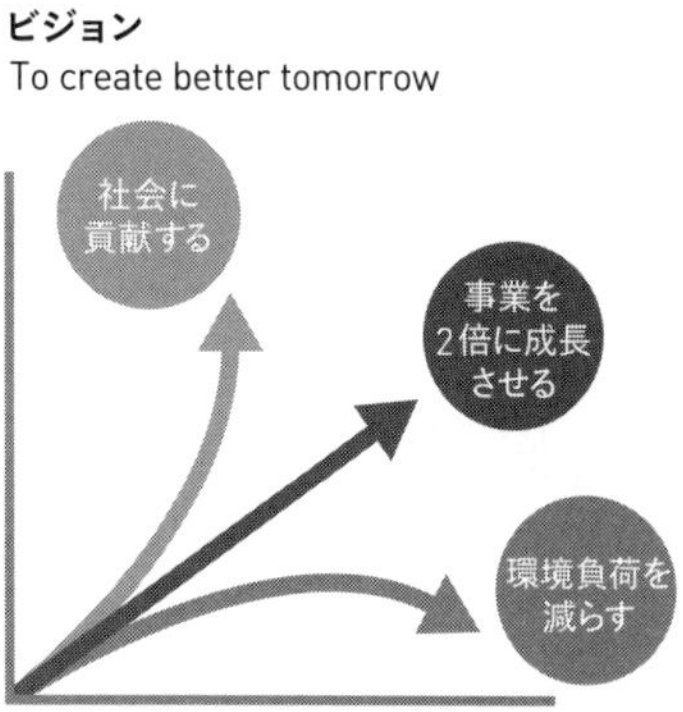

出所：ユニリーバ

に思いを寄せ、世界中の社員が力強く実践していった。

ＵＳＬＰは「三つの約束」を掲げている。

一つ目が、「一〇億人以上の健やかな暮らしに貢献」である。なかでも最も威力を発揮したのが「ライフ・ブイ」というブランド名の石鹸である。ＵＳＬＰでは「アジア、アフリカ、ラテンアメリカ全域で、一〇億人に正しい手洗いによる衛生的習慣を身につけてもらう」という目標を掲げた。二〇一九年末までに一三億人以上まで到達し、一年早く目標を達成した。コロナ禍にさいなまれるインドなどの新興国にとって、まさに「命を守る」習慣となるだろう。

先進国で有名なのが、トータルビューティケアブランド「ダヴ」の事例だ。従来「あなたらしさが美しさ」という名コピーを展開してきたダヴは、「セルフエスティーム・プロジェクト」を立ち上げた。

日本での調査によると、一〇代の少女のうち、自分を美しいと思っているのは、わずか七％。容姿への不安が足かせとなって消極的になり、やりたいことを諦めたことがある少女は、六〇％にのぼるという。大きな社会的なロスだ。そこでダヴは、ワークショップや動画作成などを通じて、自分の魅力に気づいてもらう活動を始めた。

「リアルビューティーID」という動画サイトをぜひご覧いただきたい。そこには、これまで自分の容姿の欠点にばかりとらわれて影があった少女たちが、満面の笑顔を浮かべているシーンが次々に出てくる。このキャンペーンを通じて、他者の目には自分のチャームポイントがしっかり印象づけられていることに気づかされ、自己肯定感が高まったからである。

さて、ＵＳＬＰの二つ目の約束は、「環境負荷を半分に」である。対象は温室効果ガス、水、廃棄物だ。なかでも水が難問だった。製造過程での水の消費量は全体の三分の一にすぎず、その二倍の量を消費者が利用する過程で消費するからだ。ユニリーバは少ない水で洗えるシャンプーなどを開発するものの、消費者への啓蒙活動も不可欠となる。

とっておきの事例が、「アックス」のケースだ。セクシーな男性用フレグランスとして世界九〇カ国以上で販売されているブランドである。しかし、USLPとの相性が悪く、「Ax the Axe（アックスの首をはねろ）」という売却の噂も流れていた。

そこでアックスは、窮地の一策を打ち出す。「シャワー・プーリング」というキャンペーンだ。パートナー同士がシャワーを一緒にすれば、水の消費削減につながるというのである。商品イノベーションではなく、オケージョン（使う場面）イノベーションである。セクシーブランドならではの発想ということで、注目を集めた。アックスがユニリーバから首をはねられずに、命拾いしたことは、いうまでもない。

ＵＳＬＰの三つ目の約束は、「数百万人の経済発展を支援する」というものだ。人権問題への対応や小規模農家の支援が基本メニューだ。また、女性の活躍についての取組みも、他社の追随を許さない。社内の女性管理職の割合は五一％、さらに社内外二三四万人の女性の活躍を支援しているという。

女性に限らず、社員の「働きがい改革」にも積極的に取り組んでいる。なかでも有名なのがＷＡＡ（Work from Anywhere and Anytime）、働く場所と時間を社員が自由に選べるプログラムだ。日本でも二〇一六年から開始し、すでにほぼ全社員が利用し、七五％が生産性の向上を実感、六七％が毎日にポジティブな変化があったと報告している。

コロナ禍の下で、リモートワークを余儀なくされた企業は多い。しかし、ユニリーバはそれ以前から自らの志に基づいて、大きく舵を切った。今や全国の六自治体と提携して、「地域 de WAA」を実践している。

ＵＳＬＰ最終年の二〇二〇年に、ユニリーバは一〇年間の総括をした。それによると、以下の四つの成果があったと報告されている。

①成長の加速……サステナブル・リビング・ブランド（例：ダヴ、リプトン）は、その他のブランドに比べて七七％速く成長
②信頼の獲得……新卒採用をしている五〇カ国で「消費財で『最も』働きたい企業」に選定
③コストの削減……工場での環境対応や省資源により、一二〇〇億円以上のコストを削減
④リスクの削減……製品の原材料として使用する農産物の六二％を持続可能に調達

ユニリーバを語る上で欠かせない人物が、二〇〇九年から一八年までCEOを務めたポール・ポールマンである。ポールマンはP&Gを経て、ネスレの副社長を務めていた。ブラベックの後継争いに敗れた後、ユニリーバのトップに転身した。

そして転身一年後に、鳴り物入りでUSLPを発表。しかも、ブラベックがマイケル・ポーターを「広告塔」に選んだのに対して、ポールマンは国連に働きかけ、SDGsの土台を築いたのである。

ポールマンに、どこまでネスレへの対抗心があったのかは定かではない。しかし、世界のルールづくりの裏側に、こうした物語があることを知ると、また違った視点で捉えられるかもしれない。

ポールマンは、経営者としてもきわめて挑戦的だった。最大の特徴は、長期成長をめざすた

図6-3

ユニリーバの志本経営

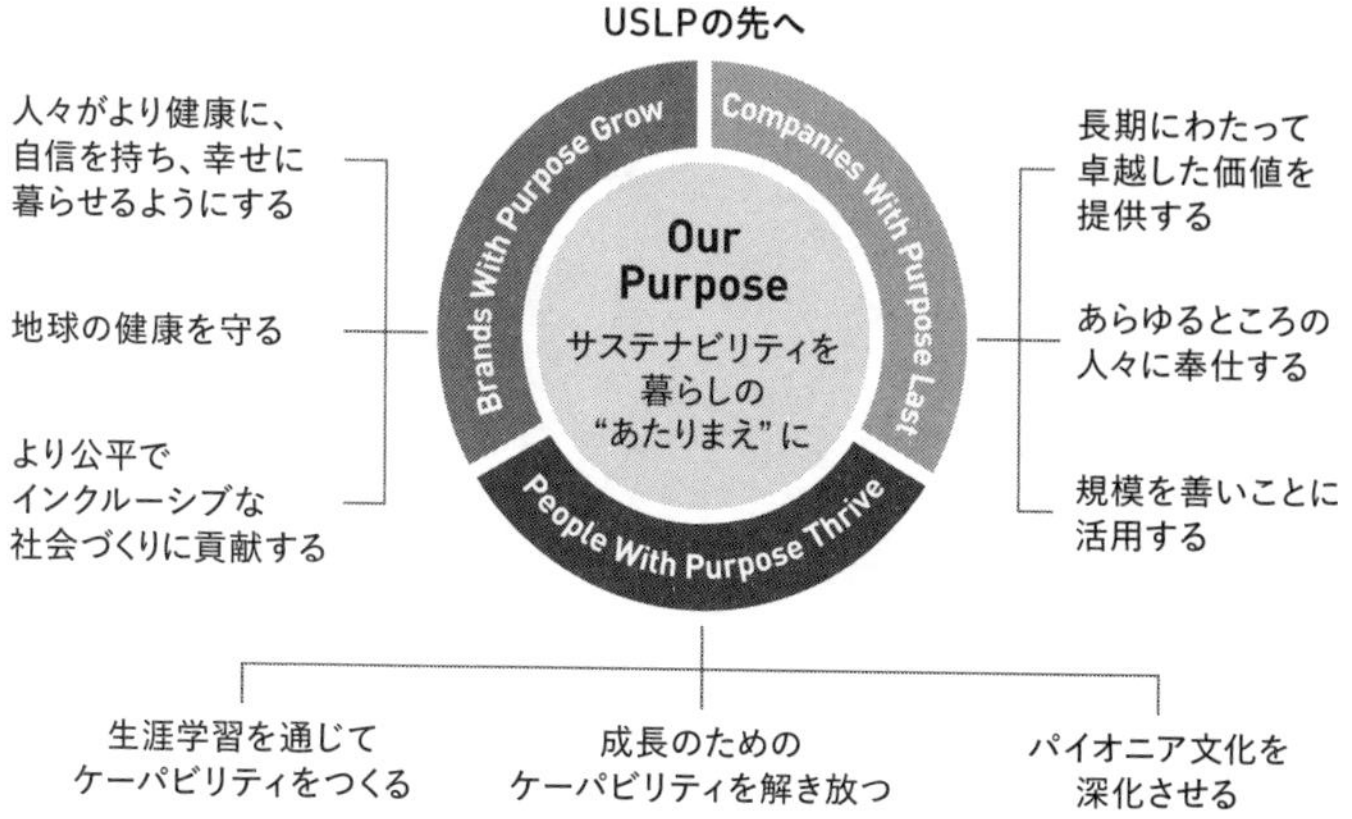

出所：ユニリーバ

めに、上場企業であるにもかかわらず、ウォールストリートに媚びなかったことである。
たとえば、リーマンショックの後、ポールマンはすぐに四半期決算の報告をやめると宣言した。これに対して、短期投資家が反発。するとポールマンは、「株式を売却してくれても構わない」と譲らない。

二〇一七年に米食品大手のクラフト・ハインツから買収を持ちかけられたときも、徹底して戦った。クラフトの背後にいたのは、ビール業界などで大型買収を実現させてきたブラジルの投資会社、３Ｇキャピタル。しかも、３Ｇキャピタルはウォーレン・バフェットと組んで買収を仕掛けてきたのである。結果的に、ポールマンは防衛に成功。長期的でサステナブルな世界をめざす志本主義が、株主至上主義を退けた歴史的な一幕だった。

二〇一九年にポールマンからバトンを受け継いだ新ＣＥＯのアラン・ジョープも、サステナビリティ経営の手綱を緩めていない。ＵＳＬＰがターゲットとしてきた二〇二〇年の先を、さらに大きく描いている（図6－3）。

その中心に座る志（パーパス）は、「Make Sustainable Living Commonplace（サステナビリティを暮らしの「あたりまえ」に）」。創業当初の志から、一カ所だけアップグレードさせたことにお気づきだろうか。

そして、このパーパス（志）を広く共有し、ともにサステナビリティジャーニーを歩もうと、さまざまな企業や顧客に働きかけている。ユニリーバの志本主義のさらなる進化が期待される。

ノボ・ノルディスク――CSVの先へ

ヨーロッパからもう一社、ノボ・ノルディスクを紹介したい。北欧、いや世界を代表する超優良企業である。糖尿病の治療薬であるインシュリンに特化して、世界でトップシェアを握っている。しかも糖尿病に全身全霊で向き合い、治療だけでなく予防や未病にも真剣に取り組んでいる。

ノボはＣＳＶ企業と呼ばれることを、実はあまり喜んでいない。マイケル・ポーターによるハーバード・ビジネススクールのケースにも取り上げられたものの、ＣＳＶには違和感があるという。なぜなら社会価値を手段とし、経済価値を真の目的とするという意図を感じるからだ。

ノボはもっと純粋に患者のこと、そして社会のことを一〇〇年先まで慮っている。経済価値はあくまでも、そのようなサステナブルな社会価値実現のための手段にすぎない。つまり、手段と目的がポーター流のＣＳＶとは真逆なのである。

ポーターがＣＳＶを提唱する二〇年近くも前から、同社はトリプルボトムライン（ＴＢＬ）という経営理念を実践してきた。第Ｉ部でも紹介したように、ＴＢＬとは、経済的なボトムラインに加えて、社会的ボトムラインと環境的ボトムラインの三つを目標にするという考え方である。

ノボはさらにこれらを、Planet、People、Profitという三つのＰで表現している。そしてその真ん中にあるのが、もう一つのＰ、すなわちPatient（患者）だ。しかもその裏側に、五番目のＰが息づいているのが感じられる。それがPurpose（志）である。まさにPurposism（志本経営）そのものである。

もちろん、きれいごとを並べているだけではない。なんといっても、彼らのＲＯＥは八〇％を優に超えているのだから。そう、誤植ではない。八〇％である。日本のコーポレートガバナンス・コードが八％をめざそうといっているのに対して、まさに「桁違い」だ。社会価値と経済価値を高い次元で両立させているＣＳＶの代表例といえそうだ。

専業でここまで巨大企業になれたのには、二つの理由がある。一つは、世界的な糖尿病の増加である。経済が発展し食生活が先進国型になると、糖尿病の比率は高まっていく。一度かかってしまうと、インシュリンを使って血糖値を下げ続けなければならない。その意味で、世界市場の成長そのものが、ノボの成長の推進力になっているのである。

ただし、ノボが超優良企業といわれるゆえんはそれだけではない。二つ目の理由は、インシュリンの製造販売から糖尿病ケアに軸足を置く企業へと、進化をしたことである。

先進国では、糖尿病人口を減らさなければ、医療費が膨れ上がり、財政を圧迫してしまう。本当に社会課題を解決するためには、糖尿病患者を治療するのではなく、そもそも糖尿病を患う人の数を減らす必要がある。

そこでノボは、食事や運動、心のケアまで、生活全体を支援する糖尿病予防・克服プランを構築した。従来のプロダクトモデルから、ケアモデルという形でビジネスを進化させたのである。

このモデルで大きくブレイクしたのが中国だ。一九九五年に西欧企業として中国のインシュリン市場に初参入したノボは、今やシェアの六割以上を押さえている。

糖尿病患者の増加は、中国政府の頭痛の種だ。そこで、中国政府と一緒になってケア全体に取り組み、予防の啓発活動などを積極的に行っている。それ自体は富を生み出さないものの、政府や医師に信頼されることで、ノボのインシュリンの取扱いも増えていく。実際に、中国におけるノボの事業は年率数十％の勢いで伸び続けている。
　こうした糖尿病マネジメントの仕組みを中国全土に広げることができれば、莫大な経済価値が創出される。中国には年間約四・五兆円の医療費改善効果をもたらし、ノボには三・六兆円の売上成長が見込めるとの試算もある。現在は、この仕組みをインドやバングラデシュにも持ち込み、社会価値と経済価値の両立を模索し続けている。

COLUMN

ノボ・ノルディスクの「目に見えない価値」

　ノボ・ノルディスクの志を知るうえで、同社日本支社長のオーレ・ムルスコウ・ベックと筆者との次のインタビュー記事の一部をご覧いただきたい。二〇一七年に実施し、同社のウェブサイトで紹介されたものである[1]。

名和――ノボ・ノルディスクさんとご縁をいただいたのは、私が経営コンサルタントとしてクライアント企業の提携先を探していた二十数年前のことでした。そのときに私が最も驚いたのは、糖尿病にかかわる日本の医師たちから御社が、単に薬を売る会社ではなく、ともに糖尿病と向き合う「仲間」と見なされているということでした。

ベック――ありがとうございます。当社は糖尿病治療薬の分野で世界をリードしていますが、創業の目的は、そもそも「できるだけ薬をたくさん売ること」ではなく、「患者さんを助けること」だったのです。ですから私たちの仕事は、糖尿病が重症化しないようにサポートすること、そして糖尿病や合併症で苦しむ人ができるだけ少なくなるように、糖尿病予防のための啓発活動をすることだと考えています。おそらくそこが、糖尿病ケアのコミュニティで私たちが仲間として受け入れていただけている理由ではないかと思います。

名和——しかし、啓発によって患者が少なくなることは御社のビジネスにとってマイナスでは？

ベック——確かに患者が増えたほうが売上が増えるだろうに、とよくいぶかしがられます。しかし現在、糖尿病患者は世界で四億人以上、二〇四〇年には六億人を超えると予測されます。それだけの医療費を社会は負担しきれません。こうした状況で私たちのすべきことは、糖尿病に新たにかかる人の数を減らし、かかってしまった人には、手に入る最高の薬を提供することだと思います。それが糖尿病の人々にとって最適な医療となるだけでなく、社会にとっても医療費抑制の一助となり、同時に私たちのビジネスもより確実なものにしてくれると考えています。

名和——デンマークは国連の世界幸福度ランキングで何度も一位を獲得していますが、ベックさんはその理由がどこにあると思われますか？

ベック――「デンマークは気候も税率も最悪なのに」とよく言われます（笑）。しかしデンマークでは、医療、教育、老後は国が面倒を見てくれますから、人々は将来の心配をする必要がありません。仕事を選ぶときにも何を決めるにも、本当に自分がしたいことを基準に考えることができる。これが大きな理由の一つではないでしょうか。

名和――しかし、株主（投資家）からは「社会貢献もいいが、まずは利益を出すことを優先しろ」と言われませんか？

ベック――実は、投資家の方々からは、財務に関する質問より、社会・環境面に関する質問を受けることがますます増えています。投資家の多くは企業が長期にわたって繁栄を続けていけるかどうかを重視しています。その鍵は、企業の製品を買うお客さまが握っているのですから、投資家は何より消費者の行動を注視します。そして今、消費者の行動は変わってきています。社会的な責任に無頓着な企業の製品に対しては、不買運動が起きることも珍しくなくなりました。そうした消費者の行動の変容を企業自身も感じて変化しつつありますし、投資家もそこを見ているのだと思います。

名和――御社は、企業価値にとって長期のプラスをもたらすものとして「目に見えない価値」がある、とされています。この「目に見えない価値」とは何を指しているのでしょう？

ベック――一言でいうなら「企業ブランド」です。当社では自分たちが社外から、そし

> てすべてのステークホルダーから見てどうあるべきかという目標を策定し、実際にどのように見られているかを常にモニターしています。企業ブランドの維持や向上にはコストがかかります。短期的に見れば、「赤字」になることもあるかもしれません。しかし、これは当社が長期にわたって事業を行っていくための「投資」だと考えています。

先述したネスレやユニリーバと違って、ノボはアクティビストの挑戦から無縁である。同社の株主構成を見ると、その理由は一目瞭然だ。四分の三の株はノボ財団が保有し、一般株主やファンドは四分の一の株しか持っていないのである。

アングロサクソン型コーポレートガバナンスから見ると、これは外部株主軽視に見えるかもしれない。確かにアクティビストにとっては、揺さぶりづらいことこのうえない。しかし、だからこそ長期投資家にとっては、安心して長期保有し続けられる企業である。もっとも、ＲＯＥは八〇%で、かつ株主価値がうなぎのぼりの同社には、ケチのつけようもあるまい。

ネスレ、ユニリーバ、ノボ。欧州企業における志本経営の最前線を紹介してきた。こうした企業は株主にへつらうことなく、自らの志を高く掲げて独自のサステナブルな経営を模索し続けているのである。

セールスフォース・ドットコム——CEOアクティビズム

次にアメリカに目を移してみよう。アメリカを代表する企業といえば、言わずと知れたＧＡＦＡＭである。世界の企業価値ランキングでもトップ一〇の常連たちだ。

しかし、「志本価値」という指標があるとすれば、アメリカ企業の中でトップスリーに入る企業はどこだろうか？　筆者は、グーグル（二〇二〇年七月末時点の企業価値は世界第五位）、ジョンソン・エンド・ジョンソン（J&J、同一〇位）、そして、セールスフォース・ドットコム（同四九位）の三社ではないかと考える。

Ｊ＆Ｊは、「我が信条（Our Credo）」という高い志を組織のＤＮＡに刻み込んでいることで有名である。グーグルは「邪悪になるな（Don’t Be Evil）」という信念を、社員一人一人が自分ごと化している。

この二社に比べて、セールスフォースの名前は意外かもしれない。同社はＣＲＭ（顧客関係管理）と呼ばれるソフトウエアを、クラウド上でサブスクリプションサービスとして提供している。Ｂ２Ｂ企業なのであまり知られていないが、この分野では世界トップ企業である。

では、なぜ同社が志本経営の代表企業の一社なのか？　それは、同社の創業者マーク・ベニオフ自身の志の高さによるところが大きい。

第2章で紹介したダボス会議の写真に戻ろう。前列左端にいる一九五センチと、ひときわ背の高い人物がマーク・ベニオフだ。

『ハーバード・ビジネス・レビュー』誌は毎年、サステナビリティ経営を実践するCEOランキングを発表している。ベニオフはその常連で、二〇一九年には、GAFAMのCEOらを押さえて堂々世界第二位につけている。

セールスフォース自身も、『フォーブス』誌の「Most Innovative Companies in the World」や、『フォーチュン』誌の「World’s Most Admired Companies」などのランキングの常連である。

しかし、ベニオフが最も誇らしく語るのは、『フォーチュン』誌の「Best Place to Work in the World」で第一位を獲得したことだ。従業員の九二%が、この企業は最も働きがいがあると評価している。[2]

COLUMN

セールスフォースのオハナ文化

セールスフォースは、「オハナ(Ohana)」という独自の企業文化を大切にしている。オハナはハワイ語で「家族」を意味する。しかも、血縁の有無や世代を超えた「拡張的」な家族を表す考え方だという。親しい友人や仲間とも「家族」としてつながり、積極的に互いに助け合う。セールスフォースでは、従業員はもちろん、取引先や顧客、地域など、同社とかかわるすべての人々をそのコミュニティの一員として捉える。

今、世界では「ステークホルダー主義」が注目されている。セールスフォースは、それを創業以来二〇年間、実践してきた。しかもステークホルダーなどといういかめしい言葉ではなく、「オハナ」というおしゃれな言葉で温かく包んでいる。

オハナ文化は、四つのコアバリューに貫かれている。

一つ目が「信頼」。そして信頼性を獲得するために、最も重要なことは自らの脆弱性を隠さないことだという。短期的には相手の不評を買うかもしれないが、そのような透明性こそが、長期的な信頼を勝ち取る王道だとする。

二つ目が「カスタマーサクセス」。その本質は、顧客の成功を自らの成功と定義することだという。そのためには、顧客の声に耳を傾けるだけではなく、顧客が気づいていない新しい価値を届けなければならない。顧客になり代わって、想像力の限界に挑戦する気迫が求められる。

三つ目が「イノベーション」。ベニオフは、創業四年目にスティーブ・ジョブズのオフィスを訪ねた。そのときのスティーブの言葉を心に刻んでいるという。

「マーク、優れたCEOになりたいなら、未来を意識して予測しなければいけない」

今、同社が最も力を入れているのが、人とＡＩがシームレスに連携する未来である。「アインシュタイン」と名づけられた同社のＡＩは、日々進化し続けている。

四つ目が「平等」。実は後から加えられた同社のコアバリューである。ジェンダーの平等や人種問題、賃金の平等などの課題を、同社自身が抱えている実態に、ベニオフ自身が気づいてショックを受けたのがきっかけだという。今やベニオフ直轄の最高平等責任者を置いて、平等の徹底に取り組んでいる。ベニオフは次のように語っている。

「将来的には、平等であることが企業の完全かつ持続可能なバリューを引き出す鍵になると、私は固く信じている」

このようなオハナ文化とコアバリューを体現させた全社プログラムがある。「１―１―１モデル」と呼ばれ、創業当時から継続している。

このモデルは、製品の一％、株式の一％、就業時間の一％を活用してコミュニティに貢献するというシンプルな社会貢献モデルである。たとえば、子ども向けのプログラミング教育体験「キッズコーディング」などが含まれる。

マイケル・ポーターの定義に従えば、これはＣＳＲであってＣＳＶではない。本業として利益に直結するものではないからだ。しかし、そのように短絡的に捉えること自体に、CSVモデルの限界がある。次の三点において、間接的に同社の企業価値向上に大きく役立っていることを見落としてはならない。

第一に、オハナ文化を組織資産として深めることにつながっている。コミュニティは大切な「家族」の一員だからである。

第二に、人的資産を豊かにすることにつながっている。自分たちのスキルを、より良いコミュニティづくりに活用することに、利他精神にあふれるミレニアル世代は働きがいを実感するはずだ。

第三に、顧客資産を高めることにつながっている。同社の社会貢献の姿勢に共感する顧客が増え、ブランド価値を向上させるからだ。

第Ⅲ部で論じるように、組織資産、人的資産、顧客資産などの無形資産は、未来の価値創造の源泉となる。自社の無形資産を活用した社会貢献は、それらの無形資産を増価させ、次世代成長の起爆剤になる可能性が高いのである。

ベニオフの最新著『トレイルブレイザー』[3]を一読されることをお勧めする。そこには、同社の志本経営の実態が、生々しく描かれている。

タイトルのトレイルブレイザーとは、未開の地を開拓する人、すなわち「先駆者」を指す。

セールスフォースは「トレイルブレイザー・コミュニティ」を自称している。同社によると、この言葉には三つの意味があるという。

①パイオニア、イノベータ、生涯学習者、動かす人・揺さぶる人
②他者が追随するための道を拓くリーダー
③他者にとって、より良い世界を作る人

そして、③が最も重要だという。本書の最後に、ベニオフは次のように語っている。

「ビジネスリーダーが未来の変化やイノベーションについて語るとき、普通は（翌四半期でないとすれば）一年先、三年先、五年先を見ている。しかし、真のトレイルブレイザーであるためには、もっと長期的な視野が求められる。二〇年、五〇年、一〇〇年、さらにその先を見なくてはならない」

「トレイルブレイザーになることは、今日のステークホルダーに配慮するだけでなく、後世のステークホルダーのためにより良い世界を作ることだ」

では、新ＳＤＧｓという切り口から、同社の経営モデルを論じてみよう。

まずサステナビリティ。同社は主力サービスを通じて、顧客企業のサステナビリティ活動を支援している。たとえば、二〇一九年九月に発表した「セールスフォース・サステナビリティ・クラウド（ＳＳＣ）」は、顧客企業の環境データを迅速に提供している。「科学的根拠」がサステナビリティ経営の最先端の課題となっている中で、きわめてタイムリーなサービスである。

そして、デジタル。一九九九年生まれの同社は、いうまでもなくデジタルネイティブ企業である。ＣＡＭＳ（クラウド、アナリティクス、モバイル、ソーシャル）と総称される最新のデジタル技術を、フル活用している。たとえば、上記のＳＳＣには、前述したアインシュタイン・アナリティクスと呼ばれる自社独自のＡＩが組み込まれている。

さらにグローバルズ。創業の翌年の二〇〇〇年には、初めての海外オフィスを日本に開設。トヨタをはじめとする超優良企業を次々に開拓していった。アメリカとの関係が冷え込んだ中国でも、二〇一九年にアリババとの提携を発表している。

「インターネットでかつてないほどに世界が深く結びついているという事実を無視してはなりません」と、二〇一九年の来日時にベニオフは語った[4]。「国境は現在の世界を形作っているものではありますが、同時にわれわれは一つのヒューマニティ（人類）なのです」

これら新ＳＤＧｓ以上に傑出しているのが、中心にある志（パーパス）である。同社は、人々や地球の幸せを第一に優先させ、創造性の成果を活用することをパーパスとして掲げている。具体的には、地域社会への貢献、ＬＧＢＴＱへの差別撤廃、技術の倫理的な活用などを、本業の中心課題として、社員が一丸となって取り組んでいる。先に紹介した著作には、数々のエピソードが紹介されており、同社の本気度が伝わってくる。その中で、ベニオフは次のように語っている。

「時間とともに、従業員、顧客、さらには投資家、パートナー、コミュニティなどのステークホルダーが、あなたが事業を行うに際してどのような哲学を持っているかを知りたがるだろう。あなたに「志」があるかを問うてくるのである」（傍点は筆者による）

ベニオフ自らも、企業経営者には社会を変える責任があると宣言し、毅然と行動している。自他ともに認める筋金入りの「ソーシャル・アクティビスト（社会活動家）ＣＥＯ」である。先のダボス会議の写真は、そのような側面を的確に捉えたショットである。

話は少し脱線するが、この写真のもう一人の経営者、櫻田謙悟にも触れておきたい。櫻田は、経済同友会の代表幹事であるとともに、ＳＯＭＰＯホールディングスのトップである。その言動には、まさに志本主義の脈動を感じる。

同社は、「安全・安心・健康のテーマパーク」をパーパスとして掲げている。個人や企業に「万が一」の際の保険機能を提供するだけでなく、万が一を起こりにくくする「予防」、そして日常生活をさらに豊かにする画期的な商品・サービスを生み出し、保険の枠を超えて社会に貢献することをめざす。

「『昔、ＳＯＭＰＯは保険会社だったらしい』と言われたい」というのが、櫻田の口癖だ。自らの殻を破って社会価値の創造を志すという同社ならではのＭＴＰ（北極星）である。

実はこの二人には、いくつか共通点がある。ベニオフは、日本への造詣が深い。スティーブ・ジョブズと同様、鈴木俊隆禅師の『禅マインド ビギナーズマインド』を座右の書とし、同社の世界中のオフィスで「マインドフルネス」を実践している。

一方、櫻田は日本人離れした経営者だ。アジア開発銀行に四年間出向し、世界レベルの経営観と人生観を身につけている。世界に向けて熱いメッセージを送れる数少ない経営者の一人だ。

そしてこの二人は、大の友人同士だという。サステナビリティやデジタルの話をし始めると止まらない。その舞台は、サンフランシスコ、京都、ダボスなど、まさにグローバルズだ。

コロナ禍の下で、志本主義は資本主義を押し流し、世界の主流となりつつある。日本は古くから、「三方よし」や「論語と算盤」を経営の基軸としてきた。今こそ、日本からベニオフや櫻田のような志本主義の伝道師が一人でも多く登場し、世界をリードしていく日が来ることを心待ちにしたい。

アリババグループ——元祖C－CSV

次に、中国企業を取り上げよう。中国企業はＣＳＶと相性が悪い、と思われるかもしれない。確かに数年前までは、「利益こそがすべて」という商売っ気の強い経営者が大半だった。しかし、その中でも社会課題の解決を本気で志す経営者も存在する。

その代表格が、アリババ創業者のジャック・マーである。本人が意識しているかどうかはともかく、その経営理念はまさにＣＳＶだ。

もともと英語教師だったマーは、起業したときから、自分の資金で独自のシステムを構築できる大企業ではなく、小規模事業者に照準を合わせた。「中小企業にとって水道水のように便利なもの」を作ること、スモールビジネスでより便利な世界の構築をめざしたのである。

アリババが創業した一九九九年当時、満足のいく買い物や商品の仕入れをできるのは、大都市に住む一部の人に限られていた。田舎に住む人や小規模事業者は、必要物資を買うのにも苦労するような状態だった。

それからたった一五年で、アリババはタオバオやTモールを作り、誰もがオンラインで自由に買い物ができる環境を整備した。内陸の山間部を含む広い国土の隅々まで物流網を築き、決済システムの開発によって信用の欠如を解決。今や中国人の生活は、アリババなしでは考えられないほどになった。

「商売人は利益だけを考える。ビジネスパーソンは状況を見て何を取るか決める。企業家は社会的責任を負い、価値を作り出し、より良い社会をめざす[5]」

この言葉から、いかにマーが社会価値と経済価値の両立を重要視していたかがわかる。そして今、こうした姿勢が若手起業家に伝わり、ＣＳＶ的な動きが広がりつつある。

二〇一四年六月、筆者は某大手日本企業の次世代経営者たちと一緒に、杭州のアリババ本社を訪問した。同社は同年九月のＩＰＯをめざして、いつもにもまして活気づいていた。お目当てのＣＥＯ(当時)ジャック・マーは、人気のサッカーチーム買収を発表するため、急遽、広州に出張してしまっていた。

しかし、私たちを迎えてくれた三〇代の経営チームが、アリババのパーパス(志)に基づく経営を、自分の言葉で熱く語ってくれたことがとても新鮮だった。シリコンバレーでのキャリアを投げ捨てて、アリババに入社した人たちも少なくない。「われわれの手で、未来の中国を作り上げるんだ」と語ったときのキラキラした目を、今でも忘れることができない。

ジャック・マーが現役を退いた今も、アリババは、グループ全体で志本経営を進化させている。たとえば、今回のコロナショックの中で、二つの事例が光る。

一つ目は、アリババが展開するスーパーマーケットの「盒馬（フーマー）」の例だ。同社はワークシェアリングという形で飲食業などの人材を、従業員やＥＣの配達員として受け入れている。それによって、社会と市場に新たな価値を提供し、経済循環を生み出しているのである。

二つ目は、アリババグループの金融子会社アント・フィナンシャルのケース。同社は新型コロナウィルス対応保険を、アリペイから簡単に申請できるようにした。この効果で、二〇二〇年二月に顧客が三〇％も増加したと報告されている。

危機的状況においても、アリババは社会、そして、顧客が必要としているものを、先回りして提供してきた。それがブランドの向上と顧客獲得へつながったのである。

筆者は、二〇一九年の一一月末に、広州で開催された『ハーバード・ビジネス・レビュー』の中国版一〇周年イベントに登壇して、ＣＳＶの話をする機会があった。今から思うと、武漢でコロナショックが広がる直前のタイミングである。

そこで、現地の若手起業家たちが稲盛和夫を尊敬していることを改めて知らされた。稲盛の著作は中国で飛ぶように売れているという話は聞いてはいたが、聞きしに勝る人気だった。

しかし、もともと稲盛経営哲学は、儒教と仏教から影響を受けている。中国で生まれた儒教の教えが、稲盛哲学に形を変えて、中国に再輸入されているのである。世の中の本質は、時間や空間を超えて共有されるものだということに気づかされる。

コロナ禍は、このような現地の経営者の心に火をつけた。たとえば、中国の有名化粧品メーカーであるＪＡＬＡ（ジャラ）は、コロナ問題に奮闘する医療従事者に向けて、マスクの跡が残らないような商品を開発した。また、消毒やアルコールが入ったジェル状クリームの試作品を、社員やパートナーに提供をしている。

中国のミレニアル世代は、コロナ禍をきっかけに、「社会や健康にやさしい商品やサービスへの関心が高い」と答える人が九〇％を超えた。これは二〇二〇年四月に、中国の有力経済紙の『第一財経』が発表した報告で、いわゆる「エシカル消費」だ。この数字は、消費者庁が発表している日本の数字より、はるかに高い。

タタグループ――志本経営の旗手

筆者が奉職する一橋大学のビジネススクールでは、毎年二月、エグゼクティブＭＢＡの学生を連れてインドに一週間ほど滞在する。先進的なインド企業を訪問するためだ。

実は、インドはアジアの中で最もＣＳＶ経営が進んでいる国である。現在のモディ首相になってから、大企業は利益の二％を社会価値向上に充てることが義務づけられている。この資金をシードマネーとして、ＣＳＶを展開するスタートアップ企業が続々と登場している。

インドにおけるＣＳＶ企業の代表格といえば、タタグループである。インド三大財閥の一つで、世界各国に一〇〇を超す傘下企業を擁する巨大グループだ。同グループはインドで発電や航空、通信などをコア事業とし、同国の経済成長を支えるインフラ構築を担ってきた。

タタ一族はゾロアスター教を信仰し、勤勉で社会貢献を重視する教えを忠実に守っているといわれている。そもそも一族はシリアからの移民で、三世代前にインドのムンバイに渡ってきた。そこで事業に成功して、一大グループを築いてきたのである。

タタの創業者は、移民を受け入れてくれたインドに恩返しをしないといけないと言い聞かせ続けたという。だからこそ、インドの発展に寄与したいという思いが、同グループのDNAに埋め込まれている。

その総帥が名誉会長のラタン・タタである。彼の経営哲学は次の言葉によく表れている。[6]

「企業は利益の最大化を超える志の高い目的に導かれる必要があり、すべてのステークホルダーに最適な恩恵を施さなければならない。それが実現して初めて、資本主義は全人類に対し可能な限りの十分な社会的利益を届けることができるのだ」（傍点は筆者による）

まさに志本主義そのものである。

それを象徴するエピソードがある。グループの中核企業であるタタ・モーターズが二〇〇九年に発売した世界一安い車「ナノ」の開発秘話だ。

ある日、ラタン・タタはムンバイで、次のような光景を目にしたという。

雨の中、夫婦と小さな子ども二人の家族四人が、一台のバイクに乗って交通量の多い道路を走っていた。上の子が傘を差し、下の子は父親の足の間で立ったままハンカチを頭に載せて、雨をしのいでいる。後ろの荷台に腰掛けた母親は、カーブに差し掛かると、ずり落ちてしまいそうなほど危険な乗り方だったという。

それを見たラタン・タタは、「It’s a shame to the Nation!（国の恥だ）」とつぶやいた。そして、もっと安全で快適な乗り物を、庶民の手が届く価格で提供することを心に決めたのである。出来すぎた話にも聞こえるかもしれない。しかし、インドで危険な複数人乗りが常態化していること、そして、それをラタン・タタが見て、改善したいと思ったことは事実だろう。

その結果、生まれたのが「ナノ」だった。日本円にして二五万円という価格は、あまりの安さから、「ひょっとしたらエンジンはオプションではないか」という冗談が生まれたくらいだ。ただし、ナノは期待に反して、売れなかった。見るからに「安い車」には、誰も乗りたくなかったのだ。せっかく二輪から自動車に乗り換えようというのに、世界で一番チープな車をわざわざ選ばない。商品イノベーションとしては素晴らしかったものの、マーケティング的には失敗だったといえるだろう。

それでも、ナノの開発秘話が語り継がれるのは、社会価値と経済価値を両立させようという企業姿勢が評価されたからである。本業で社会課題を解決する。タタグループはそれを、自動車だけではなくあらゆる分野で実践し、インド産業を牽引している。

グラミングループ――CSVの先へ

インドの隣、バングラデシュのグラミングループは、資本主義の先をめざしていることでよく知られている。

同グループの中核企業であるグラミン銀行は、マイクロファイナンスという事業モデルを構築した。普通の銀行が相手にしない貧困層に小口の資金を無担保で融資するというモデルである。この取組みが評価され、同社とその創始者のムハマド・ユヌス博士は、二〇〇六年にノーベル平和賞を受賞している。

グラミン銀行と聞くと、多くの人はＮＧＯのような活動を想像するかもしれない。しかし、グラミンが作ったマイクロファイナンスは、れっきとした営利事業である。むしろユヌスは、ビジネスとして設計することにこだわり続けている。

筆者は、二〇一四年三月、ＭＢＡ学生の有志を連れて、バングラデシュの首都ダッカの本社でユヌスと面談する機会があった。また同年七月、訪日のタイミングに合わせて、筆者が主催するＣＳＶフォーラムで対談させていただいた。そこで、ビジネスであるべき理由について、

▶ユヌス博士を囲んで

ユヌス博士は後列中央、筆者は前列左端
（2014年3月、バングラデシュの首都ダッカのグラミングループ本部ビルにて）

ユヌスは次のように語っている。[7]

「なぜ『ビジネス』でなければならないのか。理由は二つあります。まず、人々がそれを求めているかどうかを見極めるためです。誰が必要としているのか、誰が必要としていないのかがわからなければ、無駄が生じてしまいます」

「もう一つは、フリー（無料）の弊害を避けるためです。誰かがお金を出して無料で物を配れば、その人に依存することになります。しかしビジネスならば、出資者（グラミン）はそれを回収して再投資できる。同じお金がグルグルと循環し、誰かに依存することもありません。したがって、社会課題を解決するためには、慈善事業や公的資金に頼るのではなく、『ビジネス』として設計する必要があるのです」

この指摘には大きくうなずかされる。しかも、資本主義だけでなく、CSVの先を示していることに気づかされる。CSVは社会価値と経済価値の両立をめざすものである。ここでいう経済価値とは企業の利益であり、その利益を分配される株主のものだ。

しかしグラミングループでは、利益はすべて事業の目的を実現するために再投資される。一定期間後に出資者にも出資金が返還されるものの、原則としてプレミアムはつかない。うまく回っていけば損失は出ないものの、配当は期待できない。グラミンへの出資者の動機は、個人資産を増やすことではなく、利他の精神を実践することなのである。

そのため、経営者も株主の目線を気にする必要なく、事業の目的達成めがけて、ぶれずに意思決定ができる。このようなモデルを、ユヌスは「ソーシャルビジネス」と呼ぶ。

この奇跡ともいえる循環を実現したユヌスは、一貫して「利他の心」に基づくソーシャルビジネスこそが、資本主義の先の姿ではないかと主張している。筆者が「CSVとソーシャルビジネスはどこが違うのでしょうか?」と問いかけたところ、次のような回答が返ってきた。

「経済価値と社会価値のどちらを目的とし、手段にするかの違いでしょう」

その後、にっこりとされた表情がとても印象的だった。この思想に共感して、グラミンと一緒にビジネスを始めた日本企業がある。この後で紹介するファーストリテイリングだ。

第7章

日本の志本経営企業

この章では、日本のベストプラクティス企業を取り上げてみたい。衣食住など生活関連企業群とＢ２Ｂ企業群を選んでみた。前者はファーストリテイリング、オイシックス・ラ・大地、竹中工務店、花王、カインズの五社、後者はＹＫＫと堀場製作所の二社だ。

もちろん、他にも日本を代表する志本経営企業は多い。生活関連でいえば、たとえば味の素や良品計画や資生堂。Ｂ２Ｂ企業としては、三菱ケミカルや日本電産。ただし、これらの企業については、『ＣＳＶ経営戦略』など、他の拙著でも紹介しているので、ここでは取り上げていない。[1]

また、志本経営を実践するベンチャー企業や中堅・中小企業も数多い。ここで取り上げた七社のうち、オイシックス・ラ・大地は前者、堀場製作所は十数年前までは後者に属する事例といえるだろう。他にも中川政七商店やスノーピークなど、取り上げたい企業は尽きない。

しかし、個々の事例そのものより、これらの事例を通して見えてくる共通の特性をあぶり出してみたい。それを「日本モデル」と呼ぶことにしよう。そしてこの日本モデルを、前章で取り上げた「海外モデル」と比べてみると、二つのモデルの共通点と相違点が浮き彫りになってくるはずだ。

本章の最後に、このような比較を通じて、志本経営をめざすうえでの日本にとっての優位性と課題を論じることとしたい。

ファーストリテイリング――世界を変える志

「服を変え、常識を変え、世界を変えていく」。これがファーストリテイリングの「志（パーパス）」である。

服で世界を変えるという企ては、なんとも誇大妄想に聞こえるかもしれない。しかし、創業者で会長兼社長の柳井正をはじめ、同社の社員はこの志をＤＮＡに埋め込んでいる。そして、日々それを愚直に突き詰めているのである。長らく社外取締役をしている筆者から見ると、同社こそ日本を代表するＣＳＶ企業であり、かつその先の高みをめざしている数少ない企業の一つである。

図7-1

ユニクロの「LifeWear」宣言

LifeWearは、あらゆる人の生活を、より豊かにするための服。
美意識のある合理性を持ち、シンプルで上質、
そして細部への工夫に満ちている。
生活ニーズから考え抜かれ、進化し続ける普段着です。

いまの暮らしのなかで、お客様が快適に過ごせるように。
今日も変わらず、生活に必要な衣料をお届けできるように。

出所：ファーストリテイリング

『DIAMONDハーバード・ビジネス・レビュー』（二〇一五年一月号）に、柳井と筆者の対談が掲載されている。[2] 題して、「世界一の企業を目指すならCSVは当然である」。

柳井は「自分たちの本業のビジネスそのものがCSVである」と語る。本当に良い服、新しい価値を持つ服を作り、世界中の人々に着る喜びを提供することそのものがCSVであるというのだ。そしてそのような価値を提供できることが、世界でビジネスをするための「パスポート」でもあると言う。

では、良い服を届けることがどう社会価値につながるのか。

ファーストリテイリングはホームページで、「LifeWear」について、図7-1のように言及している。

いかにファーストリテイリングが「本当に良い服」にこだわっているかが、わかっていただけると思う。

では、なぜ「服」が社会価値を向上させるのか。ある

いは、社会課題を解決するのか。あるとき柳井に直球でそのように尋ねてみると、そもそも服が長い人類の歴史の中で、どんな役割を果たしてきたかを振り返る必要がある、という答えが返ってきた。

大昔は、肌を守るため、敵から体を守るために服が着用されてきた。そして文明が進化するにつれて人類は、着飾るため、自分をより良く見せるために服を着るようになった。短いサイクルで服を消費するファストファッションは、その典型である。

しかし、そうした消費のあり方は本当に幸せだろうか。トレンドに左右されて着せ替え人形のように服をコロコロ変えるのではなく、自分らしいスタイルを見つけて快適に過ごす。それが二一世紀型の人間らしい生き方であるはずだ。それを実現するのが、ファーストリテイリングの考える「本当に良い服」である。

服を「外の目」を気にして身にまとうものから、自分らしさと快適性を重視した「内的なもの」に変える取組みでもある。服は、衣食住の中で唯一、外に出ている部分であり、自分と社会との接点である。その接点が変われば、社会との関係、対人関係のあり方も変わるはずだ。

服が変われば、人間は変わる。だからこそファーストリテイリングは、服を通してそれぞれの人がもっと自分らしく過ごせる環境を生み出せる、つまり、世界を変えていけると信じているのである。

では、人間をも変えうる「本当に良い服」とは何か。ファーストリテイリングは、それを

「LifeWear」と呼ぶ。あえて日本語に直せば、「究極の普段着」だ。誰もが理屈抜きで心地良いと感じて、自然に手に取ってしまうような服のことである。

機能性が高く、品質も良いのに価格は手頃で、生活のどんな場面にも適している。風雨や気温、湿度から体を守って快適に過ごすという衣類本来の機能にこだわる。それが快適だとわかれば、年齢や性別、好き嫌いにかかわらず、生活に根差した服として自然に着用してもらえる。ヒートテックやエアリズムなどが代表的な商品である。

このLifeWearとともに、同社が世界を変えようとしているもう一つの武器が「有明プロジェクト」だ（図7−2）。デジタルパワーを駆使して、事業モデルを大転換することをねらったものである。

従来は図の上にあるようなバリューチェーンを、いかに早く回転させるかが競われた。ＺＡＲＡは、これを六週間で回すという驚異的なスピードで、他社を圧倒してきた。最後はすべての製品をスペインの本社に集結し、そこから空輸することで、世界中に二日以内に届けることができる。もっとも、環境活動家のグレタ・トゥーンベリからは「Flight Guilt!（飛行機を使うのは犯罪）」と攻撃されそうな温室効果ガス垂れ流しモデルである。

有明プロジェクトは、商品と情報がリレー方式で移動するのではなく、顧客を起点にすべての関係者が情報を共有するというモデルだ。バリューチェーンからバリューネットワークへの転換である。情報プラットフォームをベースにＡＩなどのテクノロジーを活用し、顧客の要望

図7-2

情報製造小売業に向けて――「有明プロジェクト」

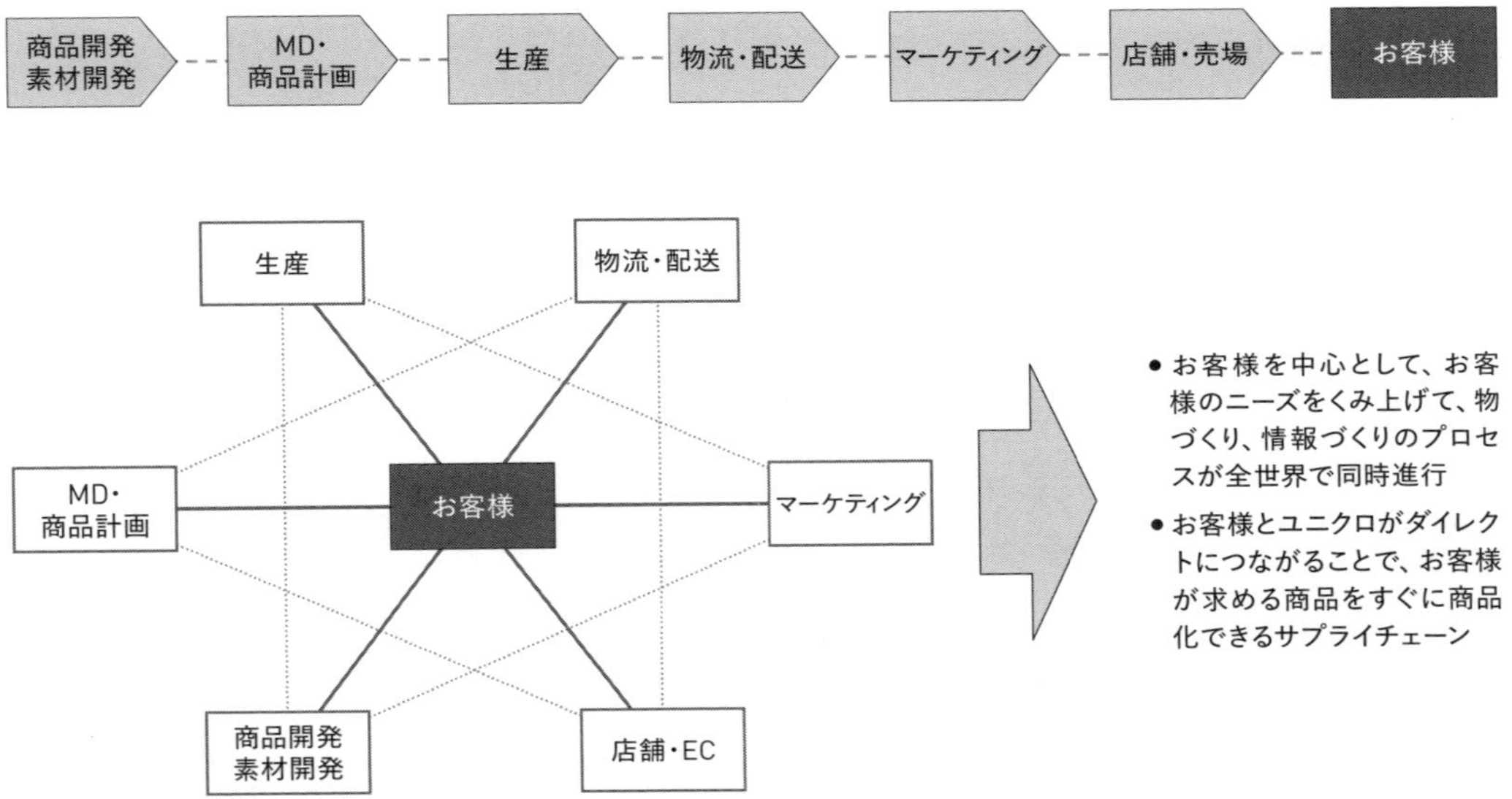

出所：ファーストリテイリング

をリアルタイムに近い形で商品化に反映することをめざしている。これによって、無駄な製品や在庫を持たなくてよくなり、環境にも優しい事業モデルを実現することができるようになる。

ファーストリテイリングは、筆者が唱える新ＳＤＧｓ経営の先駆者でもある。

まずはサステナビリティ。着せ替え人形モデルのような欲望経済を煽るのではなく、必要なもの(LifeWear)だけを必要なときに的確に提供する。

次にデジタル。有明プロジェクトは、まさにこのデジタルを最大限活用することで、「情報製造小売業」への進化をめざしている。

そして、グローバルズ。「グローバル・ワン」(世界レベルでの経営の「型紙化」)をベースとしつつ、多極化した市場ごとにきめ細かい対応を徹底している。たとえばバングラデシュでは、前述したグラミングループと組んだグラミンユニクロで、イスラム伝統スタイルの商品を開発し、インドネシアやマレーシアなどでもイスラム民族のファンを増やしている。

柳井はあまりＣＳＶという言葉を使って経営戦略を説明しない。むしろそうした枠にはめて考えることを嫌う。ＣＳＶの先にある独自の「志本経営」をめざしているといえるだろう。

社会を本気で良くしたいという志が、ぶれることなく組織に埋め込まれている。われわれはなぜ存在するのか、何のためにビジネスをしているのか。そのような根本的な問いかけを社員全員が求道者のように続ける限り、ファーストリテイリングの進化は止まることがないだろう。

オイシックス・ラ・大地——食の未来を拓く企業

「衣」の次は、「食」に焦点を当ててみたい。ここではオイシックス・ラ・大地を例にとろう。オイシックスは創業二〇年のベンチャー企業だ。二〇一七年、一八年と立て続けに、同業の「大地を守る会」、「らでぃっしゅぼーや」と経営統合し、自然派食品宅配業界の日本最大手にまで急成長した。

オイシックスの創業者で社長である高島宏平は、一九九八年に大学院を卒業後、マッキンゼーに入社している。当時、筆者がマッキンゼーで新人採用を担当しており、最初のインタビューで即決した。一年前から学生ベンチャー（オイシックスの前身）を立ち上げており、いずれそこに戻りたいといっていたが、マッキンゼーで腕を磨いてからでも遅くはないでしょうと口説いた。その後、筆者がリーダーをしていたアクセラレータチームで大活躍した後、二〇〇〇年に退職してオイシックスを立ち上げた。

オイシックスは「美味しくて体に良いものを苦労せずに食べてもらいたい」を理念に掲げている。二〇一四年に筆者が主催するＣＳＶフォーラムに登壇した際、高島はそもそもの創業の動機は「食の安全」にあったと語っていた。

「衣食住などの生活周りの商品で、『安全性』が気になるのは食だけだ。そんな状況をなんとか払拭したいと思った」

それを「作った人が自分の子供に安心して食べさせることができる食品」と表現している。

その後、オイシックスはどんどん進化していった。たとえば、「忙しいママ向けサービス」として投入したミールキット。これはウィズコロナ時代を迎え、家庭での食事の回数が多くなる中で、スーパーから消えるほどの大人気となった。

農家に対する思いも深い。「日本の農業の未来」のために、まずはプライシングの自由度を、農協や流通から取り戻さなければならないと考えた。そしてそのために、農家に対して、①付加価値作りと伝達、②ブランディング、③生産者のモチベーション向上、の三つが必要だと判断。そこで、「農家・オブザイヤー」イベントなどを通じて、カリスマ農家の育成や、「リバイバル・ベジタブル（リバベジ）」など隠れた名品の発掘を行っている。

二〇一八年には、筆者が日本農業経営大学校で担当していた「農業経営の社会的責任」という講座にも登壇してもらった。タイトルは「食べる人——つくる人　つなぐ私たち」。まさに顧客起点で発想し、顧客と農家を直結させるというオイシックス独自の事業モデルを表現したものである。

講義は、まず次のような思いからスタートした。

〈これからの食卓、これからの畑〉

- より多くの人が、よい食生活を楽しめるサービスを提供します
- よい食を作る人が、報われ誇りを持てる社会を実現します
- 食べる人と作る人とを繋ぐ仕組みが持続可能であるよう、つねに進化します
- 食に関する社会課題を、ビジネスの手法で解決します
- 私たちは、食のこれからをつくり、ひろげていきます

　これはオイシックス・ラ・大地の志そのものでもある。農業経営者の卵たちは、高島の熱い思いに目を輝かせていた。

　同社は、二〇〇八年に受賞したポーター賞をはじめ、数々の賞に輝いている。二〇二〇年には、次世代人財育成企業を表彰する「キャリアセレクタビリティ賞」の初回受賞企業の一社にも選ばれた。この賞については第Ⅲ部で詳述するが、以下の二点が高く評価された。

　第一に、消費者側・生産者側に対する強い「主観正義」が、創業当初からぶれることなく、商品・サービスに反映されている点。社員インタビューでは、「安全な野菜を届けたい」「生産者にもっと喜んでほしい」という熱い思いが自分ごと化していることが伝わってきた。

　第二に、若手を鍛え、たくましく育つ環境を整えている点。「人はみな、必ず成長する」と

いうのが、高島のポリシーだ。実際に若手社員に対して「自分の実力よりも高い難度の仕事を任せ、支援する」「抜擢人事を実施する」など、意図的に「修羅場」を経験させている。たとえば、入社一年目に社長直下のプロジェクトリーダーを任せたり、三〇代前半の社員を執行役員に選出することで、圧倒的な当事者意識が生まれるという。

同社ＨＲ本部長の北村峻は、以下のように語っている。[3]

「社員一人一人が『食に関する社会課題をビジネスの手法で解決する』という企業理念を理解し、顧客の食卓を意識しながら仕事をしています。生産者と一緒になって、お客様に本当にいいものを届けたいという思いで働いているため、社会が良くなる＝会社の成長、という図式の中で仕事ができるのが強みです。人財育成に関しては、若手社員にストレッチした目標を与えることで、非連続的な成長を促してきたという伝統があります」

まさにミレニアル世代の志本経営企業群の旗手といえるだろう。

竹中工務店——まちの未来を拓く

衣・食と続いたので、次に「住」に移ろう。ただし、今度は四〇〇年企業を取り上げる。竹中工務店だ。

同社は一六一〇年の創業以来、神社仏閣の造営を専門としていた。明治時代に入るとヨーロッパ様式を取り入れ、伝統美と近代技法が織りなす独特の建築物を次々に手掛けていった。東京タワーや日本武道館、赤坂迎賓館をはじめ、全国の有名美術館や商業施設、病院、オフィスビル、ホテルなど、施工実績の多さでは国内随一だ。

そんな竹中工務店の組織には、古くから五つのＤＮＡが深く刻み込まれている。同社のホームページから、その本質を拾い上げてみよう。

①棟梁精神……「建築を業とするものは建築の職人であって、営利のみを追求する商人であってはならない。利害を超越すべし」という精神。

②作品主義……自ら手掛けた建築物を「作品」と呼び、「最良の作品を世に遺し、社会に貢献する」ことを経営理念とする。

③設計施工一貫……設計と施工というそれぞれの領域で活動する専門家が、「最良の作品を

世に遺し、社会に貢献したい」という熱い「想い」で結びつくことによって、最良の作品が創造される。

④品質経営……急激な時代の変化を迎えても、職人としての信念は変わることなく、品質を追求し続ける。

⑤非上場……五〇年、一〇〇年先を見据えた社会的・文化的な資産の形成に貢献するためには、短期的な業績ばかりを追求することなく、長期的な視点が重要である。

いかがだろうか。竹中ならではのこだわり、そして、五つのＤＮＡに一貫して流れる志の高さを感じていただけるだろうか。

筆者が唱える新ＳＤＧｓという視点から、同社の最近の動向を見てみよう。

まずはサステナビリティである。同社が最近力を入れているのが「MACHInnovation」という取組みだ。過度な都市化や地方の衰退といった社会課題を解決するために、竹中ならではのイノベーションを仕掛けようというものである。

具体的には、地方の山と都会を結ぶ「森林グランドサイクル」や「農地・緑地・水辺を活かした、心と体の『健築』タウン」の構築などといったソリューションを作り込んでいる。そして、行政・地域住民・企業・ＮＰＯなど、多様なステークホルダーとの対話や連携を通じて、実証実験活動を広げている。

竹中工務店は、東京本店が立地する江東区の湾岸・運河エリアにおいて、「イーストベイ構想」という未来像を掲げ、まちづくりを進めている。水域の地の利を生かして賑わいをもたらす「深川川床テラス」がその一つだ。川床の材料は、江戸時代以来、木材の舟運が盛んに行われていた荒川の上流域に位置する埼玉県比企郡小川町産のものを使っている。地域での資源循環モデルとしても秀逸である。

また、島根県雲南市では、地域おこしを進めている。具体的には「雲南ソーシャルチャレンジバレー」構想の一環として、地域課題の解決に関心のある市内外の企業が地域とともに社会課題の解決や新たな価値創造の社会実装をめざす「企業チャレンジ」を立ち上げた。

ヤマハ発動機が、スローモビリティを活用した街づくりを、竹中は健康なコミュニティを支える社会システムや事業創出をめざしている。たとえば、コミュニティ拠点やヤマハ発動機のモビリティ実証事業での「笑顔」を測定し、地域や活動の活性度と健康との関係性の実証実験に着手している。全国で求められている地域創生に向けた取組みとして、今後の進捗と水平展開が期待される。

同社は「まちづくり総合エンジニアリング企業」を標榜しており、MACHInnovationはその一環である。そこでは必要なソリューション群が、①まちの基盤、②経済・文化、③生活（QOL）、④未来の四つの専門領域別に、因数分解されている（図7－3）。これらを組み合わせることで、それぞれのまちならではの時空間を自由にデザインしていく。

このように手法を「型（アルゴリズム）」化することで、組織全体に経験値が蓄積され、共有されていく。その結果、知という無形資産を基軸とした社会システム事業を、大きく進化させ続けることができるはずだ。

次にデジタル。スーパーゼネコンと呼ばれている五社の中でも、竹中はDXへの取組みが最も進んでいる。三次元の建物デジタルモデル（BIM: Building Information Modeling）やIoT、ロボティクスなどをいち早く導入。設計から生産に至る業務プロセス全体を変革することで、生産性向上をめざしている。

また二〇二〇年七月には、建築現場におけるデジタル変革にNTTドコモと共同で取り組むことを発表。竹中工務店が持つ建築現場の知見と、ドコモのIoTやAI、XR（複合現実）、5Gなどの技術やノウハウを結合させるという。

目玉は、現場の人、モノ、空間のデータから作成する「人間行動モデル」だ。これを現場の作業進捗といった「プロセス管理データ」と融合する。デジタルパワーを駆使することで、KKD（経験・勘・努力）という人間系に頼りがちだった建築現場の生産性向上と働きがいアップをもたらす。新常態時代の現場作りをめざした意欲的な取組みである。

では、グローバルズはどうか？　こちらは、他の二つに比べて、アクセルを踏み込めていないようだ。

海外事業の売上高は全体の一二%前後。竹中らしさが発揮できる案件だけを、選択的に受注

の事業領域

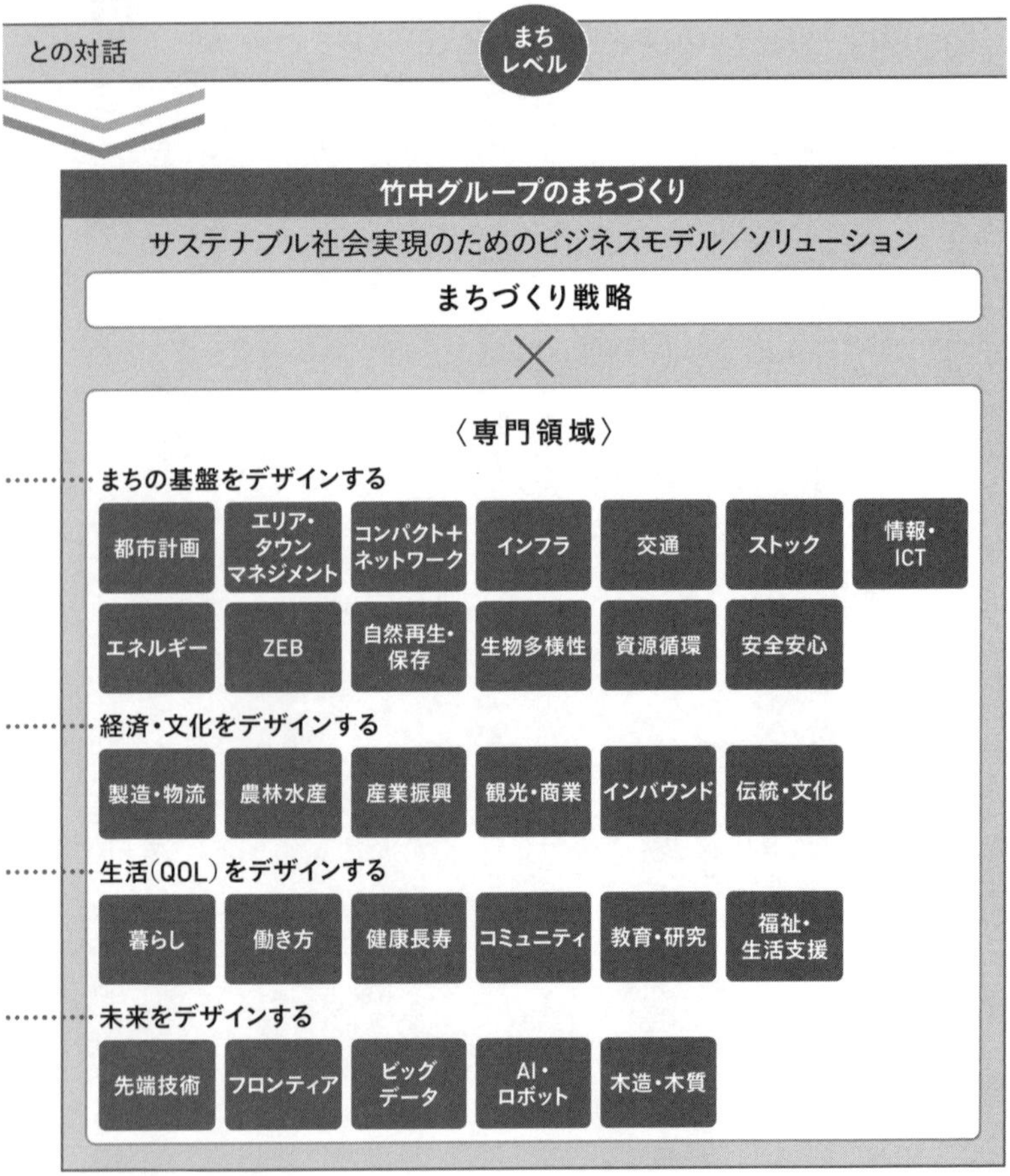

との対話
まち
レベル
竹中グループのまちづくり
サステナブル社会実現のためのビジネスモデル／ソリューション
まちづくり戦略
〈専門領域〉
まちの基盤をデザインする
都市計画
エリア・
タウン
マネジメント
コンパクト＋
ネットワーク
インフラ
交通
ストック
情報・
ICT
エネルギー
ZEB
自然再生・
保存
生物多様性
資源循環
安全安心
経済・文化をデザインする
製造・物流
農林水産
産業振興
観光・商業
インバウンド
伝統・文化
生活（QOL）をデザインする
暮らし
働き方
健康長寿
コミュニティ
教育・研究
福祉・
生活支援
未来をデザインする
先端技術
フロンティア
ビッグ
データ
AI・
ロボット
木造・木質

図7-3

竹中工務店の「MACHInnovation」

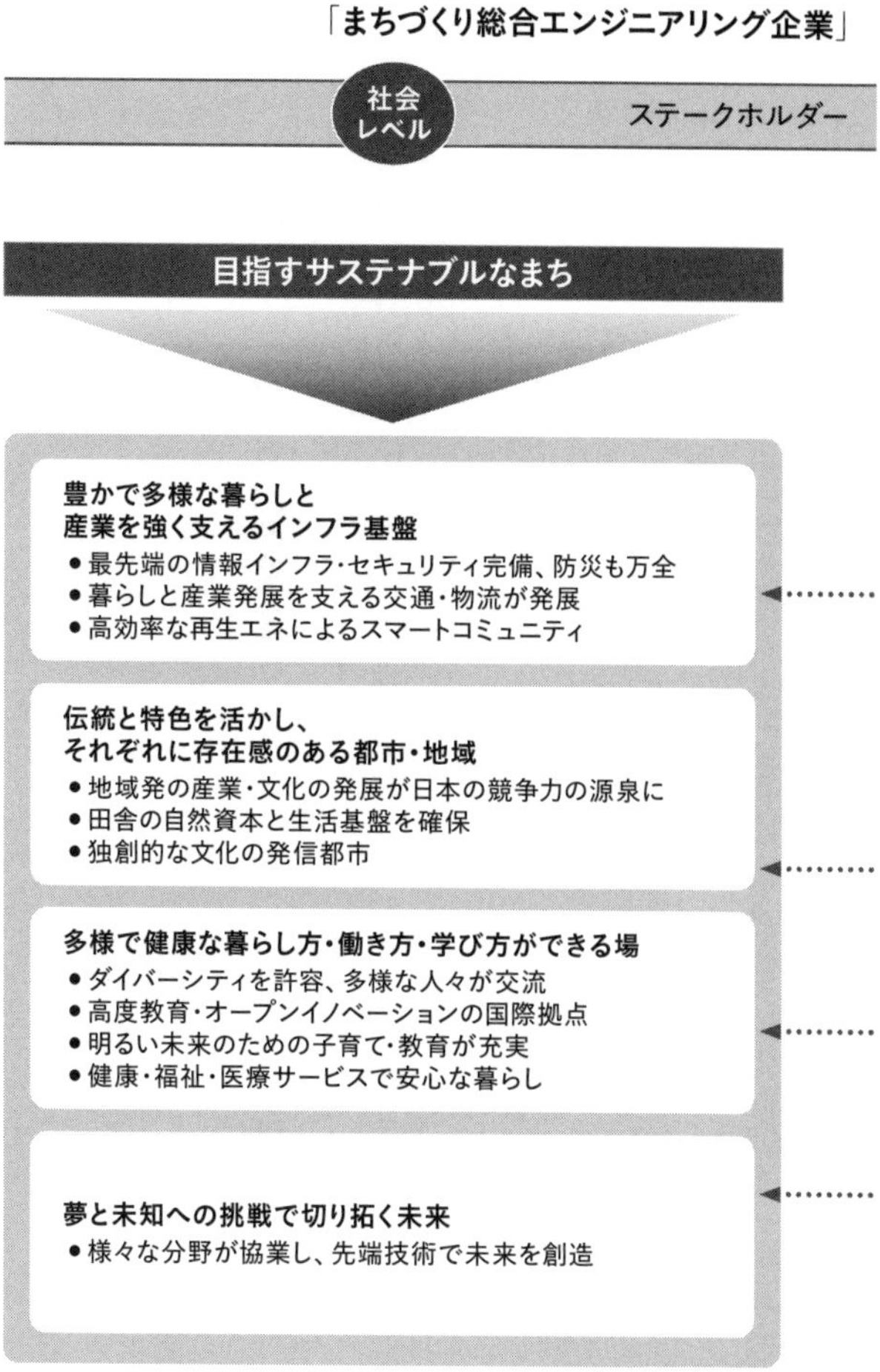

出所：竹中工務店コーポレートレポート2020

しているからだ。日系顧客の海外案件が多いが、なかにはトヨタの案件での質の高い仕事ぶりに着目したイギリスのジャガー・ランドローバーなど、現地企業も顧客になっているという。

このような慎重な姿勢は、コロナショックで世界的に市況が停滞している状況下では、大きなリスクを抱えずにすんでいる。しかし今後、竹中流の質の高い取組みが高く評価され、海外案件がさらに増えていく可能性も低くない。上記のサステナブルなまちづくりのノウハウがデジタル化されていくと、グローバルに事業を拡大する際の起爆剤となるはずだ。

花王——Kirei Lifestyle

では衣食住など、暮らし全般にかかわる商品を提供している企業を取り上げよう。生活用品のチャンピオン企業、花王だ。

花王のＥＳＧ経営は、各種の賞を総なめにしている。たとえば二〇一九年一二月、日本ＩＲ協議会主催の「ＩＲ優良企業賞２０１９」において、「ＩＲ優良企業賞」を受賞。二〇二〇年二月には環境省主催の「ＥＳＧファイナンス・アワード」（環境大臣賞）の環境サステナブル企業部門において、金賞を受賞している。

筆者が座長を務める消費者庁主催の消費者志向経営優良事例表彰においても、「消費者庁長官表彰」を受賞（二〇二〇年一月）。前年度の「内閣府特命担当大臣表彰」に続き、二年連続の受賞だ。他の企業にも受賞機会を広げるため、次年度は応募を自粛してもらうように要請しなければならなくなったほどである。

そこまで高く評価されるのは、もちろん理由がある。二〇一九年九月に、当時の社長の澤田道隆がＥＳＧを経営の主軸に据えると宣言したからだ。さらにその具体的施策として「Kirei Lifestyle Plan」を発表したのである。

あえて「Kirei」という日本語を選んだ。そこには「清潔、整っている、美しい」という三つの意味がこもっているからだ。しかも美しさには、単に見た目だけでなく、生活の姿勢や振る舞いや、自然を大切にして慈しむ気持ちが含まれている。

花王のホームページには、「Kirei Lifestyleとは、こころ豊かに暮らすこと」と記されている。そして、さらに次のような説明が続く。

> 「Kirei Lifestyleとは、すべてにおもいやりが満ちていること。自分自身の暮らしが清潔で満ち足りているだけでなく、周りの世界もまたそうであることを大切にすること。
>
> Kirei Lifestyleとは、こころ豊かな暮らしが、今日だけではなく、これからも続くと安心できること。
>
> 日々の暮らしの中で、たとえ小さなことでも、正しい選択をして、自分らしく生きるため

に。
花王はこうしたKirei Lifestyleが何よりも大切だと考えています。だからこそ、決して妥協をせず、正しい道を歩んでいきます。世界中の人々のこころ豊かな暮らしのために、私たちは革新と創造に挑み続けます」

「Sustainable Life」などといったＳＤＧｓに迎合したような英語ではなく、あえて日本語を持ってきたところに、花王らしさと高い志がにじみ出ている。「Kawaii」は、世界のミレニアル世代に広く知られている。同様に「Kirei」も世界語にしたいという強い想いが感じられる。

そこに到達するまで、筆者が知るだけでも、花王の社内で三つの重要なイベントがあった。いずれも、この宣言の一年半前にさかのぼる。

一つ目は、二〇一八年三月に開かれたＥＳＧラウンドテーブルである。澤田以下、全経営幹部が本社の役員会議室に集結し、ＥＳＧのグランドデザインを議論した。筆者も外部識者として呼ばれ、ＣＳＶに関する世界の動向などをお話しした。澤田がＥＳＧに大きく経営の舵を切ろうとしている気迫が、参加者全員に伝わってきた。

二つ目は、その前後に実施された「Kirei Workshop」。さまざまな部門や世代からトップ人財が選ばれ、筆者がファシリテーター役を務めて半日間のブレーンストーミングを実施した。

まずは、三つのテーマごとに、Kireiのシーンを想定する（図7－4）。個人（自分と家族・仲間た

図7-4

Kirei Workshopの全体像

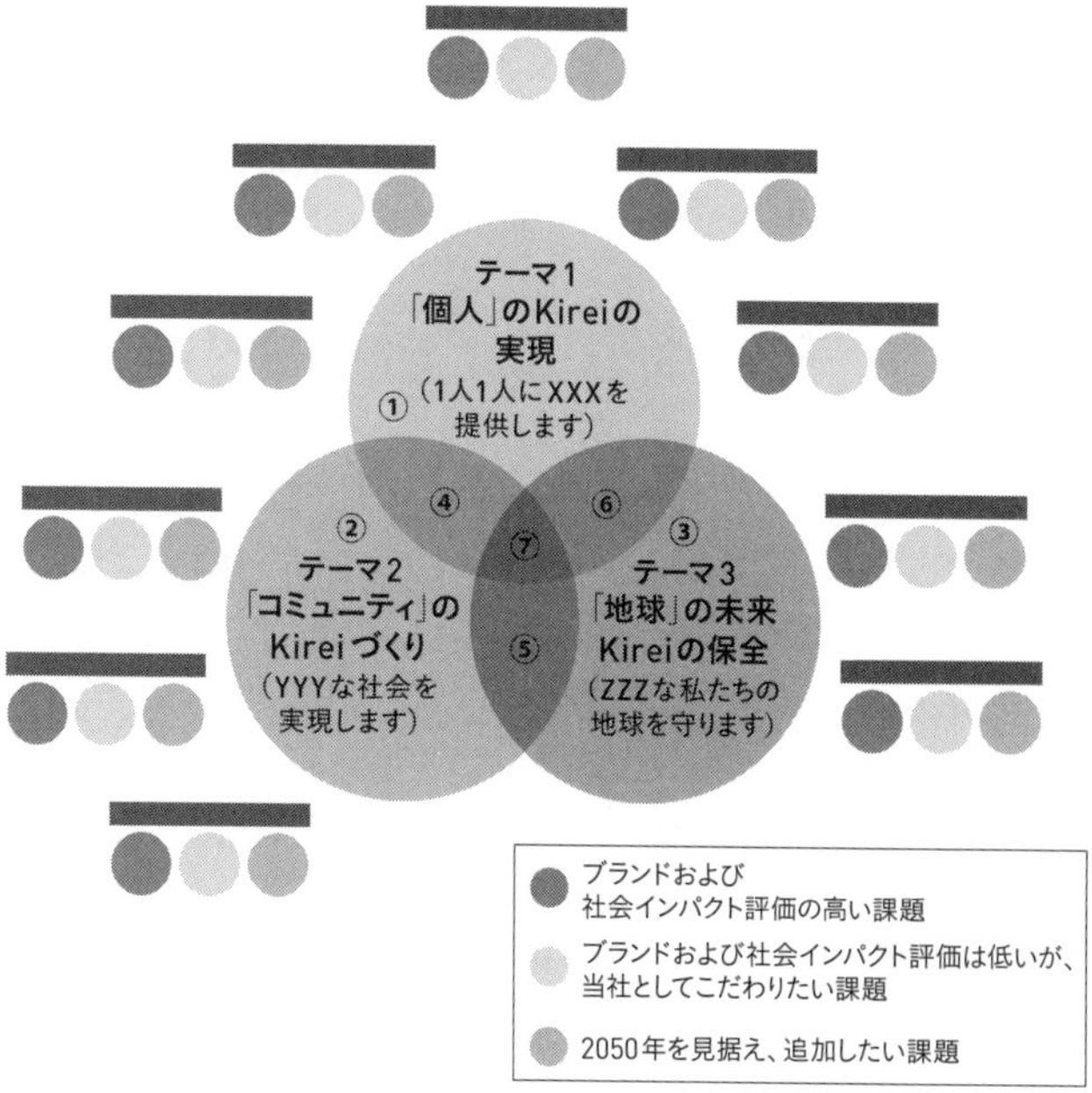

ち）、コミュニティ（社会全体）、地球（未来の子供たち）の三つである。さらに、それぞれを、①ブランドと社会インパクトの高いもの、②当社としてこだわりたいもの、③二〇五〇年を見越して加えたいもの、という三種類の切り口で分類して描いてもらった。

ワークショップでは、このフレームワークに沿って、次々にポストイットが貼られていった。なかには、イメージ図やアニメも交じる。青い空に白いシーツがはためくシーン、三世代の家族が緑の草原で憩う一コマ、など。一人一人がありたい姿を思い思いに描き出す。

なかでも女性陣たちが、とても活躍してくれた。生き生きした暮らしのシーンが次々に思い浮かぶようだ。ミレニアル世代の参加者も、地球や未来の生活に向けて想像力を膨らませてくれた。

この「ドリームセッション」の後は、そのような世界を実現するために、各事業や機能が果たすべき役割は何か、その実現に向けた壁（障害）は何かを議論していく。そして最後に、その壁を突破するための打ち手を描いていく。このようなセッションを通じて、Kirei実現に向けた青写真ができあがる。

三つ目は、Kireiの推進母体の設立だ。そのトップには、欧米スキンケア・ヘルスケア事業部長のデイブ・マンツに白羽の矢が立てられた。マンツはアメリカ人だが花王歴が長く、研究所長も務め、花王ウェイを知り尽くしている人物だ。マンツは同年四月には澤田から声をかけられ、七月にはマンツをヘッドとするＥＳＧ部門が発足した。外国人をサステナビリティのトップに据えた日本企業は、花王が最初である。

この一連の動きは、端で見ていても、一三〇歳を超える老舗企業とは思えないほどスピード感にあふれていた。経営陣の強いコミットメントと現場の熱い想いが噛み合ったときの日本企業の凄みをまざまざと見せつけられた数カ月間だった。

図7－5に示すように、Kirei Lifestyle Planは、四つの柱で構成されている。「自分たちのた

めに」「社会のために」「地球のために」という三つの切り口ごとに四つずつのアクションが示されている。それぞれの切り口には、二〇三〇年までの達成目標が「コミットメント」という形で表明されている。

そして、その下に「正道を歩む」という約束の下に、七つのアクションが示されている。この言葉は、同社の創業者である長瀬富郎の遺言に記されていたものだという。「よきモノづくり」「絶えざる革新」と並んで、花王ウェイの根幹をなすものである。

さらにその下に、実行に向けての三つの決意が示されている。

①これまでのあり方を抜本的に変える
②廃棄まで責任を持つ
③ＥＳＧ本質研究によって社会にインパクトを与える

すべてがKireiに紐づけられることによって、一貫性と奥行きのある実行計画になっている。ＳＤＧｓの一七枚のカードとは別の言葉で一九のアクションを掲げている点にも、花王らしさが示されている。

筆者はマンツに、Kireiという日本語を使うことに、違和感はないかと尋ねてみたことがある。すると、次のような返事が返ってきた。

▼花王のアクション

QOLの向上
清潔で美しく
すこやかな習慣
ユニバーサル
プロダクト
デザイン
より安全で
より健康な
製品
サステナブルな
ライフスタイルの
推進
パーパス
ドリブンな
ブランド
暮らしを変える
製品
イノベーション
責任ある
原材料調達
脱炭素
ごみゼロ
水保全
大気および
水質汚染防止
受容性と
多様性のある
職場
社員の
健康増進と
安全
人財開発
責任ある
化学物質管理
廃棄まで責任を持つ
「製品の開発から製造・販売」で終わりではなく、その先の「廃棄」にまで責任を持ち、リサイクル技術の研究や、環境に配慮した製品設計を行う
ESG本質研究によって
社会にインパクトを与える
本質研究によってもたらされるイノベーション「Kireiイノベーション」で、事業領域を拡大する

図7-5

Kirei Lifestyle Plan

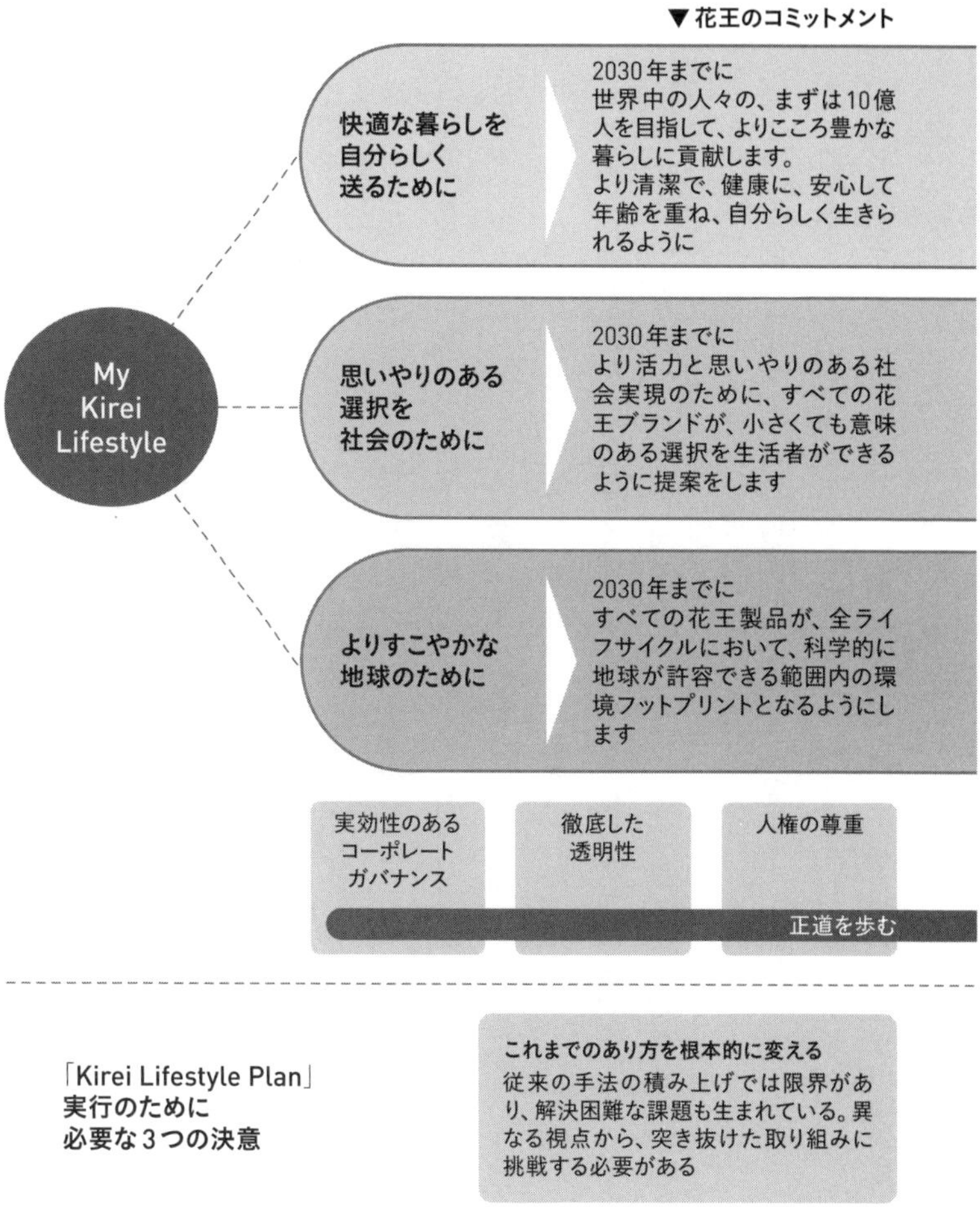

出所：花王

「CleanやBeautifulのような英語で表現すると、各人が持つ既存のイメージに引きずられてしまう。その点、Kireiという全く新しいコンセプトであれば、白いキャンバスに新鮮なイメージを描き、共有することができる。このほうがずっとパワフルなのです。この言葉を世界に発信していくつもりです」

その言葉どおり、花王はアメリカで、二〇二〇年四月に「MyKirei by KAO」を世界に先駆けて市場に送り出した。まずはシャンプー、コンディショナー、ソープの三品目だ。これらは、花王のKirei研究から生まれた技術を最大活用し、花王ならではの環境や社会に配慮した商品群だ。今後は日本、ヨーロッパ、その他アジアなどで順次展開していく予定だという。

花王の動きを、新ＳＤＧｓの三つの切り口から見てみよう。

サステナビリティに関しては、これまで述べてきたように、まさに直球で勝負している。「総力を挙げてＥＳＧに取り組む」という澤田の意思表明には、並々ならぬ本気度が感じられる。

デジタルはどうか。同社は二〇一八年に先端技術戦略室（ＳＩＴ）を発足させ、ＤＸを強力に推進し始めた。なかでもＲ＆Ｄ領域が、最も花王らしい成果を上げている。

たとえば、ＩＢＭのワトソンを活用した検索システムを使うことで、人工皮膚「Fine Fiber」

が生まれている。また、深層学習のベンチャーであるプリファードネットワークスと組んで、目に見えない皮膚の状態が調べられる「ＲＮＡモニタリング」の実用化を進めている。

最後にグローバルズ。ここ数年、ＥＣをうまく取り込むことで、中国での売上を伸ばしてきた。しかし海外売上高比率は、まだ二〇％に満たない。欧米など先進国市場を含め、Kireiブランドで世界市場でどこまで勝負できるかが問われている。

澤田は、インタビューの中で、「グローバルで存在感のある会社」になりたいと語っている。(4)

「最終的にはこれだけは実現したい。世界の人々に『Kao』を知っているかと尋ねれば、『あのKireiブランドの会社ね』と言われること。われわれが本気でＥＳＧ経営を実践すれば、それは実現できると信じている」

さらに、「欲を言えば」といって付け加えている。

「『イノベーションの花王』と評価もされたい」

研究開発出身の澤田らしい。そして、技術を基軸とする同社らしさでもある。前述したユニリーバなどの欧米企業との共通点と相違点については、次章で総括することとしたい。

カインズ——明日の暮らしを創る

今度は、暮らし全般にかかわる小売企業を取り上げたい。ホームセンターのカインズだ。関東地区を中心に、全国で二二八店舗を展開している。二〇二〇年には売上高で業界トップに躍り出た勢いのある企業である。

もともとは、一九五九年に土屋嘉雄（現・ベイシア会長）が群馬県伊勢崎市に創業した「いせや」が源流である。そこから、スーパーマーケットのベイシア、そして、このカインズがスピンアウトされた。最近、急成長を遂げて注目を集めている作業服の専門店「ワークマン」も、スピンアウト組の一社である。「ベイシアグループ」を形成し、売上高一兆円に迫る企業グループである。なお、ワークマン以外は、すべて非上場である。

いせや時代から、「For the Customer」をグループ理念に掲げてきた。ＣＡＩＮＺという社名も、「Customer First」と「Kindness（親切心）」を組み合わせてできたものだ。しかも、「ＡＩ」には顧客への「愛」が、「Ｚ」には「永遠」という想いが込められているという。

二代目社長の土屋裕雅（現・会長）が、アメリカのホームセンターの雄「ザ・ホーム・デポ」の幹部と話したときのエピソードが興味深い。彼らは、カインズに行くと確かに「Kindness」

を感じる。そして、そのような店は日本以外にはないと語ったという。まさに日本流の「おもてなし」を実践している企業である。

「Kindness」精神は、店舗や店員だけでなく、商品にも色濃く反映されている。土屋がＳＰＡに大きく舵を切ってから、暮らしが楽しくて、楽になる商品づくりを心掛けている。

さらにKindnessを、モノからコトにも広げている。「スマイルサービス」という名の訪問サービスである。高齢化が進む地域の家庭では、いろいろなものをセットアップすることが一苦労だ。そこで家庭まで出向いて、電球一個の取り換えから手掛けている。まさに地域に根差したカインズならではのKindnessである。

同社は、三つのコアバリューを大切にしている。

一つ目は、「Kindnessでつながる」だ。社員一人一人がKindnessを実践することによって「Kindness」の輪が広がり、「Kindness」にあふれる世界を作ることができると信じている。

二つ目は「創るをつくる」。「創る」とは何事でも自分でチャレンジして形にすること。社員自らが新たなことに常に挑戦し、顧客やメンバー、パートナーと一緒により良い店舗や暮らしをつくり出していくことをめざしている。

三つ目が「枠をこえる」。カインズは、「ホームセンター」という業態の枠を超えて進化し続けている。そのためには、社員一人一人も自分の殻を破り、自分自身をつくり変えていく勇気を持つことが求められる。

図7-6

カインズの企業理念

次のカインズを創るために

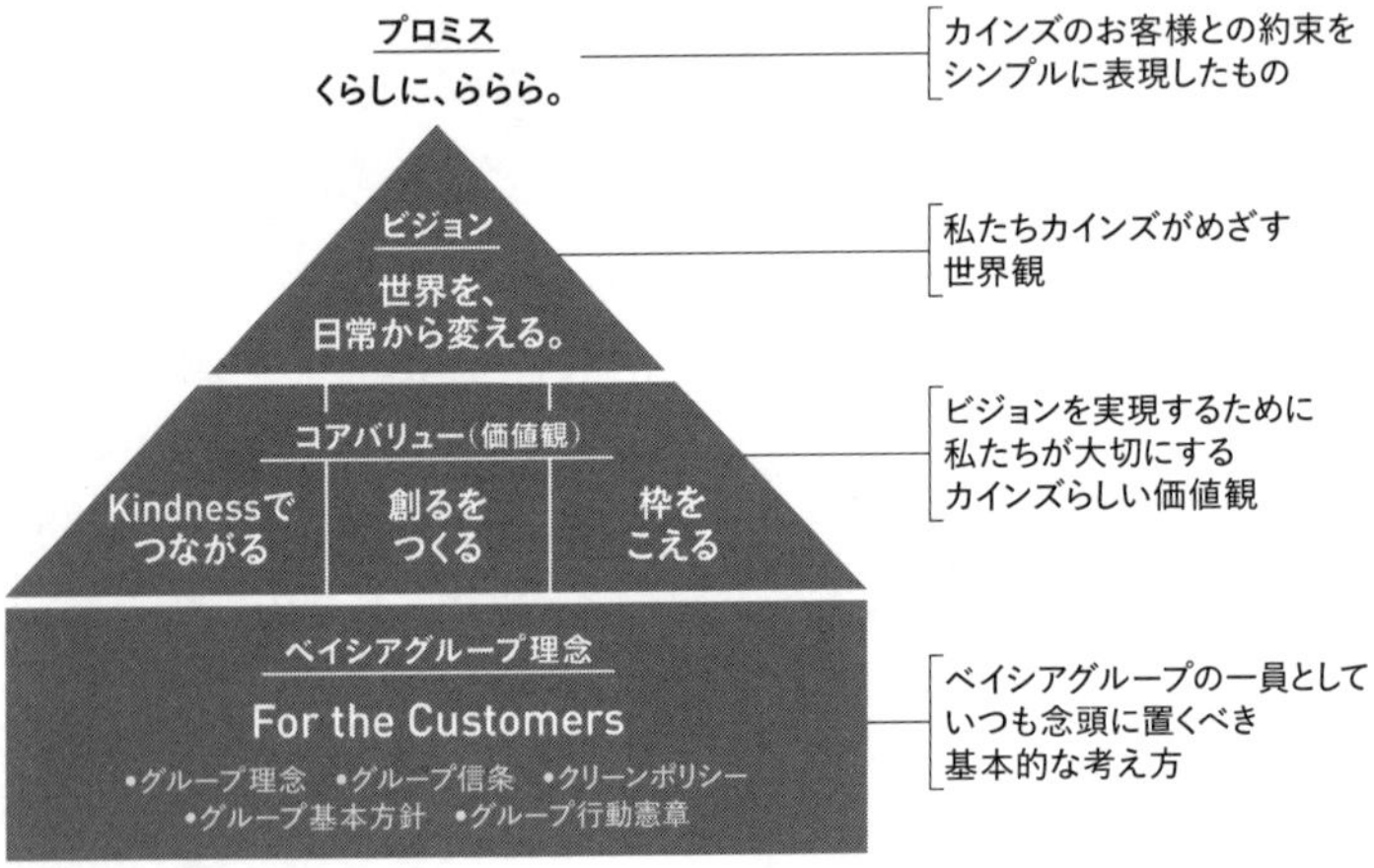

出所：カインズ

カインズはこれらのコアバリューを基軸として、高い志を掲げている（図7-6）。「世界を、日常から変える」。先述したファーストリテイリングが、服から世界を変えようとするのに対して、カインズは日常のさまざまなシーンから世界を変えようとしている。

土屋は、次のように語る。

「（テスラのように）月に人を送り込むのは壮大な志だが、普通の人がみな月に行けるわけではない」

「暮らしの中にこそ、進化を実感するはずだ。そして、そのような日常の集積が、世界を大きく変えることにつながると信じている」

ちょっと理屈っぽく聞こえるかもしれない。カインズはそのパーパスを「くらしに、らら。」というおしゃれなフレーズに込めている。これが顧客へのプロミス（約束）である。

この約束をしっかり果たすためには、商品作りやお店作り、接客からサービスまで、カインズらしい質の高いKindnessを実践し続けなければならない。そうでなければ、「くらしに、あらら。」になってしまうと、社員研修などの折に、筆者は冗談交じりに語りかける。それと同時に、常に顧客を先回りして、より快適な暮らしを提案し続けなければならない。

カインズらしい暮らしのイノベーションの例を、三つ紹介しよう。

一つ目がＤＩＹだ。最近は女性の間で静かなブームになっている。そこで電気工具などの使い方を教えるワークショップを、店内で実施している。ホームセンターとしては珍しく、女性客が多いカインズならではのKindnessである。

アウトドアグッズも大ブームとなっている。カインズではこれもＤＩＹの延長上に捉えている。特にコロナ禍を契機に、このアウトドア型ＤＩＹ商品は引っ張りだこだ。

二つ目が新業態開発だ。「Style Factory」と名づけられたＤＩＹライフスタイルショップである。とてもおしゃれな場所に、ワクワクするような生活提案がふんだんに織り込まれている。ネットではなかなか体験できない時空間である。

三つ目が、「くみまちモール」と名づけられた地域密着型ショッピングセンターだ。「組み＋街」というコンセプトには、その地域の住民やパートナーと組んで、その地域ならではのコミュニティ空間をめざすという想いが込められている。たとえば、地元農家が地域で育てた食材を並べたり、農家には農業資材などを販売している。パン屋の横に併設されたドッグランでは、コーヒーカップを片手に、走り回っている愛犬を眺めながら談笑している地元住民の姿もよく見かける。

土屋は、次のように語っている[5]。

「ここ自体がそんなに大商圏のモールでもないし、大都会でもない。でも、田舎なんだけども無くてはならないようなインフラになりたいのです。リラックスする場所もあるし、生活を楽しむ場所もあるし、参加できるコミュニティもある。お客さん同士が組む場所があるところにしていきたいと思います」

以上のストーリーから、同社の「志」は十分伝わってきたのではないだろうか。では、筆者が提唱する新ＳＤＧｓの切り口からは、どのように見えるだろうか。

まずサステナビリティ。日常から世界を変えるという志や、地方のコミュニティのハブになるというコンセプトが、社会課題の解決に直結している。コロナ禍の下でも、地域の暮らしのインフラとしてフル回転している。その結果、客数や売上高は前年比二桁の伸びを続けているという。

大変印象的だったのが、筆者が居酒屋・塚田農場を経営するエー・ピーカンパニーの幹部から、支援の要請を受けたときのことだ。同社は二〇二〇年四月初め、コロナによる自粛規制宣言に伴い、全店休業を宣言。一方で社員を首にしないと決めたので、休業期間中、なんとか使ってもらえるところを紹介してほしいという。カインズにつないだところ、ぜひ、と即答をいただいた。実際に接客に慣れている塚田農場の社員から、カインズの店舗スタッフも学ぶことが多かったという。素晴らしい「Kindness」の輪の広がりを実感した一コマだった。

次にデジタル。土屋はインタビューの中で次のように語っている。

「新しいテクノロジーを入れて、今のリアルの店をより高度化する。店だけではなくＥＣも含めてですが、より高度化したサービスをつくっていきたいと思います。突飛なことではなくて、相手が親切と思ってもらえるようなことについていただけ投資をしていきたいですね」

ここにきて、カインズはデジタルのアクセルを大きく踏み込んでいる。二〇二〇年一月にはＩＴ小売企業への変革を加速させる事業モデル開発拠点として、東京・表参道に「カインズイノベーションハブ」を開設。コロナ禍の中で、来店客をお目当ての商品の棚まで案内するスマホアプリなど、店内での「ソーシャルディスタンス」ソリューションを次々に実用化させている。

また二〇一九年一一月には、「カインズデジタルイノベーション財団」を発足。日常生活の改善のためのＩＴ研究開発を支援することを目的としたものだ。土屋が代表理事となり、筆者も理事の一人となっている。二〇二〇年春から始まった助成事業には、学界、企業、個人から多数の応募が見込まれている。

最後にグローバルズ。こちらは未踏の領域である。アジアを中心に可能性は十分あるものの、自社独自のノウハウの型（アルゴリズム）化と、リアルとデジタルを融合させたＯ２Ｏ事業モデルを、まずは日本で構築し、進化させていくことを優先させている。そのような仕掛けができあがってくれば、現地の有力企業と手を組んで海外進出することも、選択肢の一つとして浮上してくるだろう。

創業者でベイシア会長の土屋嘉雄は、徹底的にウォルマートをベンチマークしたという。ウォルマートのトレードマークである「Everyday Low Price」は、ベイシアグループのモットーでもある。都市から遠く離れた地方に新たな生活圏を創っていったアプローチも、まさにウォルマート譲りである。

そのウォルマートはその後、アマゾンショックを乗り越え、リアルとデジタルのハイブリッド戦略で大きく進化し続けている。グローバルズ戦略も、メキシコ、カナダ、イギリスなどの地の利の良い市場や、中国やインドなどの巨大市場では、確実に成果を上げつつある。まさにアマゾンすら脅かす、新ＳＤＧｓ時代の小売業界の世界チャンピオンである。

カインズ、そしてベイシアグループが、新ＳＤＧｓ時代の情報製造小売業の旗手として、ウォルマートと肩を並べる日が来ることも、決して夢ではないだろう。

ＹＫＫ――善の巡環

ここで、Ｂ２Ｂ企業に目を転じてみたい。最初に取り上げるのはＹＫＫだ。

ＹＫＫには二つの主軸事業がある。一つ目は、世界トップシェアを誇るファスナー事業。お世話になったことのない人はまずいないだろう。二つ目は、建材事業。一〇〇%子会社のＹＫＫ ＡＰが担当しており、アルミサッシではＬＩＸＩＬに次いで国内シェア二位につけている。衣食住のうち、衣と住の領域で活躍するＢ２Ｂ企業である。

ＹＫＫが創業以来、七〇年以上大切にしてきた精神がある。「善の巡環」である。一言でいうと、「他人の利益を図らずして自らの繁栄はない」という考え方だ。まさしく「利他精神」そのものといってもよいだろう。

企業に当てはめると、「事業活動を通じて新たな価値を創造することが、顧客や取引先の繁栄につながり、さらには社会の繁栄にも貢献し、それが巡り巡って自社のもとに還ってくる」という意味合いになる。「三方よし」が空間的であるのに対して、「善の巡環」は時間的な視座が加わっている。

そのためにまず、ＹＫＫは顧客起点で発想する。ファスナーは顧客にとって中核部品である。短納期を守るために、顧客の工場のそばに自社工場を建てる。そうしているうちに、気がついてみると、世界七一カ国に一一四社の現地法人を抱えることになった。

顧客のアパレルメーカーは、安い労働力を求めて、欧米から中国へ、そして、ベトナムやバングラデシュに拠点を移していく。しかし、だからといってＹＫＫは、現地社会での雇用創出や経済活性化という価値を提供している以上、なんとか現地の人材を生かしながら他の製品を生産できる道を探ってきた。顧客本位を超えた社会本位の価値観である。

世界中の拠点で、「善の巡環」の精神を「布教」しなければならない。そのために、日本の経営陣は、頻繁に現地を訪れ、現地社員一五〜二〇名と「車座集会」を開いている。そこでは理念の話ではなく、経営の根幹にかかわる質疑応答が交わされる。

顧客からのＱＣＤ（品質、コスト、納期）についての一見矛盾する要求にどう応えるか。現地社員の給料を倍にするためには、いかに変革に取り組むべきか。そのようなやり取りの中から、「善の巡環」を実践経営学として現地社員が自分ごと化していくという。

一方、日本の若手も、どんどん現地に送り込む。周りには日本人が一人もおらず、いきなり修羅場体験をする社員も多い。しかも、長期赴任が当たり前だ。「当社では一〇年程度でも、長期出張扱いですよ」と、会長の猿丸雅之は笑う。「二〇年選手でないと、海外赴任のプロと

図7-7

YKK精神とは

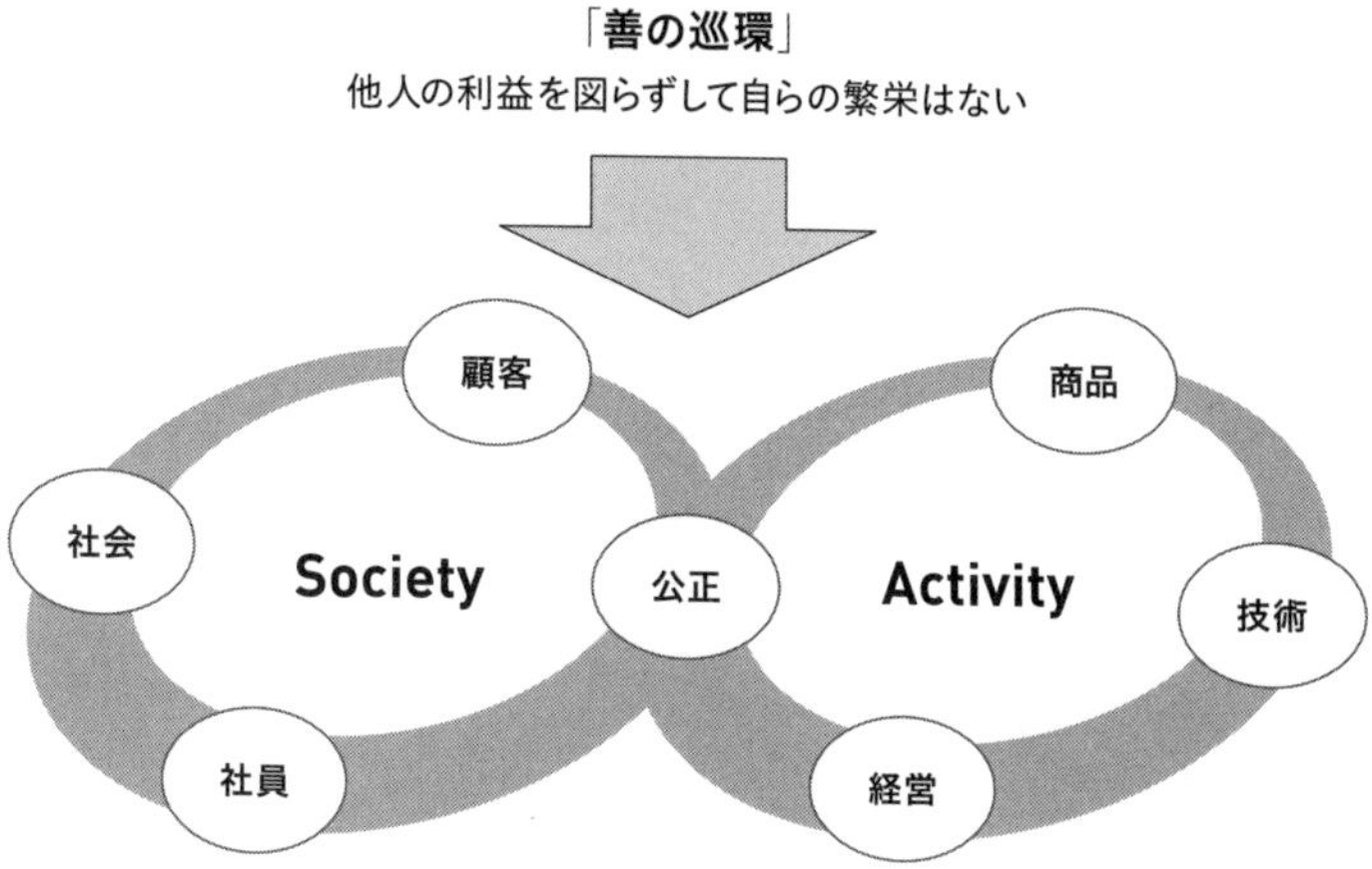

出所：YKK

して認めてもらえない」と。「だとすると、アメリカ駐在一七年の猿丸さんですら、セミプロですね」と思わず切り返してしまった。

YKKには、「土地っ子になれ」という教えがある。その国に根づき、現地コミュニティに貢献することで初めて、信用・信頼を築き、事業を成長させることができる。ここにも「善の巡環」精神が息づいている。同時に、実務こそが人を育てるという実践哲学が貫かれている。このような人材育成方針を、同社は「野戦の一刀流」と呼んでいる。

「善の巡環」の構造を、詳細に見てみよう（図7－7）。「Society（社会価値）」と「Activity（企業価値）」が両輪となって回っている。まさにCSV経営そのものといえるだろう。そして、これらの二つの輪の結節点が「公正」である。ここにポーター流ＣＳＶを超える良質な価値観が埋め込まれている。

「Society」側はさらに、社員、顧客、社会の三つが並ぶ。社員には絶えざる挑戦による人づくり、顧客には価値ある品質のモノづくり、そして社会には信用・信頼を基盤とした関係づくりがそれぞれ中核価値として掲げられている。社員一万五五〇〇名全員が参加して検討を重ねたうえで、経営陣がまとめていったものだ。

「ここには肝心の株主が入っていないではないか」とポーターに揶揄されそうだ。ＹＫＫは非上場企業ではあるものの、当然株主は存在する。「社員」であり「元社員」である。そう、「社員＝株主」として、しっかりこの構図の中に組み込まれているのである。

ＣＳＶフォーラムに登壇していただいた際に、猿丸に尋ねたところ、「(元)社員株主は、一般株主よりよほど怖い存在だ」という。「彼らは内部事情に詳しい。われわれが志に基づいてしっかり経営しているかどうか、目を光らせている」。このような「社員志本主義」こそ、マネーゲームに堕した株主資本主義が次にめざすべきモデルの一つといえるだろう。まさに「company(仲間たち)」が集う場としての「Company(企業)」である。

ここに来てＹＫＫは、二つの主力事業において、次世代成長にチャレンジしている。

ファスニング事業では、ボリュームゾーンへの挑戦である。世界のアパレル市場は、ＹＫＫが得意としてきたハイファッションから、ファストファッションに大きくシフトしてきている。

大きな成長が見込まれる新興国市場も、廉価版が主流だ。今まで高品質を売りにしてきたＹＫＫの売上は、年間七五億本で伸び悩んでいた。金額で見れば、世界の四割を押さえているものの、本数では二割にすぎない。

そこで、これまでこだわってきた最高品質のみならず、「最適（good enough）品質」への取組みを加速している。新興国の顧客にも安心で安価な製品を提供することができれば、ＹＫＫの「善の巡環」は、さらに大きく前進するはずだ。

建材事業では、国内での樹脂窓市場の拡大にチャレンジしている。欧米の住宅では樹脂窓が定番だが、日本ではアルミサッシの文化が浸透しているため、樹脂窓の普及は現在一五％程度。それをまずは三〇％にまで倍増させようというのである。

樹脂窓は断熱性が高く、エネルギー効率が良いため、環境に優しい。日本で経験知を蓄積したうえで、亜熱帯気候のアジア諸国においても、冷房がなくても過ごせるような樹脂窓を提案していくことを構想している。

世界企業となった今も、ＹＫＫは富山県黒部市を技術の中心拠点とし続けている。ファスナーの製造設備そのものも自主開発を基本としている。モノづくり人財は、首都圏より地方が集めやすいということもあり、北陸新幹線の開通を機に、本社機能の一部を東京から黒部に移転した。

その黒部でＹＫＫが中心となって、次世代の賃貸集合住宅街の整備を始めている。「パッシブタウン」と名づけられた街づくりである。「パッシブ」とは、自然をありのままに受け入れ、風の流れや太陽、地熱といったエネルギーを効率よく利用すること。そこで、パッシブタウンでは、電力やガス、石油などの過剰な利用を抑え、なおかつ快適な生活が実現できるまちづくりをめざしている。もちろん、ＹＫＫの樹脂窓も活用されている。持続可能なコミュニティのモデルケースとして、世界からも注目されるだろう。

ＹＫＫ前会長の吉田忠裕は、次のように語っている。[6]

「建築家の先生方には、黒部で得た手法を他の地域でもどんどん使ってくださいと言っています。そうやって幸せな社会を作り上げることができたらいいですね」

続いて、ＹＫＫを新ＳＤＧｓの視点から見てみよう。

ここまでの説明からも、「善の巡環」精神を基軸とする同社は、サステナビリティをグローバル規模で追求し続けていることが、よく理解していただけるだろう。デジタルについても、最近、ＹＫＫ ＡＰが先進的な取組みを発表している。

たとえば、ＩｏＴ機能を窓に組み込んだ製品「ミモット」。窓の鍵（クレセント）が開いているかどうかがリアルタイムでわかるだけでなく、出かけようと玄関から離れたタイミングで玄関ドアと連携して、施錠忘れをスマホに伝える機能を提供する。

未来ドア「UPDATE GATE」は、さらに画期的だ。コンセプトは「通るたび、毎日をアップデート」。ＮＴＴドコモ ＡＩエージェントＡＰＩを利用したドアが生活のエージェントとなって、出かける前に交通情報や天候情報など、家族一人一人に合った情報を伝える。また、顔認証によって人を判別し、ドアを自動開閉する。高齢者やペットの見守り、介護サービスや宅配業者とのやり取りなどと用途が広がる。デジタルを駆使して社会課題の解決もめざしている。

このようにＹＫＫは、次世代に向かって進化し続けている。そして、その基軸となっているのが「善の巡環」という志である。日本を代表する「志本経営」企業として、その志の輪をさらに世界の隅々に広げ続けていくことを期待したい。

堀場製作所——おもしろおかしく

最後にもう一社、Ｂ２Ｂ企業を紹介しよう。京都の堀場製作所である。ＹＫＫがＢ２Ｂ２Ｃであるのに対して、こちらはＢ２Ｂ２Ｂ企業である。

堀場製作所は「はかる」にこだわりぬいた企業である。計測技術を主軸として「自動車計測」「環境・プロセス」「半導体」「医用」「科学」の五つのシステム領域に事業を広げてきている。いずれも次世代の非連続な成長が期待できる分野だ。

なかでも自動車エンジンの排ガス測定装置は、世界シェア八〇%を誇る。二〇一五年にフォルクスワーゲンのディーゼル車の排ガス不正問題が発覚した際にも、堀場の製品が活躍した。半導体の製造プロセスに使われるマスフロー・コントローラーでも世界シェアナンバーワンだ。福島第一原子力発電所の事故による放射能汚染問題の際に、同社のガイガーカウンターが引っ張りだことなったことも、まだ記憶に新しい。

事業規模は二〇〇〇億円を超えたレベルである。しかし、海外ビジネスも海外従業員も、全体の六〇%を超える。経産省の「グローバルニッチトップ一〇〇選」にも選ばれた。

グローバル成長のドライバーはＭ＆Ａだ。とはいえ最近は、自分から仕掛けるのではなく、ぜひ同社の傘下に入りたいと、相手から求愛されるケースが多いという。

なぜ堀場製作所は、海外でもそれだけ人気があるのか？　同社の独特の企業文化に、ヒントがある。

堀場の社是は「おもしろおかしく」である。「Joy & Fun」と英訳されて、世界中のメンバーに共有されている。ホームページは、その真意を次のように伝えている。

「常に『やりがい』をもって仕事に取り組むことで、人生の一番良い時期を過ごす『会社での日常』を自らの力で『おもしろおかしい』ものにして、健全で実り多い人生にして欲しいという前向きな願いが込められています。そのために会社は『おもしろおかしく』働ける舞台を提供します。そこで従業員が『おもしろおかしく』仕事をすれば、発想力や想像力が増すとともに、効率も上がり企業価値が高まります。その結果、お客様、オーナー（株主）、サプライヤー、そして社会とＷＩＮ－ＷＩＮの関係を構築できます」

さらに紐解いていくと、そこには次の五つの「おもい」（英語でも、Omoi）が込められている。

- 誰も思いつかないことをやりたい。
- 技を究めたい。
- 自分の仕事や会社を誰かに伝えたい。
- 人や地球の役に立ちたい。
- 世界を舞台に仕事をしたい。

「おもしろおかしく」といっても、もちろん社員は、遊んでいるわけではない。自分が魂を込めた仕事に、全身全霊で取り組んでいるのである。数字に追い立てられて「仕事のおもしろさ」を見失っていた海外の被買収企業の社員にとって、ＨＯＲＩＢＡは素晴らしい新天地と映るに違いない。

「おもしろおかしく」精神を共有するために、さまざまな仕掛けがある。たとえば、社歌。

今どき日本企業でも社歌など歌わなくなったが、堀場では「Joy & Fun」というOne Company Songが世界中で大人気だ。海外生まれのノリのいいリズムを聞くと、誰でも楽しく仲間に入りたくなってしまう。

また、毎月開かれる社員の誕生会。普段は経営陣に近寄れない社員たちとの交流を深めることがねらいだ。そこでの人気の的は、二代目社長（現・会長）の堀場厚だ。冒頭に経営から時事問題まで最新の話題を一五分ほど社員に語りかけ、その後は法被を着て社員と談笑して回る。

同社では、「ステンドグラス」というメタファーが好んで使われる。教会のステンドグラスは個々のガラスの破片が個性的な色を発しながら、それが全体としての美しい調和を奏でている。「ホリバリアン」と呼ばれる同社の従業員は、三人に二人は外国人という人種のるつぼだ。その一人一人が、部分としての個性を保ちながら、全体としての一体感を同時に醸し出している。まさに前述した「ホロン経営モデル」そのものである。

同社では二〇一七年に、「ステンドグラスプロジェクト」をスタートさせた。従業員一人一人の強みや個性、才能を発揮することで、より強い組織（スーパードリームチーム）を実現することをねらったものだ。そして、次の三つのゴールイメージを掲げている。

①多様性でＨＯＲＩＢＡの企業競争力を向上する
②次世代リーダーや多様な働き方のロールモデルを創出する

③働き方の抜本的な改革により生産性向上を実現する

そこでは「働きやすさ」だけでなく、「働きがい」の向上がめざされる。そのためには、社員一人一人が裁量を与えられ、成長を実感し、自律的にキャリアを築き上げられるようにしなければならない。

インタビューで、同社社長の足立正之は次のようにコメントしている。[7]

「この会社に入ってくるすべての人は、もちろん苦しいことや厳しいこともあるということを理解したうえで、『おもしろおかしく』の会社に入るという意識があるのではないかと思います。最近よく言っているのは、自分で考えて、自分で行動してくれということです。そうでなかったら、お客さんに食らいついて、お客さんと一緒に、次の時代の自動車や半導体を作っていくことはできないと思う。何かおもしろそうだなという好奇心だけでいい。それだけ伸ばしていったらええんやと。それは止めていないはずです」

また、足立は同じインタビューの中で、社員は自らの社会価値を実感できているのか、との質問に、以下のようにコメントしている。

「自分のやりたいことが、本当に世のため人のためにどれだけ役に立つのか、どれだけ広がりを持つのかということを捉えるセンスが重要で、このセンスの下に進めたことは本当に花咲いてきます。目利きです。これはほんまにいけるもの？　ほんまもんじゃない？　創業者がよく『ほんまもん』と言っていましたが、ほんまもんか、ほんまもんでないかというセンス、それをやはり技術も営業も事業戦略のメンバーもしっかり持っていなければいけない。その製品を作るのにその先に何があるか、われわれの持っている製品群の中でこれはどういう位置づけなのか。そういうポートフォリオ的なストーリー、シナリオは常に意識しないと。これ面白そうだから、と、ポっとやるのは良くない」

そして、「最後の一言」という質問に、足立はこう答えている。

「最後は人です。それに尽きる。僕はそれ以外に考えなくてもいいんじゃないかなと思うくらい、人ですね」

ここで堀場製作所の価値創造の方程式を見てみよう。図7－8は、同社で「価値創造サイクル」と呼んでいるものである。

まず社是である「おもしろおかしく」がど真ん中に位置づけられている。その下の組織基盤

図7-8

堀場製作所の価値創造サイクル

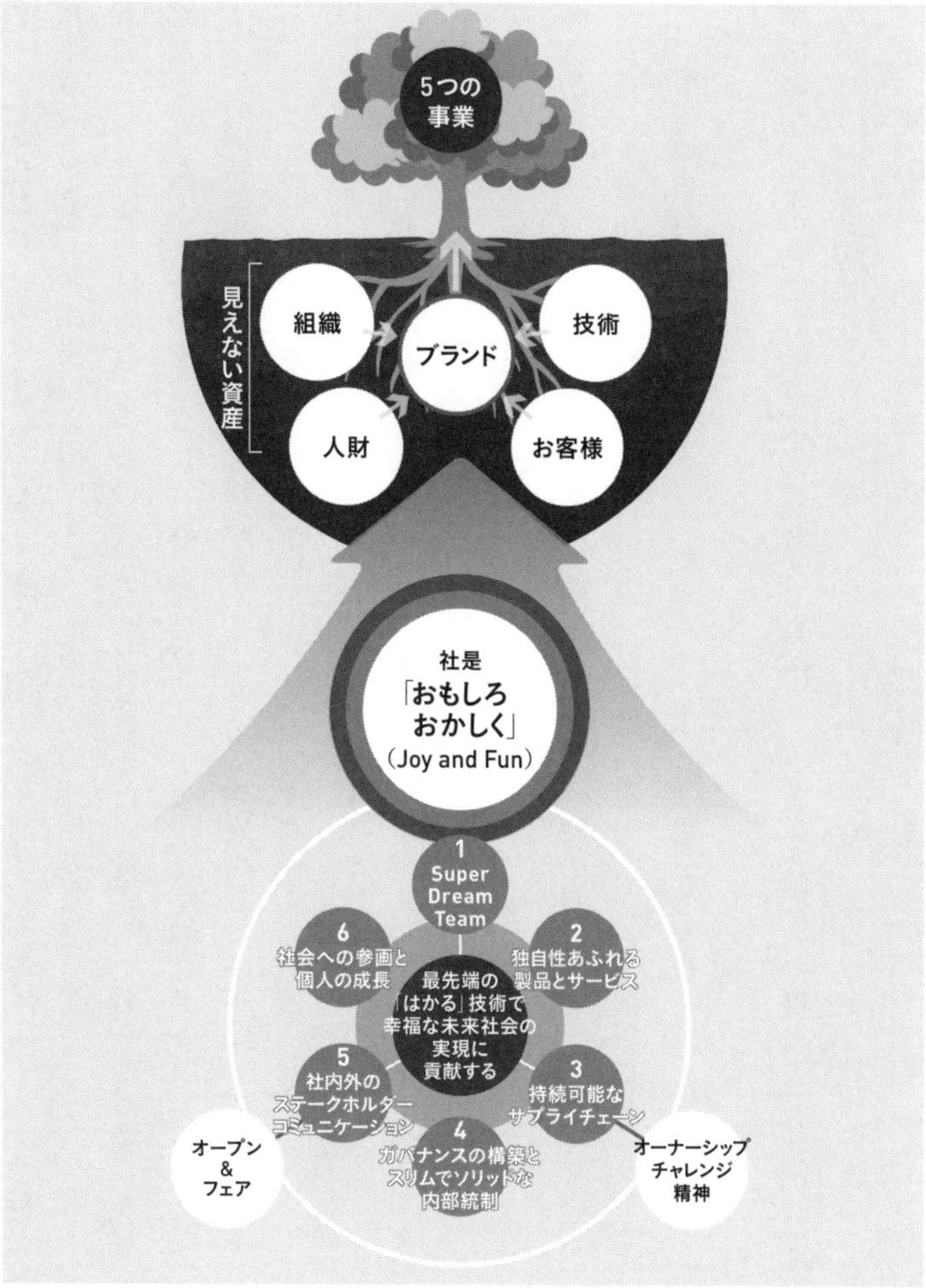

出所：堀場製作所

にあるのが、「最先端の『はかる』技術で幸福な未来社会の実現に貢献する」という同社ならではのパーパス（志）と、その実現を担保するための六つの仕組みだ。経営基盤として位置づけられているのが、五つの「見えない資産」である。組織、人財、技術、お客様という四つの資産をテコに、五つ目のブランド資産を増殖させる。

このように無形資産をダイナミックに融合することで、表層の五つの事業を成長させることができる。まさに無形資産をテコとした「ほんまもん」の志本経営である。新ＳＤＧｓという切り口から見ると、これまでの話でもサステナビリティとグローバルズでは突出していることがよくわかる。一方、デジタルに関しても、二〇二〇年初に、デジタル戦略推進部が設立された。デジタルパワーを起爆剤として、堀場製作所がさらに進化していく姿をぜひ期待したい。

堀場製作所は、グローバルでありながら、実は京都企業独特のＤＮＡを大切にしている。むしろ経営がグローバルに広がれば広がるほど、「自分は何者か」という軸が必要になってくるのだろう。堀場厚自身、アメリカで学び、仕事をする中で、自分の原点を深く考えさせられたという。

その堀場厚が、京都企業の経営文化に関する見解を、自著『京都の企業はなぜ独創的で業績がいいのか』の中で披露している[8]。京セラ、ワコール、任天堂、オムロン、村田製作所、島津製作所、日本電産など、確かに京都にはきわめて個性的な企業が多い。

堀場によれば、そこには室町時代から続く職人文化に根差した四つの共通点があるという。

①人のマネをしない
②目に見えないものを重視する
③事業を一代で終わらせず、受け継いでいくという考え方
④循環とバランスという考え方

そう言われてみると、それぞれとても納得感がある。

一つ目は、第I部で紹介した京都学派の今西錦司の「棲み分け論」そのものである。京都という狭い空間の中で共生するための知恵でもある。

二つ目は、先述した「見えない資産」経営である。欧米流会計学が捨象してきたものにこそ本質があることを、よく見抜いている。

三つ目は、サステナビリティ経営につながる長い時間軸である。流行に流されず、レジリエントな経営を貫こうとする姿勢である。

四つ目は、欧米流の二律背反ではなく、システム全体とそのダイナミズムをしっかり押さえようとする東洋的な視座である。四つの中でも、最も京都的な時空間が感じられる。

日本が「失われた三〇年」をさまよっている間、これらの京都企業は、それぞれ独自の成長

と進化を続けてきた。そもそも日本をひとくくりにして論じること自体が、日本人にありがちな型にはまったものの見方である。Japanではなく「Japans」という複眼思考を、そろそろしっかり身につける必要があるのではないだろうか。

資本主義の弊害から距離を置いた良質な京都企業は、われわれがめざすべき次世代の経営のあり方を示している。少なくとも、ここで紹介した堀場製作所は、志本経営の一つのモデルとして、しっかり学ぶべきだろう。

第8章 世界と日本の共通点、相違点

前の二章を通じて、海外企業、日本企業それぞれ七社ずつ、取り上げてきた。いずれも時流に流されることなく、独自の経営モデルを貫いている。その一方で、これらの企業群には、共通の特徴があることも見逃せない。そこで、個別の違いを超えて、因数分解を試みよう。

大きく二つの構造が浮き彫りになる。

一つは海外、日本の区別なく、これら先進企業すべてに見られる特徴である。志本経営の世界共通基盤と呼んでもいいだろう。たとえば、トップの強いコミットメントと現場サイドの自分ごと化である。日本企業からすれば、日本特殊論に自縄自縛されることなく、堂々と世界に範を示すべきものである。

もう一つは、海外と日本の間に、構造的な違いが見られる特徴である。欧米とアジアを「海外」と一まとめにくくること自体、相当乱暴かもしれない。しかし、海外の先進企業群に比べ

図8-1

志本経営のベストプラクティス比較

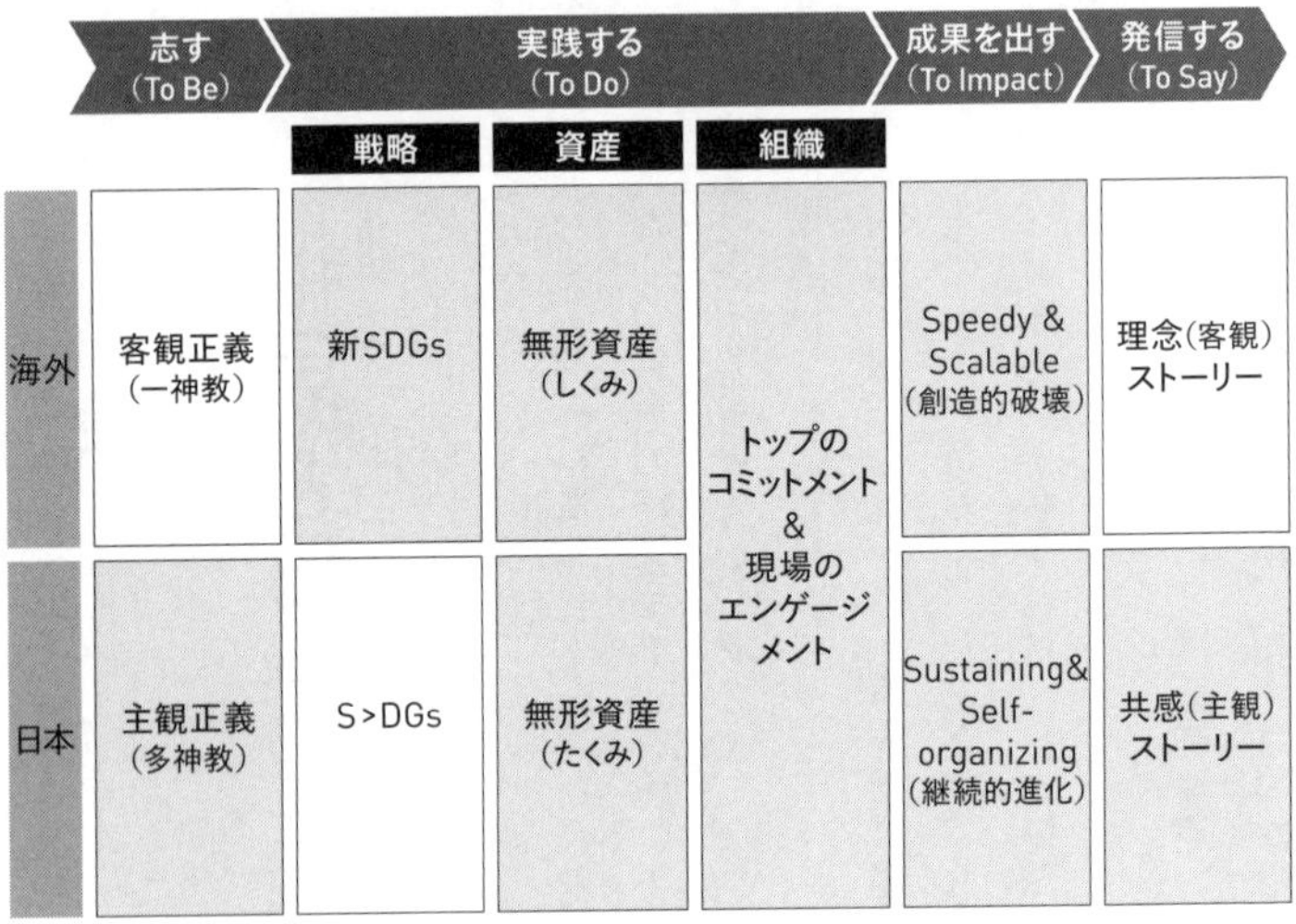

て、明らかに日本企業側が劣後している共通点をくくり出すことができる。

たとえば、特にデジタルを駆使した仕組み（アルゴリズム）化のレベルや実行のスケールとスピードなど。これらは、日本側が謙虚に学ばなければならない。

一方で日本側が、構造的に優れている特徴もくくり出すことができそうだ。たとえば、志の主観正義性や持続性など。これらは、日本が世界をリードできる特徴であり、次世代モデルとして広く世界に「布教」し、共感の輪を広げていかなければならない。

本章では、以下の四つ切り口（細目を入れると六つ）から海外と日本のモデルを比較してみたい。第一に「志す（To Be）」。第二に「実践する（To Do）」。これはさらに、戦略、資産、組織の三つの細目に分かれる。第三に「成果を出す(To Impact)」。第四に「発信する(To Say)」。これは筆者がシニアアドバイザーを務めているインターブランドの枠組みを借用し、筆者流に一部手を加えたものである。

それぞれの切り口において、両者の共通点と相違点をあぶり出してみよう(図8－1)。

志す(To Be)

志本経営である以上、いずれのモデルも高い志から出発していることに変わりはない。しかし、その志の中味をよく見てみると、質的な違いに気づかされる。

欧米企業のパーパスは、きわめて正統的だ。たとえば、「生活の質を高め、さらに健康な未来づくりに貢献します」というネスレ。「サステナビリティを暮らしの『あたりまえ』に」というユニリーバ。「コミュニティのＱｏＬを向上させる」というタタ。「世界を貧困から解放する」というグラミン。いずれも、そのままＳＤＧｓのスローガンとしても十分通用するだろう。

Ｂ２Ｂ企業は、自社の領域の中できわめて包括的な志を鮮明にしている。たとえば、ノボ・ノルディスクの「糖尿病ケアの世界のリーダーに」、セールスフォースの「カスタマー・カンパニー」。「どこでも簡単にビジネスができるようにする」というアリババ。いずれも世界に堂々と通用する価値観である。

それに対して、日本企業のパーパスには、自社ならではの想いがこもっている。たとえば、第7章で取り上げた七社のパーパスステートメントを並べてみよう。


「服を変え、常識を変え、世界を変えていく」

「これからの食卓、これからの畑」

「最良の作品を世に遺し、社会に貢献する」

「Kirei Lifestyleとは、こころ豊かに暮らすこと」

「くらしに、ららら。」

「善の巡環」

「おもしろおかしく」


いずれも、どの企業のものか、すぐわかるだろう。自分たちらしさに徹底的にこだわっており、ＳＤＧｓの一七枚のカードに納まらない独自の主張に貫かれている。

海外企業の理念は、誰もが正しいと認める正論である。いわば「客観正義」だ。それをＳＤＧｓという世界共通用語にまで仕立て上げるのだから、たいしたものである。

それに対して、日本企業の理念は、自らの信念を表出させたものである。いわば「主観正義」だ。非常に個性的である反面、一歩間違えば独善的とも、独り相撲ともとられかねない。

第5章でも紹介したように、今はやりの統合報告書では、非財務指標を抽出する際に「マテリアリティ分析」が使われる。「社会(ステークホルダー)」にとっての重要度と、「会社(自社)」にとっての重要度をクロスさせ、その重なったところを最重要課題とするという作法である。

ここには、「客観正義」が並ぶ。社会にとっての重要度である以上、当然だ。そこに自社にとっての重要度を重ねると、同じ業界、たとえば食であれ、生活用品であれ、検査装置であれ、見事に同じような課題が横並びとなる。もちろん、間違いではないのだが、それでは何の独自性も打ち出せない。

むしろ重要なのが、社会にとっての重要度が低くても、自社がこだわり抜いている主観正義ゾーンだ。もちろん、社会から強い共感を得られなければ「独善」で終わる。しかし、共感の輪を広げることができれば、社会にとっての重要度が高まるはずだ。結果的に、自社が社会をリードするテーマとなるのである。

先述したように、志(パーパス)に必要な三要素は、「ワクワク」「ならでは」「できる!」である。現在の客観正義が、「ワクワク」をもたらすことは稀だ。あまりにもきれいごとすぎるからである。そして、客観正義である以上、「ならでは」感とは程遠い。

それに対して、日本企業群がこだわる主観正義は、「ワクワク」と「ならでは」を醸し出しやすい。もっとも、このような共感を獲得するためには、後述する「発信する(To Say)」が鍵となる。また、「できる！」を充足できるかどうかは、「実践する（To Do）」次第である。

日本人は同質的で没個性的だと思われがちだ。しかし、日本の先進企業は、思う存分、異質性を発揮している。これはなぜだろうか。

一つの理由に、価値観、もっといえば、宗教観の違いがあるのではないだろうか。海外では一神教が支配的だ。神は一つであり、正義も一つである。だから教条主義に陥りやすい。一方、日本は多神教の国である。ブッダもキリストも、天照大神も孔子も、みな仲良く共生している。「和」の文化であり、今西生物論でいうところの「棲み分け」の文化である。

それぞれが自分らしい志を立てることこそが、共生世界の流儀である。堀場厚が指摘したように、「ひとマネをしない」が京都企業に限らず、「ほんまもん」の条件なのである。日本企業がこの棲み分けの精神を取り戻すことができれば、主観正義を基軸に、日本企業ならではの志本経営をめざすことができるはずだ。

実践する（To Do）

ここでは、戦略、資産、組織という三つの構成要素ごとに、海外と日本を比較してみたい。

まず戦略レベル。先述したとおり、志本経営は三つの領域を視野に入れる必要がある。サステナビリティ、デジタル、グローバルズの新ＳＤＧｓである。

海外のベストプラクティス企業は、これら三つを確実に捉えて多角的に戦略を展開している。それに対して、日本企業はサステナビリティは十分視野に入れているものの、デジタル、グローバルズへの取組みがまだまだ不十分だ。

デジタルには着手しているものの、経営や業務の根幹や本業の事業モデルそのもののデジタル化は、ほぼ手つかずである。これは後述するように、日本の先進企業であっても、経営や業務、事業の仕組み化が不十分だからである。ここは海外企業と比べて大きく劣後していることは明白である。

仕組み化が不十分であれば、当然グローバルズも難しい。日本企業ならではの流儀を、海外に持ち込まざるをえなくなる。海外の人財を活用して、多極的な経営を展開できている日本企業は皆無に近い。役員の顔ぶれを見ても、欧米企業に比べると、圧倒的に日本人中心である。これではグローバルズ経営に移行できるわけがない。

日本企業はサステナビリティばかりに気を取られていると、志も掛け声にとどまってしまう。デジタルとグローバルズにおいて、異次元の取組みが求められる。そして、そのためには、次の資産レベルでの工夫が必須となるのである。

資産レベルのキーワードは、先述したとおり、無形資産の活用である。先進企業は、設備や販売網などの有形資産ではなく、ブランド、知恵、ネットワーク、人財などの無形資産に、経営の軸足を移している。ここは海外企業も日本企業も共通である。

しかし、その資産の中味をよく見ると、大きな違いがあることに気づく。海外企業は資産をモジュール化し、型化することに長けている。一方、日本企業は、これらの無形資産を社員の創意工夫に委ね、職人芸化することが得意だ。「しくみ」対「たくみ」である。

「しくみ」化できれば、再現性、拡張性、ポータブル性(移転性)が高い。したがってデジタル化も、グローバルズ展開もやりやすくなる。一方、「たくみ」は俗人的であるがゆえに、これらの特性を持ちえない。

ただし、「たくみ」には「しくみ」にはない良さがある。それはいくらでも深めることも、ずらすこともできるという点である。型化されていないために画一化・硬直化せず、多様性と可変性に富んでいるのである。筆者はこれを三つの「しんか」力と呼んでいる[1]。「進化」「伸化」「新化」である。このように単純化することで、それぞれの持ち味が明確に見えてくるのではないだろうか。

では、第三の組織レベルはどうか。海外モデルはトップダウン、国内モデルはボトムアップというのが「定説」だ。しかし、先進企業はすべて、この両方を兼ね備えている。すなわち、まずトップのコミットメントは必要条件である。トップが志に根差した経営を標榜しない企業は、そもそも組織全体のパワーを結集できない。

一方、トップがどれだけ声高に志本経営を唱えても、それだけでは掛け声倒れに終わってしまう。現場が志を自分ごと化して初めて、志本経営が実体化されていく。したがって、この現場のエンゲージメントが十分条件となる。

世の中の定説とは裏腹に、組織レベルにおいては、先進企業モデルは世界共通だといえそうだ。

成果を出す（To Impact）

実践の結果として求められるのが、成果（Impact）である。それも、社会価値と企業価値の双方での成果が問われることになる。

海外モデルは、成果を出すスピードとスケールが桁違いだ。先述したとおり、「しくみ」化されることで、迅速性・拡張性が担保されるからだ。

それに対して、日本モデルは瞬発力にも拡散力にも欠ける。「たくみ」には、学習と脱学習のプロセスが必須であり、時間をかけて試行錯誤を繰り返さなければならないからだ。

しかし一方で、前述したとおり、日本モデルは持続力と進化力に優れている。

このように、両者の違いは、資産の形成方法の違いによるところが大きい。したがって、どちらが成果を出しているかという問いは必ずしも正しくない。成果を測定する軸そのものが異なるからだ。

海外モデルは、資産をしくみ化することで空間的拡張性を持つことに特徴がありそうだ。したがって、ある時期に広く市場を支配するパワーを発揮する。いわば「微分」的インパクトだ。

一方、日本モデルは、資産をたくみ化することで、時間的持続性を持つことに特徴がありそうだ。したがって、長期的な生命力を発揮する。こちらは「積分」的インパクトといってもよいだろう。

短期的な差を比べるなら、圧倒的に海外モデルが優位だ。しかし、そのような瞬間風速的なインパクトだけで判断してよいだろうか。

「強い者が生き延びたのではない。変化に適応したものが生き延びたのだ」

この言葉は、ダーウィンの名言とされているが、実は一九六〇年代にアメリカの経営学者のレオン・メギンソンがダーウィンの言葉として「作り出した」ものらしい。ことの真偽はともかく、変化適応力こそが進化の原動力であるとすれば、長期的なインパクトという観点では、日本モデルが優位となる可能性がある。

もっとも、たとえばネスレもユニリーバも、創業一三五年を優に超えており、日本の味の素や花王より長寿企業だ。ミレニアル企業のセールスフォースやオイシックス・ラ・大地なども、今後三〇年、五〇年、一〇〇年と息長くインパクトを持続することを、常に心掛けている。

いずれにせよ、空間軸と時間軸という二つの軸で、成果をしっかり出し続けることが、志本経営の本質的な課題である。

発信する（To Say）

四つ目の切り口が発信力だ。志し、実践し、成果を出すだけでは、志本経営のサイクルは完結しない。発信することで、志の輪を内外に広げていくことが欠かせないのである。

先進企業は、海外も日本も等しく発信に力を入れているが、やはりグローバルな存在感が高く、英語でのコミュニケーションに長けた海外勢のほうが、有利な面は否定できない。

しかし、それ以上に大きく違うのは、コミュニケーションの中味である。これは、最初の志の質の違いと呼応するものでもある。海外勢は、客観正義をしっかり伝えようとする。したがって、どうしても理念的になりがちだ。それに対して日本勢は、主観正義が中心となる。したがって、感性的になりがちである。

では、どちらが共感を得られやすいか？　客観正義は、正しいが教条主義的であって、広く受け入れられやすい反面、共感や感動を与えるパワーは弱い。一方、主観正義はエッジが立っているだけに普遍性に乏しいが、賛同者の間で共感や愛着を深めるパワーは強い。

そのためには、日本企業としては、自らの志にこめた想いやこだわりを、具体的なエピソードやシーンを交えて、ストーリーとしてしっかり伝えることが課題となる。これは海外企業のように普遍的な正義を語るより、難度がはるかに高い。

そのためには、まず社員一人一人が、志を自分ごととして語れるようにならなければならない。ファーストリテイリングであれば、服で世界を変えるとはどういうことなのか、なぜLifeWearにその力があるのかを、自分の言葉で語れなければならない。花王の「Kirei Lifestyle」にしても、カインズの「くらしに、ららら。」にしても同様だ。

好き嫌いはあるかもしれないが、堀場製作所のように、社員がワクワクと「Joy & Fun」のカンパニーソングを口ずさむようになると、「ほんまもん」かもしれない。誤解を恐れずにいえば、ある種の宗教団体的な「洗脳」が必要なのである。思えば、ファーストリテイリングもＹＫＫも、「ホリバリアン」たち同様、同じ信念を共有する「信者」の集団になっているから強いのである。

同時に、どれだけ社外に「信者」を増やせるかが、志本経営の成功の鍵となる。そのためには、プロダクトブランドではなく、コーポレートブランドをしっかり訴求する必要がある。

日本企業の多くは、いまだにプロダクトブランドに力を入れがちだ。短期的な売上に直結しやすいからである。しかし、個々のプロダクトを超えて、企業としての志に共感を得られるかが、志本経営としてのブランディングの本質的な課題である。

COLUMN

LifeWearに込めた思い

「ヒトはなぜ服を着るのか？」というテレビCMを覚えているだろうか。そこには具体的なプロダクトブランドは何も出てこない。ファーストリテイリングが「LifeWear」という志を伝えようとした問いかけなのである。

二〇一七年に雑誌『考える人』で、ファーストリテイリングはその想いを次のように語っている[2]。

「何を身に纏うか、なぜそれを着るか……服の選択は体裁だけの問題ではなく、心の持ちようやアイデンティティにまで深く関わっている。哲学者の鷲田清一さんは、フランスの批評家ロラン・バルトを引きながら、『ファッションは「〈わたし〉とはだれか？」という問いと戯れている』と記す（『ひとはなぜ服を着るのか』）。何を着るかは、その人の存在全体に関わることに他ならない。

答えは一つではない。

『服には様々な目的があり、それは個人個人で大きく異なります』。そう語るのはユニクロを運営するファーストリテイリングで全世界のクリエイティブを統括するジョン・C・ジェイ氏。世界的に知られる米クリエイティブエージェンシー、ワイデン＋ケネディのパートナーとして広告業界で活躍し、米デザイン専門誌が選ぶ『この五十年で最も影響力のあるアート・ディレクター』トップテン入りした人物だ。二〇一五年一月から現職にある。ジェイ氏は言う。

『私たちは使い捨ての服に興味はありません。私たちはファストファッションではないし、流行の奴隷ではない。ただ、スタイルが個々の精神や自己表現の重要な一部であることは理解しています。要するに、LifeWearとは、暮らす場所や、年齢、性別を問わずすべての人々のニーズを満たすための、進行形の服の革命です。ひとりひとりのお客様にとっての完璧を目指す、果てなき追求なのです』」

「あなたは、なぜ服を着るのですか？
ユニクロはLifeWearという世界唯一の新しいカテゴリーの服を追求し続けています。
LifeWearとは、高品質で着心地が良く、ファッション性のあるベーシックウェアであり、誰もが手の届く価格の日常着です」

これが、ファーストリテイリングが発信するコーポレートブランディングのメッセージだ。同社が「LifeWear」というコンセプトに込めた想いが、伝わってくるのではないだろうか。

今後は一方的に自社の想いを伝えるだけでなく、顧客や社会からの声を集め、それを志の輪として束ねていくような活動に広げていくことがますます重要になる。しかしその際にも、顧客や社会に迎合するのではなく、自分たちの主観正義の軸足をしっかりと持ち続けることを忘れてはならない。

日本企業が世界で高い存在感を確立するためには、主観正義に基づく共感ストーリーを、どこまで強く発信し続けるかが鍵となる。

ハイブリッドモデルをめざせ

このように四つの切り口から比較してみると、海外モデルと日本モデルの共通点と相違点が浮かび上がってくる。再び図8－1に戻って、全体を俯瞰してみよう。網掛けをしているところは、志本主義という観点から見て、より優れていると思われる特徴を示したものである。

まずスタートの「志す(To Be)」においては、日本モデルのほうが優れている。当たり前の客観正義ではなく、自らの強い想いのこもった主観正義を打ち出しているからである。志に必要な三つの要素のうち、「ワクワク」と「ならでは」がしっかりと織り込まれている。

ただし、それがどこまで社内、そして社外に共感の輪を広げることができるかどうかが、残された課題だ。特に日本企業は、社外、なかでも海外への発信が弱い。そのままでは、いつまでも主観正義のままであり、独善ないしは孤高を免れない。

いかに自らの主観正義を社会に広め、客観正義にまで高められるかが問われているのである。これは客観正義からスタートしている海外モデルに比べて、はるかにハードルが高い。したがって、「発信する(To Say)」において、主観正義を共感ストーリーに仕立てて、より一層内外に向けての「布教」活動を強化する必要がある。

一方、志本経営の三つ目の要素である「できる!」については、大きく二つの課題がありそうだ。「実践する(To Do)」の三層の中で、「組織層」は互角なのだが、「戦略層」と「資産層」において日本企業の弱点が浮き彫りになる。

戦略層では、ＳＤＧｓのうちのＳ、すなわち、サステナビリティに関心が寄りすぎてしまっている。もちろん、企業が社会課題の解決をめざすこと自体、素晴らしいことだ。しかし、リップサービスではなく、本気で取り組むとコストがかさみ、収益を圧迫する。

社会課題は、そもそも儲からないから誰も手をつけずに放置されているのである。収益化するためには、イノベーションが不可欠となる。そこで求められるのが、デジタル技術であり、グローバルな市場展開であり、それらを支える無形資産の強化である。

サステナビリティだけでは、実効性の伴わない志で終わってしまう。これでは戦略性が欠如しているといわざるをえない。このあたりは、ＥＳＧやＳＤＧｓを盛んに喧伝している日本の政府も学者もマスコミも陥っている最大の落とし穴である。このような「きれいごと」に無邪気に乗せられた企業は、結果的に自社そのもののサステナビリティが危うくなるだろう。

　そもそも多くの日本企業は、サステナビリティを志の中にしっかりと織り込んでいる。むしろ残された戦略課題は、デジタルとグローバルズの二つである。いずれも経営者の課題意識は高いものの、「実践」というレベルでは、取り組んでいるうちに入らない。少なくとも欧米、そしてアジアの先進企業に比べると、はるかに劣後しているといわざるをえない。この問題は、第Ⅲ部でじっくり検討したい。

　一方で資産層においては、日本の先進企業も海外企業同様、有形資産から無形資産に大きくシフトしつつある。しかし、その中味が質的に異なることは、前述したとおりである。日本の「たくみ」には、時間軸上の優位性が高いが、空間軸上では瞬発力や拡張性に欠ける。「しくみ」が足りないからである。

　その結果が、「成果を出す（To Impact）」にそのまま投射されている。すなわち、日本企業は持続性が高く(sustainable)、環境の変化を取り込む力が高い(self-organizing)が、一方でスピードとスケールにおいて大きく劣後している。

それぞれに一長一短があり、時間軸を長く取れば日本モデルが優位かもしれない。しかし、これらを二律背反と捉えてしまう必要はない。日本企業は「たくみ」の良さを残しつつ、「しくみ」化にも真剣に取り組むべきである。それができれば、日本モデルは時間軸のみならず、空間軸においても、次世代の志本経営モデルとして、世界をリードすることができるはずだ。

いかに日本モデルの強みを残しつつ、海外モデルの優れたところを取り入れることができるか。日本の「和力」の真価が問われるところである。この点については、第Ⅳ部でしっかり検討することとしたい。

第

III

部

志本経営の実践

第Ⅰ部で、資本経営に代わる新しいモデルとして、志本経営を提唱した。もう一度簡単に振り返ると、次のようなモデルである。

志本経営は志（パーパス）を基軸に置く。そして三つのメガトレンドの中で花開く。サステナビリティ、デジタル、グローバルズの三つだ。これを新ＳＤＧｓと呼ぶ。そして現行のＳＤＧｓが二〇三〇年をめざしているのに対して、新ＳＤＧｓは二〇五〇年を視野に入れる。

第Ⅲ部では、これら三つの領域のそれぞれをより具体的に見てみよう。第Ⅱ部でＷｈａｔとＷｈｙを論じたのにして、第Ⅲ部はＨｏｗ、すなわち、いかに実践するかを論じることとする。

サステナビリティは、今やあらゆる産業、企業において、外すことのできないメガトレンドであるのは議論の余地がないだろう。日本人ほど、国家を挙げてＥＳＧやＳＤＧｓ音頭を踊っているお調子者の国民も珍しい。

しかし、社会や地球の持続可能性という崇高な理想を掲げつつも、それをいかに経営に組み込んでいくかについて答えが出ている企業は稀だ。それどころか、まじめにやればやるほど、企業価値の向上につながらないことに悩む経営者が後を絶たない。いうまでもなく、きれいごとでは経営はできないのである。社会価値を経済価値に変換し続ける知恵と仕組みが、これからの経営の一丁目一番地となる。

デジタルも、まぎれもなく時代の申し子である。コロナショックは、経営の現場におけるデジタルの普及を一気に後押しした。マイクロソフトＣＥＯのサティア・ナデラは、新型コロナによって想定の一〇倍の速さでデジタル化が企業に浸透している、と述懐している。

ただし、デジタルはあくまでツールでしかない。それにもかかわらず、デジタル技術を導入することが目的になってしまっている企業が、後を絶たない。それでは例によって、ＩＴベンダーやコンサルタントの恰好のメシの種にされるだけだ。デジタルを活用して、いかに経営を進化させるかが問われているのである。そのためには、デジタルのパワーの本質を見極め、経営に埋め込む知恵と仕掛けが必要となる。

グローバルズは、日本企業にとっては鬼門である。そもそもグローバル経営で成功した企業は、ほんの一握りにすぎない。市場や拠点をグローバル展開している企業も、日本のやり方をそのまま横展開しているだけのところが大半だ。クロスボーダーのＭ＆Ａに挑んでみたものの、高値づかみを正当化できないケースが全体の八割以上というのが実態である。

グローバルズ、すなわち、ますます多極化していく市場において、いかにきめ細やかに対応していくか。そして一方で、そのような辺境で生まれた新しい知恵を、いかにグローバルに相互学習していくか。そのようなフラクタル（部分と全体の入れ子構造）な経営展開の知恵と仕掛けが求められているのである。

前述したように、これら三方向の展開のいずれにおいても、「知恵（たくみ）と型（しくみ）」が鍵となる。言い換えれば、組織としての無形資産をいかに蓄積し、活用していくかが勝負どころとなるのだ。資本経営から志本経営への転換のためには、有形資産経営から無形資産経営への転換が本質的な課題となる。

そのためには、「イノベーションを生むための経営」以前に「経営そのもののイノベーション」が必須となる。志本経営を掛け声倒れにしないためには、本質的な経営変革が迫られるのである。

第9章

サステナビリティの実践

サステナビリティは、時代のキーワードである。その象徴がＳＤＧｓだ。日本では、いまだにＳＤＧｓのバッジを得意そうにつけている人が少なくない。もっとも、「東京オリンピック二〇二〇」のバッジとともに、早晩引き出しの隅にしまわれてしまいそうだが。

ＥＳＧ投資がブームとなるにつれ、サステナビリティへの取組みを非財務指標として掲げる企業が増えている。もちろん財務一辺倒よりは、大きな進歩である。

しかし、財務指標と非財務指標を切り分けて示し、それを貼り付けて「統合報告書」と呼んでいる今の風潮はいただけない。それでは単なる併記にすぎないからだ。真の統合とは、財務と非財務を独立事象とするのではなく、両者の関係性を示すことである。

非財務的取組みは、当面の財務指標を棄損することになりかねない。コストとして計上されるためだ。一方、それが経営にとって意味のある投資であれば、将来の財務指標にプラスとなって反映されるはずだ。つまり、「非」財務指標ではなく「未」財務指標でなければならない。そのためには、社会価値の向上を経済価値の向上に結びつける経営モデルが必須となる。これがＣＳＶ経営である。バッジをつけてうわべを取り繕っているうちはまだしも、サステナビリティに真剣に取り組めば、この両者をトレードオフからトレードオンにすることの難しさに直面するはずだ。

本章では、ＣＳＶ実践上の壁と、それを超えるためのヒントを探ってみたい。

グリーンからティールへ

「社会や地球にやさしく」は、二一世紀型経営の大前提である。これに背を向けた企業は、間違いなく淘汰される。顧客や従業員、そしてコミュニティや株主からの共感や信任が得られないからだ。一方で、時代の潮流に流されるだけでは、水面に浮かぶゴミと同じである。このような根無し草企業も、いずれ水没してしまうだろう。

それにもかかわらず、このような「人類共通のテーマ」をパーパスに掲げる企業が、後を絶たない。「安全・安心」「健康」「社会課題の解決」などといった言葉を並べ立てる企業だ。念のため、自社のホームページを開いてみることをお勧めする。

間違っているわけではない。あまりにも当たり前というだけである。エン人材教育財団理事長の越智通勝が「客観正義」と呼ぶテーマだ。ＳＤＧｓの一七項目、一六九細目は、いずれも国連お墨付きの客観正義である。

このような客観正義をかざすだけでは、何の競争優位にもつながらない。そして、その結果、収益向上や企業価値向上にもつながらない。それどころか、投資やコストがかさんで、収益や企業価値を棄損してしまう。だからこそ、目ざとい経営者はこれを「アリバイ工作」には使うものの、そのような未来に向けて本気で大きなリスクをとることはない。なかでもＥＳＧ経営を声高に唱えている経営者は、顧客市場ではなく資本市場に向いて経営していると宣言しているようなものだということは、前述したとおりである。

もっとも、サステナビリティを企業の中心課題として取り上げる「確信犯」が、二タイプ存在することも事実だ。

一つ目は、そもそも利益拡大に背を向ける集団である。ＮＰＯやソーシャルベンチャーが典型的だ。資本市場で最近話題となっているインパクト投資の一部もこれにあたる。

純粋に社会課題を解決しようとする姿勢は、もちろん称賛に値する。ただし、収益を大きく生むメカニズムがない限り、大きなインパクトを出し続けることはできない。結局は時限的な善意で終わってしまうだろう。

もう一つのタイプが、成長に背を向ける一群である。第2章で紹介したＢコープ、なかでもパタゴニアが代表例である。同社は企業が成長をめざすこと自体が社会悪を生み出すと主張する筋金入りの「脱成長主義（De-growthism）」論者だ。

第2章で論じたように、これらの企業は「グリーン（多元型）」として位置づけられる。まさに環境や社会にやさしく、愛すべき企業群である。しかし、だからといって、さまざまな社会課題に立ち向かい、リスクをとってまで世界を大きく変えようという志は持っていない。

いってみれば、地球や社会にできるだけ迷惑をかけず、つつましく生きようとする優良企業である。日本では坂本光司の『日本でいちばん大切にしたい会社』シリーズ[1]に取り上げられている企業群、たとえば伊那食品工業が典型例といえるだろう。サステナビリティを本気で標榜する営利企業の大半は、このような「グリーン」企業である。

一方、「ティール（進化型）」企業は、このような単なる「いい会社」とは異なる「いきいきした会社」である。生命体と同じように、それぞれが自律した組織でありながら、生態系の一員として、あらゆるステークホルダーを巻き込んで、社会や環境のリスクに対応し、より良い世界づくりをめざす。そして時代を先取りして、自らがどんどん進化していく。福岡伸一が「動的平衡」と名づけた生命体特有の進化のリズムを組織に組み込んだ企業群である。

グーグル（現・アルファベット）がその典型例である。日本では、ファーストリテイリングやリクルートグループが代表例だ。正しく成長し、社会や世界の課題解決に向けてリスクをとり続ける企業群である。

これらの企業は、自らの志から出発する。それがＳＤＧｓに入っているかどうかなど、どうでもよいことなのだ。いわば「主観正義」である。自分たちの志を貫き続け、その結果、世界を大きく変えていく。たとえば、ファーストリテイリングの企業理念は、「服を変え、常識を変え、世界を変えていく」だ。決して誇大妄想ではない。山口県の一店舗から出発した同社は、過去半世紀にわたり、この志を実践してきている。

壮大な志を実践するためには、基盤となる自社のサステナビリティを盤石にしておく必要がある。言い換えれば、社会価値だけでなく経済価値も創出し続ける価値創造方程式が求められる。その答えとして注目されているのが、ＣＳＶ経営である。

マイケル・ポーターがＣＳＶ経営を提唱して、一〇年が経つ。筆者がＣＳＶ経営のお手伝いをした企業は、濃淡はあるものの、総数にすると、優に一〇〇社を超える。年間一〇社以上という計算だ。その中で、ＣＳＶ経営に成功している企業も少なくない。ファーストリテイリングやリクルートなどは、その代表例だ。

しかし一方で、なかなかうまく実践できていない企業のほうが、圧倒的に多い。それらの企業に共通の落とし穴は、以下の三点である。

①出発点を間違える

日本企業の多くが、「社会課題病」に陥っている。その結果、まず社会課題から出発してしまう。特にＳＤＧｓの一七枚のカードにとらわれる。国を挙げてのＳＤＧｓフィーバーの弊害である。これでは、いつまで経ってもＣＳＶ経営にはたどり着かない。そもそも当たり前すぎるか、自社には関係がないかのどちらかでしかない。

そうではなくて、まず自分たちは何のために存在し、何をしたいのかという熱い志、すなわち「主観正義」から出発しなければならない。多くのベンチャー企業は、この出発点がはっきりしている。一芸に秀でている中小企業も、そのように問い直すと、ぶれることは少ない。できることの選択肢が絞られているからだ。

最も困るのは、大企業、しかも多角化した企業である。そもそも志が不明確、あるいは事業ごとにバラバラだからだ。しかも社員は、大きな組織の歯車の一つでしかなく、志を実践している手応えが感じられない。ホームページにきれいごとを掲げているわりには、ＣＳＶ経営が実践できていない企業のほとんどが、この罠にはまっている。

②時間軸が短い

日本企業の多くが、「中期計画病」に侵されている。三年あるいは、せいぜい五年先の到達点をゴールに経営をしている。それでは今の延長上に解を求めざるをえなくなる。

しかし、今回のコロナショックで思い知らされたように、ＶＵＣＡ時代には半年先さえも読めないはずだ。ましてや三年先、五年先を正しく読むことなど不可能である。

そうではなく、三〇年先、五〇年先をしっかり見据える必要がある。そうすれば、自分たちが本質的に何を変えたいのかという骨太な思いが、内側から湧き出してくるはずだ。

そんなに先の話など、ＳＦになってしまって経営にはなじまない、という声をよく聴く。その頃には確実に引退しているので、責任が持てないという話も聴く。その多くは、四〜六年の任期を終えて、次にたすきをつなぐという「駅伝」型（しかし、実態は「サラリーマン」）経営者である。そのような経営者は、四年も居座らずに、即刻退場してもらったほうがよい。未来に向けた大きな志を持てない企業は、ＣＳＶ経営をめざす資格はないからだ。

③空間軸が狭い

日本企業の多くが、「自前主義病」を抱えている。自分でできることにとらわれてしまう。「他人のふんどし」を嫌い、まず自分で解決しようとする。自分ごと化しようというのは立派な態度に見えるが、それだと自社の限界が解の限界となってしまう。

志を発信し、それを多様なプレーヤーと共有することで、未来を共創していく。その際には、できるだけ異業種のプレーヤーが望ましい。ヨーゼフ・シュンペーターが指摘したとおり、イノベーションの基本は「新結合」にあるからだ。筆者はこれを「異結合」と読み替えている。いかに異質な外部資産を活用できるかが勝負となるのである。

ただしその際には、他社が組みたくなるような自社の中核資産をピカピカに磨いておく必要がある。それがない限り、一流の相手と組む資格はない。最近、オープンイノベーションが喧伝されているが、二流以下の手組がほとんどだ。そこから一流のイノベーションが生まれることはなく、したがってＣＳＶも実現しない。

このような落とし穴にはまらないためには、どうすればよいか。筆者が経営陣や社員とＣＳＶワークショップを行う際には、次のようなポイントを押さえることにしている。

三つのフィルター

最初に、究極的な志（パーパス）を、みんなが腹落ちするまで議論する。「白昼夢（デイドリーム）」セッションとも呼ぶ。あらゆる制約を取り払って、自分たちがこの企業を通じて、本当に作り出したい未来を夢想するのである。

シリコンバレーでは、これをＭＴＰと呼ぶ。Massive Transformative Purpose、すなわち壮大で変革的な志である。

二つの点に注意したい。まず、自社と無関係なビジョンではなく、パーパス、つまり自社の目的にしっかり紐づいている点である。客観正義ではなく、主観正義が問われているのである。

しかし、それだと創業の精神など、懐古趣味に陥りやすい。そうではなく、非連続な未来をめざさなければならない。原点としてのパーパスに羽をつけて、遠くの高みへと舞い上がらせていく構想力が求められるのである。これを筆者は「志す力」と呼んでいる。そのためには、子どものように純粋な想像力が求められる。経験則だけに頼りがちな年配層やサラリーマン根性で生き延びてきた社員には、出る幕はない。

グーグルでは、これをムーンショットと呼んでいる。月に向かうような壮大なパーパスという意味である。筆者は、日本企業には「北極星」をめざそうと語りかけることにしている。ぶれない天頂をめざそうという意味である。

「元祖ＣＳＶ企業」であるネスレは、創業以来「Good Food, Good Life」を企業理念として掲げてきた。そして二〇一六年に創立一五〇周年を迎えた機会に、同社のパーパスを次のように新しく設定した。

「生活の質を高め、さらに健康な未来づくりに貢献します」

では、「健康な未来」とは何か？　「Think Globally, Act Locally」という同社の経営理念の下に、市場ごとに捉え方は異なって構わない。たとえば、ネスレ日本のＣＥＯ（当時）の高岡浩三は、それを「心の豊かさ」という言葉で表現する。なぜならネスレ日本は、日本社会が抱える次のような社会課題を解決することが存在意義だと捉えているからである。

- 社会的孤独・孤立
- 核家族化
- 離れて暮らす家族を案ずる思い
- 地域コミュニティの減少
- 職場のコミュニケーションの希薄化

コロナ禍の下、「ソーシャルディスタンス」は世界的な社会課題となっている。「身体的な健康（well-doing）」を超えて「心の健康（well-being）」が求められている。そのような社会課題を抱えている日本だからこそ、世界に先駆けて「心の豊かさ」の実現をめざしていくという志をMTPとして掲げているのである。

筆者は、企業に招かれてCSV経営ワークショップを行う際には、まずこのMTPの設定にじっくり時間をかける。しかし、どうしても、どこにでもある優等生的なコンセプトになりがちだ。そこで、次の三つのフィルターを通すことを必ずお願いすることにしている。

①ワクワク

②ならでは
③できる！

この三つを軸に据えると、おのずと尖ったＭＴＰが表出してくる。それはＳＤＧｓの一七枚のカードのような客観正義のコピーではなく、その企業独自の主観正義の表明になるはずだ。ただし、このワークショップには、若手や本社以外の社員（特に非日本人）を入れることを忘れてはならない。逆に、「昭和×日本人×男」だけが集まると、必ず失敗する。三〇～五〇年先の未来とは関係がなく、同質的なサラリーマン発想からは、非連続な未来などは生まれてこないからである。

筆者は、実際に、いくつかのグループに分けてワークショップをやってみることも多い。すると、中堅管理者層が出してくるものがいかにイケてなくて、「辺境（エッジ）」の社員から出てくるものがいかにイキイキしているかがわかる。ぜひ自社でもやってみていただきたい。

時間軸のマネジメント――ズームイン／ズームアウト

ＭＴＰの設定は、いわば「ズームアウト」アプローチである。中期計画などという中途半端な時間軸だと、どうしても今の延長線の発想から抜け切れない。もっと非連続な「あるべき姿」を描いてみる必要がある。

ソフトバンクグループ会長兼社長の孫正義には、次のような名言がある。

「近くを見るから船酔いするのです。一〇〇キロ先を見てれば景色は絶対にぶれない」

とはいえ、遠くばかり見つめていると、足をすくわれかねない。ＶＵＣＡ時代には、想定外のことが多発する。では、これにいかに備えればよいか。

「シナリオプランニング」というコンサル流の手法に、すがる企業も少なくない。最近でいうと、アフターコロナの経済回復を、V字型シナリオ、U字型シナリオ、L字型シナリオという三通りで想定してみるといった具合である。一つの想定だけで突き進むよりは、リスクが少ないように見える。しかし、この手法には本質的に三つの盲点がある。

第一に、いずれかのシナリオをベースに意思決定せざるをえない。三通りのシナリオに合わせようとすると、どのシナリオになっても中途半端な対応になってしまう。そこで、より重要なことは、どのシナリオをベースとするにせよ、どのような予兆が顕在化したときに、戦略転換を行うかを見極めておくことである。

そのためには、不確実な未来を予見しようとするのではなく、刻々と変転する現実の波頭にセンサーを埋め込むことが最も効果的だ。すなわち、シナリオプランニングではなく、感度の良い予兆センシングこそが鍵なのだ。これを、「ズームイン」アプローチと呼ぶ。

最近、ＯＯＤＡループという手法が注目されている。「Observe（観察する）—Orient（状況判断する）—Decide（意思決定する）—Act（行動する）」という現場に根差した行動原理である。そもそもはアメリカの空軍で、戦局の展開に応じてパイロットが迅速に意思決定するために考案されたモデルだ。

ＰＤＣＡのような計画から出発するような予定調和的な意思決定では、不確実な現実の展開からずれまくってしまう。とはいえ、大本営に判断を仰いでいたのでは、その場で撃ち落とされてしまう。予測不能であれば、まず現実を観察し、その場で意思決定しなければならない。

しかし、それだけでは前線での局所的な対応で終わってしまう。大本営（本社）がすべきことは、そのような刻々と変化する局地戦の動きを的確に把握するとともに、そこから未来の予兆を察知し、全体の陣容を大きく組み替え直すことである。

それを筆者は「Big OODA」と呼んでいる。前線の多様なSmall OODA（ゆらぎ）から未来を予見し（つなぎ）、それをBig OODA（ずらし）という大きな組織のうねりに変換していくというダイナミックケイパビリティ（動的能力）を組織に埋め込む必要がある。

さて、第二の盲点は、外部変化に追随しようとする姿勢そのものにある。しかもV字、U字、L字のいずれであろうとも、「回復」というパラダイムの中にとどまっている限り、非連続な未来をめざすことはできない。

未来は自らの志に突き動かされて作り上げるべきもので、環境変化に追随しているだけでは、いつまで経ってもMTPは実現できない。パーソナルコンピュータというコンセプトの生みの親であるアラン・ケイは、「未来を予測する最善の方法は、それを発明することだ」という名言を残している。

さらに、コンサルが得意とする未来シナリオは、いずれもコモディティにすぎない。それで成功するようなら、とっくに自らリスクをとってビジネスに乗り出しているはずだ。外部コンサルの未来シナリオから導き出される戦略は、当然ながら似たようなものになる。そこから独創性や競争優位が生まれることはない。

スティーブ・ジョブズは生前、大きなプレゼンの舞台で次の名言を好んで使っていた。

「パックがあるところに行くのではなく、パックがこれから向かうところに行く」

往年のアイスホッケーの名フォワード、ウェイン・グレツキーの言葉である。パックがあるところは、みんなが群がるので、あっという間にレッドオーシャンになる。しかしグレツキーは、あえて誰も来ないスペースに滑っていく。そうすればそこに次のパックがパスされてくるからだ。常識の裏をかく見事なホワイトスペース戦略である。

もちろん、せっかく生まれたホワイトスペースも、あっという間にまた人が集まってきてしまう。そのように「三密」状態を作ることができれば、また新しいホワイトスペースをめざす機会が生まれる。こうしてグレッキーもジョブズも、変化の波頭を走り続けた。

経営環境も企業も生き物である以上、とどまること、すなわち停滞は死を意味する。常に変化し続ける企業だけが生き残ることができるのである。

日本でズームイン／ズームアウト経営を実践する名経営者の代表が、日本電産会長の永守重信である。永守は、コロナ禍を超えた発想と行動のあり方を、筆者との対談の中で生々しく語っている。[2] その内容は第13章で詳述することとしたい。

そして第三の盲点が、現在（現業）と未来（新事業）を切り離してしまう点である。

日本ではスタンフォード大学教授のチャールズ・オライリーらの著書『両利きの経営』[3] が話題を呼んでいる。現業の深耕と新事業の探索の双方が必要だというきわめて常識的な主張である。

しかし多くの企業は、その実践にあたって、現業（深耕）と新事業（探索）を切り分けて取り組むというデジタルな発想に陥ってしまう。しかし実際には現業をずらしたところに新事業があり、「新」事業も着手したとたんに現業になる。生命体としての企業は、この時間軸の中で「動的平衡」を持続できるかが勝負となるのである。

永守は、これを「井戸掘り経営」と呼ぶ。探索などという薄っぺらな活動からはスケール感

図9-1

ズームイン／ズームアウト（遠近複眼）アプローチ

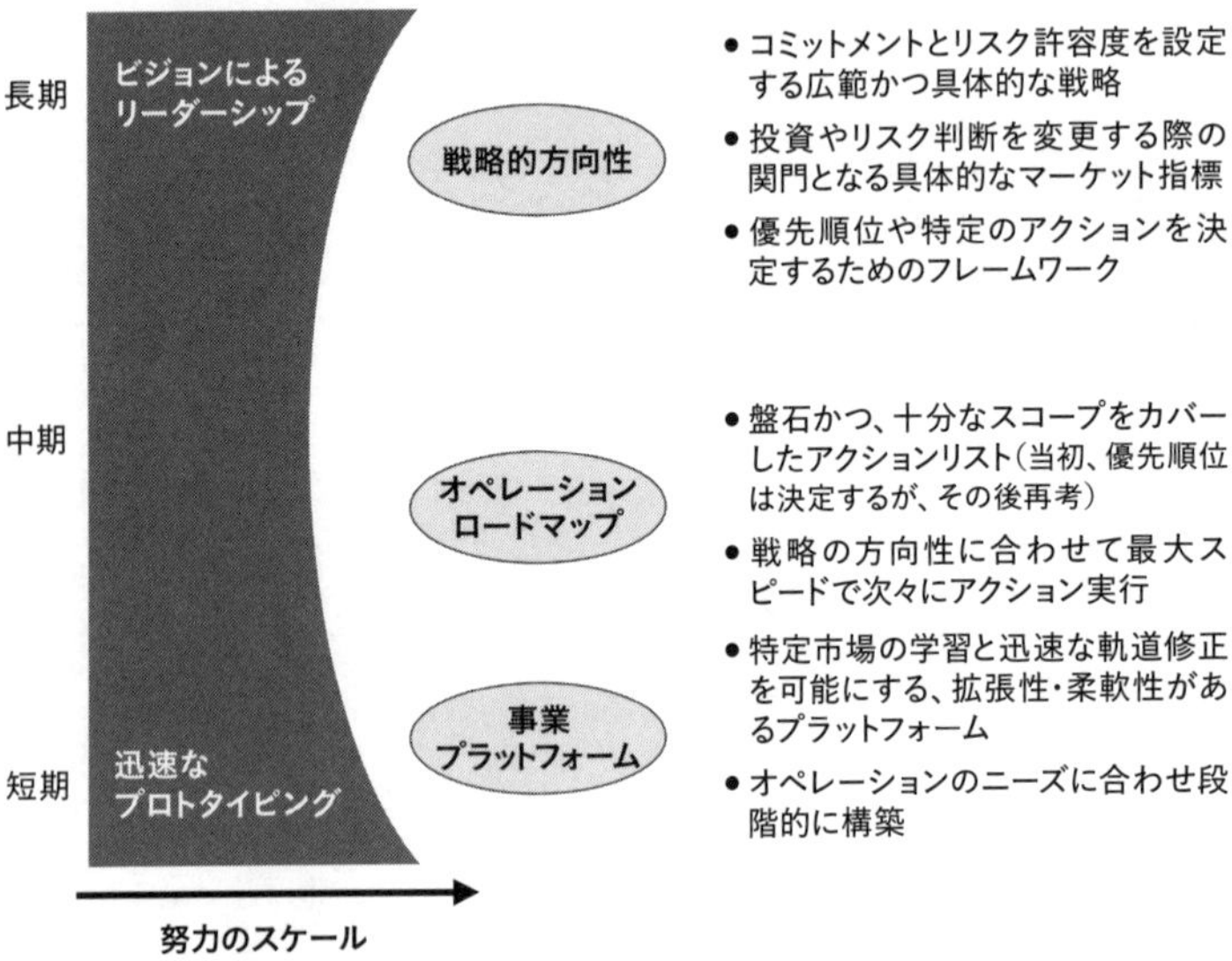

のあるものは生まれない。現業を深耕することで初めて、その企業に有益な新しい機会や発想が湯水のように湧き出すのである。

同時に「両利き」をねらうのではなく、時間軸を大きくずらして遠近「両にらみ」をすることにこそ「流れ」としての経営の本質がある。図9－1に示したように、超長期（二〇五〇年）を見据えつつ、超短期（日々）の波動を確実に捉えることである。日本電産の永守重信やファーストリテイリングの柳井正など、低迷する日本企業を尻目に、非連続な成長を続けている経営者に共通している特性が、この時間軸のマネジメントである。

大半の日本企業はこの真逆で、中期（三〜五年先）に思い切り時間をかけている。中期計画病である。この絵でいえば、真ん中のお腹がせり出した中年太り体質といってもよいだろう。

ズームイン／ズームアウト思考を最近の経営環境に当てはめれば、まずは「ウィズコロナ」の日々の変化を的確に押さえること（ズームイン）が必須となる。多くの企業が、激流に飲み込まれまいと必死だ。

しかし、その後の「ポストコロナ」の視点がいただけない。かつての日常に戻ろうとする発想から抜け切れないからだ。コロナ禍で中期計画がいかに役に立たないかを痛感させられたはずなのに、懲りずにせっせと新しい中期計画を立て直す企業も、後を絶たない。

ズームアウト思考で見据えるべき地平は、過去の延長線ではない「ニューノーマル（新常態）」である。過去の集積としてのビッグデータは役に立たない。シンクタンクの未来予測やコンサル企業のシナリオプランニングなどといったありふれた手法は、有害無益である。

未来は志に基づいて、作り上げるしかない。そこで役に立つ羅針盤は、自らが掲げたＭＴＰ（北極星）だけである。

空間軸のマネジメント——システム思考

かつて日本の経営者は、大局的な視座を得意としていた。「三方よし」や「論語と算盤」などに代表されるように、幅広い関係者との共存を旨としてきた。アメリカ企業が株主第一主義からマルチ・ステークホルダー主義へと大きく舵を切ろうとしているのに対して、伝統的な日本型経営は、はるかに先をいくモデルだったといってもよいだろう。

とはいえ、単に懐古趣味に陥ってはならない。真のCSVの実現に向けては、三つの点で非連続な進化が求められる。

第一に、空間軸を広げる必要がある。たとえば、三方とは、「売り手、買い手、世間」である。そこには、いくつかの重要なステークホルダーが含まれていない。従業員とその家族。サプライヤーやチャネル関連事業者。そして株主。現代の経営においては、少なくともこの三者を加えて、「六方よし」でなければならない。

さらには、地球、そして未来の子どもたち。日々の業務や経営の中では、ついつい忘れ去られがちだ。そもそもミクロ経済学では「外部性」として、切り捨てられる。バランスシートには、資産にも負債にも計上されない。

しかし、企業活動は外部環境や未来の価値を棄損することもあれば、向上させることもある。

企業経営には、このような目に見えない価値を視野に入れる想像力が求められる。前述した「ズームアウト」思考である。

サステナビリティ経営を実践するためには、これら二つを含めて「八方よし」をめざさなければならない。「三方よし」で満足している場合ではないのである。

第二に、これら複数のステークホルダー間の動的な関係性を構築しなければならない。一つの大きなエコシステムの構成要因である以上、そもそもそれぞれが独立した関数としては存在しえない。企業の行動が、他の関数にプラス効果もマイナス効果ももたらしうる。しかも、そのような因果関係が複雑に絡み合って、システム全体とその構成要因に間接的なインパクトをもたらす。それも、一過性のものではなく、連続的に影響し合い続けるのである。

そのようなシステム全体の動きを捉える手法として開発されたのが、前述した「システムダイナミクス」である。「因果ループ」と呼ばれる因果関係の連鎖を描き、その関係性をネガティブ（マイナス効果）またはポジティブ（プラス効果）で示す。

さらに関係性の強度を係数で示すことも可能だが、定量化が難しい場合が多い。それでも、関係性を因果ループで表現することで、構成要因がお互いに影響を及ぼしながら刻々と結果を生み出していく様子が可視化される。

図9－2は、システムダイナミクスを使ってＣＳＶの仕組みを簡単に示したものである。社会からの信頼を集めることが、多様な人財やブランド資産などの無形資産の蓄積につながり、

図9-2

CSVの因果ループ図

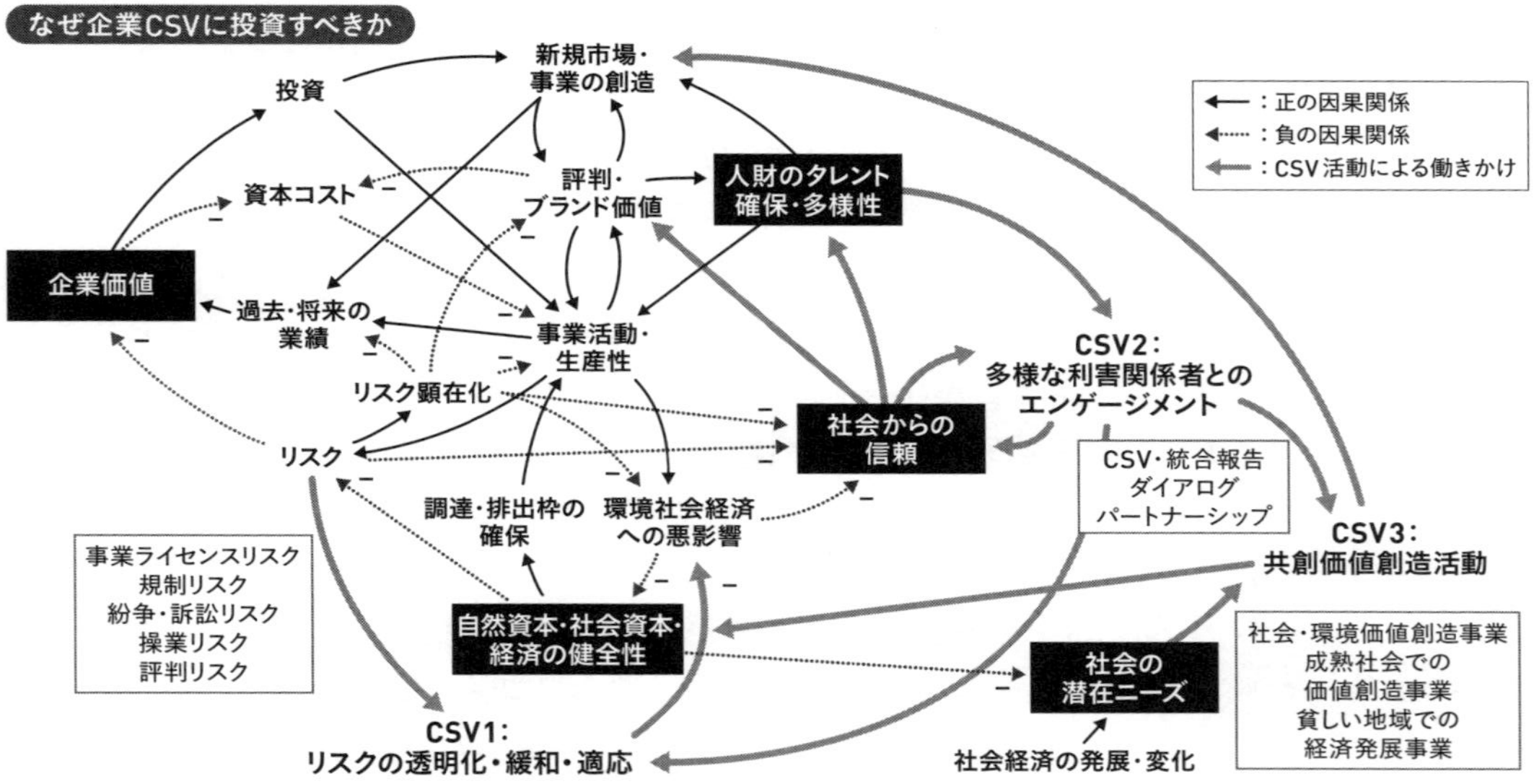

出所：東洋経済オンライン（2013年11月11日）の図を一部修正

それが企業価値の向上をもたらす仕組みが描かれている。

第三に、組織構造を閉鎖系から開放系へと地殻変動させなければならない。従来型企業はツリー状のピラミッド組織が基本だった。これを歴史家のニーアル・ファーガソンは、著書『スクエア・アンド・タワー』の中で、「タワー」型組織と呼んでいる。[4] それに対して、二一世紀型企業は、インターネットの普及によって、ネットワーク型に変容していく。しかも、それは自社に閉じたものではなく、システム内のさまざまなプレーヤーと関係性を作っていく。

経済価値を高めるためには、大きく四つの経済性がレバーとなる。スケール（規模）の経済、スコープ（範囲）の経済、スキルの経済、スピードの経済だ。これらを筆者は「S^4の経済」と呼ぶ。従来は、スケールとスコープは伝統的な大企業が得意とし、スキルとスピードは一芸に秀でた中小企業が得意としてきた。

図9−3は、組織の進化のプロセスを示したものである。左下のベンチャー型で生まれた組織は、規模と範囲を追求しようとすると、左上の中央集権型のトポロジーに移行する。多くの大企業が、このパターンをたどる。

一方、個々のユニットのスキルとスピードを重視する場合には、右下の自律分散型のトポロジーを選択する。アメーバ組織で有名な京セラは、このような中小企業の集団としてのベンチャー精神を維持している。

さらに、ネットワーク型トポロジーに移行すると、自社の中にスケールやスコープを囲い込

図9-3

創発型ネットワーク組織への進化

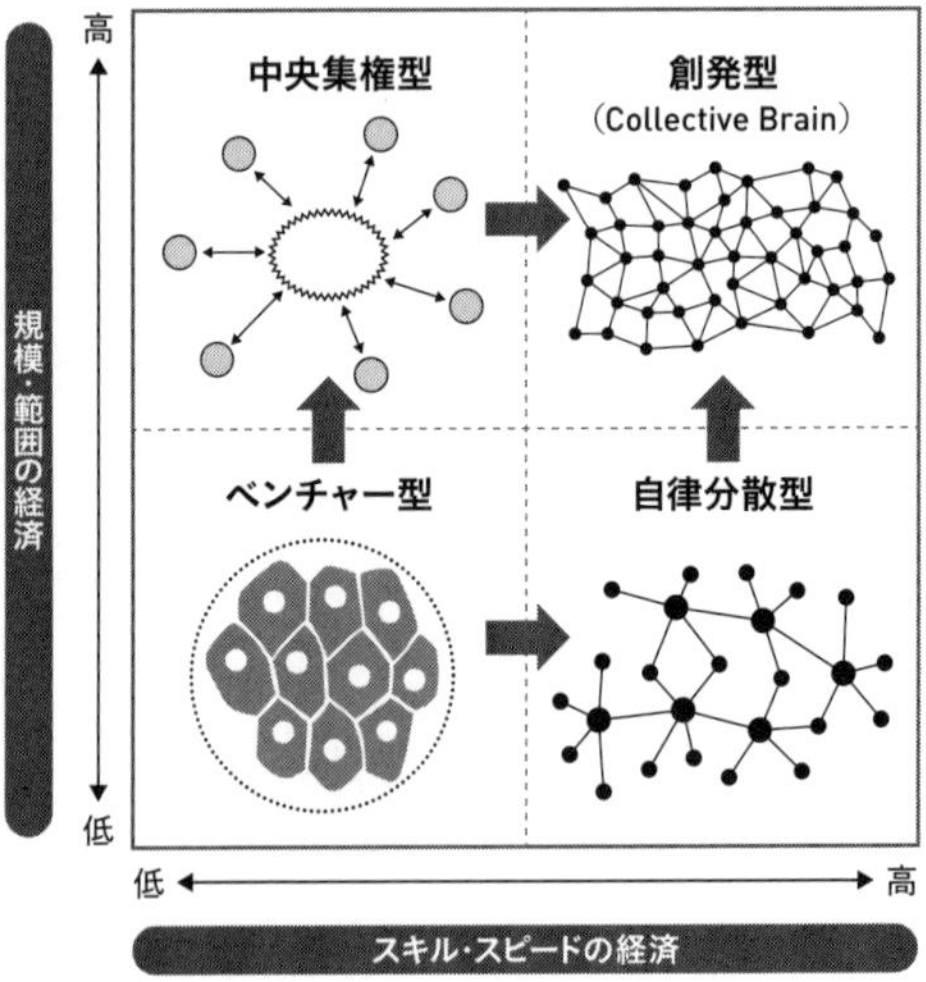

む必要がなくなる。それぞれの組織ユニットのスキルの経済をテコに、内外の多様な関係者とネットワークでつながることにより、同質的なスケールも異質なスコープも手にすることができるようになる。その結果、自社で囲い込むより、圧倒的なスピードの経済を確保することが可能になる。

この図でいえば、右上の「創発型（Collective Brain）」の組織である。五人のチームを一つのユニットとして、内外の組織とネットワークでつながっていくグーグルが、その典型例である。個々のユニットが自律しつつ、かつ、生態系全体としても協働していくティール組織は、まさにこのような開放系トポロジーを選択している。

ＣＳＶを実現するには、これら三つの要素を加味した組織へと変容する必要がある。システムダイナミクスの教祖の一人であるマサチューセッツ工科大学（ＭＩＴ）のピーター・センゲは、世界的ベストセラー『最強組織の法則』（原題 *The Fifth Discipline*）で、そのような未来志向の組織のあり方を提唱している[5]。

筆者なりに要約すると、次の五つの要素間の動的関係性の中で進化する組織モデルである。①自己マスタリーと②メンタルモデルを強化することによって、「志」を確立する。そのうえで③共有ビジョンと④チーム学習によって、他社と共創する仕組みを埋め込む。最後に、⑤システム思考を駆使することによって、複雑系の中を進化し続けていく。筆者が学習優位と呼ぶ戦略・組織モデル、そして、志本経営と呼ぶ経営モデルの原風景である。

「既」から「未」へ

サステナビリティ経営の波頭に立つためには、常識的な発想の枠組みそのものをいかに超えることができるかが鍵となる。

たとえば、時間軸。コロナ危機を迎えて、「レジリエンス（復元力）」の重要性が再認識されている。しかし、「復元」するだけでは何の進歩もない。Ｖ字回復かＵ字回復という議論をしている限り、従来型の発想を超えられない。

抜本的な変革が迫られている今こそ、未知の世界に大きく踏み出す絶好の機会となるはずだ。たとえばフランスの思想家ジャック・アタリは、二〇二〇年のＮＨＫ特集のインタビューで、コロナを契機として、利他主義という価値観が社会に広がると予言する。自分さえ良ければいいという発想では、パンデミックを乗り越えることはできないからだ。利己主義と利他主義は実は通底していることに気づかされる。時間軸に落とすと、「Pay it forward」という思想になる。

これまでサステナビリティの世界では、「ゼロＸＸＸ」が目標とされることが多かった。たとえば、「ゼロＧＨＧ（温室効果ガス）」。しかし、「ゼロ」では単に「復元」したことにしかならない。

今、ヨーロッパのサステナビリティ先進企業は、「ＸＸＸ・ポジティブ」を目標としている。たとえば「クライメート・ポジティブ」。企業活動を通じて、環境負荷をゼロにするだけではなく、地球環境にプラスの貢献をするという目標である。ドイツの機能性化学品メーカーのヘンケル、スウェーデンの家具メーカーのイケア、イギリスの小売業者キングフィッシャーなどが高らかに掲げている。

日本企業でもかつて、トヨタ前社長の渡辺捷昭が「走れば走るほど空気をきれいにするクルマをつくりたい」と語っていた。十数年前は荒唐無稽な話のように聞こえたかもしれないが、今こそ、そのような高みをめざすべきである。

空間軸では、いかにダイバーシティの枠を広げるか。SDGsは「誰一人取り残さない」世界の実現を掲げている。ジェンダーや人種の違いはもちろん、難民、国内避難民、無国籍の人々も視野に入れている。さらに「生物多様性（バイオダイバーシティ）」も、一七のうちの二つの目標（一四番：海の生態系、一五番：陸の生態系）に数えられている。

しかし、無生物はどうなのか？　気候（一三番）や水（六番）といった無生物は対象となっているが、それ以外は抜け落ちている。

たとえば、炭素は、「脱炭素社会」が安易に標榜されているが、植物の光合成によって作られた炭水化物、そしてそれをもとに作り替えられた、タンパク質や脂肪などの有機化合物は、生命のエネルギーの源だ。このような生態系の循環を、しっかり視野に入れる必要がある。

あるいは、無機化合物。水はもちろんのこと、カルシウムやリンなどのミネラルは、健康を維持するうえで必要な物質である。また人体と関係がない物質でも、リチウム、コバルト、タングステンなど、ハイテク製品に不可欠なレアメタルも、有益な資源として尊重しなければならない。

さらに、今後対応が求められる対象が、少なくとも二つある。

一つはウィルスだ。ウィルスは生物と無生物の境界領域に存在すると考えられている。とはいえ、生物多様性の対象とはしたくないと思うかもしれない。確かに新型コロナの猛威にさいなまれた人類にとって、新型コロナは人類にとって大きな脅威といえるだろう。

しかし、ウィルスの中には、動物や植物にとって有益なものも存在する。免疫や進化の働きを促すという。コロナのような悪玉やこれらの善玉を含めて、ウィルスといかに折り合いをつけていくかが問われている。

二つ目はロボットだ。無生物であっても、今後、生活や仕事のパートナーとして、欠かせない存在になっていく。ノーベル文学賞作家のカズオ・イシグロの最新作『クララとお日さま』[6]ではないが、これらＡＦ(Artificial Friend)といかに共存していくかが、これからの大きな課題の一つとなるはずだ。

サステナビリティ思想の中には、「自然回帰」などといった反文明論や脱成長論が織り込まれている。いわゆる「グリーン」モデルだ。しかし、そのような懐古思想に逃げ込んでいては、高い志を実現することはできない。

持続可能な未来を拓くためには、環境と共存し、さまざまなステークホルダーと手を組んで新たな課題を解決し続けなければならない。そこには生存本能に加えて、利他の精神が欠かせない。

自分や自分の周りだけでなく、はるかかなたに思いをめぐらす。現在や過去という既知の領域だけではなく、遠い未来に志の羽を広げる。そのような大局観や先見性こそが、サステナビリティ時代を導く海図となるはずだ。そしてそれは、次のテーマであるデジタル時代の切り札でもある。

第10章

デジタル時代に求められる進化力

二一世紀はＤＸの時代だといわれている。しかし、デジタル技術は二〇世紀後半から進化し続けてきた。これまでのＩＴ化と今のＤＸは、何が違うのか？　このシンプルな問いに、きちんと答えられる人は、意外に少ない。

従来型のＩＴ化は、デジタル技術を駆使して、主にホワイトカラー業務の効率化をめざしたものだった。それに対して、ＤＸでは、ＩｏＴなど、デジタル技術がリアルの世界に浸透することによって、現場を起点とした新たな価値創造がめざされる。

本質的な違いは、デジタル技術そのものというより、その活用の場と方法である。言い換えれば、ＤＸのＤではなく、Ｘ、すなわちトランスフォーメーションが鍵となる。何のために（Ｗｈｙ）、何を（Ｗｈａｔ）、いかに（Ｈｏｗ）変革するか。

本章では、まずＤ（デジタル技術）が経営にもたらすパワーの本質を見極める。そして、その

Dのパワーを駆使して、いかにX（変革）を仕掛けるかを論じることとしよう。

未来を読み解くキーワード

ケビン・ケリーをご存じだろうか？　シリコンバレーでは知らない人はまずいない。デジタル革命に焦点を当てた雑誌『ワイアード』の創刊編集長を務め、インターネット時代の幕開けを広く喧伝した人物だ。

そのケリーの著書に『〈インターネット〉の次に来るもの』[1]（原題 *The Inevitable*）がある。少し時間が経っているが、そこに描かれた一二のキーワードは、今なおデジタルのパワーの本質に迫るものである。

Becoming（なっていく）、Cognifying（認知化していく）、Flowing（流れていく）、Screening（映していく）、Accessing（接続していく）、Sharing（共有化していく）、Filtering（選別していく）、Remixing（再結合していく）、Interacting（相互作用していく）、Tracking（追跡していく）、Questioning（質問していく）、Beginning（始まっていく）の一二ワードである。

いずれも示唆に富んでいるが、なかでも筆者が注目するのが「Remixing」である。イノベーションがゼロから生み出されることは稀だ。多くは、既存の知の組合せによって生まれる。

経済学者ヨーゼフ・シュンペーターが「新結合」と名づけたダイナミズムである。筆者はこれを「異結合」と読み替えている。異質な知が掛け合わされることが必須だからだ。

デジタル技術の本質は、すべての情報を0と1に置き換えるパワーにある。そうなれば、業界の垣根はもちろん、時間や空間を超えて異質な知を結合することができるようになる。

したがってダイバーシティは、イノベーションの大前提となる。しかしダイバーシティを自律分散させていても、それぞれが拡大再生産を繰り返すだけだ。イノベーションを生み出すには、これらの知が融合する技が必要となる。松岡正剛の言葉を借りれば、「編集(editing)」パワーである。そしてトポロジーでいえば、前出の図9－3の「創発型(Collective Brain)」へと進化する必要がある。

それがこれからの組織に求められる「ダイバーシティ&インクルージョン」の本質といえるだろう。ただし、自社の中に閉じたものではなく、エコシステム全体に開かれたものでなければならない。

最初の「Becoming」と最後の「Beginning」も味わい深い。われわれはまだデジタルの世界に入り込んだばかりだ。そこでは変化が常態化する。懐古趣味に浸っている場合ではないのだ。

「その場にとどまるためには、全力で走り続けなければならない」

ルイス・キャロルの『鏡の国のアリス』の中で、赤の女王が語る有名なセリフだ。進化論には「赤の女王仮説」というものがある。生き残るためには、進化し続けなければならないというものだ。デジタルの世界では、そのような鏡の国の法則を体得しなければならない。

世の中では、デジタルの先はユートピアかディストピアかという論争が喧しい。ＧＡＦＡに代表されるデジタルネイティブは、デジタルユートピアを語りたがる。一方で、『ホモ・デウス』の著者ユヴァル・ノア・ハラリをはじめとする知識人の中には、デジタルディストピアへの警鐘を鳴らす人も少なくない。

しかしケリーによれば、そのような到達点を議論すること自体、意味がない。あるとすれば、ユートピアでもディストピアでもなく、「プレトピア（前哨地）」とでも呼ぶべきものであろう。デジタルの世界は常に進化し続けるからである。

引きつける力——Pullの哲学

さらに時代が少しさかのぼるが、『「ＰＵＬＬ」の哲学』[2]という名著がある。著者ジョン・ヘーゲル三世は、筆者のマッキンゼー時代の同志で、デジタル経営の第一人者である。

同書は、デジタルパワーの本質は、ＰｕｓｈからＰｕｌｌへの移行だと説く。大量生産・大量消費型から、必要なときに必要なものが利用されるようになる。ストックからフローへ、モノからコトへ、集中から分散へといったゲームチェンジが進むという。

特に注目すべきは、「コアからエッジ」へのパラダイムシフトである。コアとは中枢のことで、組織でいえば本社機能を指す。それに対してエッジとは末端、組織でいえば辺境だ。そして、イノベーションはコアからではなく、エッジから生み出されると説く。エッジこそが、環境変化の波打ち際で、新しい知が生まれる現場だからである。

ヘーゲルはそのような現象を「イノベーション@エッジ」と呼ぶ。そして、二〇二〇年春まで、シリコンバレーで、デロイトの「センター・フォー・エッジ」のトップを務めていた。

二〇二〇年一月末、ヘーゲルと久しぶりにウェブで会話をする機会があった。世の中ではDXのキーワードは、スケーラビリティ(拡張性)だといわれている。しかしヘーゲルは、それは「効率のスケーラビリティ」ではなく「学習のスケーラビリティ」だと主張する。前者は初めから失敗を避けて確実に規模を求めるのに対して、後者は失敗から早く学んで(トライ&ラーン)、成功の機会を増やしていく。

くしくも、二〇〇三年三月の『DIAMONDハーバード・ビジネス・レビュー』に掲載された筆者の論文「学習優位の戦略」[3]と重なるものである。

ヘーゲルが唱えるように、「Pull」は確かにネットワーク効果が期待できるデジタル時代特有のパワーである。しかし、Pullだけでは真の求心力は発揮できない。マグネットがモノを引きつけるのは、目に見えない強い磁力を発している(Push)からである。

どちらか一方ではなく、PushとPullを巧みに組み合わせることが鍵を握る。同様に、ストックとフロー、モノとコト、集中と分散の関係性をいかにダイナミックにマネージするかが、動的平衡を維持し続ける要諦となる。ヘーゲルが主張するようなＡからＢへという一方向のシフトではなく、ＡとＢがより高い次元で折り合っていくような弁証法的な進化のプロセスにこそ、本質があるといえそうだ。

脱学習力――Refreshing

リセットとリフレッシュの違いをご存じだろうか？

リセットは、完全に初期状態に戻すことを指す。それに対して、リフレッシュは設定や個人データはそのまま保存される。ＰＣ用語、厳密にいえば、マイクロソフトのウインドウズＯＳ用語である。

サティア・ナデラが、マイクロソフトの3代目ＣＥＯに就任したのが二〇一四年。二一世紀に入って一四年間、低迷を続けていた同社の株価は、ナデラ就任以来、五年間で四倍になった。ナデラは、この劇的な変革劇を自著の中で如実に語っている。そのタイトルが『ヒット・リフレッシュ』だ[4]。

「リフレッシュボタンを押せ」という題名がミソである。リセットだと、すべてをゼロから始めることになる。それに対して「リフレッシュ」は、組織の基本ＯＳを残しつつ、企業文化や行動原理などのアプリケーションを一新することをねらう。

ナデラの変革のキーワードが「成長(Growth)マインドセット」である。それまでのマイクロソフトは「固定(Fixed)マインドセット」に凝り固まっていた。ＰＣの黎明時から圧倒的な競争力を誇ってきた同社にとって、ウインドウズを核とするソフト資産をいかに守るかが最大の関心事だった。ＳａａＳ(Software as a Service)やクラウドサービスといった所有から利用へのパラダイムシフトが進行しているにもかかわらず、パッケージソフトの販売にこだわったのだ。その結果、ネット型事業モデルを主体に攻勢をかけるＧＡＦＡに、大きく後れをとることになった。

新ＣＥＯのナデラは、同社の価値観を、過去の成功の踏襲から、未知のものへの挑戦へと百八十度転換することを決意。行動レベルから意思決定レベルまで、きめ細かい変革プログラムを仕掛けていった。その結果、復活を遂げたというより、ＤＸ時代の新たな旗手へと大きく躍り出ることに成功したのである。今や同社の企業価値は、アップルと世界一を競い合うまでになっている。

同社の最大の資産は、ウインドウズやオフィスなどのソフトウェアではなく、それらをふまえて構築してきた企業ブランド、顧客ベース、パートナーネットワークなどの無形資産である。一方で、他社を蹴落として独り勝ちをねらう、あるいは、社内では足の引っ張り合いに明け暮れるようなよくいえば競争的、悪くいえば排他的な企業風土が巣食っていた。

自社を破壊するだけでは、今さらＧＡＦＡに追いつくことすら不可能だ。だからといって、今のままでは、じり貧を免れない。そこでナデラは、マイクロソフトの無形資産を活用しつつ、閉鎖的かつ線形的なマインドセットを開放的かつ非線形的なマインドセットに「リフレッシュ」するという文化大革命を実践したのである。

戦略シフトであれば、トップの強いリーダーシップで実践できるかもしれない。しかし、価値観のシフトという組織のＤＮＡを組み替えるような変革を、どうすれば実現できるのか？

ナデラがとったアプローチは、一言でいえば「学習シフト」であった。今までのパッケージソフトビジネスの成功モデルを、いったん脱学習（アンラーン）すること。そして、ネット時代に適した新たな勝ちパターン（アルゴリズム）を学習し直すこと。

そのようなアルゴリズムの書き換えを、ソフト事業の中では、過去半世紀近くにわたって頻繁に行ってきた。同様に、自社独自の無形資産というＯＳを活用しつつ、組織のアルゴリズム（価値観）を大きく書き換えれば、新生マイクロソフトとして成長軌道に乗ることができるはずだ。

この「学習シフト」という変革モードは、特に若い世代のエンジニアの心に響いた。過去を否定するのではなく、前に進み続けること。やがてマイクロソフト全体が「脱学習」の手応えをつかみ、自社の成長の壁を乗り越えていったのである。

業務ソフト主体のマイクロソフトは、ＤＸがもたらす成長機会をまだ十分つかみ切れていない。さらに、成長マインドセットに「利他(ベネフィット)マインドセット」をいかに組み合わせるかが、マイクロソフトの次の大きなチャレンジとなるだろう。

この「脱学習」ボタン(Hit Refresh)を同社のＯＳ(組織文化)にしっかりと組み込むことで、マイクロソフトは今後とも未来に向けて進化し続けるはずだ。

二〇二一年のダボス会議は、気候変動やコロナショックを踏まえて「グレート・リセット」をテーマに据えた。しかし、ゼロベースの「リセット」では、文化や知恵など、これまで蓄積された無形資産を活かせない。志本経営をめざすうえでは、「リセット」することなく、いかに「リフレッシュ」するかが知恵の絞りどころとなる。

北極星をめざせ

ＤＸを語る際に、筆者はいつも一枚のチャートを使っている(図10－1)。ここには、ＤＸに必要な五つの構成要素が盛り込まれている。

図10-1

DXn.0モデル

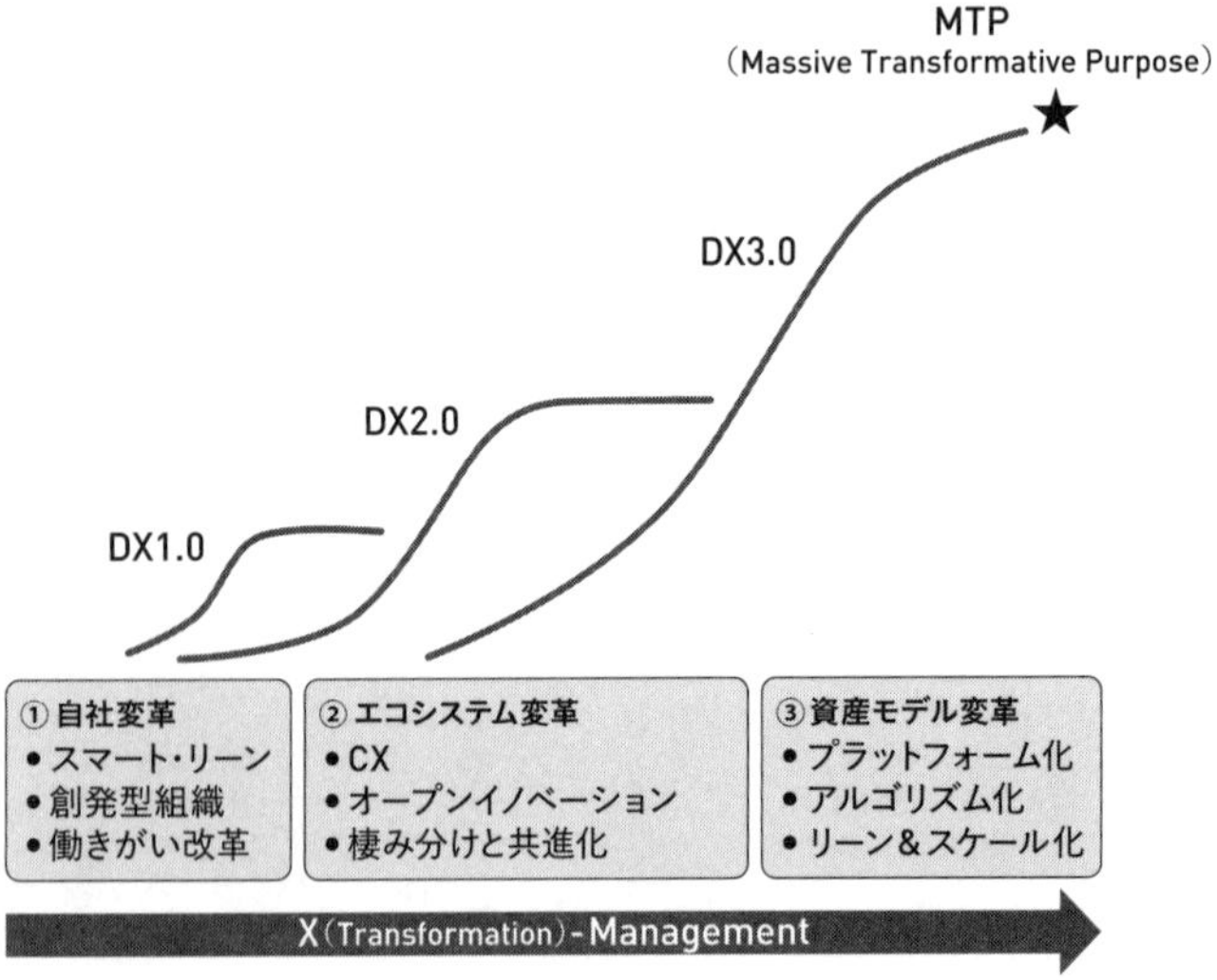

まずＤＸを始動させる大前提となるのが、右上の星である。シリコンバレーではＭＴＰ（Massive Transformative Purpose）と呼ぶ。日本語に訳すと、「巨大で変革的な志」。

ビジョンではなく「パーパス」であるところがミソである。ビジョンであれば、いくらでも自由に大言壮語すればいい。しかし、パーパス（志）となれば、自分たちは何のために存在するのか、自分たちが本当に達成したいことは何かという哲学的な問いを、自問自答しなければならない。

そのためには、初心に戻って、自分たちの原点を見つめ直す必要がある。しかし、それだけでは懐古趣味に陥ってしまう。そこで、その原点を遠い未来にまで高く飛ばすと、どこまでいくかをしっかり見極めなければならない。

原点とＭＴＰは見えない糸で結ばれているのである。糸が切れた凧であってはならない。したがって、ＭＴＰはＤＮＡ同様、その企業ならではのものとなっているはずだ。ＳＤＧｓの一七枚のカードを並べるような作業とは、本質的に異なる。先述したように、客観正義ではなく主観正義、規定演技ではなく自由演技が問われるのである。

シリコンバレーでは、ＭＴＰは「10X」とも呼ばれている。一〇倍、すなわち、一桁上をめざすという意味である。グーグルでは、もっと簡単に「ムーンショット」と呼んでいる。日本では、「北極星」という言葉が、最もしっくりくるようだ。

いずれにせよ、手が届かないぐらい遠いところに志を掲げる。すると、そこに届くためには、今の延長線ではなく、非連続な打ち手が必要になる。

特に日本企業の場合、ここが肝心なところである。日本の現場は職人芸（たくみ）が優れているので、たいていのことはヒトがこなしてしまう。したがって、デジタルを使う必要性がないのだ。これが、日本企業がデジタル化に遅れた最大の要因である。

同じインプット量で、一桁高いアウトプットを実現するためには、今までのやり方を抜本的に変革する必要がある。そのときに初めて、デジタルのパワーが生きてくるはずだ。

ＤＸ１・０——デジタルを駆使した自社変革

数多くの企業のＤＸを支援した筆者の経験では、ＤＸの実現にあたっては、大きく三つの変革ウェーブを波状的に仕掛けることが効果的である。

最初のウェーブでは、自社の中でデジタルをフルに活用して、戦略や組織、業務プロセスを抜本的に変革することをめざす。いわばＤＸ１・０である。

戦略レベルでは、顧客価値を飛躍的に高める（スマート）と同時に、顧客にとってのトータルコストを大幅に削減する（リーン）。筆者はこれを「スマート・リーン」戦略と呼んでいる。詳細は拙著『学習優位の経営』[5]を参照いただきたいが、その骨子は次のとおりだ。

マイケル・ポーターの古典的な戦略論は、顧客価値を高める（「差別化戦略」）かコストを徹底的に下げる（「コスト戦略」）の二者選択を迫る。しかし、それでは当たり前の結果しか生まない。価値とコストの二律背反を超えたときにこそ、真のイノベーションが生まれるのである。アップルはiPod、iPhone、iPadなどで、スマート・リーンイノベーションを繰り返し実現している。

通常は価値を高めようとするとコストが上がり、コストを削減するには価値を犠牲にしなければならない。両方をねらおうとすると、ポーターがいう「Stuck in the Middle（中途半端）」に陥りがちだ、しかし、センサーなどのＩｏＴとビッグデータを組み合わせれば、顧客価値を上げると同時に、コストを下げることが可能になるのだ。これこそが、ＤＸが企業戦略にもたらす最大の効用である。

組織レベルでは、前出の図9－3に示した「創発型組織」への変革をめざす。デジタルを活用することで、大企業や伝統企業が得意としてきた規模と範囲の経済と、中小企業やベンチャー企業が得意とするスキルとスピードの経済を、同時に実現することが可能になるのである。

ネットワーク型のトポロジーに移行することにより、自社の中だけにとどまらず、外部との接続も圧倒的に容易になる。これはウェーブ2のエコシステム変革を実現するうえで、不可欠な準備運動でもある。

業務レベルでは、デジタル技術を駆使することで、自律しつつ共創するというプロセスへの変革が可能になる。先述したように、イノベーションは現場の「ゆらぎ」からスタートする。「イノベーション@エッジ（辺境）」である。しかし、それだけでは、「$n=1$」でしかない。「$n=\infty$」にスケールさせるためには、個々の現場の「ゆらぎ」を「つなぎ」、そして、全社の業務プロセスそのものを「ずらす」ことが必須となる。先述した、「ゆらぎ－つなぎ－ずらし」という生物の進化プロセスを埋め込む必要があるのだ。

その結果、社員は単にルーティンを回すだけの単純作業から解放され、常にクリエイティブな仕事に専念できるようになる。なぜなら、ルーティンはデジタルによって自動化され、人間が果たすべき仕事は、新たなルーティンのネタ（$n=1$）を発見することになるからだ。

そうなれば、社員は「やらされ仕事」ではなく、「自分ごと化した仕事」に邁進できる。

今、日本では、政官産一体となって「ワーク・ライフ・バランス」や「働き方改革」を扇動している。これは大きな時代錯誤である。「ワーク」は仕事のために自分の時間を売り、ワークから解放されることで「ライフ」を取り戻すといった二〇世紀的な（もっといえば、一九世紀的な）労使モデルにとらわれてしまっているからである。

デジタルは、生活の中に仕事を持ち込むようになる。これはコロナ禍によってリモートワークを余儀なくされた多くの人々が、実感したことだろう。さらに仕事を自分ごととして捉えることができれば、仕事こそ自己実現の最大の機会となるはずだ。

そうなると、仕事と生活が不可分に融合する「ワーク・イン・ライフ」、さらには「ライフ・イン・ワーク」が実現するはずだ。筆者はこれを「働き方改革」ではなく「働きがい改革」と呼んでいる。日本の政官産もアナログ時代の仕事観から、デジタル時代にふさわしい先進的なモデルへと発想を切り替えなければならない。

このDX1・0は自社変革であり、ボトルネックがあるとすれば自分自身である。高いMTP（志）を掲げることで、ワクワクする未来に向けて自らを変革したいという心に火がつけば、実現は決して難しくないはずだ。

DX2・0——エコシステム変革

次のウェーブでは、外部関係者と有機的な生態系を構築することをめざす。DX2・0である。自社だけでは完結しないので、難度が数倍跳ね上がる。

まず顧客との関係性を、デジタルを駆使して進化させなければならない。ここでのキーワードはCXだ。ただし、巷で注目されているCustomer eXperience（顧客体験）のことではない。Customer Transformation（顧客変革）。すなわち、顧客を正しい未来へと誘っていくことである。この点は、第12章で詳述することとしたい。

さらに、多様な事業者との関係性を、デジタル技術によって緊密に融合させなければならない。その場合、異質なプレーヤーであればあるほど、範囲の経済が期待できる。先述した「異結合」であり、シュンペーターが喝破したようにイノベーションのドライバーとなる。

最近、経営の世界では「オープンイノベーション」が喧伝されている。しかし、実際に成功しているケースはほとんどない。この点についても、第12章で吟味することとしたい。

エコシステムの本質は、空間的な広がりと時間的な進化にある。

まず空間軸で見ると、生態系を形成するためには「共生」が不可欠となる。先述した今西錦司の「棲み分け」論である。棲み分けるためには、他社にはない独自の価値を磨き上げる必要がある。そのような尖った価値を提供できない企業は、オープンイノベーションに参加する資格すらない。

一方、時間軸で見ると、「共進化」が鍵を握る。生態系全体が環境に適応していく過程で、生態系を構成する生物同士がお互いに進化し合うことを指す。これは生物に限る現象ではない。アメリカの物理学者エリッヒ・ヤンツは、『自己組織化する宇宙』の中で、銀河とブラックホールが共進化すると論じた。[6] また、人工生命や人工知能では、共進化アルゴリズムが使われている。

企業間においても、「共進化」が生態系全体の価値創造のドライバーとなっている。かつては、「ケイレツ」に代表される閉鎖的な企業間連携が、共進化の代表例だった。デジタル時代においては、より開放的な企業間連携に基づく共進化が広がっている。

この空間的な共生と時間的な共進化を融合させたモデルが、前述した福岡伸一の「動的平衡」論である。生物は常に動的に進化しつつ、全体の平衡を保ち続ける。生態系全体で、「ゆらぎ―つなぎ―ずらし」のメカニズム（構造）とダイナミズム（力学）を絶え間なく持続させているのである。

企業も生態系のサステナビリティを維持し続けるためには、この動的平衡をエコシステム全体で保ち続けなければならない。そして、顧客や他の事業者にとどまらず、社会、地球や宇宙など、より幅広い生態系を視野に入れなければならない。デジタル技術に基づく複雑系アルゴリズムは、そのような生態系との関係性をダイナミックに進化させ続けるうえで、重要なツールとなる。

DX3・0——資産モデル変革

三つ目のウェーブが、資産モデルの変革である。世の中では、事業モデル・イノベーションという勇ましい言葉が飛び交う。しかし、それ自体はそれほど難しい話ではない。

事業モデルとは、一言でいえば、課金（マネタイズ）の方法である。たとえば「モノからコトへ」「サービスエコノミー化」「サブスク」「リカーリング」などが注目されているが、それらはいずれも大昔から存在していた課金方法である。

スイスのザンクトガレン大学教授のオリヴァー・ガスマンらは、これまで世の中に出回った事業モデルを五年間かけて研究した結果、五五のパターンが繰り返し用いられてきたにすぎないことがわかったという。[7]

要するに、事業モデルそのものは、コモディティなのだ。模倣することは難しいわけではなく、かつ、それ自体で差別化することは不可能である。ただし、デジタル時代においては、事業モデルを構築するうえで、次の三つの次元に留意する必要がある。

第一に、空間軸上の広がりを捉えるために「プラットフォーム」化が、容易になること。プラットフォームを日本語に直せば「場」に相当する。顧客や多様な事業者がビジネスを行う基盤である。自社単独で顧客と向き合うのではなく、プラットフォームを活用することで、個々の顧客に対して最適の価値提供を実現することが可能になる。

プラットフォーマーとしては、アメリカのＧＡＦＡＭ(GAFA+Microsoft)や中国のＢＡＴＨ(Baidu, Alibaba, Tencent, Huawei)の台頭が注目されている。確かにプラットフォームを利用する顧客や事業者の数は圧倒的だ。しかし、単なる数のゲームは早晩、終わりを迎えるだろう。選択肢が多いだけでは、深い関係性は築けないからだ。

空間軸上の関係性の奥行きを深めるためには、第二の「アルゴリズム」化が、必須となる。そこで鍵を握るのが、顧客が求める価値を深く読み解く「セマンティック(意味論)」上のアルゴリズムを研ぎ澄ませることにある。

ビッグデータそのものは、ゴミの山だ。その中から価値のある情報を抽出し、それを顧客にとって価値の高い意味合いに編集するプロセスが求められる。単なる汎用的なプラットフォーマーには、異質な情報を組み合わせて深い価値を表出させる知恵は期待できない。

第三に、時間軸上の進化を加速するためには「リーン&スケール」化が鍵となる。

シリコンバレーではかつて、「リーン・スタートアップ」がもてはやされた時期がある。ＭＶＰ(Minimum Viable Product：最小限役に立つ商品)をいち早く世に送り出して、市場の反応を探るという手法だ。しかし、今では完全に廃れている。ＭＶＰはゴミの山を作るだけに終わってしまうからだ。

リーンにスタートすること自体は、間違いではない。しかし、より重要なことは、そこからいかに骨太な事業に育て上げるかにある。スタートアップ、すなわち「〇→一」ではなく、スケールアップ、すなわち「一→一〇〇」が成否を決する。

デジタル技術によって開放型の生態系が形成されれば、ネットワークの経済の力で指数関数的な成長を生み出すことができる。したがって、ＤＸにおいては一から一〇〇への二桁成長をいかに短時間に実現するかが勝負となる。キーワードは、「リーン・スタートアップ」ではなく「リーン・スケールアップ」なのである。

ただし、その際には、有形資産から無形資産へと大きく軸足を移す必要がある。有形資産は排他的に専有化されるため、収穫逓減の法則に縛られる。一方、無形資産は多用化・多重化が可能であるため、収穫逓増の法則が働く。無形資産については、第12章で詳述したい。

事業モデルはコモディティにすぎない。デジタルのパワーを使い倒すためには、有形から無形への「資産モデル」の変換こそが、最も重要な経営課題となるのだ。

Xのマネジメント

DX1・0から3・0の三つのウェーブを実践することは、難しいことではない。前述のとおり、すべきことが明確だからだ。ゼロスタートのベンチャー企業は、このDXn・0のセオリーどおりに、攻めまくればよい。

しかし、既存企業はそうはいかない。主力のキャッシュカウ事業を抱えている中で、デジタルを駆使して破壊的イノベーションを仕掛けることは、命取りになりかねないからだ。DXを実践するうえで、このX（トランスフォーメーション）のマネジメントこそが最大の難問となる。

まずは既存事業から切り離して、デジタル事業を仕掛けようとする企業が少なくない。そうすれば本丸のキャッシュカウを守りながら、外で他流試合を挑むことができると安易に発想するためである。いわゆる「出島」モデルである。

実験的にスタートすること自体は、悪いことではない。しかし前述したとおり、スケールアップこそがデジタル時代の勝敗を決するのである。本体から切り離したのでは、数多ある小粒なベンチャー企業と変わらなくなる。それどころか、実験を旨としている限り、決して成功することはない。

そもそも江戸時代の出島が機能していたのは、徳川幕府とつながっていたからである。単なる外洋に浮かぶ孤島であれば、外国船が寄りつくはずがない。同様に企業の外堀に浮かべた出島には、顧客も他の事業者も何の魅力も感じないはずだ。

実験的に出島でスタートさせるのであれば、できるだけ早く本体と陸続きにする必要がある。

「両利きの経営」がキーワードとして注目されている。既存事業の深化と新規事業の探索を、同時に進めなければならないという判断は、もちろん正しい。問題はいかに実践するかだ。

両者を同じ組織の中でこなそうとすると、確実に失敗する。そもそも両者は経営のグリップポイントが異なる。既存事業では既存プロセスの効率化と、利益の最大化が優先され、新規事業では市場規模の拡大と新規プロセスの確立が優先されるからだ。既存事業に引きずられると非連続なイノベーションは不発に終わり、新規事業に軸足を移そうとすると既存事業の寿命を縮めてしまう。

かといって、両者を全く切り離してしまうと、これも確実に失敗する。既存事業は進化の機会を失い、新事業は既存事業の規模の経済を活用できず、小さなベンチャー事業で終わるのが関の山だからである。

有名な例が、ＰＡＲＣ(Palo Alto Research Center)である。東海岸に本社を置くゼロックスが、一九七〇年にシリコンバレーに開設したイノベーションハブだ。マウスやグラフィカル・ユーザインタフェースなど、コンピュータサイエンス領域で先端的なイノベーションを、矢継ぎ早に創出していった。

しかし、それを実際に事業として大きくスケールさせていたったのは、アップルだった。一方で本体のゼロックスは、これらの成果を取り込むこともできず、既存事業領域にとどまり続けた。

現在、シリコンバレーにイノベーション拠点を置く企業は少なくない。とはいえ、そのほとんどが、PARCのような画期的な研究成果を上げることすらなく、ましてや、本体のDXの導線役も果たしていないのが現状である。

両利きの経営を成功させるには、このジレンマをいかに超えるかが最大の課題となる。その一つの有力な答えが、「デュアル（二重）OS」組織だ（図10−2）。リーダーシップ論や企業変革論の大家であるハーバード・ビジネススクール教授のジョン・コッターが、著書『実行する組織』[8]（原題 *Accelerate*）の中で提唱しているモデルである。

デュアルOSとは、従来型のピラミッド組織と柔軟なネットワーク組織が二重構造になったものである。この二つの組織の間で、人が自由に行き交うことにより、ネットワーク組織が引き起こす「ゆらぎ」がピラミッド組織に波及（「つなぎ」）し、ピラミッド組織そのものの地殻変動（「ずらし」）を引き起こす。まさに、「ゆらぎ−つなぎ−ずらし」という進化のプロセスが生み出されるのである。

このモデルを突き詰めていくと、筆者が『学習優位の経営』[9]の中で提唱した「メビウス運動を実現する三つのミドル機能」に凝縮されていく（図10−3）。

図10-2

デュアルOS組織

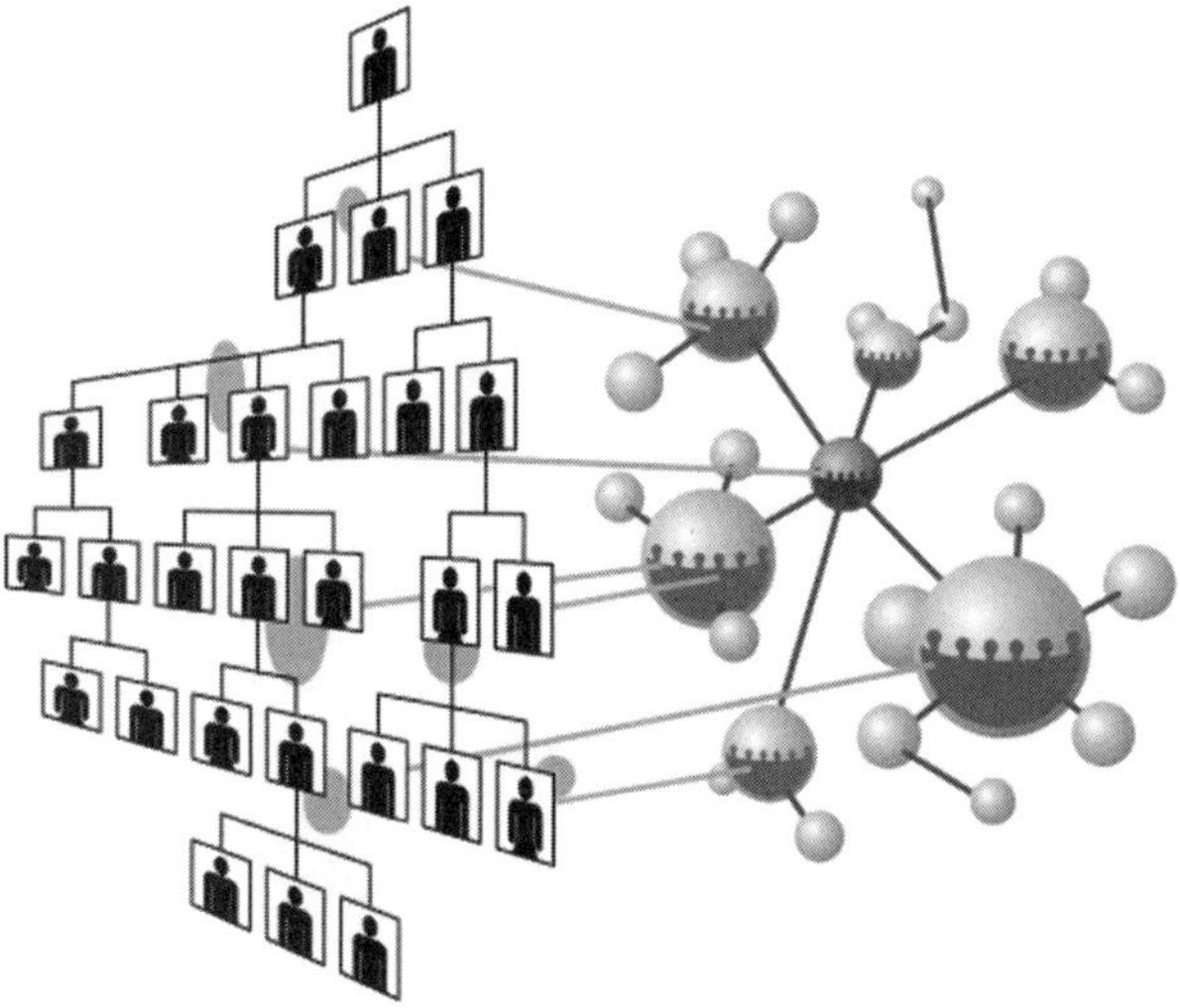

出所：コッター（2015）

いずれにせよ、「両利きの経営」を生半可な理解で導入したところで、ＤＸは決して成功しない。Ｄではなく、このＸのマネジメントこそ、ＤＸの勝敗を決することを、経営者は肝に銘じていただきたい。

図10-3

メビウス運動を実現する3つのミドル機能

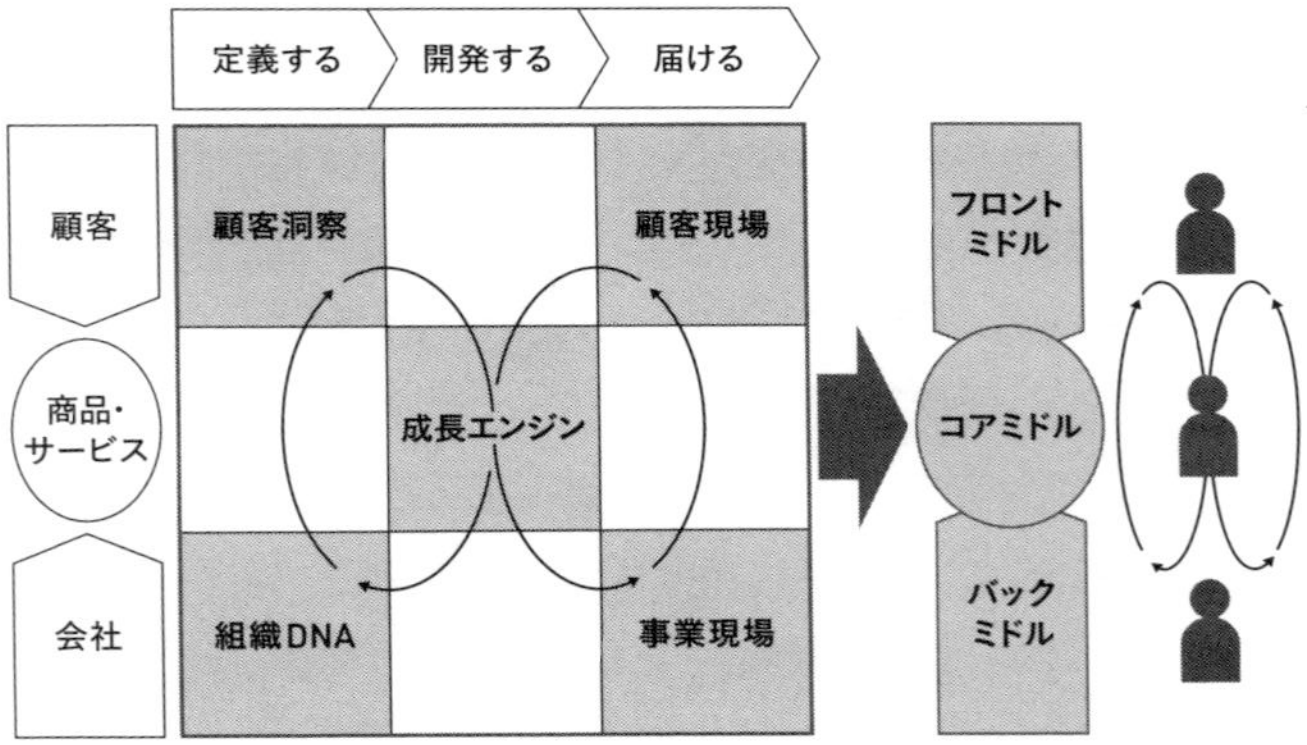

役割

- 顧客・未顧客の非言語的声を顧客洞察に置き換え、その独特の能力と運用モデルを考慮に入れる
- フロントミドルからの顧客フィードバックと、バックミドルによって定義された自社の無形資産を他社の資産と統合して、スケーラブルな事業モデルを開発する
- 組織DNAに埋め込まれている、未開発の隠れた無形資産(コアコンピタンス)を作動させ、オペレーショナルエクセレンスに磨きをかける

D人財でなくX人財

DXを実践するうえでの最大の鍵は、いかにDX人財を獲得、育成するかである。

日本ではDXブームの中で、D（デジタル）人財が引っ張りだこだ。AIやデータベースに精通した人財の争奪戦の様相を呈している。しかし、そこには悪い知らせと良い知らせがある。

まず悪い知らせから。そのような一流人財は、決して手に入らない。そもそもデジタルの最先端にいない普通の企業に、そのような人財が来るはずがない。間違って来ることがあったとすれば、大いなるリクルートミスである。実は使いものにならないか、あるいは、すぐに転職してしまうだろう。

そのような外部人財は諦め、早々に社内人財のデジタル教育に切り替える企業も後を絶たない。もし内部人財をデジタル人財にコンバートするつもりであれば、これも無駄である。二流か三流のデジタル人財に終わるのが、関の山だ。

では、良い知らせは何か。そもそもピカピカのデジタル人財など、普通の企業にとっては無用の長物なのである。

超一流のデジタル人財は、外部の超一流デジタル企業に集結している。あるいはフリーランサーとして、活躍している。そのような外部人財をプロジェクトベースで、徹底的に活用すればよい。そもそも最先端のＡＩやデータベースは、これらのデジタル企業がクラウド上のテンプレートやアルゴリズムとして、いつでも使えるように取り揃えている。

もちろん、そのような標準的なものを、自社独自のアルゴリズムやソリューションに磨き上げる必要がある。それも社内人財より、一流のアルゴリズムアーキテクトやソリューションベンダーを雇ったほうが早いし、実りが多い。そのような人財は、社内に抱え込もうとするのではなく、必要なときにオンデマンドで集めることこそが、デジタル時代の流儀である。

では、ＤＸに不可欠は社内人財は誰か？　それは自社の業務、事業、そして経営に精通している人財である。ただし、決められたことをきちんと実行するだけでは意味がない。そのような人財は、あっという間にデジタルに置き換えられてしまうのがオチだ。

自社の業務や事業、そして経営を深く知り、かつそれらを常に進化させようという気概にあふれた人財が求められている。そのためには、デジタルで何ができるかを学ぶ姿勢は必要条件となる。そのうえで、それを自社の業務・事業・経営に応用する知恵が十分条件となる。社内で必要なリカレント教育は、デジタルの知識ではなく、デジタルを応用して変革をリードし、実践するスキルなのである。

言い換えれば、Ｄ人財ではなく、Ｘ（トランスフォーメーション）人財こそが、ＤＸ実現のために自社の中で育てなければならない人財なのだ。ＤＸに浮足立っている経営者は、この本質をしっかりと再認識することから始めなければならない。

ＤＸからＸＸへ

ここまで論じてきたように、ＤＸの本質はＸ、すなわちトランスフォーメーション（変革）である。デジタルは変革のための道具にすぎない。

では、何を変革すべきか？　経営環境が大きく変化し続ける中で、企業として進化し続けるためには、あらゆるものを変革の対象としなければならない。たとえば、価値軸を大きく変革する必要がある。機能や効率などの機械的な価値軸から、質感や共感といった感性的な価値軸へのパラダイムシフトが求められる。いわばＶＸ（Value Transformation）である。

また、顧客の変革を支援する必要がある。従来ＣＸといえば、Customer eXperience、すなわち顧客体験をいかに豊かにするかが問われてきた。しかし、サステナビリティが究極の課題となり、デジタルという飛び道具が進化し続ける中で、顧客自身が非連続な変革に迫られている。その顧客の変革ジャーニーのパートナーであり続けること、すなわち、Customer Transformationこそが、これからのＣＸの中心テーマとなるはずだ。

人財要件も抜本的な見直しが迫られる。今はデジタル人財が引っ張りだこだ。しかし、いずれＡＩが自律的に進化するようになると、デジタルスキルはコモディティ化する。その一方で、人間には大局観や先見性など、アナログ的なリベラルアーツがこれまで以上に求められるようになるだろう。ＰＸ、すなわち、People Transformationが大きな経営課題となるはずだ。

これらを含めて、経営モデルそのものの変革が必須となる。経営の主軸を、モノやカネなどの有形資産から、知恵やヒトなどの無形資産へと大きくシフトさせなければならない。この無形資産経営については、第12章で詳しく論じることとしたい。いずれにせよ、ここではＭＸ、すなわち、Management Transformationが問われることになる。

前出のサティア・ナデラの『ヒット・リフレッシュ』は、デジタル時代ならではの変革ストーリーだが、単なるＤＸではない。それはＶＸであり、ＣＸであり、ＰＸであり、究極的にはそれらを包含したＭＸだったのである。

そもそもＤＸという言葉には、肝心の目的語がない。デジタルを駆使していったい何を変革するというのか？ 変革の対象をＸとするなら、ＸＸ（ＸのTransformation）と呼び換えるべきではないだろうか？ 最初のＸにはＶ、Ｃ、Ｐ、Ｍのいずれが来てもよい。

ちなみに、筆者はＡＸ（たとえば、Asset Transformation）からＺＸ（Zero-to-One Transformation）まで二六文字のアルファベットすべてを使って、トランスフォーメーションを語ることができる。ここで語り始めると、ただでさえ分厚い本がますます膨張してしまうので、諦めよう。読者も一度、試されてはどうだろうか。

第11章

「グローバルズ」のフラクタル構造

グローバル対ローカルという問題は、古典的なトレードオフだった。これをトレードオンに転換する「トランスナショナル（国境を超える）」モデルが提唱されて四半世紀が経つ。日本企業の間では、「グローカル」モデルとして定着している。

しかし、それを実践することは、決して容易ではない。多くの企業では、縦（ローカル）か横（グローバル）を主軸とし、もう一方を補助線のようにしか位置づけていないのが実情だ。

ここでも、組織のトポロジーの進化を示した図9－3が参考になる。ローカル軸を重視したのが右下の自律分散型で、グローバル軸を重視したのが左上の中央集権型である。しかし、本来向かうべき方向は右上、すなわち創発（Collective Brain）型組織である。デジタルのパワーを駆使すれば、地球規模でトレードオンを実践することが可能なはずだ。

センター・オブ・エクセレンスの先へ

グローバル戦略の古典的教科書とされてきたのが、『地球市場時代の企業戦略』[1]（原題 *Managing Across Borders*）である。同書の中で、著者のハーバード・ビジネススクール教授のクリストファー・バートレットらは、ローカルとグローバルのトレードオフを相克するモデルを「トランスナショナル」型と名づけた。

そして、それを実現する仕組みとして「センター・オブ・エクセレンス（ＣｏＥ）」を提唱した。ＣｏＥとは、組織横断的な専門集団のことである。グローバル戦略の文脈では、特定のテーマに関して世界で最先端の国や地域がＣｏＥとなって、情報収集、戦略立案、商品開発などをリードし、全世界に展開する役割を担う。グローバルＨＱがすべてのグローバル戦略の中心（ハブ）になるのではなく、特定のトピック別にＣｏＥが世界中に点在することになる。

その結果、各地域がローカルの特性を極めるとともに、それをベストプラクティスとしてグローバルに伝播していく仕組みができあがる。まさに、ローカルがグローバルにつながる「トランスナショナル」モデルである。

たとえば日本では、資生堂が二〇一六年に発表した「Vision 2020」の中で、「ＣｏＥネットワーク」構想を標榜している。スキンケアは日本、メーキャップとデジタルはニューヨーク、そして、フレグランスはパリにＣｏＥを設置。各ＣｏＥはベースとするエリアの地域本社に拠点を置きながら、ブランドや他のＣｏＥとも連携しながらグローバルに活動している。

同じトピックでも、領域によって、ＣｏＥの拠点は異なる。たとえばＳＯＭＰＯホールディングスは、デジタルハブを三拠点に置いている。シリコンバレーはサイバー系、テルアビブは組込みソフト系、そして東京はサイバーとリアルを融合させるＣＰＳ（サイバー・フィジカル・システム）のハブとして機能している。三拠点が相互に結合されるとともに、世界中のリアルの事業現場と連携することで、トランスナショナルモデルの実現をめざしている。

さらにデジタル技術を駆使すれば、ＣｏＥというコンセプトそのものが発展的解消に向かうだろう。深層学習などのＡＩ技術の進展に伴い、特定領域の専門性は同質化し、コモディティ化していく。付加価値を生み出し続けるためには、異質な知恵を融合させる必要がある。かつてヨーゼフ・シュンペーターが「新結合」と呼んだイノベーションのエンジンである。

そのためには、世界中の異質な知恵を融合させ、世界中の現場に伝播していくためのナレッジプラットフォームが不可欠となる。セールスフォース・ドットコムやアマゾンなどのクラウドは、すでにそのようなナレッジプラットフォーム機能を提供している。それらを活用することで、自社のみならず、世界中の顧客やパートナーとの知識創出と伝達が、瞬時に可能になる。

ここでもＤＸ実現の鍵を握るのは、Ｄ（デジタル）ではなくＸ（トランスフォーメーション）である。デジタル技術はすでにある。足りないのは、各企業の事業や経営の主体側にある。

これまでのグローバル経営は、「事業軸×機能軸×地域軸」という三軸のマトリクスで運営されてきた。ＣｏＥは、事業や機能に特化して、地域の壁を超えるための仕掛けだった。

しかし、これからは事業や機能の壁そのものを、地域を超えて融合させていかなければならない。そうすれば、ＣｏＥを超えたＥＥＥ、すなわち「エクセレンス・エブリタイム・エブリホエア」という新しいグローバルパラダイムが現出する。これを筆者は「トリプルＥ」モデルと呼んでいる。前述の図9－3は、そのような組織構造の変化を示したものである。

そのためには、二〇世紀型の三軸マトリクスの壁を超えて、新しい価値を創造するという経営や事業現場の志（パーパス）が、改めて問われることになる。

トリプルＡモデルの進化

次世代の「トリプルＥ」を紹介したところで、二一世紀初頭に提唱された「トリプルＡ」モデルについて、言及しておこう。

現代のグローバル戦略の第一人者といえば、パンカジュ・ゲマワットである。ゲマワットは、筆者がハーバード・ビジネススクール在学中、歴代最年少の正教授となったことで注目されていた。筆者自身、ミニミルの雄ニューコアのケースを一緒に執筆するなど、ゲマワットから直接、指導を受ける機会も多かった。[2] 切り口の斬新さと切れ味の鋭さは、師匠のマイケル・ポーターをはるかにしのぐ。現在は、スペインのＩＥＳＥビジネススクールとニューヨーク大学スターン・ビジネススクールで活躍している。

ゲマワットの最新著『ＶＵＣＡ時代のグローバル戦略』[3]（原題 *The New Global Road Map*）は、グローバル戦略の教科書の当面の決定版となりそうだ。二〇〇七年の『ハーバード・ビジネス・レビュー』に掲載され、この著作でも改めて論じられているのが、「トリプルＡ戦略」である。

トリプルＡは、Adaptation（適応）、Aggregation（集約）、Arbitrage（裁定）の三つを指す。最初の二つがそれぞれローカル化とグローバル統合という古典的な二項対立を指すのに対して、その対立を埋める仕組みとして「アービトラージ」を提唱しているところがこのモデルの真骨頂である。地域ごとの「差異」をうまく利用して、最適解をめざすという考え方である。

ゲマワットは、賃金格差などのファクターコストを例に出しているが、これはあまりにも当たり前。「アービトラージ１・０」とでも呼ぶべきレベルである。

筆者はこのゲマワットの論点をふまえて、「進化するアービトラージ」モデルを提唱している。[4] 図11－１をご覧いただきたい。

「アービトラージ２・０」は、国境を超えて経営資源を獲得し、国や地域ごとの知恵や強みを共有しながら、それぞれの特徴を生かした製品づくりやビジネスを行うことを指す。この段階においてはコストの差異ではなく、価値やスキルの差異に注目する。

図11-1

トリプルAモデルの進化

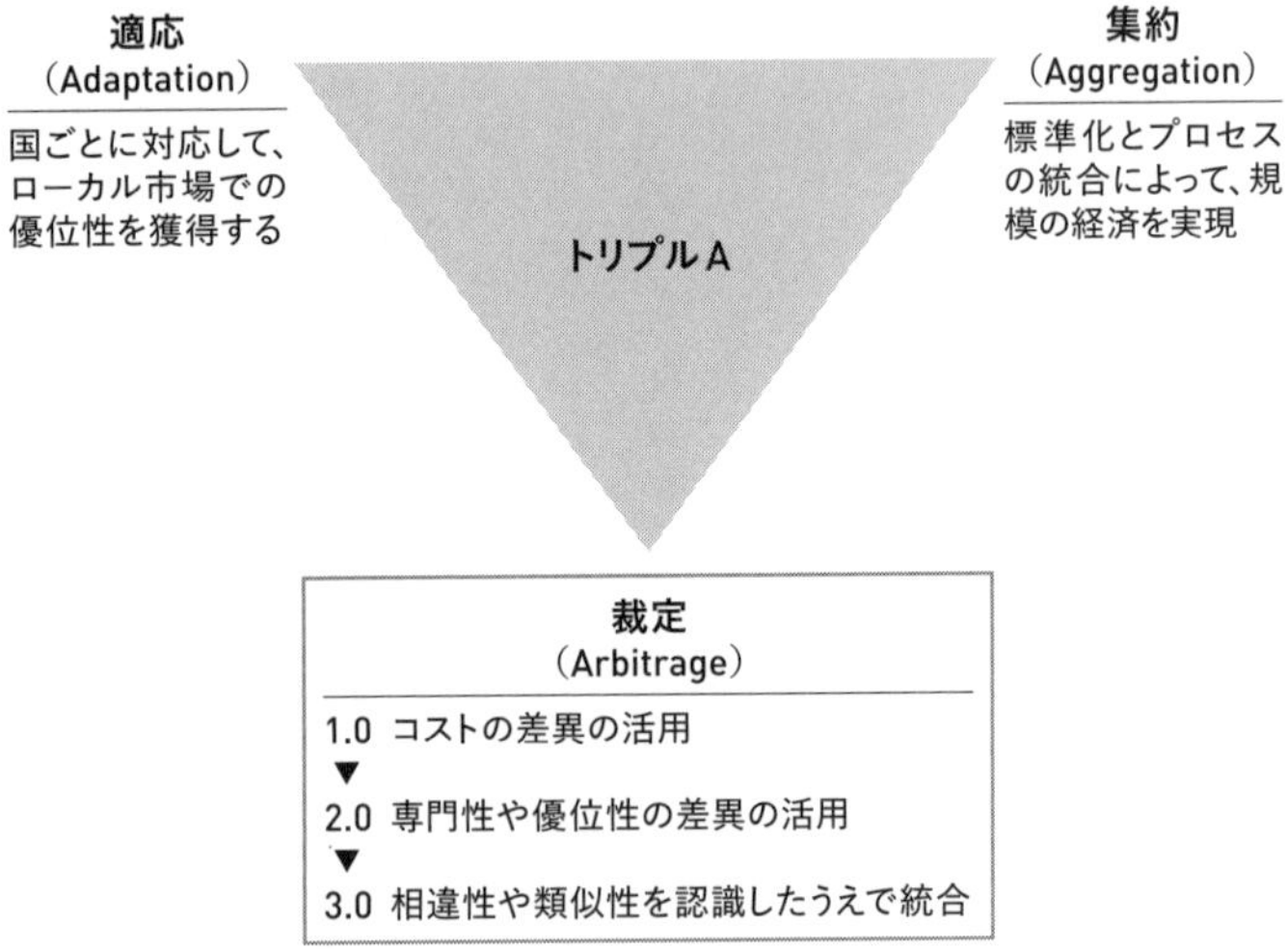

1・0と2・0が足し算だとすれば、3・0では掛け算の効果をめざす。自社の志（パーパス）や独自性を共有したうえで、地域ごとの文化、政治、地理、経済の差異を認識し、双方向に知恵を出し合いながら異質のものを融合する。これにより何倍もの価値を生み出すのが、鞘抜きや分業を超えて3・0に進化したアービトラージだ。

ここでも、組織のトポロジーの進化を示した図9−3が参考になる。ローカル軸を重視したのが、右下の自律分散型で、グローバル軸を重視したのが左上の中央集権型である。しかし、本来向かうべき方向は右上、すなわち創発型組織であり、ここがアービトラージ3・0のゾーンである。デジタルのパワーを駆使すれば、地球規模でトレードオンを実践することは可能なはずだ。

マッキンゼーの進化が止まった理由

この「創発型」企業の代表例が、かつて筆者が在籍した頃（一九九一～二〇一〇年）のマッキンゼーである。

マッキンゼーには「本社」がない。強いていえば、グローバル代表のいる場所だろう。それは多くの場合、飛行機の中だ。とはいえ、グローバル代表も「象徴」にすぎず、何ら実権を持たない。ローカル代表も単なる大家だ。

組織の基本ユニットはＣＳＴ（Client Service Team）。クライアント企業の多くはグローバル企業なので、ＣＳＴもグローバルな組織となる。たとえば筆者がグローバルリーダーを務めていたトヨタＣＳＴには、北米、欧州、東南アジア、中国、インドなどにもメンバーがいる。また筆者自身、サムスンＣＳＴやシーメンスＣＳＴのメンバーも兼ねていた。

そこに縦糸と横糸が加わる。縦糸はプラクティスと呼ばれ、産業セグメント別になっている。筆者はハイテク・通信分野や自動車・製造業の日本リーダーやアジアリーダーを兼任していた。また、横糸はセクターと呼ばれ、戦略、ファイナンス、マーケティング、オペレーションなどに分かれる。筆者はこのうち戦略セクターのグローバルリーダーの一人だった。

マッキンゼーのパワーの源泉は、この縦糸、横糸が織りなすナレッジの蓄積と伝播の仕組みにある。各プラクティスやセクターには、ナレッジリーダーと専任のナレッジマネージャーがいる。たとえば筆者は、戦略セクターのイノベーショングループのグローバルナレッジリーダーを兼務していた。

ナレッジリーダーは、ナレッジマネージャーとともに、それぞれのプラクティスやセクターの知恵を世界中から収集し、「タグ」づけをし、世界中の他のメンバーに伝える役割を担う。そこにはデジタルのパワーが、ふんだんに使われる。かつてはロータスノーツ、今ではウェブベースのナレッジポータルが、メッシュ状に織り込まれている。

ここにプラグインすれば、その産業のそのトピックに関するマッキンゼーの世界最先端の知恵を瞬時に獲得できる。入社したばかりのコンサルタントが、世界企業を相手に価値が出せるのは、この仕組みがあるからだ。

ただし残念なことに、リーマンショック以降、マッキンゼーはこの仕組みへの投資に手を抜き始めた。あまりにも手間がかかり、そのわりには、リターンが少ないからだ。その代わり、グローバルなマクロトレンドを分析したり、予測するといったシンクタンクの真似事に注力するようになった。

そして、コンサルティングの主体は、イノベーションや成長よりも、コスト削減や企業再生へと、大きくシフトさせることにした。先端テーマに知恵の限りを尽くして取り組むより、世界中で標準的（クッキーカッター）アプローチが可能になるため、費用対効果が圧倒的に高いと判断したからである。

その結果、世界の超一流企業との共創を通じて最先端の経営の知恵を磨き上げていくという、マッキンゼー独自の組織知の進化が止まってしまった。マッキンゼーは、世界に稀に見る「現場（ローカル）発グローバル知識創造企業」の座を、自ら放棄したのである。

「知識創造企業」といえば、野中郁次郎と竹内弘高による同名の書籍[5]が有名だ。そこでは暗黙知を形式知へと変換していく日本企業独自の知識創造のプロセスが描かれている。

しかし残念なのは、日本企業は、それをグローバル規模で展開できなかったことである。同質的な日本の中だけで創造する知恵は、多様化するグローバル市場には通用しない。

もっとも、そのようなグローバルな知識創造の仕組みを作ることができた企業は、世界中でもまだ存在していない。筆者が知る限り、唯一、ある時期のマッキンゼーがそれに最も近い存在だった。現場で生まれた暗黙知を形式知に落とし込み、それを組織全体に伝播する仕組みを、世界規模で回し続けていたからだ。

しかし、価値創造より効率を重視するという大企業にありがちな利益優先主義が、世界遺産ともいうべき偉大な無形資産を過去に置き去りにしてしまったのである。

ボーダーレスかボーダーフルか

そのマッキンゼー全盛期に活躍したのが、大前研一である。いや、正しくは大前さん（とあえて呼ばせていただく）が活躍していたからこそ、マッキンゼーがあれだけグローバルなフロントランナーとして走り続けることができたというべきだろう。

筆者は一九九一年に同社に入社し、九四年に大前さんがマッキンゼーを辞めるまでの三年間、「チーム大前」の一員として、大前さんの世界規模での活躍を近くで見ることができた。そして、同氏に退社を迫ったマッキンゼーが、その後に凋落していく過程を目の当たりにしてきた。

当時は、まだインターネットも商用化される前で、世界中のマッキンゼー社員には、プラクティスやセクターの最先端の知恵が、裏表一枚のフライヤーのようなペーパーで配られていた。大前さんは、それをカバンの中に突っ込み、超多忙の時間の合間を縫って、丹念に目を通していた。そして、そこでのトピックを組み合わせて、「世界の経営最前線」といったタイトルの連載を、『プレジデント』誌に展開していた。

途中入社の新人の最初の仕事は、この記事の下書きのための調査だった。筆者に与えられたテーマは「環境ビジネス」だった。「国連気候変動枠組条約」が採択されたのが一九九二年、それに基づき国連気候変動枠組条約締約国会議（COP）がスタートしたのが、それから三年後。

一九九一年当時は、ようやく環境が経営課題として浮上し始めた頃だった。

マッキンゼーでも、ヨーロッパを中心に、環境ビジネスをテーマとするプラクティスが立ち上がっていた。筆者が渡されたフライヤーの一枚は、そのプラクティスが発信したものだった。大前さんは、それをイノベーション、マーケティング、コーポレートファイナンスといったセクターの知見と組み合わせて、新しいフレームワークを提示しようとしたのである。

ポーターがCSVを提唱する二〇年も前の話である。このように、マッキンゼーのグローバルな知見を縦横無尽に組み合わせて、斬新な切り口を提示することこそ、大前さんの得意技だった。先述したリミックスの天才であり、最もレベルの高い知の編集者だったといえるだろう。そのような才能が、マッキンゼーという知のプラットフォームの上で、炸裂していたのである。

当時、大前さんの著作『ボーダレスワールド』(6)が世界的ベストセラーになっていた。今後、国境を超えた経済活動が主体となると論じたものだ。

ところが残念ながら、その後世界はますますボーダーフルな方向に向かっているように見える。特に最近は、トランプ政権、ブレグジット、新型コロナなど、世界を分断する動きが加速している。

しかし、大前さんが予言したとおり、デジタル化の波に乗って、情報は瞬時に世界を駆けめぐっている。サステナビリティは、世界共通の課題となって、われわれに抜本的な変革を迫っている。政治や疫病がいかに抑止力を働かせようと、グローバル化の動向を止めることはできない。

　ボーダーレスかボーダーフルかという二者択一は、正しい問いの立て方ではない。世界に現実の国境、そして目に見えないさまざまなボーダーがあることは、歴然とした現実である。これが近い将来になくなるとは、まずありえない。しかし、だからこそ、このようなボーダーを超えて、ヒトとヒトが共感で結ばれ、異質な知恵が創発し合う関係性を紡ぎ出す必要があるのだ。

　ボーダーレスワールドという大前さんの予言は、その当時から楽観的すぎるという批判を受けていた。しかし、ボーダーフルな現実の壁に直面している今こそ、それを超えるボーダーレスな仕組みが求められているのである。

　そこで、筆者はあえて「Global」ではなく、「Globals」という複数形を使うことにしている。世界が一つだというのは、幻想にすぎない。今後も政治的、民族的、宗教的、思想的分断は続くだろう。しかし、だからといってそれを放置するのではなく、分断された世界を再統合していく知恵が価値を生むのである。

ユニバースからマルチバースへ

Globalsという視点をさらに広げることが、これからの経営課題として浮上してくるはずだ。そもそもGlobeというのは地球のことである。ＳＤＧｓも地球規模での問題解決を唱えている。しかし、地球に閉じた発想は、いかにも狭い。イーロン・マスクが率いるスペースXが民間の有人ロケットを火星に打ち上げようという時代である。

また、宇宙ゴミの問題が深刻化している。日本の宇宙航空研究開発機構（ＪＡＸＡ）は、この問題に真剣に取り組んでいる。さらに、アメリカのＮＰＯであるナショナル・スペース・ソサエティは、「宇宙への配慮」をうたっている。地球レベルにとどまっている現在のＳＤＧｓを超える視点である。

宇宙は英語ではUniverseと表現される。これもGlobal同様、視野狭窄に陥りやすい言葉だ。そもそも宇宙が一つ（uni）だということが、人類が長い間抱えてきた幻想にすぎない。宇宙物理学の世界では、Multiverse（多元的宇宙）論が真剣に論じられている。

スティーヴン・ホーキング博士が二〇一八年に亡くなる一〇日前に発表した最後の論文は、Multiverseに関するものだった。また、現代理論物理学の旗手でＭＩＴ教授のマックス・テグマークは、数学的宇宙仮説を提唱し、多元的宇宙論を展開している。

「調和のとれた宇宙」という意味でCosmosという英語が使われることもある。「秩序、整列」を意味するギリシア語が語源で、反対語は「カオス」である。熱力学の第二法則（エントロピーの法則）によれば、あらゆる秩序（コスモス）は無秩序（カオス）に向かうとされてきた。

しかし、ロシア出身の物理化学者イリヤ・プリゴジンは、動的で非平衡な環境の下では、無秩序から秩序が生み出されることがあると論じた。「散逸理論」と呼ばれるこの発見で、プリゴジンはノーベル賞を受賞した。その理論は著書『混沌からの秩序』に詳しい。[7]

この自己組織化理論をさらに組織に応用したのが、先に紹介したサンタフェ研究所の理論生物学者スチュアート・カウフマンである。その主著『自己組織化と進化の論理』の中で、生命は熱平衡から離れた環境においては、自己組織化という動きを通じて秩序を作り出すことができると論じている。[8] 複雑系理論としても知られ、企業における自己組織化理論へと発展していった。

このように、カオス（無秩序）とコスモス（秩序）は、相補関係にある。そして、コスモスがカオスに向かうだけでなく、カオスからコスモスも生み出すことが可能なのである。コスモスは宇宙の彼方に存在するだけでなく、生命体が生み出し続けているのである。

先述したホロン理論によれば、そもそも全体と部分は相補関係にある。全体が部分から成り立っているだけでなく、部分が全体を包含している。このフラクタルな構造を理解することが、地球や宇宙の課題を解くための重要な鍵となる。

コスモス（宇宙）の縮図が、マイクロコスモス（小宇宙）である。だとすれば、グローバルな課題は、ローカルな課題の中にも見出すことができるはずだ。「グローバル経営」などと大上段に構える前に、まずはローカル経営の中に、自己組織化するダイナミズムを埋め込むことから始めなければならない。

日本の中の異質性——Japans

日本企業にとっては、まずは日本の中で経営モデルを進化させることが先決である。日本は同質的すぎて、グローバル経営のモデルにはなじまないという神話がまことしやかに信じられている。本当だろうか？

松岡正剛は日本は一つではなく、複数の日本があるという見方を紹介している。Globalsならぬ「Japans」という考え方である。

日本企業がこの異質性に気づきにくいのは、中央集権的なオペレーションを日本の中で展開しているからにすぎない。日本で数多くのＭ＆Ａを成功させてきた企業は、異質性のマネジメントに長けている。その代表例が日本電産だ。同社のＰＭＩ（Post-Merger Integration）の極意は、以下の三点に集約される。

- 買収先の人財と自律性を尊重する
- 基本となる経営ＯＳ（たとえば、３Ｑ６Ｓ）を統一する

•成長マインドを刷り込む

シンプルなこれら三点を徹底することで、同社はまず国内でＭ＆Ａ手法を確立し、リーマンショック以降は、海外にも積極展開していった。その結果、六〇件を超える国内外のＭ＆Ａをすべて成功させるという離れ業を実現したのである。

同社会長の永守重信によれば、国内も海外も異質性のマネジメントの本質は変わらない。しかし、海外のほうが風土や文化が異なるため、じっくり時間をかけなければならない。永守は、日本では一年、アジアでは三年、欧米では五年かかるという。しかし、人間の基本的な職業倫理や成長意欲は、日本でも海外で変わることはない。この人間性の本質を呼び起こすことが、グローバル経営を成功させる大前提となる。

そのうえで、海外のＭ＆Ａ先と相互学習ができることが、経営レベルでのシナジー効果を上げる秘訣となる。ＪＴは海外Ｍ＆Ａ巧者として有名だ。同社は一九九九年に買収したＲＪＲナビスコの米国外事業の部隊を母体とし、スイスにＪＴＩ（ＪＴインターナショナル）を設立。日本からは品質管理のプロを送り込んで日本流を伝授する一方、ＪＴＩからは効率重視の経営管理や効果的なマーケティング手法を学んで、日本のＪＴに取り入れている。

その際にキモとなるのが、人財交流である。ＪＴＩの設立に携わったＪＴの若手幹部がＪＴＩに派遣され、その後、ＪＴに戻って要職に就いている。その筆頭が、ＪＴＩの副社長を務めた後、二〇一八年に五二歳でＪＴのＣＥＯに就任した寺畠正道だ。また、筒井岳彦は入社八年後にＪＴＩに派遣され、英ギャラハーなどの数々の買収を現地で手掛けた後、七年後の二〇一二年にＪＴに戻り、三〇代の若さで執行役員経営企画部長に抜擢されている。

その筒井は、二〇一四年、筆者が主催するＣＳＶフォーラムに一期生として参加していた。このフォーラムでは、日本を代表する三〇社の企業の次世代経営人財が、毎月第三土曜日に集まって、一年間、ＣＳＶを議論している。提唱者のポーターの理論を学ぶだけでなく、その限界を超える新たなモデルの確立をめざす。まさに、「守破離」を地でいく集まりだ。そのＣＳＶフォーラムで、筒井は大変興味深いエピソードを話してくれた。

ＪＴＩでは会議を開くのは、命がけだったという。みんな、それぞれの市場での実務に多忙を極めている。会議などに時間を取られたくない。そこで会議開催者は、①会議の目的の明確化、②会議で決定したことの明確化、③その決定事項の実践状況のモニタリング、の三つの責任を負わされる。

筒井は帰国後、早速このＪＴＩのルールをＪＴにも適用することにした。その結果、無駄な会議がなくなり、著しい業務効率化が達成できたという。

日本企業には「ほうれんそう」文化が浸透している。しかしいつの間にか、無駄な報告や連絡に多くの時間を奪われている。この日本の異質性は、海外から見れば非効率の塊でしかない。日本の常識は世界の非常識――海外Ｍ＆Ａを本体の経営変革のトリガーにすることができれば、買収時に支払うプレミアムの何倍ものリターンが期待できるはずだ。

逆に海外企業による買収をテコに、自社の異質性を世界に広げる機会が生まれることも見落としてはならない。その典型例が中外製薬だ。

同社は、世界第二位のロッシュの傘下（六割の株を保有）に入ったことにより、急成長を遂げている。ロッシュの新薬を日本で販売できるだけでなく、ロッシュが海外の治験や販売を担ってくれるので、自社が得意とする分野の新薬開発に集中することができるからだ。

世の中がコロナショックに揺れる二〇二〇年前半、同社の純利益は五〇％近く増え、時価総額は日本の医薬品業界の中で、ダントツのトップだ。自ら海外のM＆Aを展開している武田薬品工業や第一三共に比べて、アセットライトな経営モデルで、二兆円も差をつけている。

日本企業の多くは、クロスボーダーM＆Aで大きな減損を計上している。海外企業を経営するスキルが、圧倒的に乏しいからだ。むしろ中外製薬のように、経営力のある海外企業の傘下に入ったほうが、日本企業本来の持ち味が出せるのではないか。もっとも、ルノーと日産の例もあるので、相手の経営力や価値観をよく見極める必要があることはいうまでもない。

グローバル経営の三層構造

「ダイバーシティ&インクルージョン」が次世代経営のキーワードとなっている。しかし、日本の中では、例によってうわべだけを取り繕い、本質を見失っているケースがほとんどである。「昭和生まれ・日本人・男子」が経営トップの大半を占めている企業ほど、「若手・外国人・女性」の登用に躍起になっている。

その点、異質性が前提となるグローバル経営においては、一見ハードルが低く見える。日本からの派遣社員を減らして、現地化を進めれば、ダイバーシティを装いやすくなる。さらに、「自律分散」型を標榜して、各国の独自性を重視しようとする傾向も目立ち始めた。

しかしそれだけでは、グローバル経営ではなく、ローカル経営の足し算でしかない。これをマルチナショナル経営と呼ぶ。そして、そのような総合力を生かせない経営は、コングロマリット経営と同様、資本市場ではディスカウントの対象となる。

グローバル経営を標榜するには、まず経営基盤を共有する必要がある。そこで、まず経理（カネ）や人事（ヒト）といった情報インフラをグローバルに統一しなければならないと考える。ＥＲＰ（企業資源計画）などの統合システムを世界中に展開しようとして、途方もないコストと年月をかけてしまう。そして、できあがった頃には、仮想化技術などが進展しており、無用の長物となるケースが後を絶たない。

前述したように、デジタルはツールでしかない。では、グローバル経営にとっての本質的な経営基盤は何か？　グローバル企業の実態を数多く見てきた筆者は、それを三層構造で捉えている。

第一層は、本書の主題である「志(Purpose)」だ。価値観(Value)というより信念(Belief)に近い。J&Jの「我が信条(Our Credo)」は、その典型例といえるだろう。

単なる自己満足でも、当たり前の正義(客観正義)でも意味がない。その企業ならではの「主観正義」が世界各地で熱く語られ、自分ごと化されていなければならない。経営の基盤中の基盤であるこの第一層を、グローバルレベルで構築できている企業は、世界中を見渡しても、ほんの一握りしかいない。

第二層は、「創発(Emergence)」のプラットフォームだ。自律分散だけでは、部分の単純な総和にとどまってしまう。それらの自律分散した知恵を集積して組織化することで、個々の振る舞いを凌駕する知恵を生み出すことができる。

そのためには、ダイバーシティ、すなわち異質性は大前提となる。同時に、それらの異質性をあえて掛け合わせるインクルージョン、すなわち異結合の仕組みが必要となる。大前研一時代のマッキンゼーの進化のエンジンだ。多くの企業は自律分散に移行しようとするだけで、グローバルに異質な知恵を結合させる仕組みが欠如しているのである。

そして第三層は、「決断(Decision)」だ。非連続な未来に向けて、正しい答えなど、どこにもない。しかし、それでも意思決定し、実行していかなければならない。判断を先送りにすること、すなわち未決そのものも、実は消極的な決定にほかならない。そして多くの企業は、絶好の機会を見逃すことになる。

とはいえ、決断は単なる「賭け（Bet）」ではない。それは、第一層の志と第二層の知恵をふまえた「確信（Conviction）」でなければならない。そのためには、これら三層のアライメント（軸あわせ）が決め手となる。ロジックだけでは当たり前の答えしか出てこない。そこに求められるのは「志」の表出であり、それを体現するストーリーなのである。

CSVの先進企業、たとえばネスレやユニリーバ、ファーストリテイリングやリクルートは、この三層を貫く意思決定によって、未来を切り開いている。志本主義の旗手としてグローバル市場でプレゼンスを高めるためには、このような三層構造を経営インフラとしてしっかり構築する必要がある。

辺境（エッジ）のパワー

志本経営を牽引するグローバルリーダーは、どのようにして生まれるのだろうか？　これも、次世代経営をめざすうえで、最も難度の高い課題の一つである。

典型的な成功パターンは、創業者自身が、自らの志を貫いてグローバル経営を駆動するというケースだ。アップルのスティーブ・ジョブズ、テスラのイーロン・マスク、ファーストリテイリング社長の柳井正、日本電産会長の永守重信などの顔が、すぐ思い浮かぶ。いずれも創業時には、世の中の傍流中の傍流から出発した「辺境人（マージナルパーソン）」である。

創業者以外では、さらに二つの有力なパターンが存在する。

一つは、他社出身であるものの、その企業の志に深く共感して、志本経営を牽引していくパターンである。たとえば、ユニリーバのポール・ポールマン。Ｐ＆Ｇからネスレに移り、さらにリーマンショック直後にユニリーバのＣＥＯとなって、「ユニリーバ・サステナブル・リビング・プラン」を一〇年間牽引した。二〇一五年における国連でのＳＤＧｓ採択に奔走したのも、ポールマンだ。

日本では、資生堂の魚谷雅彦が挙げられる。魚谷はライオンからクラフトジャパンの副社長、コカ・コーラジャパンの社長・会長を歴任した後、二〇一四年に資生堂のＣＥＯに抜擢された。資生堂は魚谷のリーダーシップの下、「日本発グローバルビューティカンパニー」をめざして躍進している。

「プロ経営者」と呼ばれる経営者には、一時的なパフォーマンスで勝負するだけの「渡り鳥経営者」が少なくない。しかし、ポールマンも魚谷も筋金入りの志本経営者だ。辺境から登場して、強い志で企業や社会を新たな高みにリードしていく。

もう一つは、社内からグローバル志本経営リーダーが輩出されるパターンだ。とはいえ、非主流市場や非主流部門から登場するケースが多い。たとえば、ＣＳＶという経営モデルを生み出したネスレ元ＣＥＯのピーター・ブラベックは、そもそも本国スイスではなく、隣国のオーストリアの出身。ネスレの中でも、ラテンアメリカなどの新興国の駐在が長い。

日本では、少し古い話になるが、トヨタ元社長の奥田碩が好例だ。直言居士の性格が災いしてフィリピンに「島流し」されていたところを、当時の社長であった豊田章一郎に認められて本流に復帰した。

一九九五年、二八年ぶりに豊田家出身以外で代表取締役社長に就任、一九九七年には、世界初のハイブリッド車「プリウス」を世に送り出した。「二一世紀に間に合いました」というキャッチフレーズどおりの快挙となった。

最近では、ＳＯＭＰＯホールディングスＣＥＯの櫻田謙悟が挙げられる。三五歳のときに、同じくフィリピンにあるアジア開発銀行に出向。「ここに行かなければ、自分は間違いなく社長にはなっていなかっただろう」と本人は後に述懐している。

優秀な同期が欧米の支店やビジネススクールに派遣される中、「なぜアジアなのか？」と思ったともいう。「今後はアジアの時代」という風潮の中での実験的派遣。「失敗してもいいやつ、失ってもいいやつを送れ」と当時の会長が命じたという逸話を、本人自身が屈託なく披露する。

そのアジア開銀で徹底的に揉まれたことで、グローバルなビジネスセンスを身につけることができたという。今や現役のＣＥＯと経済同友会の代表幹事の二役を見事にこなし、ダボス会議などの国際部隊でも、世界の超一流経営者と議論を交わし、交友を深めている。まさに日本を代表するグローバル経営者の一人といえるだろう。

前述したように、イノベーションは中枢からではなく、変化の波打ち際にある辺境から起こる。同様に、志本主義という経営モデルのイノベーションも、辺境が出発点になることが多い。人財という面においても、この傾向は顕著だ。中枢を駆け上がっていく人財より、「常識のウソ」や「不都合な真実」に直面して育った辺境人のほうが、次世代のリーダーとしての視座と実践力を持っていることが多い。

志本主義に大きく舵を切るためには、企業においても、社会においても、内外の辺境人にどれだけ活躍の場を与えられるかが鍵となるのである。

第12章 鍵を握る無形資産

前章まで、志本経営を駆動する新ＳＤＧｓの各項目、すなわちサステナビリティ経営、デジタル変革、グローバルズ経営をそれぞれ論じてきた。では、これらを支える共通基盤は何だろうか。

資本主義経営の基本は、ヒト・モノ・カネという三つの資産を、効率よく活用することであった。金融資本主義全盛期になると、そのうちのカネが経営の基軸に置かれた。フィジカルな重量を持ったモノやヒトは、簡単に流通させることも価値を数倍に上げることもできない。それどころか、減価の対象であり、場合によっては負債にすらなりかねない。それに対して、カネはグローバルに流通し、何十倍にも何百倍にも増価させることができる。

しかし、今やカネは世界中でだぶつき、投資先を求めてさまよっている。マネーゲームが虚構でしかないことは証明済みであり、実需が増えない限り、何の価値も生まない。

一方で、モノはＩｏＴやＡＩを駆使することで資産価値が上がる一方、ネットワークでつながると資産として自ら囲い込む必要がなくなる。モノからコトへのシフトである。

ヒトも流動化するとともに、多重化されていく。副業や兼業、ギグワークなどといった流れがその兆候を示している。ロンドン・ビジネススクールのリンダ・グラットンが『ワーク・シフト』[1]で描いたように、優秀な人財ほどフリーランサーとなって流動化資産となる。

そうなると、企業の実態は何かが改めて問われることになる。固定資産を持たず、ヒト・モノ・カネは単に流動資産にすぎない。企業は、これら流動資産を自由に編集して、新しい価値を創出し、蓄積し、活用する有機体にならなければならない。そのような二一世紀型の企業活動の中核を担うのが、企業固有の無形資産である。

本章では、まずこの無形資産の実態と特徴を見極めてみたい。そのうえで、無形資産経営の勘所について考察することとしたい。

目に見えない三つの資産

企業は、どのような資産を保有しているのか？

「バリューダイナミクス」というフレームワークが参考になる[2]（図12－1）。アーサー・アン

図12-1

5つの資産

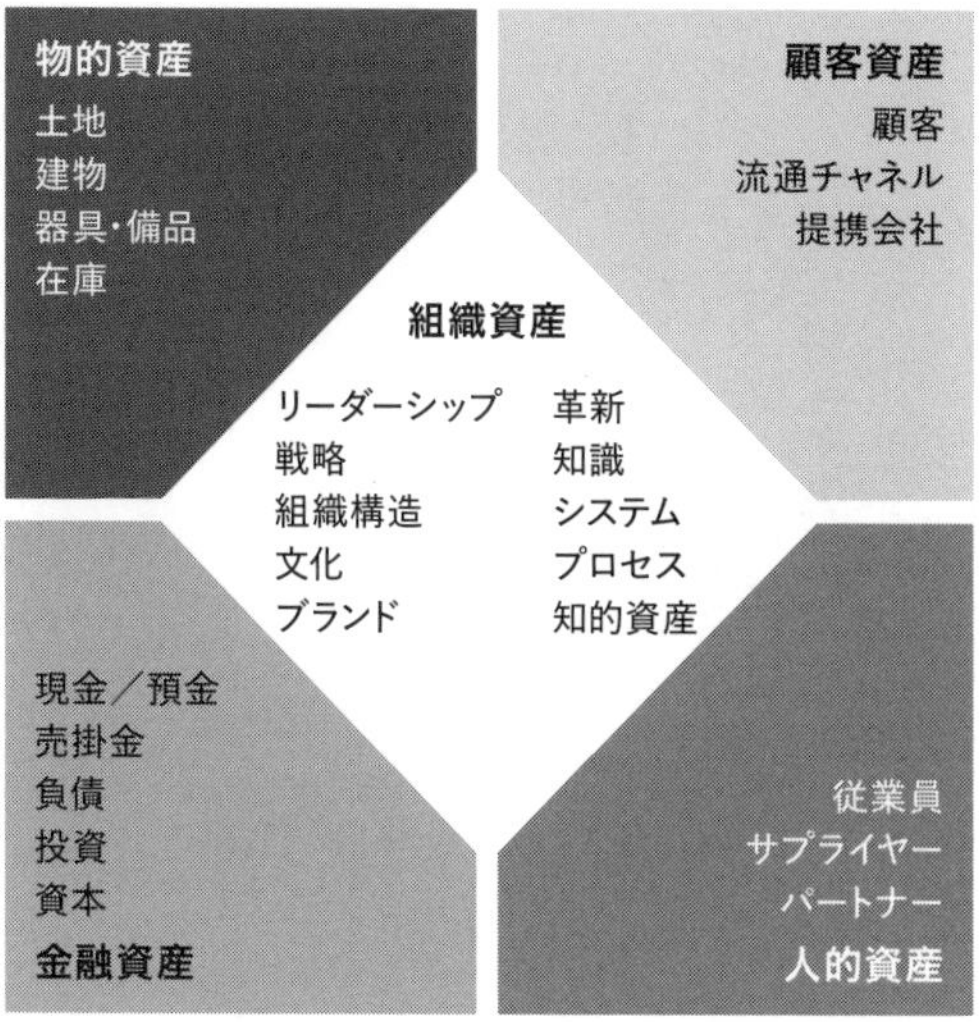

出所：ボルトンほか（2000）をもとに作成

ダーセンによって開発されたもので、日本では同社出身でバリュークリエイト代表の三冨正博の著書『「見えない資産」経営』でも紹介されている[3]。

それによると、企業の資産は、大きく次の五つに分類される。

①物的資産
②金融資産
③組織資産
④人的資産
⑤顧客資産

このうち、①と②が有形資産で、企業のバランスシートに計上されているものだ。それに対して③④⑤は無形資産で、会計上は資産計上されていないものだ。もっとも、企業を買収した際には、これら無形資産の一部が、「のれん代」として計上されることになる。

これらの中で、最も重要で、かつ「見えない」資産が③の組織資産である。この図でも、中核に位置づけられているものだ。バリュークリエイトでは、これを「ワクワク」資産と呼ぶ。企業の生命力の源泉だからだ。

この組織資産は、マッキンゼーが六〇年以上前から提唱してきた7S(Strategy, Structure, System, Staff, Skill, Style, Shared value)のフレームワークとほぼ一致する(ただし、そのうちの「Staff」は、④の人財資産をも取り込んでいるが)。企業の中核資産は、この七つであるという捉え方である。

このうち、戦略(Strategy)、構造(Structure)、システム(System)の三つを、マッキンゼーでは「ハードS」と呼んでいる。操作や変更しやすいからだ。なかでも、最も簡単なレバーは「構造」である。乱暴にいえば、これはすぐにでもガラガラポンと変えてしまえる。戦略もしょせん、コモディティにすぎない。模倣も変更も思いどおりだ。

この三つの中で、最も重要な組織資産はシステムである。ただし、これは情報システム(IT)だけを指しているのではない。組織のコアプロセス、あるいは「仕組み」と言い換えたほうがわかりやすいだろう。経営管理、意思決定、人財育成、事業開発、ブランドマネジメント、リスクマネジメントなどの仕組みである。これらのシステム(=仕組み)こそ、企業の価値創造活動を持続・拡大するためのターボエンジンである。

無形資産の中でも、その資産価値の高さから注目されるのが知的資産である。「知的創作物」（例：著作権）、「営業上の標識」（例：商標）、「希少価値の高い情報」（例：ノウハウ）などがその対象となる。

ピーター・ドラッカーは、『断絶の時代』において、知識社会の到来を予言した。[4] 資本主義社会の先には、知識社会が訪れる。第2章で紹介した「知本主義（Intellectualism）」の登場である。

しかし特定の知識は、波及効果（スピルオーバー）や陳腐化によって減価する。持続的に価値を生み続けるのは、組織にビルトインされた知識創造プロセスである。成果としての知識ではなく、知識を生み出し続ける仕組みにこそ、本当の価値があるのだ。

そのためには、知識そのものを知財として守ろうとしてはならない。むしろ惜しみなく他者と共有すること、そして、他の知識と結合させることによって、新しい知識を生み出していくことが知識を増価させることにつながる。

このように、いかに開放系かつ非線形なシステム思考ができるかが、知識という無形資産の資産価値を高める鍵を握るのである。

キャリアセレクタビリティ

一方で、人的資産(④)をバリュークリエイトは「いきいき」資産と呼ぶ。企業の活力の源泉だからだ。ヒト、モノ、カネのうち、ヒトが最も希少価値が高い資産である。人財の獲得、育成、活躍の場の提供など、人財マネジメントの巧拙が、企業価値と直結するといっても過言ではない。

従業員エンゲージメントサーベイなどを通じて、従業員満足度(ES: Employee Satisfaction)をKPIとしている企業が多い。しかし、単に従業員が満足しているからといって、企業として満足すべきではない。満足を超えて「いきいき」した状態をめざす必要があるからだ。

ここに、ベイン・アンド・カンパニーによる興味深いデータがある(図12－2)。この分析によると、満足している社員は満足していない社員より一・五倍近く生産性が高い。しかし、それより上手がいる。当事者意識のあるグループは二倍以上、さらにやる気にあふれているグループは三倍以上もパフォーマンスが高いというのである。満足度ではなく、「自分ごと化度」の高さが問われているのだ。

別のデータに目を転じてみよう。「Best Place to Work」という「働きがいのある企業」ランキングだ。グローバル、日本のいずれもトップはセールスフォース・ドットコムである。そう、

図12-2

やる気と生産性の関係

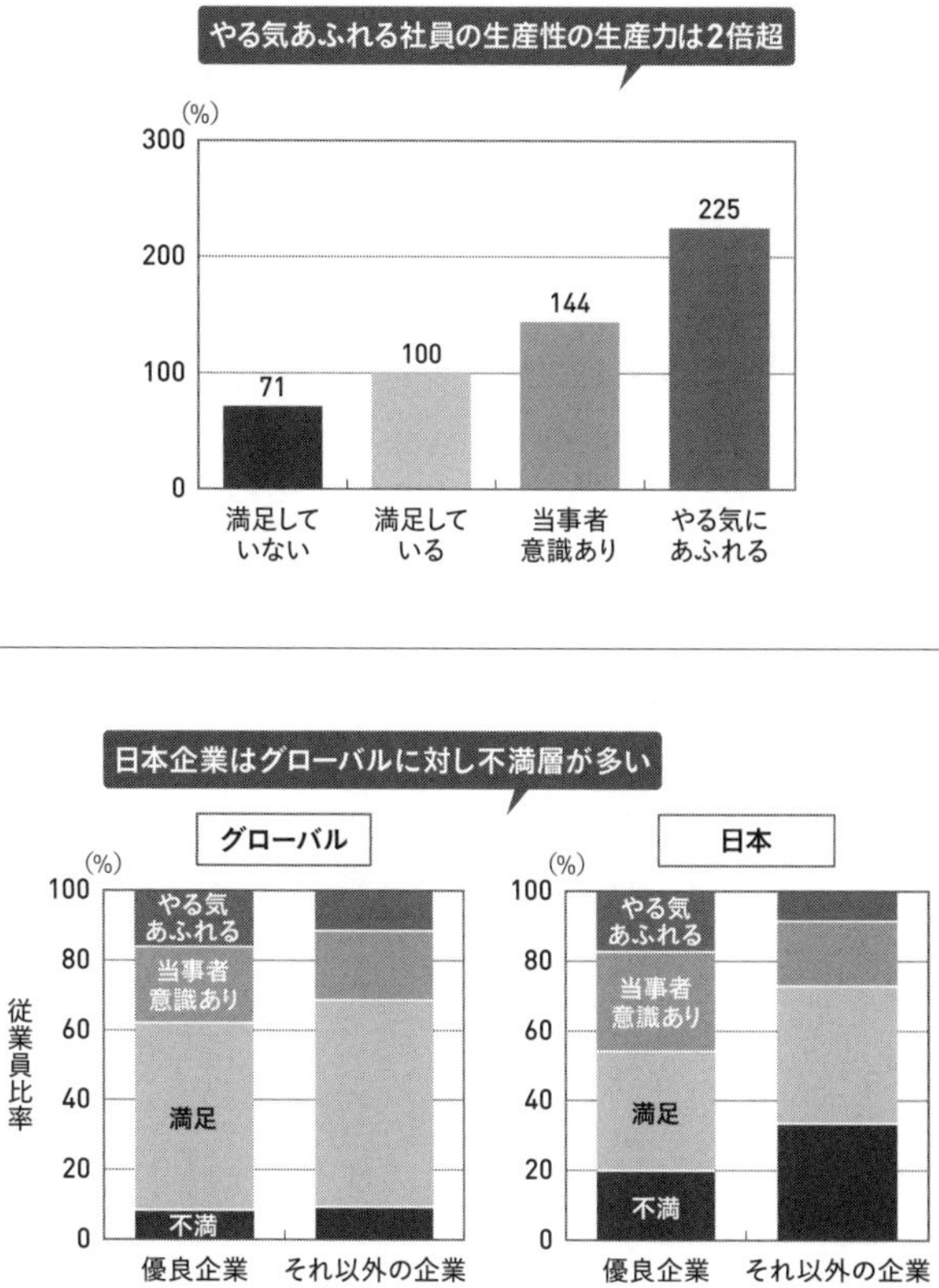

出所：プレジデントオンライン（2017年10月31日）

図12-3

キャリアセレクタビリティとは

考え方 × **能力*** × **環境**

考え方	能力*	環境
●目標必達性 ●自己変革性 ●周辺変革性 ●多様受容性 ●主観正義性 ●自発利他性 ●Enjoy-Thinking	●対人関係力 ●発想力 ●論理思考力 ●組織貢献力	●内外の競争が激しく、活気がある ●20代からチャレンジングで困難な非定型業務に挑戦できる ●性別、国籍、学歴、在籍年数にかかわらず、正当に評価される実力主義 ●本業の商品・サービスで社会正義性を実感できる

注：*能力は20の小項目に分かれるが、簡略化のため4つの中分類のみを記載
出所：エン人材教育財団ウェブサイト

第6章で紹介した「トレイルブレイザー（先駆者）」たちである。「仕事や会社への誇り」が、これらの企業の従業員を駆り立てるのだ。

二〇二〇年には、日本で「キャリアセレクタビリティ賞」が新たに設立された。

「キャリアセレクタビリティ」は、この賞の事務局であるエン人材教育財団の越智通勝理事長が作り出した言葉である。「Career」「Select」「Ability」を掛け合わせた造語で、直訳すれば「キャリア自己選択力」、言い換えれば「どんな環境に置かれても活躍できる力」を指す。この力を高めていくためには、「考え方×能力×環境」の三つが必要となる（図12－3）。

京セラの創業者でもある稲盛和夫は、常々、経営哲学の本質は「考え方×能力×熱意」だと語っている。このうち「熱意（志）」は自発的に生まれるものだが、企業としては、そのような

志を育む「環境」を整える必要があると捉えて、このような方程式が生み出されたのである。
同賞は、日本を代表する次世代人財育成企業を表彰することを意図したものである。審査軸は、人材輩出性、主観正義性、収益性の三つである。人財輩出性は、キャリアセレクタビリティのうち、「環境」要件に着目したものである。主観正義性とは、第2章でも紹介したように、世の中の既存の価値観に迎合するのではなく、独自の志を軸として打ち出していることを指す。そして、それらが高い収益性に結びついていなければならない。

多数の候補の中から、多角的な分析や経営者・社員へのインタビューを経て、半年かけて四社が選び抜かれた。オイシックス・ラ・大地、資生堂、ベネッセスタイルケア、ＹＫＫ（ファスニング事業部）の四社だ。オイシックス・ラ・大地とＹＫＫは第7章でも言及したとおりである。

ベネッセスタイルケアは、ベネッセグループの中で介護事業を展開している。同社の表彰理由を紹介している記事を掲載しよう[5]。

> 「介護職・保育職の地位向上をめざし、積極的に情報発信
> 全国の大都市中心に三二〇カ所以上の有料老人ホーム、八〇カ所以上の保育園・学童クラブを展開するベネッセスタイルケア。審査員が高く評価したのは、『介護職・保育職の地位を上げたい』という主観正義を強く持ちながら、社員が日々の業務に取り組んでいる点。ま

た介護・保育に関する『自社のノウハウを言語化し、無料で公開する』など、全社を挙げて業界の質向上に向けて努力をしている点にある。さらに介護では、究極の専門職をめざせる『専門資格制度』を新設、若手社員を積極的に鍛える環境が評価された。

同社社長の滝山真也は『介護職は今、「選ばれる仕事」になっていないのが実情です。しかしサービスの質の追求は非定型で、とても創造的な仕事。そのため当社では、介護のプロの育成や待遇改善をはじめ、メソッドの外部公開を通じて仕事の価値をしっかりと発信し、介護職の地位を高めることに力を入れています』と語る。

具体的には、介護職において全産業平均より高い給与水準を実現。介護の専門性を高めるため、独自の社内資格制度を新設し、資格手当を支給している。

専門資格制度の社内呼称は『マジ神制度』。認知症ケアの現場で、先輩のあまりに高いスキルを見た新人が、『マジ神っすね』と思わず発した言葉から名づけられたという。昨年九月には総合情報サイト『介護アンテナ』をオープン。社外秘だった介護技術や老人ホーム建築設計のノウハウを、業界の質向上のために無料公開した。

『「その方らしさに、深く寄りそう。」「その子らしく、伸びていく。」という理念の下、会社がめざす方向と、社員のやりたいことが一致している。そこを評価していただいたのがうれしい』と滝山は語る」

同社が人材輩出性と主観正義性をきわめて高いレベルで組織に実装していることを、おわかりいただけるかと思う。また、収益性も介護業界の中ではトップクラスである。

利益は資本主義の原点。志本主義は、その先をめざす。そのためには、自社ならではの志(パーパス)を高く掲げ、次世代の人財の心に火をつけることが鍵となる。

未来志向のCX

さて、もう一つの無形資産が顧客資産である。ブランド資産と言い換えてもよいだろう。

世界最大のブランディング専門会社インターブランドによると、ブランドとは自社ならではの「志(Purpose)」に基づく顧客への「約束(Promise)」である。そしてそのような約束が顧客にとっての価値として実現され、顧客の意識と行動の変容をもたらすものをブランド価値と呼ぶ。

同社は毎年、「ベスト・グローバル・ブランドランキング」を公表している。ブランド価値の高い順にグローバル企業をリストアップしたものである。ここ数年、アップル、グーグル、アマゾン、マイクロソフトがトップフォーの座を譲らない。

もちろん、ブランド価値が高いのはGAFAMだけではない。二〇一三年にアップルに抜かれるまで一二年間、トップをキープしていたコカ・コーラは、二〇一九年には五位。サムスン

図12-4

ブランド価値が高い企業の市場評価

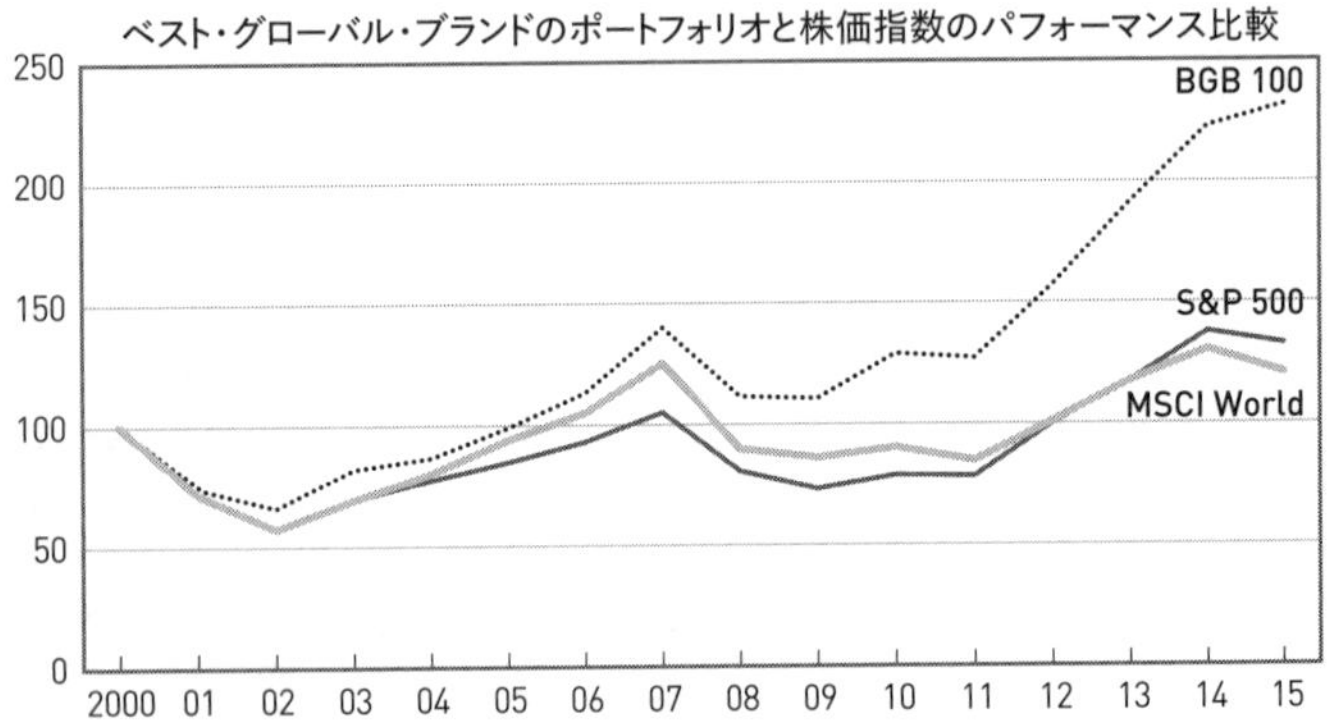

注：2000年を100とする
出所：インターブランドジャパン

が六位、トヨタが七位と、アジア系企業も、ベンツ（八位）、マクドナルド（九位）、ディズニー（一〇位）を抑えて上位につけている。

　ちなみに、トップ一〇〇に入った日本企業は、トヨタに加えて、ホンダ（二一位）、日産（五二位）、ソニー（五六位）、キヤノン（六一位）の五社だ。いずれも自動車、電機系だというところが日本らしい。もっともユニクロは、ホーム市場（東アジア）以外の売上比率が上がれば、いきなり上位にランキングすることは間違いない。

　これらの企業は、ブランド価値が企業価値に占める割合が飛び抜けて高い企業群である。インターブランドによると、ブランド価値の高い企業は、企業価値も高いという相関関係がある（図12－4）。そこで日本でも味の素やキリンは、インターブランドが毎年算定する自社のブランド価値を、全社の目標指標に掲げている。株価は市況によってボラティリティが高い一方、ブランド価値は企業価値を正しく反映するからである。

実際、ブランド価値の高い企業はレジリエンスが高く、景気変動で大きくぶれることが少ない。とはいえ、二〇二〇年のランキングの顔ぶれが、コロナ危機の激震によってどれだけ入れ替わるかは、大変気になるところである。

では、ブランド資産はどのような要素によって算定されるのだろうか。インターブランドでは、その企業の将来キャッシュフローに「ブランド強度」を掛け合わせて割り出している。このブランド強度は、社内要素が四、社外要素は六、合わせて一〇項目から構成される（図12－5）。いずれの項目も、志本経営との相関性がきわめて高い。なかでも社内要因のCommitment（関与浸透度）と社外要因のEngagement（共感共創度）は、志本経営を実践するうえでの最重要ファクターである。

一方、同社のグループ会社C-Spaceは、「ＣＸ（顧客体験価値）」を独自に算定している。ＣＸ（Customer eXperience）には、商品やサービスの機能や性能などの機能的価値に加えて、そのブランドや企業にかかわるすべての体験を通じて、顧客が経験する喜びや満足感などの情緒的価値までが含まれる。

ＣＸが注目されている背景にあるのが、筆者が新ＳＤＧｓと呼ぶ三つのマクロトレンドの中の「デジタル化」である。その結果、顧客体験の源泉が「モノからコトへ」「所有から利用へ」

図12-5

ブランド強度分析

ブランドによる儲けが「ブランド強度要素レベルで」どれくらい確実か

INTERNAL FACTORS（社内要素）

- **Clarity（概念明瞭度）**

ブランドの中核概念（価値観、パーソナリティ、需要喚起要因、提供価値の総体）が明瞭になっており、社内で理解、共有されているか

- **Commitment（関与浸透度）**

経営層や社員が、ブランドは事業戦略の中核を為すものだと信じて組織全体のあらゆる意思決定、行動、活動に反映させており、ブランドに対する愛着・誇りが生まれているか

- **Governance（統治管理度）**

ブランドガバナンスの目的、役割と責任が明確に定められているか。ブランド戦略を効果的かつ効率的に実行するために必要な能力としくみを有しているか

- **Responsiveness（変化対応度）**

変わりゆく市場環境、ビジネスチャレンジを予測し、チャンスにタイムリーに対応しながら、ブランドを継続的に進化させ、ビジネスを成長に導いているか

EXTERNAL FACTORS（社外要素）

- **Authenticity（信頼確実度）**

ブランドの中核概念を確実に実現する組織文化、能力があると既存・潜在顧客に信じられているか

- **Relevance（要求充足度）**

機能・情緒の両面で、既存・潜在顧客のニーズ、欲求、意思決定基準を満たしているか

- **Differentiation（差別特有度）**

競合と比較して差別性のある特有の価値やブランド体験を提供していると、既存・潜在顧客に認識されているか

- **Consistency（体験一貫度）**

既存・潜在顧客が、ブランドと接する全ての機会を通して、一貫したブランドの中核概念およびそれに基づくストーリーを感じているか

- **Presence（存在影響度）**

従来型のメディアのみならず、ソーシャルメディアでも好意的に語られており、既存・潜在顧客、またオピニオンリーダーの中で際立った存在と認められているか

- **Engagement（共感共創度）**

既存・潜在顧客がブランドの中核概念に強く共感し、愛着や一体感をもって、ブランドの価値創造に参加しているか

出所：インターブランドジャパン

とシフトし、顧客接点がＳＮＳなどを通じて点から面へ広がっている。

そこでは情報の非対称性が解消され、企業が自ら売りたいものを作る時代（company-centric）から、発信力を高めた顧客と共創する時代（customer-centric）へと大きくシフトしてきている。

C-Spaceは、ＣＸを次の五つの軸で評価する。

①Relevance……自分だけのものと思えるか
②Ease……身近に感じられるか
③Openness……オープンで、正直か
④Empathy……自分の立場で考えてくれるか
⑤Emotional Rewards……いい気分にさせてくれるか

二〇一九年、同社は日本で初めてＣＸ調査を実施した。その結果、トップに輝いたのがカゴメである。カゴメは五つの軸すべてで上位三位以内となり、なかでも味と健康、最高の品質へのこだわり（①）や、信頼できるブランド（③）としての体験価値が高く評価された。また、顧客のみならず、株主や学生への対応など、顧客体験価値の向上への一貫した姿勢も高得点につながった。

ＣＸに関して、筆者は新しい定義を提唱している。Customer Transformationである。日本

語でいうと「顧客進化」だ。

Customer eXperienceが顧客の今の欲望に寄り添うのに対して、Customer Transformationは顧客を「望ましい未来」へと誘っていく。そこは持続可能な社会であり、共感にあふれる生活や仕事の場である。従来のＣＸが顧客中心（Customer Centric）であったとすれば、次世代のＣＸはより共同体中心（Community Centric）に向かう。利己主義から利他主義といってもよいだろう。

筆者は二〇一九年から、消費者庁の「消費者志向経営」事例表彰制度の座長を務めている。その中で、消費者志向経営（愛称：サステナブル経営）を、「『消費者』と『共創・協働』して『社会価値』を向上させる経営」と定義している。そこに並ぶ三つのキーワードの定義は、それぞれ以下のとおりだ。

- 消費者……事業者が提供する商品・サービスを現在、または将来に利用ないしは、関与する可能性のある多様な主体（高齢者、外国人、障がい者、地域住民、エンドユーザー、従業員、株主など）
- 共創・協働……事業者が消費者との双方向コミュニケーションにより、消費者がワクワクする商品・サービス・体験を共有し、消費者とのＷＩＮ－ＷＩＮの関係になること
- 社会価値……事業者が本業を通して、地域や社会の課題解決に寄与し、社会価値の向上をめざすことから生み出されるもの

第二回の表彰では、内閣府特命担当大臣賞に徳島県の広沢自動車学校、消費者庁長官賞には、サントリーホールディングス、日本生命保険、花王の三社が選定された。二〇二〇年一月に開催された「日経SDGsフォーラム」の中で、トップに輝いた広沢自動車学校を、筆者は審査員を代表して以下のように紹介した。

「同校は、徳島県で『命を大切にするドライバーを育む』ことを使命に掲げる地域に密着した自動車学校です。消費者とのコミュニケーションが非常に優れている点を高く評価させていただきました。従来の自動車学校という枠にとらわれず、消費者側に踏み込んだ活動をされており、地元でとても愛されています。消費者を第一に考え、命の大切さをドライバーとしてずっと持ち続ける卒業生を輩出しています。また、卒業後もSNSなどを活用したきめ細やかなアフターフォローを行うことで、地域社会に貢献されています」

ここでも、安心・安全な地域社会作りや消費者との共創が高く評価されている。これこそが、未来志向の次世代CX(Customer Transformation)のあり方である。

顧客のわがままに寄り添うという意味での顧客体験価値は、欲望経済時代の遺物である。志本主義の時代には、顧客に迎合することなく、自らの高い志に基づき、あるべき社会に向けて顧客をリードし、進化させていくことを標榜しなければならない。

換言すれば、顧客体験価値から顧客進化価値へのパラダイムシフトが求められているのである。

無形資産がもたらすS^4の経済

では、これら無形資産は、有形資産と何が違うのか？

先述した『無形資産が経済を支配する』は、無形資産には四つの特徴があると指摘している。[6]

①Scalable（拡張しやすい）
②Synergy（組み合わせやすい）
③Spillover（模倣されやすい）
④Sunk Cost（転売しにくい）

このうち①と②が資産価値としてポジティブ、③と④がネガティブだと指摘している。著者たちは無形資産の価値を会計学の視点から評価しようと企てるが、これらの特徴ゆえに計測はきわめて困難だという。このあたりが、会計学の限界である。

しかし、経営から見れば、むしろこれら四つの特徴は、異次元の成長に向けた大きなドライバーとなる。会計学者がネガティブと呼んでいる③と④も、ダイナミズムを生み出すための鍵となる。

そこで筆者は、経営学の観点から、以下の四つの経済性に注目することを提唱している（図12―6）。

⑤Economies of Scale（規模の経済：上記の①Scalableと同様）
⑥Economies of Scope（範囲の経済：上記の②Synergyと同様）
⑦Economies of Skill（スキルの経済：上記④Sunk Costの読み替え）
⑧Economies of Speed（スピードの経済：上記③Spilloverの読み替え）

これらを合わせて「S^4の経済」と呼ぶ。特に会計学者が外部化できないとして切り捨てる⑦と、逆に「外部化」されやすいとして警戒する⑧にこそ、無形資産の本当の価値がある。以下、四つの経済性の構造とダイナミズムを簡単に説明しよう。

有形資産においては、⑤の規模の経済が最も重要なドライバーとなる。規模が大きいほど、単位当たりのコストが下がるからだ。マッキンゼーの古典的な分析に、コストカーブ分析があ

図12-6

10X実現に向けた資産モデル——外部性をテコとした「S^4の経済」の獲得

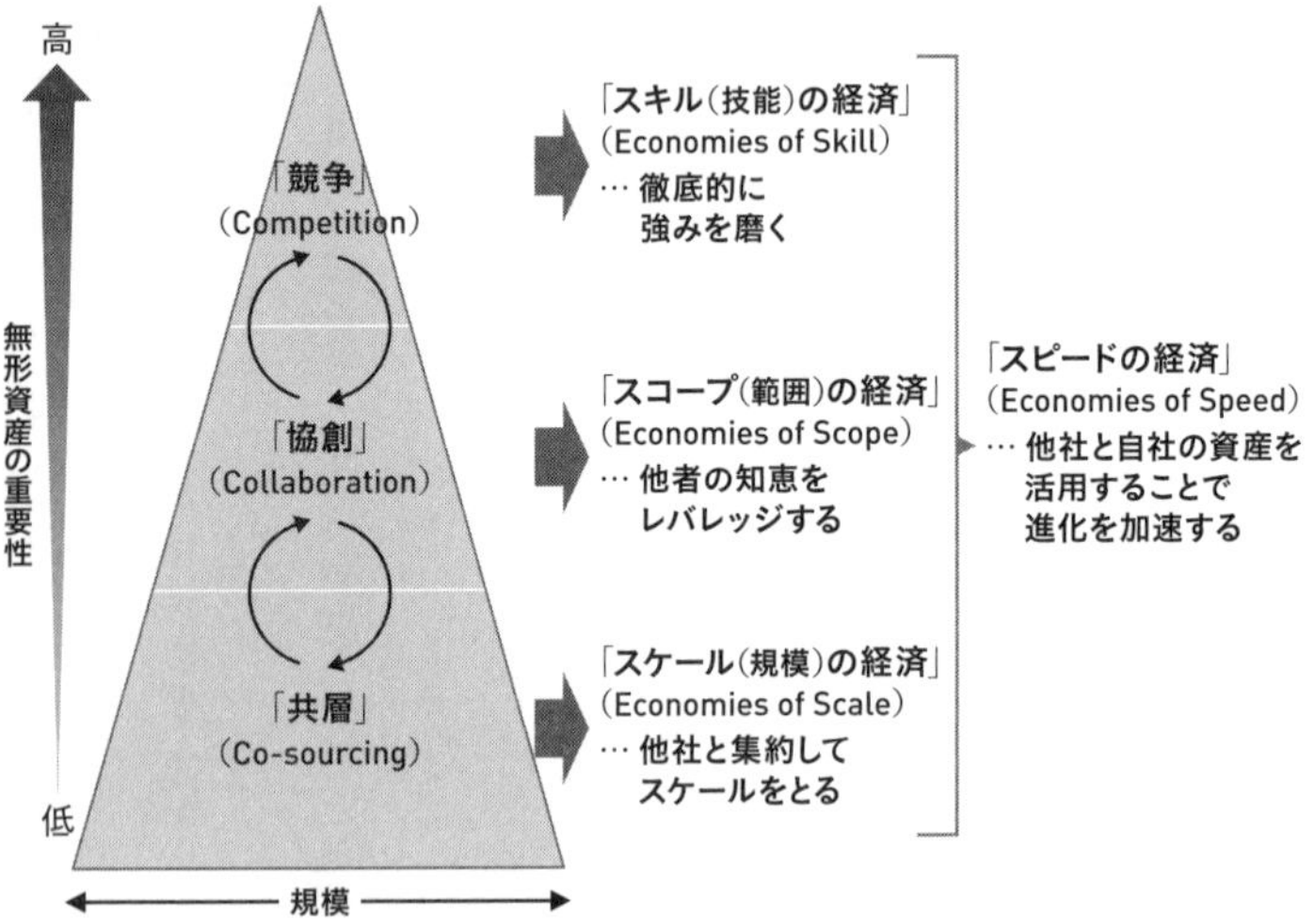

る。規模が大きい順にコストも低いことを証明することができる。特に素材産業やインフラ産業のように巨大な有形資産を抱える産業では、いかに自前で規模を握るかが、コスト競争力を決定する。

しかし、それも「今は昔」だ。デジタル技術によって、他社の資産をバーチャルに結合させることができれば、自ら有形資産を囲い込む必要がなくなる。たとえば、電力業界ではVPP（仮想発電所）が新たな業態として注目されている。各地に存在する小規模の再生可能エネルギー発電をまとめて制御・管理することで、一つの発電所のように機能させるというモデルである。

規模の経済は、パワフルである。しかしそのためには、外部の有形資産（この場合は分散型再生発電プラント）をデジタルに集約する無形資産が鍵を握るのである。

　規模の経済が同質的な資産を集約するものであるのに対して、⑥の範囲の経済は、異質な資産を掛け合わせることによって成立する。ヨーゼフ・シュンペーターがイノベーションの源泉と喝破した「新結合」である。筆者は異質性を強調するために、あえて「異結合」と呼び変えていることは、前述したとおりだ。最近はやりの「オープンイノベーション」は、まさにこの範囲の経済を追求することに主眼を置いたものである。

　しかし、オープンイノベーションの実際を見ると、死屍累々である。それは、自社独自の超一流の資産に磨きをかけずに、他社の資産に頼ろうとするからだ。そのような場に、他社も自らの超一流の資産を提供するわけがない。二流×二流のオープンイノベーションからは四流の結果しか生まれないのである。

　したがって、⑥の範囲の経済を駆動させるためには、⑦のスキルの経済を獲得することが大前提となる。ここは自社独自の知恵やアルゴリズムといった無形資産の宝庫でなければならない。会計学者が「サンクコスト」と呼んでいる外部に転用が困難なものこそ、自社独自の資産となるのである。

　スキルに投資したコストが「サンク（無駄）」に終わるとすれば、それは確かに投資の失敗である。しかしスキルは蓄積され、さらに高度なスキルへと価値を高めていくことができる。「学習効果」と呼ばれているものである。ボストン コンサルティング グループは、この現象を「経験曲線」としてモデル化した。コストカーブが空間軸を捉えたものであるのに対して、こちらは時間軸に着目している点で秀逸である。

筆者は、このような学習を基軸とした優位性を「学習優位(Familiarity Advantage)」と呼んでいる[7]。デジタル時代には、学習を通じてスキルの経済をいかに磨くかが勝敗を決するといっても過言ではない。

このように無形資産をテコに、規模、範囲、スキルという三つの経済性を獲得できれば、結果として自前主義に比べて圧倒的なスピードの経済④を実践することができる。スピルオーバーは価値の外部流出ではなく、それら外部資産を取り込むことにより、価値拡大をもたらすのである。

そもそも内部資産と外部資産を峻別することにこそ、伝統的な会計学の本質的な限界がある。資産が流動化するデジタル時代には、内部資産と外部資産を組み合わせて、より高い価値創造(Value Creation)をめざしたうえで、価値獲得(Value Capture)を実践するというダイナミズムを駆動し続けなければならない。

そのためには、閉鎖系、線形系から、開放系、非線形系へと、発想の転換が求められる。言い換えれば、先述した複雑系かつ創発型のモデルへの移行が必須となるのである。

無形資産経営に求められる四要件

このように資産が企業を超えて流動化する時代には、改めて企業の存在意義が問われることになる。ヒト（人的資産、顧客資産）・モノ（物的資産）・カネ（金融資産）のすべてが外部から調達可能だとすれば、「奥の院」に位置する（図12－1）自社固有の組織資産にどのような価値があるのか？

人財や顧客などの無形資産が外部から自由に調達できるようになると、これまで以上に必要な人財や顧客を集め、共創させる仕組みが必要となる。しかも自社に囲い込んだ資産のみならず、コントロールの利かない外部資産も動員しなければならないので、難度は飛躍的に高い。

そのためには次の四要件が不可欠である。

一つ目が「志（パーパス）」だ。高い志を掲げ、人財や顧客が集結する「磁場」を築く必要がある。志こそが市場という無磁力空間の中で、無形資産を引き寄せるマグネット（磁石）となる。これが志本経営の原点でもある。

二つ目が「共感（エンゲージメント）」である。無形資産のポテンシャルを最大限に引き出すには、心の琴線をわしづかみにするような働きかけが必要となる。パーパスがマグネットだとすれば、エンゲージメントは磁場にパワーを生む。

三つ目に「信頼（トラスト）」が挙げられる。一時的な共感は生み出せても、それを持続させることは容易ではない。緩やかな関係は小さなきっかけから、あっという間に綻びていく。関係を持続させ、強めていくためには、信頼という絆が不可欠だ。エンゲージメントが場をパワーアップするとすれば、トラストは場をサステナブルにする働きがある。

四つ目が「学習（ラーニング）」である。ただし、単に深める(deep learning)だけでなく、広げる力(broad learning)と反転する力(unlearning)が求められる。また相互に学び合う力(reciprocal learning)や失敗から学ぶ力(learning from failure)が必須となる。これらの多様な学習力が、場を進化させる駆動力となるのである。

ここで論じた「場」は、生態系（エコシステム）と読み替えることもできるだろう。まさに生命の躍動と進化の舞台である。有形資産が機械論的なパラダイムの産物であるとすれば、無形資産はこのような生命論的なパラダイムの産物である。

生命は突然変異で進化することはほとんどない。そもそも突然変異が起こる確率は、一つの遺伝子当たり一〇万〜一〇〇万分の一でしかない。もっとも、その確率は放射能や化学物質によって上昇させることは可能である。とはいえ、その突然変異が優位な変化、すなわち進化につながることは稀だ。

昨今、デジタルウィルスやバイオウィルスが産業構造に「ディスラプション」をもたらすと騒がれている。「アマゾン効果」や「コロナ危機」が代表例である。小売業から他のサービス業、そして製造業まで、その魔の手が押し寄せてくることに戦々恐々としている。これらのウィルスが放射能のように突然変異をもたらすといわんばかりだ。

しかし、そのようなディスラプションは破壊をもたらしても、進化は生み出さない。生命、そして、その共同体としての生態系がそうであるように、環境変化をしなやかに取り込み、お互いが関係性を再構築しながら、「共進化」していくことが求められるのである。そのためには、破壊ではなく新陳代謝が答えとなるはずだ。

有形資産は、その気になれば新陳代謝を実施しやすい。対象とその価値が明確だからだ。一方で無形資産は、そもそも「無形」なものを対象とする以上、新陳代謝がきわめて難しい。時代や環境にそぐわないにもかかわらず、自社固有のレガシー資産をいつまでも抱え込んでしまいがちだ。逆に将来価値（オプションバリュー）の高い資産を、今は価値がないという理由で、切り捨ててしまいかねない。

無形資産経営の実践にあたっての最大の課題は、この新陳代謝をいかに行うかにある。そしてそれは、次章で論じる経営変革における最大のチャレンジでもある。

第13章 MX——経営のイノベーション

次世代成長は、経営者にとっても元気の出るトピックだ。なかでもイノベーションと聞くと、経営者は一斉に強い関心を示す。

既存事業が頭打ちとなる中、市場開拓や事業開発に走りたくなる気持ちはよくわかる。ブルーオーシャン戦略、オープンイノベーション、コーポレートベンチャリングなど、外来の流行モデルにも手を伸ばしたくなる。コンサルティング会社の思うつぼである。

しかし、これらの取組みが成功した試しは、皆無に近い。成功したように見えても、第二の本業と呼べるほどの規模に育つケースは稀だ。また、大ブレイクしたかに見えても、あっという間に他社に追随され、失速するケースは後を絶たない。空間軸上のScalabilityも、時間軸上のSustainabilityも未達に終わってしまう。

そもそもこの手の「イノベーションのマネジメント」から、手品のように新規事業が生まれてくることはない。本業を含めた経営の手法そのものを、見直す必要がある。いわば「マネジメントのイノベーション」こそが本質的な課題なのである。

最近、ＤＸがパンデミックのように大流行している。これまで人手を掛けていたところにデジタル技術を使えば、飛躍的な効率化が期待できる。顧客や他の事業者との関係性も、デジタル技術によって進化させることができるだろう。

しかし、ＤＸの本質は、ＤではなくＸ、すなわち変革にあることは、先述したとおりである。そして、変革が対象とすべき本丸は、経営そのものである。ＤＸではなくＭＸ、すなわち「経営の変革」こそが、デジタル時代に経営が取り組むべき本質的な課題なのである。

イノベートからリノベートへ

そもそもイノベーションというビッグワードが曲者である。

ゼロから一を生むことがイノベーションだとすれば、そのようなイノベーションが生まれ、それが一から一〇〇へと進化すること、つまり、scalabilityとsustainabilityを獲得することは、ほとんどない。

たとえばスティーブ・ジョブズは、天才的イノベーターと考えられている。確かに、iPod、

iPhone、iPadと革新的な大ヒット商品を生み出し続けたことは事実だ。しかし、それらには、すべて先行する商品群が存在していた。ナップスターに代表されるMP3、iモードやブラックベリーに代表されるスマートフォン、そして、ジョブズが追放されていた時期にアップルが繰り出した失敗作「ニュートン」に代表されるPDA（携帯情報端末）などである。

ジョブズは、実は「後出しじゃんけん」の巧者である。先行する商品群に、使い勝手の良さ（ease of use）とシンプルを基軸としたデザイン性という独自のアルゴリズムを注入することで、新たなカテゴリーを生み出す――それが「ジョブズ・マジック」の本質である。ジョブズはイノベーションの巧者というより、リノベーションの巧者なのである。

コーヒーの世界を見てみよう。アメリカ発のイノベーションとしては、スターバックスが有名である。同社は、「第三の場所」という新しい空間を生み出した。言い換えれば、ゼロから一のイノベーションというより、場所をずらす（リノベート）ことが成功をもたらしたのである。

そのスターバックスも、新しい挑戦を受けた。挑戦者は、ブルーボトルコーヒーに代表される「サードウェーブ・カフェ」と呼ばれる新たな一団である。彼らに言わせれば、スターバックスのようなチェーンストアは、画一化された規模のゲーム（セカンドウェーブ）にすぎない。サードウェーブでは、質の高いコーヒーを、じっくり時間をかけて準備して味わう。ファーストフードならぬスローフードである。言い換えれば、時間をずらす（リノベート）ことを目論んだのである。

一方でスターバックスも、自己革新を試みる。新たに打ち出してきたフォーマットが「スターバックス・リザーブ・ロースタリー」である。上海からスタートさせ、日本には二〇一九年に中目黒に上陸した。サードウェーブが訴求する質の高さを、新しい空間の中に実現したものだ。これも自社の本来の強み（空間軸）を、新しい要素（時間軸）を加えることでリノベートすることをねらったものである。

コーヒーの本場、ヨーロッパに目を転じてみよう。ヨーロッパ発のイノベーションとして有名なケースが、ネスレのネスプレッソである。スターバックスが「第三の場所」という新たな空間を生み出したのに対して、ネスプレッソは従来型コーヒーの消費場である「第一の場所（家庭）」と「第二の場所（オフィス）」での消費のスタイルを一変させた。

その変革の手口を「マジックトライアングル」モデルで分析してみよう（図13－1）。

- Ｗｈｏ（顧客）……大衆品市場から高級品市場（個人、オフィス）へ
- Ｗｈａｔ（提供価値）……インスタントコーヒーからプレミアムコーヒーへ
- Ｈｏｗ（提供方法）……小売店から直販へ
- Ｗｈｙ（収益モデル）……粉末の販売による利益からカプセルの販売からの利益へ

マジックトライアングルは、スイスのザンクトガレン大学で生まれた事業モデル・イノベー

図13-1

ネスプレッソのマジックトライアングル

事業モデル例：ネスプレッソ
- 「サプライ品モデル」「ロックイン」「直販」パターンの組合せ
- 販売単価の劇的な向上：2,000円→10,000円（キロ単価）

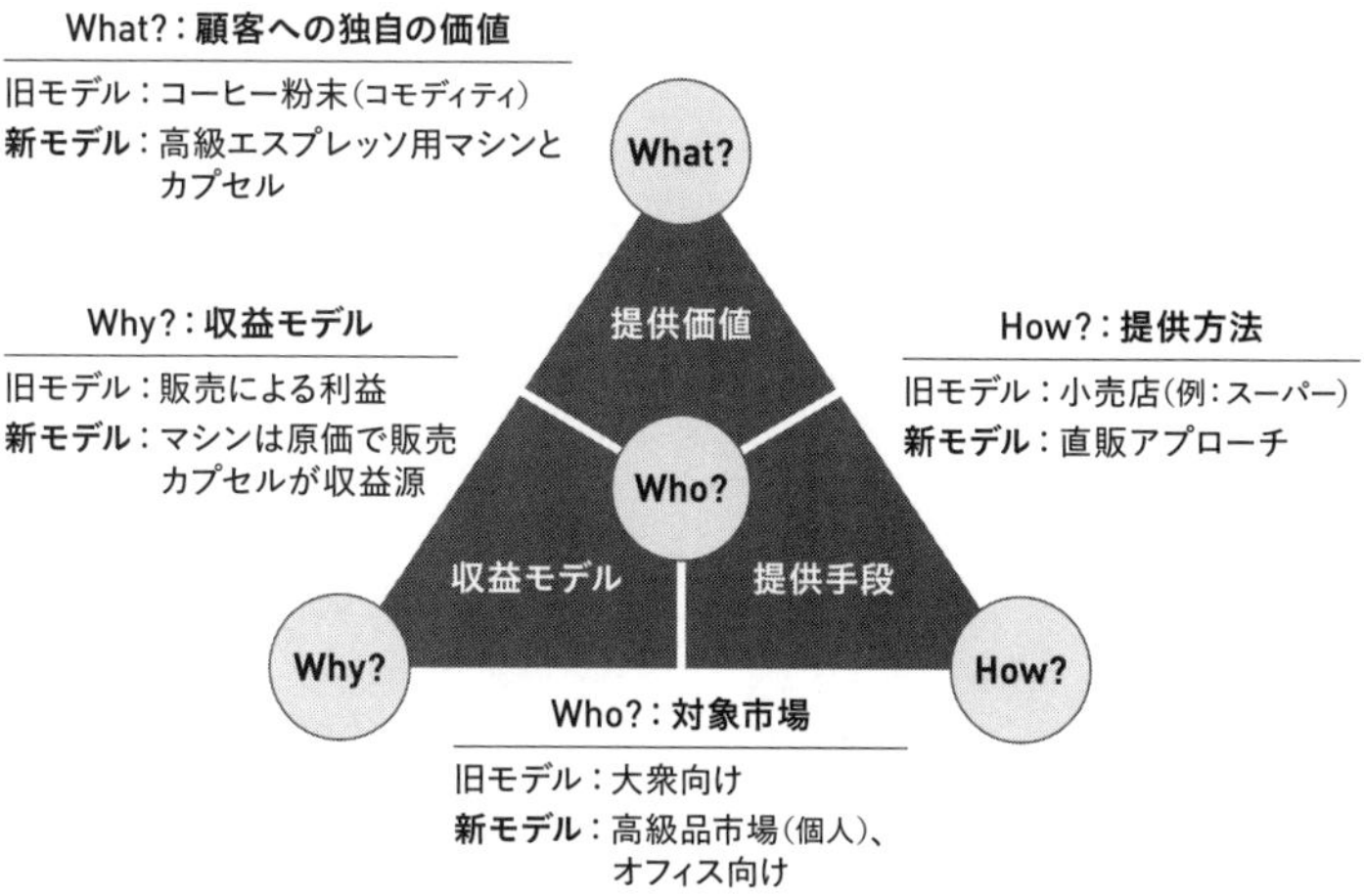

出所：スイスBMI、日本マキシマイズ

ションの手法である。このモデルを企業に紹介しているスイスのＢＭＩと、日本の代理店であるマキシマイズによると、これら四軸のうち、二つ以上を変更することで事業モデル・イノベーションが生まれるという。

ネスプレッソの場合、四軸すべてを変更したので、革新性が高い。そのため、市場に浸透するまでに三〇年という年月を要した。社内も市場も、このような革新的な事業モデルをすぐには受け入れなかったからである。

しかし、この例もゼロから一を生み出したイノベーションなのだろうか？　実は、四つの軸をずらした（リノベート）にすぎない。そして、それらを新しい事業モデルとして「再編集」した点に、真の革新性があるのである。

ネスレ日本では、一〇年以上にわたり、アルバイトを含む全従業員から新しいアイディアを募る「イノベーション賞」を毎年実践している。仕掛け人である前CEOの高岡浩三は、「イノベーション&リノベーション」を標榜している。では、その違いは何か？

高岡は、以下のように説明している。[1]

「『顧客の問題解決』というときの『問題』には、『顧客が気づいている問題』と『顧客が気づいていない問題』の二つがあります。前者は市場調査によって見えてくるものであり、二〇世紀の問題解決です。ただし、この問題を解決してもリノベーションしか生まれません。一方、イノベーションは後者、つまり市場調査では表に出てこない問題を解決することです」

いずれも顧客の問題解決である点では同じである。違いは、顧客が気づいているかどうか。ちなみに、二〇二〇年に逝去したクレイトン・クリステンセンは、『ジョブ理論』（原題 *Competing Against Luck*）の中で、前者をpains（顕在ニーズ）、後者をgains（潜在ニーズ）と呼んでいる。[2]

いずれにせよ、いかにも希代のマーケターである高岡らしい定義である。

その高岡が、日本発のイノベーションと胸を張る成功例がある。第5章で紹介した「ネスカフェ・アンバサダー」だ。オフィスで手軽なおいしいコーヒーが飲めないという問題を解決したのである。しかもその結果、殺伐としたオフィス空間に、コーヒータイムを一緒に楽しむという「共感の時間」を生み出すことにも成功した。

そこで使われているのが、先のネスプレッソだ。マジックトライアングルを使うと、以下のように説明できる。

- Who……仕事の場に質の高い時間を持ち込みたいと願うオフィス顧客に照準を合わせる
- What……顧客をアンバサダー役に仕立てることで、オフィスに共感の場を提供
- How……オフィスの中に直販チャネル(自動販売機の新形態)を構築
- Why……サブスクリプションによる継続的な収益の獲得

つぶさに見れば、四軸の一つずつを巧みにずらしていることがわかる。一つずつの発想は、リノベーションでしかない。それを再編集することで、見事な事業モデル・イノベーションを生み出したのである。

イノベーションという幻想を追いかけても、空振りするのがオチだ。顧客にしっかり目を向けること。しかも、顧客がまだ気づいていない未来の価値に、顧客を誘うこと。先述した

次世代ＣＸ、すなわちCustomer Transformationこそが、イノベーションがめざすべき姿である。そして、そこに向けて事業モデルを構成する四軸をいかに「ずらす（リノベート）」するかが、知恵の絞りどころとなるのである。

外発から内発へ

コロナ禍に代表される環境変化、デジタルに代表される技術革新は、企業に変革を迫る。それを危機として身構えるか、機会として前向きに取り込むかで、企業の未来が決まる。

より踏み込んでいえば、外はチャンスだらけである。現在のように変化が常態化している時代は、成長機会の宝庫ともいえる。その機会を的確に捉えるためには、常に自らを変革する準備が必要となる。

たとえば日本電産会長の永守重信は、一〇年に一度の大きな危機を成長機会に変えてきた。

そもそも創業した一九七三年には、いきなり第一次オイルショックの洗礼を受けた。二一世紀に入ってからも、ネットバブルの崩壊、タイの大洪水、リーマンショックなどの危機を乗り越えて、今や二兆円に迫るまでに急成長を遂げてきた。

その永守は、「幸運の女神は前髪しかない」というレオナルド・ダ・ヴィンチの言葉を好んで使う。前髪をつかむためには、変化の波頭を捉える俊敏性が鍵となる。

その永守マジックの本質が、永守と筆者とのインタビューの中で、生々しく語られている。詳細はぜひ「戦略的に未来をマネジメントする方法」を特集した『DIAMONDハーバード・ビジネス・レビュー』二〇二〇年九月号に掲載された対談をご参照いただきたい[3]。

COLUMN

永守流「遠近複眼経営」のすごみ

この対談の後、筆者は同誌に「永守流『遠近複眼経営』のすごみ」という解説文を寄稿した。永守流経営の真髄を「社会・経済の長期的な波動と短期的な変化を同時に、かつ的確に捉える『遠近複眼経営』」と捉え、前述（図9－1）の「ズームイン・ズームアウト」思考のベストプラクティスと位置づけた。少し長いが、要点を再掲したい。

遠未来を捉える眼でビジョンを描き、そのビジョンで一兆五〇〇〇億円企業全体を引っ張っていくリーダーシップ。そして、小さな変動を捉えて近未来を予兆し、組織や事業構造を絶えず脱皮させ、進化させていくマイクロマネジメント。その両方を表裏一体のものとして緊密に連携させながら、永守さんは日本電産を飛躍させてきた。（中略）

まず、遠未来を捉える眼についていうと、永守さんは中長期の波動が常に頭の中にあって、好不況は必ず反転することを前提にしている。

景気循環の学説でよく知られるものとして、大きな技術革新が牽引する「コンドラチェフの波」(約五〇年周期)、建設投資を原因とする「クズネッツの波」(二〇〜三〇年周期)、設備投資の変動に起因する「ジュグラーの波」(約一〇年周期)がある。

永守さんは、こうした経済用語を使ったりはしないが、この三つの周期を前提に日本電産の未来像を描いている。対談の中でも、創業時に五〇年計画を立て、昨年は第二次五〇年計画を立てたといっている。また、三〇年後の二〇五〇年に焦点を当て、人型ロボットを動かすための小型・省電力モーターの研究開発を進めていると語っているし、リーマンショックから一〇年が過ぎた昨年、「来年はえらい年になる」と予兆し、固定費削減の指示を出していた。

つまり、五〇年先、三〇年先、一〇年先という未来からバックキャストして、戦略を立て、いち早く手を打っているのだ。

「二〇三〇年度売上高一〇兆円」という長期目標の前提となっている「五つの大波」[4]も、永守さんらしい未来の捉え方だ。「脱炭素化」の波、「デジタルデータ爆発」の波など、いま聞けば当たり前と思うかもしれない。それは、ここにきて、ESG(環境・社会・企業統治)投資やSDGs(持続可能な開発目標)を長期経営ビジョンのたたき台にする企業が増えてきたからだろうが、永守さんは五年以上前から「五つの大波」に本気で取り組んでいた。

何より永守さんらしいのは、ＥＳＧやＳＤＧｓという言葉を一切使わないことだ。永守さんは他人から価値観を押し付けられること、借り物の言葉を使うことを嫌う。いわば客観正義を信用していない。

理屈をこねる前に実行し、失敗から学び、再チャレンジする。それが、永守流であり、そこから主観正義を自ら生み出していく。その主観正義を「五つの波」といった独自の言葉で主張するから、リーダーの言葉として人々に響き、共鳴する人が増え、やがては客観正義になっていく。借り物の言葉では、人の心に火をつけられないことを永守さんはよく知っているのである。

永守流経営のもう一つの特徴は、近くをよく見ていることだ。細かい数字を週単位でレビューしている。シリコンバレーでは「イノベーション@エッジ」とよくいわれるが、イノベーションが起こるのはエッジ（末端・辺境）であって、本社ではない。

永守さんはエッジの変化量をよく見ていて、小さな変化を見落とさない。この変化への感度の高さが、マイクロマネジメントを可能ならしめている。

ただ、エッジの情報にはさまざまなノイズが混じっている。これを永守流アルゴリズムで取捨選択している。組織の現場に埋め込んだセンサーが収集した膨大な情報をＡＩ（人工知能）で取捨選択、分析・予測するＩＯＴ型の経営だ。

この経営は、環境変化を契機とする生物の進化プロセス、すなわち「ゆらぎ」「つなぎ」「ずらし」というプロセスになぞらえることもできる。

生物は組織の中に「ゆらぎ」を起こし続けている。止まることは死を意味するからだ。企業組織も事業を続けている限りは絶えず「ゆらぎ」が生じているが、永守さんはその「ゆらぎ」を現場センサーを通じて察知し、変化の予兆を捉える。

「つなぎ」とは、脱構築だ。永守さんは、昨年の秋口には景気変動の波を察知し、新型コロナ危機が起こるやすぐさまWPR4[5]に着手した。そのように「ゆらぎ」をつかんだうえで、脱構築していくのが「つなぎ」だ。

そして、「ずらし」は反転攻勢である。WPRで筋肉質な企業体質に脱皮したうえで、一気に集中投資する。中国・大連での一〇〇〇億円投資などがその例である。(中略)当面の赤字をものともせず、永守さんがトラクションモーターなどEVの中核部品の開発・量産に巨額投資しているのも、一〇年先のマーケットを制圧するための「ずらし」である。

このような緻密さと大胆さ、マイクロマネジメントとビジョナリーリーダーシップがDNA二重らせんのように絡み合う遠近複眼経営が可能なのは、永守流経営の真ん中に「志(パーパス)」が、でんと腰を据えているからだ。永守さんの言葉を借りれば、「夢」と言い換えてもいい。

細かいところまで手を出し、口を挟むマイクロマネジメントをぎりぎりとやられていると、現場はうんざりしてむしろやる気をなくすのが普通だ。また、借りてきた言葉で絵空事のビジョンを語ったところで、普通なら誰もついては来ない。

しかし、永守さんはどんなに経営が厳しいときでも決して暗い話はせず、自分の言葉で大きな夢を語る。そして、ＷＰＲなどのマイクロマネジメントを通じて、夢を形にしていく。

その永守さんが若い人に挑戦させ、失敗から学ばせ、再チャレンジを促す。そうやって、日本電産は進化してきた。

すなわち、永守流遠近複眼経営は、ディスラプション（創造的破壊）ではなく、生物学的進化をめざす経営であり、志を中心に置く「志本主義経営」でもある。

このような外部環境の変化を機会として取り込むためには、企業内部に変革をもたらし続けなければならない。つまり、成長の真の機会は、外部ではなく内部にあるのだ。

では、どうすれば、企業は内側から変われるのか。ここでは、大きく三つの切り口を提示したい。戦略レベル、組織レベル、そして、価値観（志）レベルの三つである。

事業モデルから資産モデルへ

まず戦略レベルを見てみよう。世の中では、事業モデル・イノベーション旋風が吹き荒れている。たとえば自動車産業は、「一〇〇年に一度の大変革」の到来に大わらわだ。

しかし、ＣＡＳＥと呼ばれる四大変革は、いずれもそれ自体革命的なイノベーションではない。Connectivity、すなわち、「つながる技術」などは、四半世紀前にインターネットが商業化されたころから存在していた。Autonomous、すなわち、自動化技術も工場や倉庫などの閉域では実用化されており、それを公道に応用するための実験が一〇年前から進められている。同様に、Sharing（共有化）やElectrification（電動化）も、他の業界ではすでに実用化している技術だ。

変革が必要なのは、自分たちなのである。これまでの「創って（開発）、作って（製造）、売る（販売）」というプッシュ型の売り切りビジネスそのものが、変容を迫られているのである。

新たな事業モデルを描くことも、実は難しいことではない。先に紹介したザンクトガレン大学の研究から生まれた『ビジネスモデル・ナビゲーター』は、過去に世の中を席巻した事業モデルを五五の型に分類している。[6] そして、それがその都度、再登場しているにすぎない。たとえば、最近もてはやされているサブスクリプションモデルなど、新聞や雑誌、ゴルフクラブやスポーツジムに至るまで、さんざん使い古されてきた手口だ。

事業モデル自体は、実はコモディティでしかない。そのような既存の知恵を自社の事業に応用すればよいだけなのだ。

ところが、実はそれが難しい。新しい事業モデルに移行しようとしても、資産の組み替えが簡単にはできないからである。これまで築き上げてきた有形資産の多くが、一挙に負債化してしまう。自動車会社でいえば、エンジン技術であり、生産工場であり、系列部品メーカーであり、販売店網などだ。一方、ソフトウェア技術やデジタル基盤、デジタルマーケティング手法などの無形資産が、圧倒的に不足している。

企業変革の中心課題は、事業モデルの変革ではなく、資産モデルの変革なのである。しかも、変革の本質は、イノベーションではなく「新陳代謝」である。負債となる有形資産を軽減し、新たな競争力の源泉となる無形資産を獲得していかなければならない。しかも、それを同時に進めていかなければならないのである。

味の素が着手した企業変革を紹介しよう。「アセットライト」と名づけられたプログラムだ。より正確には「有形アセットライト&無形アセットリッチ」と呼ぶべきであろう。図13－2は、先述したバリューダイナミクスの五つの資産モデル（図12－1）をふまえて、その全体像を示したものだ。

スタートは、真ん中の組織資産の変革（VX: Value Transformation）である。味の素ではCSVの

図13-2

有形資産から無形資産へ——味の素のアセット・トランスフォーメーション

5つの資産の新陳代謝

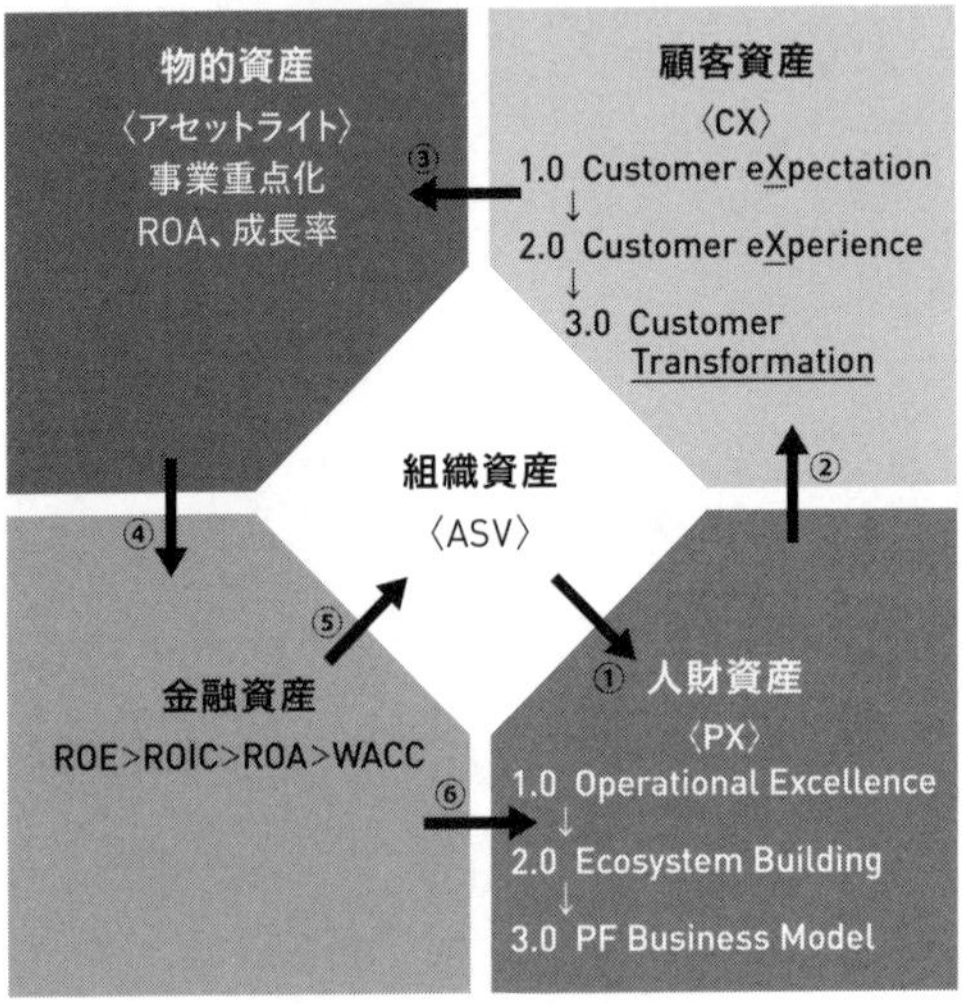

出所：味の素副社長・CDO福士博司氏のプレゼン資料（Jbpress主催DXセミナー、2019年10月3日）をもとに作成

考え方を自社独自の経営モデルであるＡＳＶ（Ajinomoto Group Shared Value）に昇華させている。ＡＳＶとは、一言でいえば「食と健康の課題解決（Eat Well Live Well）」という志（パーパス）である。それを全従業員が自分ごと化することで、組織資産に組み込もうとしている。

　そのうえで、デジタルパワーを駆使して人的資産のアップグレード（People Transformation）を図る。まずはオペレーショナルエクセレンスの高度化（ＰＸ１・０）を実践し、さらにエコシステム変革（ＰＸ２・０）、事業モデル変革（ＰＸ３・０）、具体的には「食と健康のプラットフォーム」モデルを構築する。

ここでは、先述したＤＸの三つのウェーブの実現がめざされていることに、気づかれただろうか？　これをＤＸではなく、ＰＸと呼んでいるのにはわけがある。これらの三つの変革を実現するデジタル技術は、すでに存在する。それらを使いこなすスキルを、事業や業務や経営の現場が身につけることこそが、本質的な課題となる。そのようなスキルアップをテコに、顧客資産を高度化することがＤＸ成否の鍵を握るのだ。

そして、顧客資産の高度化（ＣＸ）をめざす。顧客の問題（Pains）の解決（ＣＸ１・０：Customer eXpectation）を実践するだけでなく、デジタルを駆使した新たな顧客体験（Gains）を実現（ＣＸ２・０：Customer eXperience）する。そしてさらには、サステナブルな社会をめざした共感消費へと顧客をリードしていく（ＣＸ３・０：Customer Transformation）。このような顧客自身の進化に寄り添うことで、ブランド価値の向上を図る。

これら三つの無形資産を強化しつつ、一方で工場や販売網などの有形資産を軽くしていく。たとえば、マザー工場でしっかり生産技術を磨き上げ続けることができれば、拡大再生産のための生産設備を物理的に所有する必要はないはずだ。既存の資産を外部化することは簡単な話ではないが、資産価値が残っている間にこそ英断しなければならない。

これら四つの資産の「新陳代謝」を実現することで、金融資産そのもののアセットライトが可能になる。ＲＯＡの分母、すなわち有形資産が軽くなる一方、無形資産はバランスシート上に資産計上されないからである。その結果、ROEを飛躍的に向上させることができる。

これが味の素におけるAX(Asset Transformation)の全貌である。真価が問われるのはこれからだ。現場がそれぞれの変革プログラムを、着実に実行できるか。そして、トップがこれらの変革プログラムを、一つの壮大な交響曲にオーケストレートしていけるか。このAXを通じて、味の素が二一世紀型企業へと変貌していくことを期待したい。

先述したように、分子生物学者の福岡伸一は、生命を「動的平衡にある流れ」と定義している。そして、「秩序は守られるために、絶え間なく壊さなければならない」とも語る[7]。

生命は、常に細胞レベルの新陳代謝を繰り返し、不断に身体を刷新しながら生きている。それはあたかも、常に構成する一粒一粒の砂が入れ替わっても形を留め続ける砂の城のようなものだという。

ノーベル物理学賞を受賞したエルヴィン・シュレーディンガーは、『生命とは何か[8]』という分子生物学の古典的名著を残している。その中で、すべての物理現象に押し寄せるエントロピー(乱雑さ)増大の法則に抗して、秩序を維持することが、生命の本質的な特性ではないかと語った。有名な「生物は『負のエントロピー』を食べて生きている」という予言である。

福岡は、この予言をさらに「動的平衡」というコンセプトにまで拡張したのである。

「エントロピー増大の法則に抗う唯一の方法は、システムの耐久性と構造を強化することではなく、むしろその仕組み自体を流れの中に置くことなのである。つまり流れこそが、生物の内部に必然的に発生するエントロピーを排出する機能を担っていることになるのだ」

企業も、変化の中を生き続ける生命体である。そのためには、変化を取り込むだけではなく、既存のものを排出しなければならない。しかも、「壊れる前に崩す」ことで、エントロピー増大の法則を超えることができる。そのような新陳代謝によって初めて、企業は成長し続けることができるのである。

パーパス志向（Ｗｈｙ）かプロセス志向（Ｈｏｗ）か

次に、組織レベルを考えてみよう。

リーダーシップなどに関する論客サイモン・シネックは、ＴＥＤの名スピーカーとして有名だ。シネックは『ＷＨＹから始めよ！』[9]の中で、「ゴールデンサークル」理論を提唱している（図13－3）。

問題解決や価値創造に向けた組織活動は、Ｗｈｙ、Ｗｈａｔ、Ｈｏｗの三つで構成される。シネックの論点は二つだ。三つのうちＷｈｙこそが最も重要だという点と、この三つを一貫す

図13-3

ゴールデンサークル

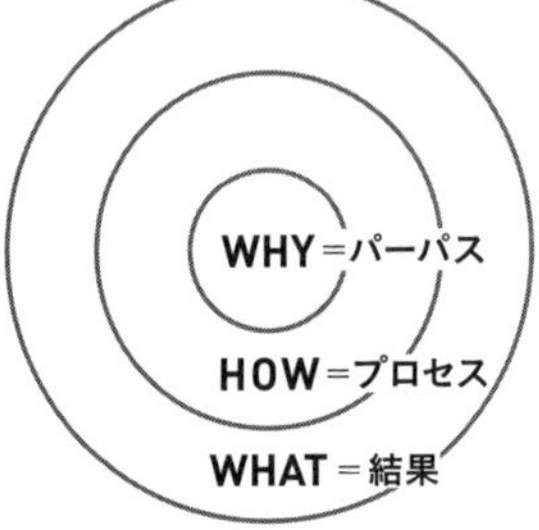

出所：シネック（2012）をもとに作成

るストーリー性が必要だという点である。

ここではシネックの理論を超えて、筆者なりにこの三つを考察してみたい。

まずＷｈｙ。シネックは、これが企業の一丁目一番地だと説く。そもそもＷｈｙに答えられない企業には、存在価値がないからだ。ただし、教科書的な目標（ゴール）、たとえばＳＤＧｓの一七項目のようなものでは、Ｗｈｙの答えになっていない。誰でも同じような目標を掲げているからだ。

第９章で論じたように、ここで求められているのはＭＴＰ（Massive Transformative Purpose）であり、北極星の高みである。規定演技ではなく自由演技、客観正義ではなく主観正義が問われているのだ。そのためには、「ワクワク」「ならでは」「できる！」の三要件が揃っていなければならない。

ＭＴＰは企業の原点であるとともに、めざすべき姿でもある。Ｗｈｙは、「本来」と「将来」を結ぶ力とならなければならない。Ｗｈｙは志本経営の原動力そのものである。

次にＷｈａｔ。通常、企業は結果を最優先する。結果を出せない企業は、早晩行き詰まる。企業の生産性は、インプット（入力）とアウトプット（出力）の差として現れる。投入した資産に対して、どれだけ高いアウトプットを出せるかが、オペレーショナルエクセレンス、すなわち現場力の差になる。

しかし、アウトプットだけでは問題解決や価値創造は実現しない。アウトプットはあくまで企業システムの中での出力でしかないからだ。エコシステム全体、そして市場に変化をもたらすためには、そのアウトプットが問題解決や価値創造に結びつかなければならない。つまり、アウトプット（出力）ではなく、アウトカム（成果）が問われるのである。古くはレオンチェフモデルとして、産業連関表（ＩＯテーブル）などに応用された考え方である。

一企業としても、顧客や社会の問題解決や価値創造をパーパス（Ｗｈｙ）とする以上、アウトプットだけでなく、アウトカムをＷｈａｔの対象としなければならない。

たとえばサステナビリティ経営においては、アウトプットではなくアウトカムが問われる。その企業のCO_2排出削減量やオーガニック素材の割合ではなく、それによって環境や社会にどれだけの成果をもたらしたかが問題解決や価値創造の指標となるのである。

最後にＨｏｗ。日本企業の伝統的な勝ちパターンは、このＨｏｗの強みにあった。しかし、その多くは、現場の知恵やたくみの世界に依存していた。

デジタルの世界になると、競争力の源泉が「たくみ」から「しくみ」へと大きくシフトする。そこで日本企業の多くは、外来の「ハウツー」ものに飛びつきたがる。かつてのＢＰＲから今のＤＸまで、ざっと数えても二ダースは下らない。そのいずれも表層的に取り組むだけで、その企業の資産に組み込まれることはない。後述するように、これが平成の「失われた三〇年」の真因である。

現場の知恵から生まれた独自のＨｏｗを、いかにアルゴリズム(型)化できるかが、本質的な課題となる。そして、それを組織の内外に流通させ、新たな知恵を加えて進化させていくこと。そうすれば、Ｈｏｗが競争力と共創力の源泉となるはずだ。

かつてトヨタが一世を風靡したのは、ＴＰＳ(トヨタ生産方式)というアルゴリズムを編み出したからだ。ＴＰＳの本質は「考える現場」を作ることにある。その現場の知恵をさらにアルゴリズム化することによってＴＰＳが進化していった。デジタル化によって市場環境が開放系、かつ非線形型へと移行する中で、その伝統的な強みをどう再構築するかが、現在トヨタが直面する最大の経営課題である。

アナログとデジタルの融合を、最もうまく実現させつつある日本企業はキーエンスとリクルートである。アナログの時代から、両社は現場の知恵の「型化」を競争力の源泉としてきた。デジタル時代になって、その「型化」のスピードとスケールを一層進化させている。

両社の企業価値が高いのは、アルゴリズムを進化させる力が将来価値(NFV: Net Future Value)

をもたらすと、市場に期待されているからである。そして、トヨタに代表される伝統的な日本企業と異なり、いち早く無形資産経営を実践しているからである。

筆者が志本経営を唱えると、「志」だけで企業は本当に成功するのか、という問いかけを受けることがある。きわめて的を射た問いである。

志（Ｗｈｙ）は成功の必要条件である。しかし、十分条件ではない。問題解決や価値創造の果実としてのアウトカム（Ｗｈａｔ）、そして、そのようなアウトカムを生み出す仕組み（Ｈｏｗ）がなければ、志だけの経営は早晩挫折する。

パーパス志向（Ｗｈｙ）かプロセス志向（Ｈｏｗ）かという二者択一の問いは愚問だ。志本経営を持続させ、進化させ続けるためには、その両者が不可欠なのである。

危機感から使命感へ

最後に、価値観（志）レベルを考察してみよう。

企業変革論の泰斗であるハーバード・ビジネススクール教授のジョン・コッターは、「変革の八段階」説を唱えている。[10]

この八段階説の一段階目が「Sense of Urgency」だ。日本語版には「危機感」と訳されているが、これは誤訳である。コッター自身、危機感（Sense of Crisis）ではないと念を押しているくらいだ。

直訳すれば、「緊急感」。林修風に言えば、「今でしょ！」感覚である。人は危機に直面すると、回避すること、逃げること、あるいは危機が通り過ぎるまで身動きしないことを選びがちだ。それでは変革のトリガーにはならないのである。

もちろん、あえて危機に飛び込んで、周りを救おうとする人もいる。救援隊の方々や、コロナ危機の下での医療関係者の皆さんなどが代表例だ。もっとも、彼ら・彼女らを突き動かしているのは危機感ではなく、使命感である。利己主義（欲）ではなく利他主義（志）を主軸とすれば、危機のときこそ、行動を起こすことができる。

しかし、ことさら危機を待つ必要はない。使命感があれば、平時においても変革を起こせるはずである。ただし、その場合、三つの視点が必要となる。

第一に、志（Ｗｈｙ）の高さである。何回も繰り返すが、ここでもＭＴＰが必要となる。それも、「ワクワク」「ならでは」「できる！」の三拍子が揃っていなければならない。しかも、その志が単にホームページに記されているような外づけの価値観（value）ではなく、従業員一人一人の内省的な信念（belief）のレベルにまで、深く埋め込まれていなければならない。

ＭＴＰが高ければ高いほど、現状とのギャップが明確になる。そのギャップを埋めるためには、桁違いのアウトカム（Ｗｈａｔ）を達成しなければならない。そのためには、自己変革が必須だ。このような思いが使命感を駆り立て、変革に向けて現場の心に火をつけるのである。

多くの企業は、ここまで来たら、一気呵成にＷｈａｔの達成に向けたＨｏｗ（実行プラン）を描こうとする。そして多くの場合、そこで大きな落とし穴にはまる。過去の行動様式や価値観を引きずったままでは、桁違いの変革を実践することなど、しょせん不可能なのだ。

そこで必要となる第二の視点が、変革を実践するうえでの障害（壁）を見極めることである。「なぜ今までできなかったか（Why Not Yet）」を深く内省しなければならない。

ここでよく出てくる三つの壁が、技術、コスト、規制である。しかし、それらは外的な制約でしかない。そのような制約を内的なパワーで超えることこそが、経営のイノベーションをもたらすのである。

スティーブ・ジョブズはそのような変革力を「アウト・オブ・ボックス（制約を破る）」と呼んだ。外的な制約は人工的に作られた箱にすぎない。その箱から飛び出すことで、イノベーションを生むことができるのである。ジョブズは制約を限界ではなく、変革の絶好の機会と捉えたのだ。もし世界が制約なしの青天井だったとすると、ジョブズは活躍できなかっただろう。

外的な制約は変革の機会をもたらすはずだ。変革が実践できない真の原因は、内的な制約にある。筆者はそれを、その企業の「悪癖」「病気」、さらには「前科」とすら呼んでいる。

もちろん、現状のままでよいのであれば、そのように悪者呼ばわりする必要はない。しかし、高い志を本気で実践するのであれば、このような内的な壁を取り除かなければならない。そのためには、深い内省が必要となる。

各企業が固有の「持病」を抱えている。しかし、そこにはいくつかの共通項がある。野中郁次郎は、近著の『共感経営』の中で、現代の日本企業の「三大疾病」を指摘している。[11]オーバープランニング（過剰計画）、オーバーアナリシス（過剰分析）、オーバーコンプライアンス（過剰法令順守）の三つだ。アメリカ流の分析的な経営手法に過剰適応した結果、自社の存在意義（志）を見失ってしまったという。まさに慧眼である。

しかし、日本企業の多くは、このような最近の流行病以前に、日本的経営という美名に隠された深い病を抱えている。それは「自前主義病」「完璧主義病」「実践主義病」の三大疾病である。

実力のある日本企業ほど、「自前主義」に陥りやすい。QCDを極めようとすれば、どうしても自分でコントロールしたくなる。「他人のふんどし」を極端に嫌うのだ。トヨタ用語に「手の内化」という言葉がある。サプライヤーやベンチャー企業などに、コア技術をブラックボックス化されたくないためだ。このような自前主義は、前述したS^4の経済、なかんずく、範囲の経済とスピードの経済の足かせとなる。

そして、「完璧主義」である。市場に出すからには、完璧な商品でなければならない。自動車業界には「アフターマーケット」という特殊用語がある。車を売り切るまでが市場で、その後は「アフター」だというのである。これほど顧客体験を軽視した言葉があるだろうか。顧客にとっては、「アフター」こそリアルな体験市場であるはずだ。

一方でテスラは、車を売った後も、ＯＴＡ（Over-The-Air）という手法で、バージョンアップしたソフトウェアを頻繁に提供し続けている。完璧を期す、という発想そのものが、市場での進化に背を向けている証左である。

あえて「未完成」の商品を市場に送り込み、そこでの進化を取り込むことこそ、デジタル時代の無形資産経営に求められる流儀となるはずだ。二〇二〇年、ついにテスラの企業価値がトヨタを超えたのは、そのようなパラダイムシフトの必然といえるだろう。

そして、「実践主義病」。理論より実践、演繹より帰納、そして経営より現場を重視する。頭でっかちな欧米型経営へのアンチテーゼであり、日本企業の勝ちパターンとされてきた。

しかし、シリコンバレーや中国の新興企業は、「Try & Learn & Pivot」という新手法を身につけている。実践から学習し、さらに脱学習して新しい可能性をめざすというサイクルを週単位、さらには日単位で回しているのだ。

一方、日本企業の多くは実践主義という美名の下、現場の知恵をアルゴリズム化し、仕組みに落としてスケールさせる努力を怠っている。Ｈｏｗの本質が空洞化しているのだ。これでは、いつまで経っても無形資産型経営に移行できない。

そして第三の視点が、いかにＭＴＰを実践するかである。しかし、ここにも二つの大きな落とし穴がある。

一つ目の落とし穴が、当たり前の「〇〇すべき」に終始してしまう点である。現状からＭＴＰに非連続な成長を遂げるためには、多くのＷｈａｔが必要になる。それを変革プログラムに編集していくのだが、画餅に終わるか、一桁低いスケール・スピードにとどまるのがオチだ。なぜなら、組織の慣性が、そのような非連続な打ち手の実践を阻むからだ。

現状とＭＴＰの大きなギャップを埋めることに、気をとられてはならない。最大の経営課題は、Why Not Yetであぶり出した組織の悪癖、病気、前科をいかに変革できるかにある。

考えようによっては、これは朗報である。この内部の膿を出し切れば、変革が実現できるからである。二〇一〇年に出版した拙著『学習優位の経営』は、副題を「日本企業はなぜ内部から変われるのか」とした[12]。変革の蹉跌、そして、だからこそ機会は、過去、そして現在の自分自身にあるのである。

二つ目の落とし穴が、先述した実践主義病を再発してしまう点である。Ｈｏｗが求められているのであれば、とにかく実践してみようとする。その結果、本社主体の空中戦か現場主体の地上戦に走りがちだ。しかし、そこには答えはない。

先述したとおり、Ｈｏｗの本質は、現場の知恵をアルゴリズム化し、組織全体にスケールさせる仕組みにある。さらには、変革を一過性のものとせず、常態化させるためには、このＨｏｗのアルゴリズムそのものを進化させ続ける新陳代謝の仕組みが必要となる。

企業が生命のように「動的平衡」を維持し続けるためには、そのようなＭＸ(Management

Transformation）の仕組みそのものを組織の中にビルトインしなければならないのだ。

MXの三点思考

この三つの視点を組み込んだものが図13－4である。筆者は経営と現場を巻き込んだワークショップを開催し、この図を使って変革構想を描いていく。ここでは、最近はやりのＤＸを題材にとってみよう。

初めにＭＴＰ（北極星）を語り合う。Ｗｈｙ（志）の共有化である。日本電産会長の永守の言葉を借りれば、「ドリーム（夢）」セッションだ。しかも、京セラの創業者・稲盛和夫は「カラー付きの夢」でなければならないという。そのためには、「ワクワク」「ならでは」「できる！」の三要素を盛り込むことがポイントとなる。

次が、徹底的な内省セッションである。これまで次世代成長が実現できなかったのはなぜか（Why Not Yet）？　どうやら三つの典型的な「病気」があるようだ。

一つ目は「やってるつもり病」。しかし、取組みのスピードとスケールが決定的に不足している。やっているつもりになっているので、やっていないケースより始末が悪い。「アリバイ工作」に陥っていることを、まずしっかり自覚する必要がある。

図13-4

次世代成長に向けたMX(Management Transformation)

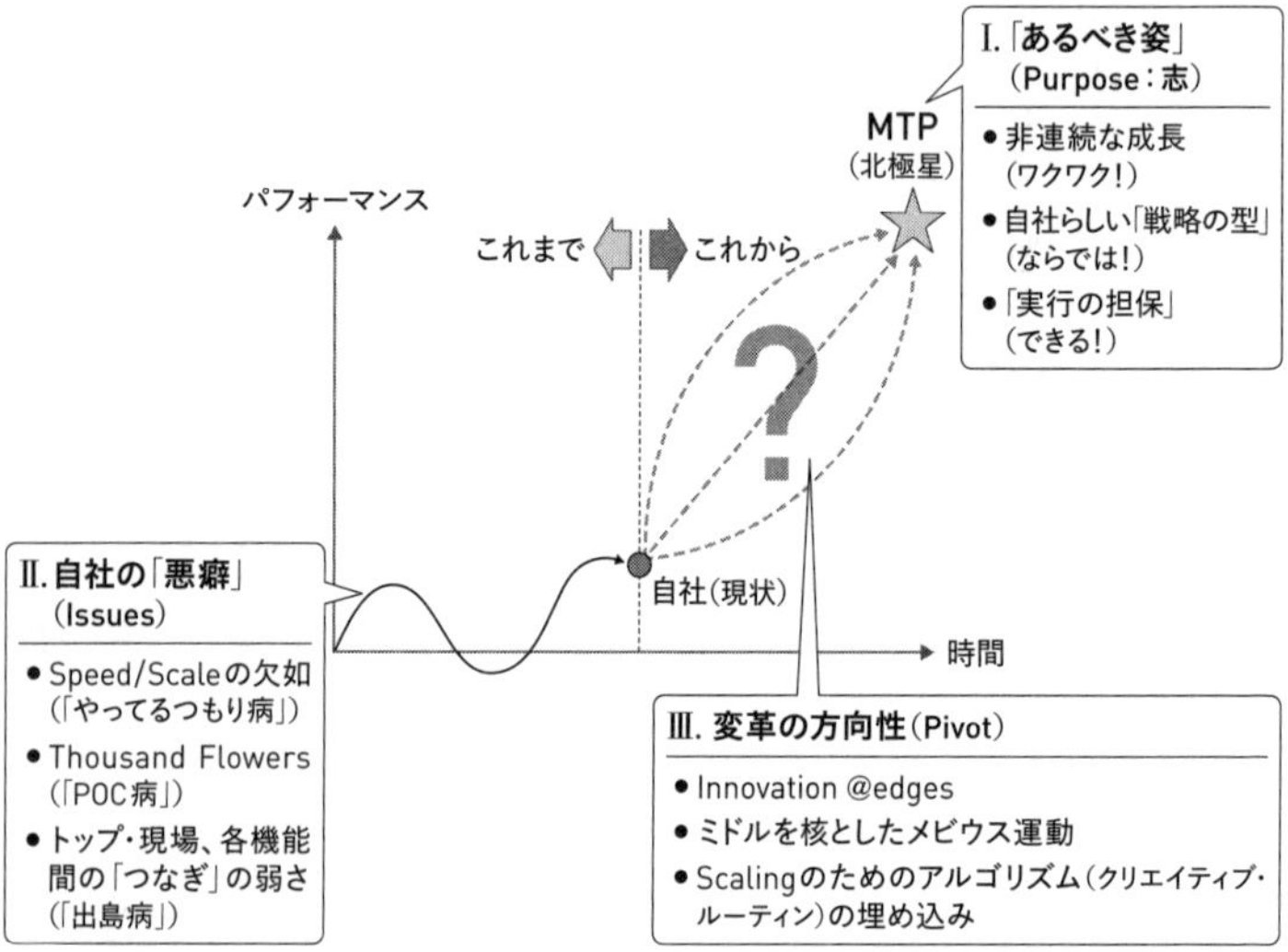

二つ目は、「POC病」。POC、すなわち、Proof of Concept(概念実証)にかまけてしまう病気だ。〇から一を生み出すには、まずコンセプトを実証しなければならない。しかし、骨太の事業として成長させるには、一から一〇(儲かる仕組みの構築)、一〇から一〇〇(圧倒的なスケーリング)へと駒を進めていかなければならない。リクルートは、この三つのステップを推進するための独自のアルゴリズムを持っている。他方多くの企業は、〇から一で満足している。それでは、POCというゴミの山をせっせと量産しているだけだ。

三つ目は、「出島病」。新規事業を創出する場を、あえて本業から切り離すという安易な手法である。前述したように、日本企業が本質を全く理解せずに、「両利きの経営」という流行語に飛びついてしまったことが、これに拍車をかけている。

しかし、これも屍の山である。そもそも本国アメリカでも、三つの有名な失敗例がある。

一つ目が、先にも紹介したゼロックスのＰＡＲＣのケース。

二つ目が、ＩＢＭのケースである。ＰＣ黎明期に総本山のアーモンク（ニューヨーク州）から遠く離れたボカラトン（フロリダ州）でＰＣ事業を立ち上げたが、成長期に失速。最終的には中国のレノボに売却することになった。

そして、最近ではＧＥのケース。前ＣＥＯのジェフリー・イメルトが本社（コネチカット州）から遠く離れたサンラモン（カリフォルニア州）にＧＥデジタルを鳴り物入りで立ち上げたものの、市場開拓が進まなかった。その結果、イメルトは退陣に追い込まれ、ＧＥデジタルはソフト部門を売却したうえで分社化、そして、ＧＥのＤＸは一挙に失速していったのである。

真因は共通している。本業から切り離したためである。本業の資産を使えなければ、ぽっと出のベンチャーと変わりがない。いや、死に物狂いのベンチャーに比べておっとりしているので、はるかに始末が悪い。また、本業を切り離してしまうと、本業そのものの新陳代謝が進まない。新規事業の立ち上げより、こちらのほうが、はるかにインパクトが大きいにもかかわらずだ。これでは、生命の進化の本質である新陳代謝が進まない。

もちろん、これらの流行病以外にも、より本質的な病巣が企業の次世代成長を阻んでいるケースが多い。二〇世紀に成功した企業ほど、先述した「自前主義」「完璧主義」「実践主義」という疾病を抱えている。他にも部分最適（サイロ化）、リスク回避、責任転嫁など、大企業、伝統的な企業ほど、その企業固有の風土病に侵されている。これらの「不都合な真実」を内省セッションでしっかりあぶり出す必要がある。

そして、最後にこれからの実践の道筋を描く。お待ちかねの「Ｈｏｗ」だ。ここではＤＸ実践の処方箋として、三つの組織上の打ち手を例示している。

第一に、本社主導から現場主導に一旦重心を大きく振ること。変革のゆらぎ（$n=1$）は、必ず現場（辺境）から起こる。先述したInnovation@edgeである。

第二に、本社側はこのような現場でのゆらぎを組織の中でしっかりと咀嚼（異化）し、自社の無形資産と結合（同化）させるプロセスが求められる。そこから生み出された新たなエネルギーが企業変革の原動力となる。これこそ、生命の新陳代謝のダイナミズムそのものでもある。このような組織機能を野中郁次郎は「クリエイティブ・ルーティン」と呼ぶ[13]。筆者はこのクリエイティブ・ルーティンを実践する組織運動を、「メビウス運動」と名づけている[14]（図10－3参照）。

第三に、本社のトップはこのような現場発のミドルの知恵が集積され、型化（アルゴリズム化）される仕組みを組織に埋め込まなければならない。このようなダイナミズムを、「しくみ（ルーティン）」に落とし込むことによって、「$n=\infty$」のスケール化を図る。図13－5はこのダイナミズムを筆者流にモデル化したものである。

図13-5

二律背反を超える変換装置としてのクリエイティブ・ルーティン

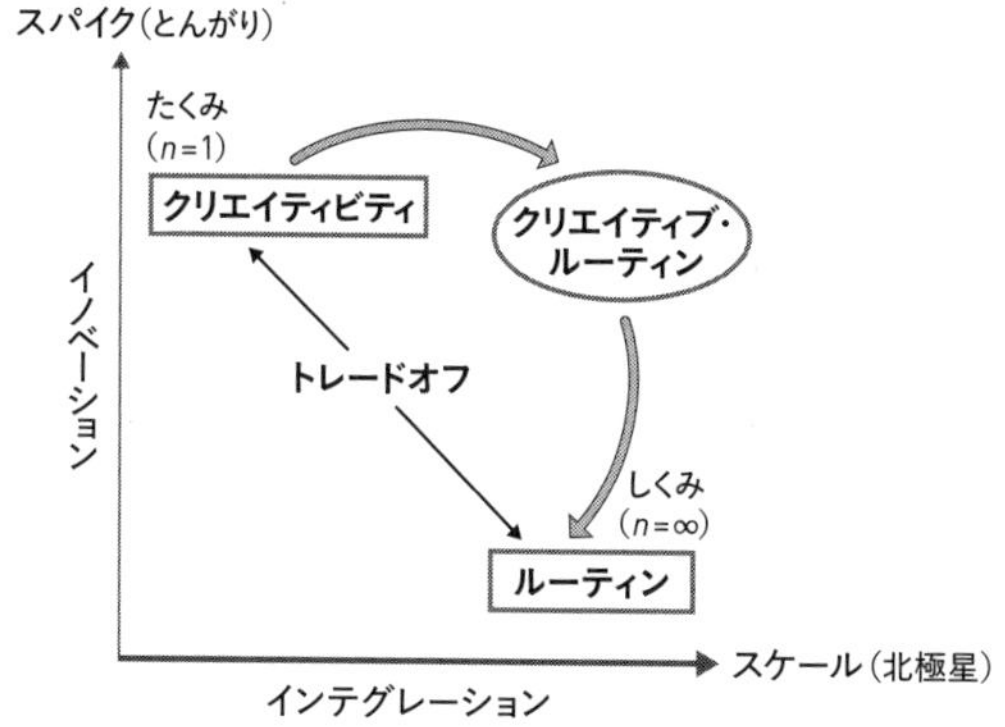

ＭＸ実践に向けては、このように現場、ミドル、トップが連動するダイナミズムを組織に埋め込む必要がある。たとえばリクルートは、これらを「知恵の型化のプロセス」として仕組み化している。

このような「あるべき姿」に向けて、これまで抱えてきた自社の「病気」を、いかに克服するかがＨｏｗの本質的な課題である。問題解決の対象は外部ではなく、内部なのだ。

そのためには、まず志（Ｗｈｙ）を組織メンバーにしっかりと自分ごと化することで、変革に向けた使命感に火をつけることが出発点となる。そのうえで、無形資産、とりわけ組織スキルを蓄積する仕組みづくりに、しっかり投資していくとともに、有形資産をアセットライト化する新陳代謝のプログラムを描く。

実行にあたっては、全社変革をいきなり仕掛けるのではなく、最も変革意欲の高いところで成功事例を作り、それを段階的に全社に広げていく。これらは前述したコッターの「変革の八段階説」に示されているとおりである。

ただし、志本経営を基軸にMXを進める際には、二点留意すべきことがある。

第一に、パーパス（Ｗｈｙ）、すなわちＭＴＰからスタートすること。企業再生のプロである三枝匡は、まず「現実直視、問題の本質、強烈な反省論」からスタートせよと説く。それはリストラが待ったなしの企業再生の場合の話である。崖っぷちに立たされた企業は、危機感をトリガーとしつつ、そこで判断停止に陥らないために、自社の「病巣」をえぐり出さなければならないからだ。

しかし、企業は危機に直面しない限り、いきなり自己否定できるものではない。本業でしっかり結果を出しているのであれば、これまでのやり方にこだわる。そのような企業に、いくら危機感を求めても、深い内省を求めても無駄である。

危機感ではなくて、使命感に火をつけることこそ、効果がある。自分たちのＭＴＰを実現したくとも、今のままのやり方では到底たどり着かない。だとすれば、なぜこれまでできなかったのか（Why Not Yet）を真摯に考えるようになる。危機感ではなく使命感が、そのような内発的な反省を促すのだ。

第二に、そのうえで単に一人一人の行動変容を迫るだけでなく、知恵が創発され、蓄積され、広がる「仕組み」を構築すること（Ｈｏｗ）。それによって、組織の動き方そのものが矯正され、変革疲れに陥っても、後戻りしなくなる。それどころか、「クリエイティブ・ルーティン」という仕組みを組織に埋め込むことで、常に次の進化を生むダイナミズムが生まれる。

筆者は、一〇社以上の企業で、志本経営をめざした経営変革（ＭＸ）を支援している。その際には、図13－4の一枚を使って、変革の全体像を描くことにしている。Ｗｈｙ、Why Not Yet、Ｈｏｗの三つの視点を結び合わせることで、変革のストーリーを共有することができるからだ。

まず、そのようなワークショップをトップ層、ミドル層、若手層など、多段階に仕掛けてみることだ。そうすると、トップはトップなりに、若手は若手なりに、ＭＴＰを論じる「ドリーム」セッションの中で、高い志を語り合う光景に出会うはずだ。

一方、筆者の経験では、ミドル層が最もノリが悪い。数字を達成する責任を担い、日々現実の課題解決に追われている立場にある以上、無責任な夢物語に興じる気にはなれないのだろう。

そこで日本を代表する某ＣＳＶ企業では、全世界一〇〇〇名にのぼるミドル層を対象に、一回二五名、計四〇回のワークショップを展開している。テーマはＣＳＶ２・０、つまり、次世代ＣＳＶである。

本書の執筆時点では、スタートから一年半が過ぎて、ようやく道半ばというところだ。この層の使命感に火をつけることができれば、志本主義に向けた経営変革は、燎原の火のように組織全体に広がっていくはずである。

第IV部 日本企業への提言

『人間というこわれやすい種[1]』（原題 *The Fragile Species*）という隠れた名著をご存じだろうか？　作者の医学者ルイス・トマスによると、三七億年前に生まれたバクテリアを祖先に持つ人間は、地上で最も若く、未熟で、壊れやすい種なのだという。そして、地球を生命体と見なし、人間はウィルスや地球を含めた多様な生命体と共生しなければ生き残れないと説く。

編集工学を説く松岡正剛は、本書に啓発されて、「フラジャイル」こそ、日本流の本質だとしている。台風や地震などの天災にたびたび襲われ、人間しか資源として持ち合わせない日本は、まさにフラジャイルな国である。しかしその弱さこそが、日本の持続可能性の源泉だと説く。

コロナ禍の中で、「レジリエンス（復元力）」という言葉がキーワードとして飛び交うようになった。欧米的な「ロバストさ（堅牢さ）」だけでは変化にもろい。むしろ日本的な「フラジャイル（脆弱）さ」を持つことで、しなやかに立ち直ることができるというのである。

しかし、この言葉には要注意だ。確かに「回復力」はあるかもしれないが、単に元に戻るだけでは何の進歩もない。

日本は世界一の長寿国である。しかし、「幸福度指数」ではOECD諸国で最下位だ。

同様に、日本には長寿企業が多い。日経BPコンサルティングの調査によると、世界の創業一〇〇年以上の企業のうち、半数近くが日本の企業、さらに創業二〇〇年以上の企業では、その比率は六五％まで上がるという。[2] 内訳を見ると、宿泊・飲食業が他の産業を圧倒している。

これらの老舗企業は、持ち前のレジリエンスを発揮して、今回のコロナ禍も乗り越えていくことだろう。しかし、単に生き延びさえすれば、それでよいのだろうか。企業も人間同様、より高い地平をめざして成長し続けることで、初めて「生きがい」、そして、「生きる価値」を獲得できるのではないだろうか。

「レジリエンス」だけでは進化し続けることはできない。では、進化のカギは何か？

ダーウィンは「変化に適応した種だけ生き延びる」という有名な自然選択説を唱えた。その後、イギリスの生物学者リチャード・ドーキンスは『利己的な遺伝子』[3]の中で、生存機械としての遺伝子が生物に進化をもたらすという進化生物学を唱えている。

そのドーキンスは、「われわれには創造者に歯向かう力がある。唯一人間だけが遺伝子に反逆できる」とも語っている。人間は、自己の成功率を損なってでも、他者の成功率を高めることができるという。

なぜ人間はそのような、一見矛盾した行動がとれるのか？　ドーキンスは「将来を予測する能力を持つ人間だけが、利己的な自己複製子に立ち向かうことができる」と論じる。将来を予測すれば、利己的な振る舞いが決して全体最適につながらず、結果的に、自らの将来に悪影響を及ぼすことが洞察されるはずである。

「失われた二〇年」という自嘲気味の言葉が広まって、はや一〇年。とうとう「失われた三〇年」になってしまった。その間、リーマンショックや東日本大震災のようなメガトン級の危機に見舞われたが、日本は平成の惰眠から目覚めることはなかった。

確かに危機を乗り越えて、なんとか生き延びてきたことは称賛に値するかもしれない。日本は世界に冠たる長寿企業国。レジリエンスの強さは折り紙付きだ。

しかし、ただ単に生き延びていればいいというのでは、あまりにも情けない。何のために生きるのか？　そもそも生きる価値があるのかを真剣に自問自答する必要がありそうだ。

あなたの志は何か？　志のない企業は、存在感どころか、生きる資格を剥奪されるだろう。植物人間ならぬ、「植物企業」と呼ぶべきか。いや、それは植物に大変失礼である。CO_2を酸素に変えて地球の生態系を守りぬいている植物のほうが、よほど存在価値があるからだ。

この第Ⅳ部では、どうすれば日本企業が崇高な志を取り戻すことができるかを展望する。そのためにはまず、日本の志の原点に立ち戻ってみたい。そして、日本がそれをどこで、どのように見失ってしまったのかを振り返ってみたい。

そのうえで、日本企業が単に再生するだけでなく、新時代に向けて世界を大きくリードする可能性を探ってみたい。そこでのキーワードは「志す力」、すなわち構想力である。

第14章

失われた三〇年の蹉跌

今回、コロナ禍が世界を飲み込んだ。日本も復旧に大わらわだ。しかし、元に戻ることでは何も解決したことにならない。単に生き延びるだけでは意味がないのである。

この危機を契機として、今度こそ本質的な変革を起こすことができるか？　ファーストリテイリング社長の柳井正は、「今、変われないと二度と変われない」と、警鐘を鳴らす[1]。確かに同社は、「ピンチをチャンスに」を合言葉に、危機のたびに非連続な成長を実現してきた。

しかし多くの日本企業は、V字回復を果たすとそれで安心してしまう。一〇年ごとにやって来る危機を乗り越えることは、今や企業経営の定番メニューにすらなっている。それではせっかくのチャンスを変革のために生かしたことにはならない。このような「V字回復常習犯」は、Vを重ね続ける「W字」企業に堕してしまう。

非連続な変革を実現するためには、まず、過去と現在の自分自身を徹底的に内省する必要がある。外部環境の変化は、変革の最大のチャンスである。そのチャンスを生かせない真因は、自分自身にある。それを筆者は、「悪癖」「持病」、さらには「前科」と呼ぶ。

もちろん、これからも「失われたX年」を続けるつもりなら、これらを抱え込んだまま、騙し騙し生き延びる努力だけしていればよい。しかし、本気で再生する気があるのであれば、まずはこの徹底した内省から始めなければならない。

日本流の源流

内省するにあたっては、まず歴史を振り返ってみたい。われわれは、そもそもどこから来たのか？

明治維新を、近代日本の原点とするのが定説である。確かに、明治維新は非連続な変革を引き起こした。江戸時代の封建的な制度は一新され、富国強兵が政治経済の一丁目一番地となった。

しかし、この未曽有の社会システム変革にもかかわらず、日本人の魂は、江戸時代から連綿としてつながっていたと指摘されている。たとえば経済学者の榊原英資は、次のように語る。

「江戸時代は、日本がようやく中国の巨大な影響から脱して日本独自の文化を築いた時代だった。明治維新によって、確かに欧米化は表面的には進み、人々は断髪し、背広を着るようになったのだが、江戸時代的日常生活は、それほど大きく変わったわけでもなかったのだ。アメリカのジャパノロジスト、スーザン・ハンレーは『江戸時代的』日常・ライフスタイルは『日本的』なものとして定着し、高度成長期まで続いていったと述べている。この意味では明治維新は『革命』ではなかったといえるのだろう[2]」

では、その江戸時代に定着したという「日本流」とは何か？

その源流は、本居宣長の国学にあると考えられてきた。国学は、儒教や仏教など、中国伝来の教え（「からごころ」）を排し、日本独自の文化や思想（「いにしえごころ」）を取り戻そうとする学問である。

本居宣長は源氏物語の研究を通じて、「もののあわれ」こそが和魂の原点であるとする。そして儒教や仏教と異なり、人間のありのままの感情を自然に表現することを重視した。江戸中期の町人に支持されていった国学は、江戸後期には復古思想や尊王思想の系譜につながっていくことになる。

その本居宣長より半世紀早く、独自の日本流を説いた思想家がいた。石田梅岩である。梅岩の教えは「石門心学」と呼ばれ、さまざまな宗教や思想をふまえつつ、「本心（性）」を基軸とする行動規範を説いた。士農工商の身分は人間価値による差別ではないとするその思想は、江戸時代の町人に広く受け入れられていった。

梅岩は商行為の社会的意義を論じた。「二重の利を取り、甘き毒を喰ひ、自死するやうなこと多かるべし」は、梅岩の名言である。また稲盛和夫は、「利を求むるに道あり」という梅岩の教えを、自らの哲学の基軸に置いている。いずれも、志本主義に通じる思想である。

山本七平は、この石田心学こそが、日本の「資本の倫理」の基盤を作ったとする。そして、その梅岩没後に生まれた上杉鷹山にも注目する。鷹山は債務負債に陥った米沢藩を、倹約と勤勉を基軸に見事にリストラしたことで、江戸時代屈指の名君として知られている。鷹山が示した思想を、山本は「資本の論理」と呼ぶ。

マックス・ウェーバーは、欧米の資本主義の精神を、プロテスタンティズムと結びつけて論じた。これに対して、山本は『日本資本主義の精神』の中で、梅岩の「資本の倫理」と鷹山の「資本の論理」が、日本の資本主義の精神を形成したと論じる。[3]

明治維新を契機とした日本の近代化は、山本に言わせれば奇跡でも何でもない。日本には江戸時代から、倹約と勤勉を美徳とする資本主義の本質的な精神が根づいていたというのである。そして、資本主義の母体が江戸時代の「藩」から、明治以降は「企業」へとすり替わっただけだと説く。

古来、日本は「和魂漢才」を旨としてきた。そして江戸時代には、国学や心学という形で

「和魂」を研ぎ澄まし、かつ封建主義から資本主義への準備を着々と進めていた。したがって、明治になって「洋才」へと大きくシフトしても、「和魂」を失うことはなかったのである。

歌を忘れたカナリヤ

しかし、大正時代に入って、その日本流が変質していった。

大正時代は、「大正デモクラシー」に酔いしれた時代である。男女平等や民権擁護が叫ばれ、吉野作造が民本主義を唱えた。文化人の間では、西欧ロマン主義の感性的で、どこか頽廃の香りを漂わせた「大正浪漫」が広がっていった。第一次世界大戦後の世界景気の波に乗って、産業革命が本格化、「モボ・モガ」が街を闊歩した時代でもある。

モボ・モガとは、「モダンボーイ」と「モダンガール」の略である。西洋文化の影響を受けた先端的な若者の風俗を指す。

しかし一方で、軍国主義への傾斜が始まった時代でもあった。繁栄を謳歌した大正は瞬く間に過ぎ、関東大震災、世界恐慌、そして、二・二六事件など、昭和初期の暗澹たる負の時代へと突入していった。

大正時代は、現代でも憧れる人が少なくない。特に昨今、巷では「大正ブーム」が再来している。火付け役は、言わずと知れた人気アニメ『鬼滅の刃』だ。世の中が暗くなると、大正時代がはやるというジンクスを地でいくような大ブレイクぶりである。このアニメの主人公である炭治郎や禰豆子、そして鬼殺隊など、時代の狭間で不条理（鬼）と懸命に戦う若者の姿が、共感を生むのだろう。大正時代と現代には、どこか通底したものがあるのかもしれない。

　哲学者の鷲田清一は、著書『大正＝歴史の踊り場とは何か』の中で、明治に始まった近代化はこの大正時代にその「質と方向」を変え、現代への起点となったのではないかと指摘している。[4] 一九二〇年代の世界的なモダニズムと二一世紀初頭のグローバルなネット革命の広がり。そして、関東大震災と東日本大震災。これらを合わせ鏡として読み解くと、大正時代に現代社会の原型が生まれたのではないかと論じる。

　先述した松岡正剛は、西條八十の童謡「歌を忘れたカナリヤ」に、大正時代独特の喪失感をなぞらえる。束の間の繁栄の時代に、日本人は「歌」を忘れてしまった。欧米流の政治、経済、文化、生活をうわべだけ模倣することに酔いしれ、日本人としての「志」をどこかに置き忘れてしまったのである。

　デモクラシーやモボ・モガといった表面的な「洋才」にとらわれる一方、「和魂」のほうは国家神道が政治アジェンダ化していった。昭和の前半は、それが軍国主義へと大きく傾斜していき、太平洋戦争へと突入していったのである。

　戦後の復興は、明治維新に継ぐ「東洋の奇跡」と呼ばれる。しかし、それはいわば「洋才」

を「米才」に乗り換えただけで、「和魂」は脈々と息づいていた。戦後の日本経済の立役者は、解体された大手財閥から個別の民間企業へと移っていったが、松下幸之助や本田宗一郎に代表される企業家は、山本のいう「日本資本主義の精神」の体現者であった。そして、そこには日本企業としての「志」が凛と貫かれていた。

しかし、バブル経済を頂点として、束の間の繁栄を手にする中で、またもそのような「志」を置き忘れてしまう。ある意味で平成の三〇年間も日本人は「歌を忘れたカナリヤ」だったのではないか。歌、すなわち「志」はどこに行ってしまったのか。

平成の失敗

「失われた三〇年」はちょうど、平成期と重なる。そこで「平成の失敗」といった言葉が取りざたされがちだ。

しかし、日本資本主義の変調は、昭和後期、西暦でいえば一九八〇年頃から始まっていた。ドルショックと二つのオイルショックを乗り越えて、日本がアメリカに次ぐ豊かな国として、確固たる地位を築き上げた時期である。

当のアメリカからは、「ジャパン・アズ・ナンバーワン」と持ち上げられる。日本製品が世界を席巻し、脅威を覚えたアメリカはダンピング提訴を仕掛けてくる。今日の米中経済衝突の先駆けとでもいった光景である。

一九八四年から九〇年までアメリカ東海岸で暮らしていた筆者は、日本への畏敬と畏怖というアンビバレントなアメリカ人の想いを、痛感させられた。最初の四年間は、商社マンとして、アメリカ企業の買収や、彼らとのアライアンスを通じて日々そのような緊張感を味わった。そして、後半の二年間はハーバード・ビジネススクール（ＨＢＳ）の教室で、日本の成功から何を学ぶべきかを世界から集まった英知と議論し合った。

一方、ハーバードの隣のＭＩＴでは、ジェームズ・ウォマックとダニエル・ジョーンズらが、トヨタ生産方式を徹底的に研究していた。それが彼らの著書『リーン生産方式が、世界の自動車産業をこう変える。』によって、全米に広まっていった[5]。

そして、同じＭＩＴ教授のマイケル・ハマーらは『リエンジニアリング革命』[6]を著し、「リーン」を生産現場から経営全体に拡張することを提唱。ここからアメリカの本格的な反撃が始まった。

その間、日本はバブル経済（一九八六～九一年）に浮かれていた。教育の現場では、「ゆとり教育」（一九八七～二〇〇四年）が実施された。質実剛健と勤勉を旨としてきた日本資本主義は影を潜め、若者の間ではモラトリアム人間、さらにはニートという生き方が広まっていく。まさに大正時代のモボ・モガ、あるいは「高等遊民」を彷彿とさせる。

そしてバブル崩壊とともに、砂上の楼閣の綻びが暴かれていく。大正から昭和初期に向けて国粋主義が跋扈していったのとは逆に、昭和から平成に向けては拝米主義にすがり始める。グローバルスタンダードという幻想の下での、アメリカ型資本主義への傾斜である。

平成時代にも性懲りもなく、アメリカ直輸入の三つのバブルに飛びついた。一つ目がＩＴバブル（一九九九〜二〇〇〇年）。次がサブプライムに代表される金融バブル（二〇〇四〜〇七年）。いずれも、あっという間にバブルは崩壊した。

しかし、三番目のガバナンスバブル（二〇一五年〜）は、今なお猛威を振るっている。これは海外の資本を日本に呼び込もうとする金融バブルの変形であることに気づいていないだけに、性質が悪い。

このアメリカ型金融資本主義の浸食には、三つのエージェント（手先）が存在することをご存じだろうか？

一つ目は教育機関。特にＭＢＡを輩出するビジネススクールは、その最右翼である。筆者がＨＢＳに在籍中は、マイケル・ポーターが競争戦略論の教祖として絶大な権威を振るっていた。勤勉な日本の企業経営の多くは、「ポーター教」に染まっていった。

もっとも、当時からポーター流の分析的戦略論に異を唱える論者も、少なくなかった。たとえばカナダのマギル大学教授のヘンリー・ミンツバーグがその代表格だ。ＨＢＳの中にも、分析過多な経営手法を疑問視する論調が芽生え始めていた。筆者の処女作『ハーバードの挑戦

――数学万能経営を超えて』は、そのような胎動を描いたものだ。[7]

そして、今やＨＢＳはガバナンスバブルへの警鐘を鳴らす急先鋒になっている。たとえば、株主資本主義型ガバナンスに異を唱えるレベッカ・ヘンダーソンの講座は、ＨＢＳの学生の中で最も人気が高い。相変わらず株主資本主義時代のガバナンスにとらわれ、官製ガバナンスバブルに加担している日本の一部のアカデミアなどとは大違いである。

二つ目のエージェントは、外資系コンサルティング会社である。アメリカ流の経営手法を直輸入し、それを日本企業にはめこんでいった。古くはポートフォリオマネジメントやビジネスプロセス・リエンジニアリング、最近ではＤＸやデザインシンキングなど、いずれも彼らの絶好の商売道具だ。

マッキンゼーに二〇年近く、ボストン コンサルティング グループのシニアアドバイザーを含めると四半世紀も外資系コンサルに所属していた筆者は、もちろんその張本人の一人である。もっとも筆者自身は、アメリカ型の経営手法をそのまま押しつけるのではなく、日本型とのハイブリッドをめざしていたものの、そのような「型破り」は、少なくとも大前さんが去った後のマッキンゼーの中では異端扱いだった。

三つ目のエージェントは、マスコミだ。旧態依然とした日本型経営を叩く一方で、アメリカ流の経営手法を称賛する論調が目立つ。もちろん、拝米主義の日本の読者にも、耳に心地良いからだろう。しかし、当のアメリカでも眉唾扱いされていたり、賞味期限がとっくに切れているセオリーを、「グローバルスタンダード」という名目で囃し立てる姿勢は、罪が重い。最近でも、ＥＳＧやＳＤＧｓを無批判に担ぎ上げて、うわべだけのブームづくりに加担している。ＤＸやＣＸなど、本質を外した舶来品の見本市も後を絶たない。

これら平成の三つのバブルとそれの手先となった三つのエージェントに通底しているのは、「和魂米才」の「和魂」の喪失である。平成のモボ・モガたちがグローバルスタンダードを身にまとうことに躍起になって、「日本流」を封印してしまったことに間違いの発端があるのではないだろうか。

「たくみ」力のサクセストラップ――風土病

ただし、単なる懐古趣味では時代に逆行するだけだ。アフターコロナでＶ字回復を狙おうとする経営同様、墓穴を掘ることになる。そのようなトラップを避けるためには、日本流に潜む本質的な問題点を抉り出すと同時に、その価値を磨き直す必要がある。

日本流の真骨頂といえば、現場力であり、職人芸であり、実践知である。英語では「オペレーショナルエクセレンス（ＯＥ）」と呼ばれている世界だ。日本の経営者の多くは、現場から叩き上げのＯＥのプロでもある。

筆者は、二一世紀に入っても成長し続けている世界の大手企業一〇〇社を分析してみた。対象期間は二〇〇〇～一五年、ちょうど平成の後半にあたる。そこには日本企業も、ファーストリテイリング、ダイキン、トヨタなど一〇社がランクインした。[8] いずれも奇をてらった戦略ではなく、OEをぶれずに磨き続けてきた企業群だ。

しかし、「日本企業の伝統芸の勝利！」と溜飲を下げるのは、ちょっと待ったほうがよさそうだ。同様にポーター流の戦略万能主義に背を向け、OEを磨き続けてきたはずの他の「伝統的な(?)」日本企業は、なぜそこまで圧倒的なパフォーマンスを出すことができなかったのか？　OEだけが、本当に成功の要件なのだろうか？

そこで筆者は日本企業だけを対象に、「失われた二〇年」(一九九〇～二〇一〇年)の勝ち組企業の成功要件を分析してみた。[9] その際に用いたモデルが、図14－1のように経営を四つの要件に要素分解したものである。

基盤となるのが「オペレーション力」(前述したOE)である。その上に、「収益モデル構築力」(英語で言えば、イノベーション)と「市場開拓力」(同マーケティング)という二つの成長エンジン、最上位に「経営変革力」(同チェンジマネジメント)という推進力を位置づけている。

ちなみに、筆者が考案したこの経営モデルは、筆者も委員の一人として参加した「競争力強化に関する研究会」から安倍政権に対して、成長戦略「第三の矢」を構想するうえでの提言の中にも盛り込まれた。

図14-1

次世代経営モデルの基本構造

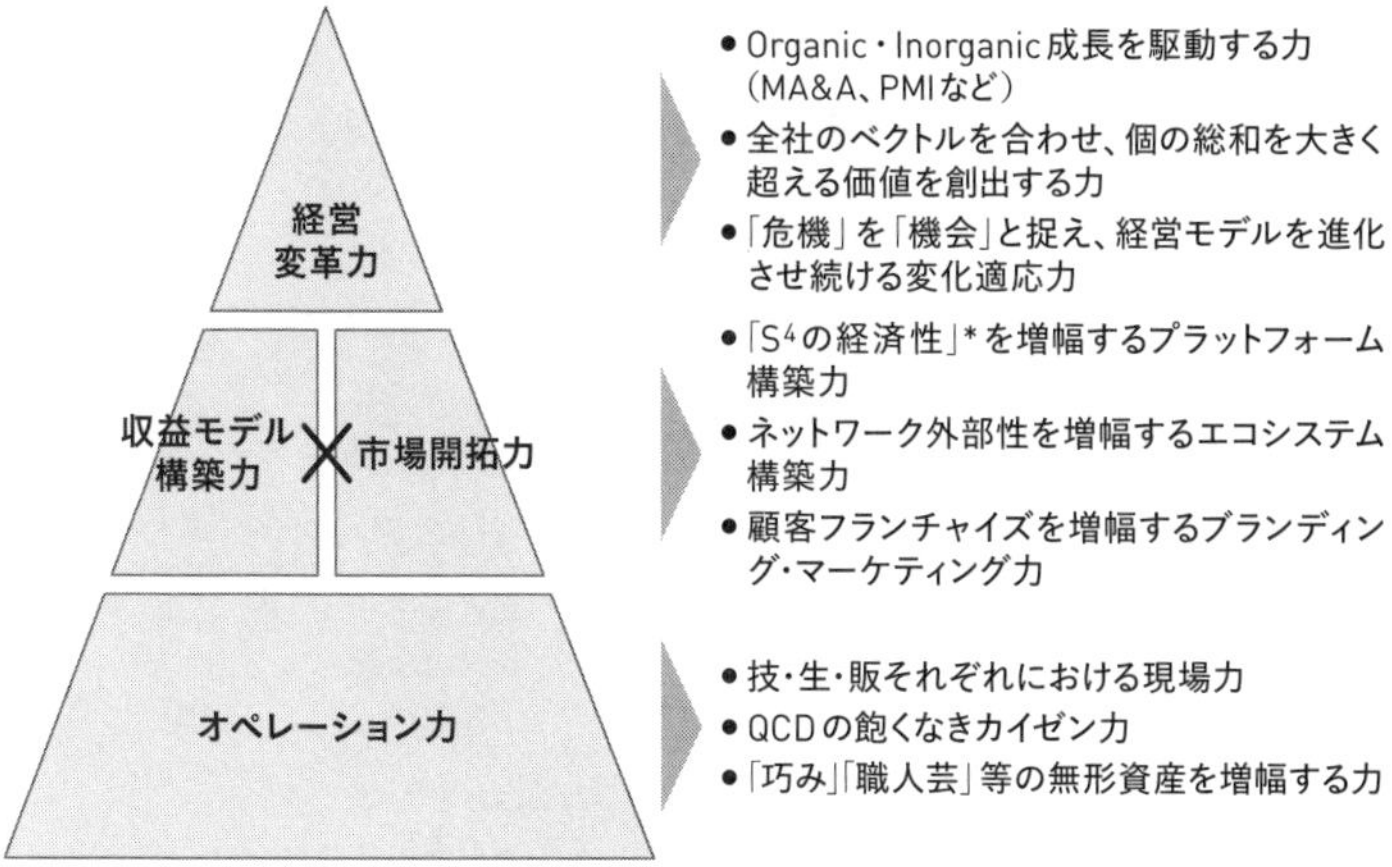

注：*Economies of Scale, Scope, Skill, Speed

日本の勝ち組一〇〇社を、これら四つの要件に照らし合わせて分析してみると、大きく四つのタイプに分けられる（図14－2）。

第一に、オペレーション力だけで勝ち抜いてきた企業群。自動車や精密機械など、現場におけるすり合わせ力が競争優位を決定づける領域で戦っている企業が多い。一〇〇社中、大半がこのタイプだ。日本の伝統的な勝ちパターンを踏襲していることから、「タイプJ」と呼ぶ。

第二に、オペレーション力と経営変革力を兼ね備えた企業群。一〇〇社中トップを飾る日本電産がその典型だ。同社は、これまでに国内外で六〇を超える企業を買収し、幾何級数的な成長を遂げてきた。その成功の鍵は、買収した企業に日本電産流のOEを徹底的に移植することで、大きな価値創

図14-2

4つの類型

右肩上がり期において主流の経営モデル		構造変化期に適している経営モデル	
タイプJ	タイプW	タイプX	タイプZ

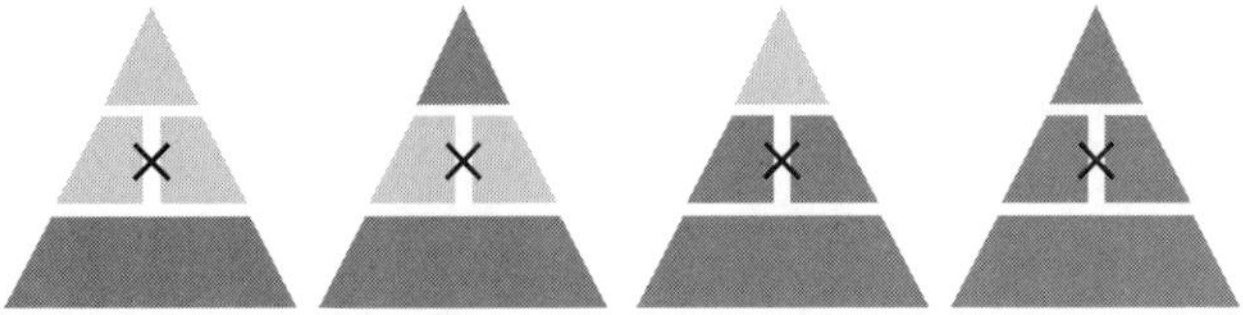

	タイプJ	タイプW	タイプX	タイプZ
製造業	12 アイシン精機 20 本田技研工業 26 信越化学工業 30 キヤノン 31 ダイハツ 35 カルソニックカンセイ（現マレリ） 42 スズキ 56 ニコン 58 デンソー 59 花王 （その他多数）	1 日本電産 8 HOYA 17 エーザイ 23 武田 45 京セラ 55 日産 68 リコー （番外）JT など	5 キーエンス 6 ユニ・チャーム 10 日東電工 15 堀場製作所 25 ファナック 46 JSR 74 ブリヂストン 77 味の素 83 キッコーマン 96 東レ 99 ヤクルト 100 シマノ など	39 ダイキン 78 コマツ 82 トヨタ など
非製造業	34 リンナイ 60 日揮 89 東京ガス など	7 三菱UFJリース 23 豊田通商 71 SCSK など	19 セコム 31 ヤマト運輸 （番外）良品計画* など	27 イオン （番外）ファーストリテイリング* など

注：1. 数字は順位を示す
2. *1990年以降にIPOしたため、IPO以降の成長度を他社と比較

造を実現してきたことにある。日本のお家芸であるオペレーション力と欧米流の経営変革力をダブルで発揮していることから、「タイプW」と呼ぶ。

第三に、オペレーション力に加えて、収益モデル構築力と市場開拓力を成長エンジンとして回し続ける企業群。ＯＥを回すだけではカイゼンに終始するが、その上に二つのターボエンジンを駆動させることによって、非連続な成長を実現していく。キーエンスがその代表例だ。二つのエンジンをクロス（X）させ続けていることから、「タイプX」と呼ぶ。

第四に、これら四つをすべて兼ね備えている企業群だ。先述した世界トップ一〇〇社にもランクインしたファーストリテイリング、ダイキン、トヨタなど、ごく少数の企業がこれにあたる。これらの企業群はＯＥを基軸としつつも、イノベーション、マーケティング、チェンジマネジメントといった広範な経営能力を発揮していることがわかる。究極のモデルということで「タイプZ」と呼ぶ。

これら四つの勝ちパターンのいずれにも共通しているのが、「オペレーション力」だ。ＯＥが競争力の必要条件であることは、この分析からも見て取れる。

右肩上がりの成長が見通せる時代には、ＯＥを基軸としたタイプJやタイプWでも十分戦えた。同質的な競争の世界では、「Do More Better（カイゼン）」（タイプJ）と「Scale Up（規模の経済のあくなき追求）」（タイプW）が、優位性の源泉となりえたからだ。

しかし、今の延長線上に答えがない以上、それだけでは不十分だ。「市場開拓力」と「収益モデル構築力」という次世代の成長エンジンが不可欠となる。筆者は前者をValue Creation、後者をValue Captureとも呼んでいる。これら二つの成長エンジンを内包したタイプＸやタイプＺこそが、非連続な時代の成功モデルとなるはずだ。

では、どちらのタイプが望ましいか？　すべてを兼ね備えたタイプＺこそが、理想的だと思われがちだが、本当にそうだろうか？

確かにタイプＺ企業は、トップの強力なリーダーシップが成長を牽引し続けている。しかし、そのような企業は、実は経営者リスクにさらされている。卓越したトップの存在が、成長の前提条件となるからだ。逆にいえば、トップ交代がこれらの企業の成長の変曲点となりかねない。タイプＺ企業の多くで、トップが長期政権を維持している（せざるをえない？）のは、そのような弱点の裏返しでもある。

それに比べてタイプＸ企業は、経営変革力に依存しすぎないところに特徴がある。誤解を恐れずにいえば、誰がトップになっても、成長を持続していくことができる。なぜならば、二つの成長エンジンがオペレーションの中にしっかり実装されているからである。

逆にいえば、成長エンジンをそこまで現場に埋め込むことこそが、経営者の真のリーダーシップといってもいいだろう。事実、タイプＺ企業のトップにとって、いかにタイプＸに移行できるかが最大の経営課題となっている。

もちろん、タイプＪやタイプＷ企業も、次世代成長をめざすためには、ツインエンジンを実装しなければならない。その際に大きく二つのアプローチがある。

一つは、経営から働きかけるトップダウン方式だ。アメリカ流戦略論者は、このような演繹的なアプローチを好む。オペレーションに安住せず、戦略ポジショニングを考えろと主張しているポーターは、その典型である。

もう一つは、現場から発想するボトムアップ方式だ。オペレーションの中から帰納的に新しい法則や「型」を生み出す。トヨタ生産方式(TPS)は、まさにオペレーションの試行錯誤の中から編み出された収益モデルである。ダイキンは「べたつき営業」という現場の知恵を、中国をはじめとする海外市場に水平展開し、市場開拓力で他社を圧倒している。

野地秩嘉著『トヨタ物語』の冒頭に、トヨタのケンタッキー工場に設立当初から勤務し続けているアメリカ人の現場リーダーが、このように述懐するくだりがある。[10]

「トヨタ生産方式とは考える人間を作るシステムです」

考える現場――これこそが、日本企業がオペレーションの中からイノベーションを生み出す仕組みなのである。

ビジネススクールや経営コンサルは、トップダウン方式を得意とする。しかし、そのようなスマートな戦略脳に頼るのではなく、リアリティ満載な身体脳こそが、日本企業の成長エンジンを生み出す知恵の源泉となるのである。

しかし残念なことに、日本企業の多くは、ＯＥ、すなわち現場力だけに頼りすぎてきた。タイプ分けでいうと、典型的なＪ型である。現場の「たくみ」の知恵で、困難な現実の問題を解決してきたのだ。それでは、非連続な未来に向けた知恵は起動しない。

野中郁次郎らは、名著『知識創造企業』[11]の中で、ＳＥＣＩモデルという日本発の持続的イノベーションモデルを提唱した。暗黙知を形式知化することにより、組織知に変換していくモデルである。

しかし、実際には多くの日本企業はこの営みを、商品開発を含めてＯＥレベルでしか実現しなかった。現場の知恵を、収益モデルや市場開拓モデルへと高めることができていないのだ。伝統芸である現場の「たくみ」力に頼りすぎた結果、戦略レベルの「しくみ」化がおろそかになっていたのである。

「しくみ」の外づけ――舶来病

この欠陥に気づいた日本企業は、アメリカ流の経営の「しくみ」をわれ先に導入していった。皮肉なことに、勤勉な経営者ほど、熱心にこの舶来モデルに飛びついたのである。

ストラテジックポジショニング、ディスラプティブイノベーション、コーポレートガバナンスなど、ビジネススクールや外資系コンサルが繰り出す横文字がオンパレードだ。まさに文明開化さながらである。

このような「舶来モノ」をあれこれと身にまとったところで、中味そのものは旧態依然としたままだ。伝統的な日本企業は、ＯＥの領域で身体脳をフルに働かせて、暗黙知を蓄積し続けている。なかには、それをアルゴリズム化して、自社独自の形式知にまで高めている気の利いた企業もある。セル生産方式などがその典型である。しかし、いずれもＯＥの世界を出ていない。本質的にはＪ型を引きずったままだ。ちょんまげ頭で洋装をめかしてこんでいる。

伝統芸としてのＯＥ、そして舶来芸としての経営力や戦略力。これらを合わせると最強のフォーマットになるかのように思われた。まさに理想的な「和魂米才」ではないか？

ところが、ふたを開けてみると、「和魂」の本質である「たくみ」が免疫となって、「しくみ」の体質化を阻んでしまったのである。それぞれのヒトが創意工夫することで、新たな知を生み出す。アメリカ流の「しくみ」は導入するものの、うわべだけにすぎず、本質的には「たくみ」に頼り続けた。表面的には「しくみ」化しているように見えて、一皮むくとヒトが頭脳に汗をかいて、ひたすら「たくみ」を回し続けているのである。

これは三つの大きな弊害を生むことになる。

一つ目が、一人当たりの生産性がいつまで経っても向上しないという問題である。ＯＥＣＤ

の調査では、日本の労働生産性は、ＯＥＣＤの平均以下。アメリカの三分の二にすぎない。一方、労働時間は、二〇一四年時点でＯＥＣＤ諸国中トップだ。アメリカより三〇％以上長く働くことで、ようやくトータルの生産性のつじつまを合わせてきた。

しかし、昨今「働き方改革」の名の下に、労働時間を減らしたことにより、日本の生産性が他国より大きく劣後することを露呈することになった。働き方改革は「ゆとり教育」の職場バージョンにすぎない。勤勉という日本資本主義の精神を封印してしまったのである。

二つ目は、スケールしないという問題である。「たくみ」、すなわちヒトに依存するため、ヒトの数が成長を律することになる。モノづくりが経済の主流だった時代は、それが大きな制約にはならなかった。たくみをモノに実装して大量生産することで、世界中を席巻できたからである。

もっとも、そのモノの世界においてすら、「たくみ」がアダになった。その典型が半導体産業の失墜である。昭和後期には電子立国をめざしたはずの日本は、平成に入って見事に世界の頂点から転げ落ちていった。日本企業が最も得意としていたのは、ＡＳＩＣ（Application Specific Integrated Circuit）という特定用途向けの集積回路だ。設計と生産の「すり合わせ」力がものをいうカスタム製品だ。

しかし、その後、世界はＡＳＳＰ（Application Specific Standard Product）という世界標準製品に大きく流れていく。半導体産業は、シリコンバレーのクアルコムをはじめとする設計回路づくりに特化したファブレス企業群と、台湾のＴＳＭＣに代表される世界規模の最先端生産に特化したファウンドリーという二つの業態に大きく分離。ＩＤＭ(Integrated Device Manufacturer)という設計と生産を一体化してサブスケールな事業を展開していた日本勢は、総崩れとなった。器用貧乏、まさに「たくみ」に頼りすぎた日本の完敗である。

三つ目の病気は、外来型の「しくみ」依存症である。

平成に入って、「モノからコトへ」の事業モデル転換が加速している。しかし、「事業モデル」という「しくみ」作りが苦手な日本企業の多くは、アメリカのモデルを直輸入して日本でモノマネすることしかできていない。楽天もメルカリも同じである。ソフトバンクグループの総帥・孫正義に至っては、当初よりそれを「タイムマシン」と称して経営の主軸としているのだから、確信犯だといえるだろう。しかし、このようなアメリカの形式知の応用だけでは、世界に打って出ることはできない。

平成には、サービス産業が日本のＧＤＰの七〇％を超えた。しかし、その多くは内需型だ。売上高海外比率は三〇％弱で、五〇％に近い製造業と比べると大きく劣後している。そもそもサービス産業は「無形資産」の集積であり、この無形資産をアルゴリズム化する「しくみ」力がない限り、スケールすることは困難である。

コンビニは、フランチャイズという「しくみ」化で、日本の小売産業に革命を起こした。しかし、それを世界標準のアルゴリズムにまで型化して、海外に展開していくグローバルな「しくみ」力が圧倒的に不足している。そのため、セブン‐イレブンですら、アメリカにおいて店舗を買収しまくるという有形資産に依存した二〇世紀型の成長路線に走ってしまう。

商社という日本特有の事業形態も、同様である。資金力を使って海外の有形資産の買収に走っているが、早晩、不良資産の山を抱えることになるだろう。資源やエネルギー分野では、すでにそのツケが回ってきている。各社とも、小売やヘルスケアなどといった川下分野へのシフトを急いでいるが、無形資産を「しくみ」に変える知恵がない限り、商社の斜陽化は歯止めがかからないだろう。

「しくみ」力の不在、そして、それを舶来品の付け焼刃に頼るようでは、二一世紀型の非連続な成長を実現することは不可能である。

ＤＸでの致命的な落とし穴

このような「平成病」が如実に露呈したのが、ＤＸの失敗である。平成時代には、デジタル革命の波が二回訪れた。

一回目は、一九九〇年代前期から二〇〇〇年代初期にかけての「インターネットバブル」である。日本では「ドットコムブーム」としてもてはやされた。ＩＴベンチャーが雨後の筍のごとく生まれたものの、今なお隆々としている企業はほんの一握りだ。しかも、その多くは前述したとおり、アメリカモデルの直輸入版で、海外市場を席巻できた企業は皆無である。

この間、伝統的な日本企業も、ネットモデルを取り込もうとした。その多くは、コーポレートベンチャー（いわゆる「出島」）やCVC（Corporate Venture Capital）など、本業の外で新規事業として仕掛けられていった。いわゆる「第三次ベンチャーブーム」だ。しかし、これらの大企業のベンチャーブームは、ネットバブルの崩壊とともに、雲散霧消していった。

ちなみに、第一次ベンチャーブーム（一九七〇年前後）には、キーエンスや日本電産など、今や世界に君臨する企業群が生み出された。一方、第二次ベンチャーブーム（一九八〇年前半）には、ソフトバンクやカルチュア・コンビニエンス・クラブ（CCC）など、早くもアメリカモデルの輸入版が登場している。

二〇〇〇年前後、マッキンゼーでデジタル分野の日本リーダーをしていた筆者は、この第三次ベンチャーブームに見事に踊らされることになった。極めつけは「アクセラレータ＠マッキンゼー」だ。デジタルに特化したベンチャーや大企業の新規事業に投資するという、コンサルらしくない事業モデルを掲げた別組織である。

筆者は当初から、グローバルパートナー会議で、この組織の設立そのものに大反対していたが、結局その日本代表に就任することになった。一〇〇を超える案件を検討したものの、大きくスケールしそうなものは皆無。一件だけ実験的に投資を決めたが、すぐに大企業に売却して手じまいした。そしてこの組織そのものを、一年未満でたたむことにした。その後も、大きくスケールするネットベンチャーが、日本から生まれることはなかった。

そして、今回のＤＸブームである。「オープンイノベーション」という舶来モデルとも結びつき、「デジタルハブ」や「インキュベーションセンター」が次々に立ち上がっている。もっとも、この手の形から入った取組みから、本当にスケールする事業が生まれたという事例は、ついぞ耳にしない。ブームに乗った気休めにすぎないものが大半だ。この手のオープンイノベーションがなぜ失敗するかについては、拙著『経営改革大全』をご参照いただきたい。[12]

それに比べると、一定の成果を上げつつあるのが、ＯＥのデジタル化である。強みであるオペレーション力を、デジタルでパワーアップすることをめざしたのだ。ＩｏＴやＡＩ、ロボットやＡＧＶ(無人搬送車)の導入が進んでいる。もっとも、この領域においても、モノ作りやモノ売りの「たくみ」力を誇るヒトが、デジタル化を阻む抵抗勢力になるという光景がよく見られる。「たくみ」の免疫力が、「しくみ」の導入を阻むのである。

逆に、デジタルパワーに依存しすぎる傾向も、要注意だ。たとえば、ＩＴベンダーやコンサルの口車に乗って、ＡＩを現場に導入する企業が少なくない。しかし、ＡＩによってロジックがブラックボックス化されると、日本の伝統芸であった「考える現場」が錆ついてしまう。外づけの「しくみ」が内発的な「たくみ」を骨抜きにしてしまうのである。

オペレーションの現場から離れて、イノベーション、マーケティング、そしてマネジメントといった理念型の領域のデジタル化になると、この危険な傾向はさらに増幅される。まず、旧来型の「たくみ」を、デジタルによって「しくみ」化しようとする。自社特有のやり方にこだわるために、カスタマイゼーションの山になる。これではそもそもスケールしない。さらに、それぞれの部門が自らのやり方にこだわるため、「離れ孤島」の山になる。サイロ型の「タテ」組織にいくらデジタルを持ち込んでも、全体最適は望みようがない。

デジタル化の前に、「たくみ」そのものを整流化し、アルゴリズム化する作業が不可欠である。デジタルは魔法の杖ではない。「ガベージイン、ガベージアウト」というように、ゴミを突っ込んでも、ゴミしか出てこないのである。「たくみ」を「しくみ」へと昇華させる知恵がなければ、デジタル化は旧弊を助長させるだけで終わってしまう。

逆のパターンは、舶来型の「しくみ」を安易に導入してしまうことである。ERP（企業資源計画）、CRM（顧客関係管理）、BI（意思決定支援）などの横文字系の業務ソフトがこの典型だ。たとえば、ERPを全社に導入したあげく、ソフト会社がバージョンアップするたびに、多額の支出を迫られる企業が続出している。また、せっかく最先端のCRMやBIを入れても、そもそも誰にどのような顧客価値を提供するのか、経営レベルでどのような意思決定が求められるのかが明確でない企業にとっては、無用の長物である。

イノベーション、マーケティング、マネジメントといった日本企業の苦手科目は、いくら「しくみ」で体裁を整えようとしても、身につくことはない。日本企業が本来得意とする「たくみ」のレベルにまで、内部化する必要があるのだ。

このようにDXにおいても、外づけの「しくみ」が、内在的な「たくみ」に埋め込まれていない。これでは筆者の言う「異結合」が起動するはずがない。

先述したように、野中郁次郎は、暗黙知と形式知をつなぐものを「クリエイティブ・ルーティン」と呼ぶ。暗黙知はゼロから一を生み出す活動だ。きわめてクリエイティブだが、それだけではスケールしない。一方、スケールさせるためには「ルーティン（標準）」に落とし込む必要がある。しかし、ルーティングには何のクリエイティビティもない。その両者を結ぶ働きが、クリエイティブ・ルーティンである。筆者流に図示すると、前出の図13－5のような動きとなる。

ここでの文脈でいうと、「たくみ（クリエイティビティ）」を「しくみ（ルーティン）」に落とし込む活動が、このクリエイティブ・ルーティンである。平成においては、「和魂」であるはずの「たくみ」を磨きこむことが看過され、「米才」が「しくみ」として外づけされただけにすぎなかったのである。

DXに限らず、日本企業が次世代の非連続成長をめざすためには、三つの課題に取り組まなければならない。

①戦略論にずり上がるのではなく、まず「たくみ」に磨きをかけ続けること。平成の失敗は

「たくみ」を封印してアメリカ流の「しくみ」に飛びついてしまったことにある。「たくみ」の強みを失った日本企業は、競争優位の源泉を放棄したことになる。

②しかし、オペレーションに埋没するのではなく、そこからマーケティング、イノベーション(X型)、さらにはマネジメント(Z型)といった上位領域において自社独自の「しくみ」を生み出し、それを横展開することでスケールアップを図る。

③同質的な世界に安住せず、異質な成長分野に自社の強みをずらし、そこで、上記の①と②を繰り返すことで、新しい競争優位を獲得すること。これを筆者は「学習優位」と呼んでいる。これについては、第15章で触れることにしたい。

このように「たくみ」と「しくみ」の相互作用を生み出すことができれば、日本企業が本来の強みをスケールアップさせ、再度世界をリードしていくことも夢ではないはずだ。

平成の失敗の本質

筆者は、平成の三〇年間、経営コンサルタントやアドバイザーとして一〇〇社を優に超える日本企業の変革に携わってきた。成功事例も多少あるが、嫌になるほど失敗事例を見てきた。

その経験から、平成の失敗は、大きく三つの病が合併症を起こしたためだと見立てている。

第一は、自信喪失がもたらした「グローバルスタンダード」病だ。そもそもこの言葉自体、日本人の卑屈さが生んだ和製英語にすぎない。世界標準なるものは、どこにも存在しないのだ。グローバルスタンダードと呼んでいるものは、実は「アメリカの流行病」のことを指しているにすぎない。見事な平成モボ・モガぶりである。

その代表的な症状が、株主資本主義への傾斜である。二〇一五年に導入されたコーポレートガバナンスコード、そして、そこでめざされたROE偏重主義は、その最たるものだ。当のアメリカにおいてすら、株主資本主義が抜本的に見直されている中で、時代錯誤も甚だしい。

ROE経営の行きすぎに遅ればせながら気づくと、今度はESGブームである。これもまた、欧米の金融市場の価値観にすぎない。ESG経営をめざすと言っている経営者は、実は株価ばかり気にしていると言っているようなものである。

次のパンデミックはSDGsだ。産官学、マスコミまでが大合唱を演じている。国家を挙げて一七枚のカード遊びに興じている光景は、世界広しといえど日本だけである。この同質的文化は、全体主義国家に似た不気味さすら禁じえない。

もちろん、サステナビリティが悪いわけではない。しかし、それだけに気を取られていては、先行投資がかさんで収益を圧迫し、経済、そして、企業自体のサステナビリティが破綻してしまう。サステナビリティに加えて、デジタルを駆使した事業開発や経営変革の知恵、そして、グローバルズという多極化した市場を再結合する知恵が不可欠なのである。

言い換えれば、前述した「新ＳＤＧｓ」こそ、二一世紀型経営が獲得すべき三種の神器なのだ。しかし、日本企業の現状は、「Ｓ＞＞Ｄ＞＞Ｇ」というありさまだ。すなわち耳に心地良いＳばかりを振りかざし、Ｄはツールとしてすら使いこなせず、Ｇに至っては日本中心主義(Japan Centric)から全く脱し切れていない。

第二の病は、ＤＸの本質を見事に取り違えている点である。デジタル欠乏症だからといって、体質改善せずにデジタル薬をがぶ飲みしているようなありさまである。それでは消化されることもなく、そのまま丸ごと排出してしまうのがオチだ。

デジタルはツールでしかない。そのツールを生かすも殺すも、業務フローや仕事の仕方、経営手法そのものをいかに変革できるかにかかっている。何度も繰り返すが、ＤではなくＸ(変革)こそ本質なのである。

そのためには、現場の「たくみ」を組織全体の「しくみ」に型化(アルゴリズム化)する知恵が不可欠である。前述した「クリエイティブ・ルーティン」、すなわち「たくみをしくみに落とし込む知恵」を組織にビルトインする必要があるのだ。これが回り始めれば、新日本流のＤＸが成長エンジンとして起動するはずである。

デジタル時代の「新三種の神器」としてもてはやされているのが、ＩｏＴ、ビッグデータ、ＡＩだ。しかし、それら海外発のツールを外づけで実装するだけでは、キャッチアップモードから永遠に逃れられない。

前述したように、日本的経営の強さの本質は「考える現場」にある。トヨタがこだわり続ける「見える化」は、ＩｏＴによってますます研ぎ澄まされるはずだ。セブン‐イレブンがかつて得意としていた仮説検証力は、ビッグデータとＡＩによってますます磨きがかかるはずだ。ただし、デジタル時代には「現場」が拡張され、結合されていくことに留意する必要がある。たとえばトヨタの場合、生産現場からモビリティの現場へと広がる。従来は「アフターマーケット」などと呼んで、視野の外に置きがちだった現場である。

セブン‐イレブンの場合にも、店舗現場から顧客の生活の場へと広がっていく。トヨタ生産方式（ＴＰＳ）の生みの親である大野耐一や、セブン‐イレブンの司令塔だった鈴木敏文の時代とは、広がりも質も異次元の知恵が求められるはずだ。

そこでは、ＩｏＴやビッグデータ、ＡＩなどのデジタルツールは、使い倒さなければならない。しかし、価値創造プロセスのエンジンは、トヨタの「Ｗｈｙ五回」であり、セブン‐イレブンの「仮説検証」のプロセスであることに変わりはない。そして、それはデジタルではなく、人間の深い経験、観察、洞察に基づく直観力の勝負となる。この本質を外して、いくらデジタル技術を導入してみたところで、日本的な強みは起動しない。

そして第三の病は、志の喪失だ。自分たちは何のために存在しているのか。自分たちしかできないことは何か。そんなほとばしるような熱い想いが伝わってくる日本企業は、絶滅危惧種となってしまった。昭和を疾走し、世界のトップランナーに躍り出た企業群ですら、平成に入ってすっかり去勢されたかのようだ。平成生まれのベンチャー企業の多くは今や跡形もなく、生き残ったところも世界に大きなインパクトをもたらそうとしている企業は皆無に近い。

より深刻なのは、そのような高い志を持つ企業を胡散臭そうに見る風潮がはびこっていることだ。たとえば、日本電産とファーストリテイリングは「失われた三〇年」の平成時代に、最も成長したグローバル企業だ。しかし世間は、並外れた成長意欲を持ったその創業者たち、すなわち永守重信と柳井正を、ともすると奇人変人扱いする。高い志を掲げ、それを実践してきたこの二人こそ、世界レベルの経営者であるにもかかわらずだ。

たとえば、『ハーバード・ビジネス・レビュー』誌は毎年、世界のベストCEOランキングを発表している。経済価値（企業価値成長）と社会価値（サステナビリティ指標）で総合評価したものだ。その中で、彼らは毎年ランクインしている。たとえば最新の二〇一九年版で永守は四三位、柳井は五四位につけている。

残念なことに、日本では「志」そのものが今や時代錯誤のように見られがちだ。無理をせずに、楽をして生きることが今風であるとでもいった錯覚が、蔓延している。『日本でいちばん大切にしたい会社』シリーズ[13]などでは、社会や従業員に優しい会社が称賛される。「ワーク・ライフ・バランス」が国策として掲げられ、幸福経営なるものがもてはやされている。

アヘン中毒者が蔓延した清国末期にたとえるのは言いすぎだとしても、戦後のイギリス病を彷彿とさせる光景である。このような享楽的な価値観には、先述した日本的資本主義の精神のかけらもない。そこにあるのは、成熟という名の衰退である。

平成ボケがようやく終わり、令和の時代が幕を開けた。そのとたんに想定外のパンデミックに見舞われ、世界中がパニック状態に陥った。

考えようによっては、今こそ変革の絶好のチャンスである。「V字回復」などという安易な掛け声の下に、平成時代に逆戻りするという愚行だけは避けたい。ここでもう一度、日本的資本主義の精神を磨き直し、志本主義という名の「新日本流」の確立に向けて、大きく第一歩を踏み出そうではないか。

第15章 志が拓く未来

コロナの先にニューノーマルの時代が来ると期待されている。しかし、誰もそれを明確に言い当てられていない。筆者の古巣であるマッキンゼーやボストン コンサルティング グループなどといった世界的なコンサル会社は、調査や分析は得意でも、非連続な未来を描くことは最も不得意である。彼らは傍観者にすぎず、未来を自らの手で作り出すことはできないからだ。

これはいくらデジタルパワーを駆使しても同じことだ。ビッグデータは過去の集積にすぎず、ＡＩはそれを超えた未来を読み解くことはできない。

パーソナルコンピュータの生みの親であるアラン・ケイは、「未来を予測する最も確実な方法は、それを発明することだ」という名言を残した。また、「あなたと僕が、未来を作るのです」と語りかけたのは、スティーブ・ジョブズだ。デジタルのプロほど、その限界を熟知しており、人間の想像力と創造力に未来を託す。

そのドライバーとなるのは、「共通善」といった客観正義ではなく、一人一人の「志」という主観正義なのである。シリコンバレーにいながら、禅に傾倒したケイとジョブズがめざしたのが、西洋と東洋の知が融合する世界だった。

その禅の教えの一つに、「而今《にこん》」という言葉がある。過去にとらわれるのではなく、未来を夢想することもなく、「いま、ここ」を生きることに専念せよと説く。

ニューノーマルの答えは、外にはない。それを作り出すのは、われわれ自身である。今こそ大きく一歩を踏み出さなければならない。

しかし一方で、歴史と断絶した未来はない。明治時代に『茶の本』[1](原題 *The Book of Tea*)を出版して日本文化を世界に広めた岡倉天心は、「歴史の中に、未来の秘密がある」と看破した。ただし、最近話題になっている「逆・タイムマシン経営論」のように、近過去の知恵にすがろうとするだけでは、本質的な洞察は期待できない。懐古趣味に走ることなく、ヤマト王朝から脈々と続く日本の歴史から日本独自のアルゴリズムを読み解き、そこから日本独自の未来のアルゴリズムを生み出す必要がある。

「ウィズコロナ」の今こそ、やみくもに行動を起こす前に、日本人特有の「編集力」を再起動させる絶好の機会であるはずだ。

新日本流をめざせ

松岡正剛は著書『日本流』の中で、「日本流」という言葉に「日本の流儀」、さらには「日本という方法」という意味を込めた。[2] そして、「われわれの周りにあり、かつ失われつつあるもの」と表現する。

それから二〇年、「日本流」はどうなったか？ 生活や文化という側面では、「和」が静かなブームとなった。二〇一三年一二月に、和食がユネスコの無形文化遺産に登録されたことが、一つのきっかけだ。茶道や華道が改めて脚光を浴び始めた。和柄が見直され、東京オリンピックのロゴにも使われている。

一方、経営の世界はどうだったか？ イノベーション、デジタル、そしてガバナンスなどといった横文字が飛び交い、「グローバルスタンダード」という名の「アメリカ流」にますます傾斜していった。またコロナ禍を期に、「リモートワーク」や「ジョブ型」などというアメリカ流の働き方を、われ先に取り込もうとしている。

このような様相を、筆者は「和化」ならぬ「倭化」と呼んでいる。ここで少し、太古の歴史をひもといてみよう。

日本は六世紀頃、今の中国から「倭国」と呼ばれていた。倭は、「人」に「委」ねると書く。

つまり、「他人にへつらってばかりいる」という蔑称である。

奈良時代になってようやく、日本は「和国」と自称するようになった。「和」という文字は、「禾《カ》(会う)」と「口」から構成されている。そして、そこには「仲良くなる＝穏やかになる、和やかになる」という意味が込められている。

したがって、「倭国」から「和国」への転換には、「他人にはへつらわない」という決意と、「対立ではなく両立を尊ぶ」という価値観が込められている。これが「中華思想」から距離を置き、主体性を確立していった日本の原点である。その後一四〇〇年以上、「和魂漢才」や「和魂洋才」という思想の下に、中国や西欧から知識は貪欲に吸収しつつ、日本人としての志を大切に守っていったのである。

しかし、「失われた三〇年」の日本の経営は、残念ながらアメリカ流への「へつらい」一辺倒である。いうなれば、「倭魂米才」である。日本建国以前への逆戻りという亡国の様相を呈している。令和を迎えた今、再度、「倭」から「和」への転換を果たさなければならない。

そこでまず「日本流」の本質に立ち返ってみたい。松岡は、それを「多様で一途」であることだという。多様性は、多様な神仏を祭り、和洋折衷に住まいを仕立て、世界中の食を楽しむ日本人の真骨頂といえるだろう。

では、「一途」とは何か？ 通常、多様性と一途は対立するものと考えられがちだ。松岡は『神仏たちの秘密』の中で、次のように語っている。[3]

「日本というのは一途で多様です。（中略）一途になるために、先になったり後になったりしながら、相反するものをあえて持ち込んでくる。このとき、日本独特のインターフェイスやフィルタリングが働くんです。そして、そのフィルターの境界性にこそ日本が立ち上がっていくことがあるんです。これが私が考えている方法日本です」

多様性を持ち込みつつ、それらを咀嚼して懸命に独自の価値観に織り上げていく――それを一途にやり続けることこそ、日本独自の方法論であり、日本流なのである。西田幾多郎のいう「絶対矛盾的自己同一」の世界である。現代においてもなお、日本人は生活や文化の側面では、そのような独特の方法論を、まさに「一途」に貫いている。

しかし経営においては、残念ながらその両義性の本質を見失っている。まず、多様性においては、アメリカ型資本主義モデルに偏りすぎている。その結果、ドイツ型や北欧型、さらにはシンガポール型、台湾型、中国型などの進化型モデルを、真面目に学ぼうともしていない。また、アメリカ型を無批判に取り込んでしまうため、日本型との「異結合」による経営モデルのイノベーションすら始動しない。「三方よし」「自利利他」「論語と算盤」が唱えられた日本流の時代は、今は昔である。

「一途」は今や死語にすらなっている。ＶＵＣＡ時代を迎えて、一途に突き進むと、足をすくわれると思っている経営者が大半だ。だから、アメリカ輸入の経営モデルをにわか勉強して、武装しようとする。勉強熱心な経営者ほど、このようなパンデミックに侵されやすいので始末が悪い。

日本流の一途とは、同じところにとどまることではない。むしろ変化を常態として捉え続けるダイナミックな姿勢を指している。「何かにとらわれた心」ではなく、「何ものにもとらわれない心」でなければならない。福岡伸一のいう「動的平衡」を貫き通すということである。

「多様で一途」という日本流を、現代に甦らせるためには、三つの軸を再構築する必要がある。空間軸、時間軸、心身軸の三つである。

第一の空間軸については、俳人長谷川櫂の「間の文化」がきわめて示唆に富む。長谷川は著書『和の思想』の中で、和とは「異質なものを共存させる力」だという[4]。そして、和は「間」があって初めて成り立つという。俳句の「5・7・5」の取り合わせ、生け花と空間の調和、日本画の中の余白など、「間」が異質なもの同士の調和をもたらすのである。

現代社会においては、生活空間も仕事の空間も、密度がどんどん高まっていった。世界の距離も縮まり、資本の力に飲み込まれていった。もちろん、日本も例外ではない。それどころか、世界で最も過密な空間に住む「暑苦しい国民」になってしまっていた。間がもたらす涼を愛したヤマト人にとっては、耐え難い空間であろう。

今回のパンデミックは、否応なく「ソーシャルディスタンス」を強いる。「三密」は厳禁、一転して「間」が尊ばれるようになった。その一方で、オンラインで世界中が結ばれ、異質なもの同士が出会うバーチャル空間が生み出されていく。

日本流の原点の一つである「間を活用して異質なものを融合させる力」を、今こそ再起動させなければならない。もっとも、今のウェブアプリ上のバーチャル空間は、あまりにも暑苦しすぎる。日本人らしい「間」がとれる空間をバーチャルに提供できれば、世界のデファクトをとることも夢ではないはずだ。

日本流の空間論として、二〇二〇年一〇月に発表された「Self-as-We」モデルが注目される。コロナ禍の下で人々が感じる疎外感や帰属意識を、個人とチーム・社会との関係性の観点から解明しようとする試みである。京都大学教授の出口康夫が提唱する「われわれとしての自己観」[5]とNTTがめざす技術と人が調和するIOWN（Innovative Optical and Wireless Network：光技術をベースとした次世代ICT構想）時代の世界観を融合させたものである。「西田哲学と日本の情報通信技術の共創がニューノーマルを拓く可能性がある」と、NTT社長の澤田純は、筆者との対談で熱く語ってくれた[6]。

第二の時間軸については、日本古来の学びのプロセスを現代に甦らせる必要がある。

たとえば、「守破離」。ひたすら型を学び（守）、その型を破り（破）、独自の境地を生み出す（離）。千利休の言葉とされるが、茶道に限らず、華道や武道など、あらゆる「道」を修行する際の三つのプロセスである。

禅には「習絶真」という言葉がある。まずひたすら学習し、それを超え（絶学）、最後に新しい境地（真）に達する。筆者はこの両者の「和」を取り、「習破離」という言葉を使うことにしている。「守」より、このほうが学習プロセスにピッタリくるからだ。

英語ではLearningとUnlearningが対語として使われる。Unlearningは「学習破棄」と訳されることが多いが、筆者は「脱学習」と呼んでいる。真の学びとは、学習と脱学習を繰り返すことだという教えである。いかにもデジタルな西欧的発想である。

日本はデジタルではなく、三つのステップを重んじる。単に破るだけでは、同じ地平での反転にすぎない。「離」れることによって、新しい境地を開くことができる。空間軸に時間軸を融合させた三次元の世界である。異質なものを「和」することで「異結合」を起こす。これが日本流のイノベーションの作法なのである。

経営の現場では、近年、この作法が忘れられてしまっている。そもそも最新の経営モデルを学ぶことすらしていない場合は論外だ。しかし、学ぶことばかりに勤しんでいる経営者も後を絶たない。最近でいえば、ＥＳＧ経営を標榜したり、ＳＤＧｓの一七枚のカードを丹念に吟味しているような光景である。

「習」の先の「破」は何か？　資生堂は、「ＥＳＣＧ」とCulture（文化）という同社ならではのこだわりをＥＳＧの間に差し込んでいる。トヨタは「waku-doki」をＳＤＧｓの一八枚目のカードとして提唱している。

さらに、「破」の先の「離」とは何か？　ＥＳＧやＳＤＧｓを包含しつつ、それらの地平を超える視座が求められる。たとえばファーストリテイリングの柳井正が語る「LifeWear（究極の普段着）」や、トヨタの豊田章男が語る「幸せの量産（Mass-production of Happiness）」などは、その先駆的な事例といってよいだろう。

海外の流儀にへつらわず、それらを咀嚼したうえで、独自の流儀を生み出していく。これこそが、令和時代に求められる新日本流である。

これら空間と時間を貫く第三の軸が、「心身軸」である。心の軸とは、本書の主題で志のことだ。しかもそれが身、すなわち体得されたものでなければならない。道元禅師が説く「身心一如」である。先に紹介した藤田一照禅師は、「身体化された禅（ソマティック・スピリチュアリティ）」と呼ぶ、デカルト以来、「心身」二元論が唱えられていた西欧においても、現代脳科学の世界では、身体と脳が一体的に捉えられ始めていることも興味深い。

これを経営に投影すれば、自社の志が現場にしっかりと実装されている状態を指すことになるはずだ。昭和時代の覇者、たとえばホンダやソニーは、まさにそのような心身軸が一本、しっかり通っていた。平成時代の数少ない超成長企業である日本電産やファーストリテイリングも同様である。

しかし、大半の日本企業は、昭和時代に輝いていた企業も含めて、そのような本来の姿を見失っている。平成に入って右肩上がりの成長が限界を迎えたというのは、言い訳にすぎない。

自信喪失の結果、アメリカ流の経営モデルにすがりついて、本来の「日本流」をも崩して、負のスパイラルに陥っていった。ＶＵＣＡという外部環境に浮足立ち、内部崩壊していったのである。

令和に入ったとたん、パンデミックという洗礼を受け、またしても浮足立ってはならない。今こそ、まずはしっかり「志」を立て直し、それを組織の隅々にまで浸透させることが急務である。それによって、現場も「復旧」というパッチワークに追い立てられるより、はるかに生のエネルギーと想像力がみなぎるはずだ。まさに「人間性の復権」である。

今、求められているのは、危機を生き延びるための策ではなく、五〇年先、一〇〇年先まで進化し続けるための志(心)とその実践(身)である。では、どうすればよいか。それはこの章の最後に、考察してみたい。

膨張から成長へ——新陳代謝のすすめ

日本を代表する流儀の一つに、「引き算の美学」がある。たとえば枯山水。水を感じるために、水を引く(なくす)。水がないことで、水を「見立て」ることができるようになる。

松岡正剛は著書『山水思想』の中で、枯山水を「負の山水」と呼ぶ。そしてそこに「負の想像力」という日本独自の美学を見立てている。[7]「見立て」とはこの日本流の想像力のことを指している。

日本には古来、「無」の美学があった。たとえば、無常観。そう、『平家物語』の冒頭に出てくる「諸行無常」の無常である。それがさらに「無」から「負」へと進化していく。「あえて省くことで、無限の美を演出する」という美学である。「わび」や「さび」は、まさにその典型だ。

経営の現場に目を転じてみよう。元気なベンチャーや中小企業は、よけいなものは持たず、自社の得意芸で一点突破を狙う。きわめて純化された経営だ。持たないことの悲壮さより、「わび・さび」の美学すら漂う。

一方、大企業になると、そうはいかない。捨てることをせずに、新しいものに貪欲に手を出そうとする。どうやら「和」を「足し算の美学」だと勘違いしているようだ。

アメリカではやっていると聞けば、次々と取り込もうとする。そして消化不良どころか、自家中毒に陥っている。たとえば、ＩＴを見ると明白だ。レガシーシステムを抱え込みながら、ＥＲＰ(企業資源計画)だのクラウドだの、ビッグデータだのＡＩだのと、次々に増設していく。その結果、身動きが取れなくなっている。それが、今のＤＸ狂騒曲の実態である。

そのような足し算の経営を、柳井正は「成長ではなく膨張だ」と断じる。成長するためには、まず不必要な贅肉を徹底的に取り除くことが先決である。ベンチャーや中小企業のようにまず自らを純化させたうえで、次の進化をめざす必要がある。

ただし、そのときに気をつけなければならないのが、「ゼロベース」発想に陥ることである。大化の改新から明治維新に至るまで、日本は決して既存のものをゼロクリアして、新しいものに乗り換えたわけではない。良い伝統を残しつつ、時代にあわなくなったものを刷新するという取捨選択を巧みに実践している。「無（ゼロ）」の美学ではなく、「負（マイナス）」の美学であることが、真の日本流なのである。

デジタルの世界では、これをリフレッシュと呼ぶ。マイクロソフトのウインドウズでリセットボタンを押してしまうと、すべてのファイルが消えて初期化される。しかし、リフレッシュボタンを押すと、個人用ファイルや設定は維持される。リセットはすべてをご破算にするゼロベース発想であり、リフレッシュは不要なものだけを捨てる「引き算」の発想なのだ。

マイクロソフトといえば、先述したように、二〇一四年にサティア・ナデラが三代目のＣＥＯに就任して以来、大進化を遂げている。すべてをゼロクリアしたわけではない。同社の「Winning Culture」は残しつつ、「Fixed Mindset（固定思考）」から「Growth Mindset（成長思考）」へと思考エンジンをアップグレードしたのである。

その変革のプロセスは、ナデラの『ヒット・リフレッシュ』[8]に詳しい。この中でも、リセットではなくリフレッシュであることの重要性を強調している。新ＣＥＯは過去からの訣別を宣言するのが常套手段であるアメリカの中で、インド育ちのナデラらしい東洋的な発想といえるだろう。

同様に気をつけなければならないのが、「跳躍（Leap）」の誘惑である。新しい未来に向けて、大きく飛躍したいという気持ちはよくわかる。「第二の創業」という不退転の覚悟も、「称賛」に値する。しかし、その場合の「勝算」は限りなくゼロに近い。

そもそもベンチャー企業の生存率は、日本での調査によると、起業してから一年で四〇%、五年で一五%、一〇年で六%、二〇年で〇・三%、三〇年で〇・〇二%と、きわめて低い。図体だけ大きな企業が、ゼロベースでベンチャーの真似事をしたところで、さらに勝率は下がるだけだ。

さらに「第二の創業」は、「第一の創業」より、はるかに難しい。第一の創業の際には失うものは何もないから、大胆な手が打てる。しかし第二の創業の場合には本業を守りながら攻めなければならない。一つ間違えば、本業そのものを破壊してしまい、すべてを失うことになる。そうなると、守りも攻めも甘くなる。

既存企業が新しい時代に向けて進化するためには、「跳ぶ」のではなく「ずらす」ことを心掛けなければならない。自社が持つ本質的な強みを「純化」したうえで、それを別の場（市場）や価値（商品）にずらしていくこと。

たとえば、約一〇〇年前に豊田佐吉が創業した豊田自動織機が、現在のトヨタグループに進化していった歴史を見ると、この「ずらし」による持続的な進化の過程であったことがよくわかる。二一世紀に入って、見事な「第二の創業」を実現した富士フイルムの変革のプロセスをつぶさに見ると、そこには巧妙な「ずらし」が仕組まれていたことに気づく。

ゼロクリアなどというデジタルな発想や、跳躍などという一見華々しいパフォーマンスは、まさに有害無益なのである。

これは生物の世界からも、学ぶことができる。分子生物学によると、突然変異が起こる確率は、一〇万～一〇〇万分の一にすぎない。先述したとおり、生物の進化は「ゆらぎ―つなぎ―ずらし」という持続的な運動の中で進むのである。この三つ目の「ずらし」が、種としての生物の進化をもたらすのだ。しかしそのためには、既存の個々の細胞が、環境の変化を敏感に察知するセンサー役となって、「ゆらぎ」を引き起こす必要がある。ゼロベースの進化などというものはありえないのだ。

進化以前に、そもそも生物が日々生きるためには、新陳代謝が不可欠である。物理学者のエルヴィン・シュレーディンガーは、生物は「負のエントロピー」を摂取していると表現した。分子物理学者の福岡伸一は、これを「生物は先回りして(既存の秩序を)壊す」と表現している。そのような新陳代謝を通じて、生物は日々死から免れ、生を営んでいるのだ。

日本企業の大半は「足す」ことは得意だが、「引く」ことが苦手である。結果的に関連性の乏しい事業を数多く抱え込み、中小企業の集団に陥っている。これでは、コングロマリットディスカウントは免れようがない。

また、業務レベルでも、多くの無駄を温存したままだ。筆者のコンサルティング経験では、多くの企業の九〇％以上の業務は、ルーティンの繰り返しにすぎない。これらは早急にデジタルに置き換える必要がある。そうすると、一人一人がクリエイティブな仕事を一〇倍できるようになるはずだ。

ヨガ哲学者の沖正弘のいう「断捨離」である。[9] まずはコロナ禍を契機として、日本企業の悪癖である「ほうれんそう」を断捨離することをお勧めする。報告や連絡のための時間は無駄の最たるものである。相談の場合にも、助言を求めるのではなく、自分の意見をしっかり組み立てることにより時間を使うべきである。

先述した「習破離」の「離」においては、まさにこの「断捨離」を実践しなければならない。生物のように、「先回りして、捨てる」ことによって初めて、エントロピー増大による「熱的死」から免れることができるのだ。

新陳代謝なくして明日はないことを、日本の経営者は今一度、肝に銘じる必要がある。

世界が注目する三つの力——現場力×組織力×瞑想力

平成の三〇年間、日本人、なかでも企業人は、自信喪失にさいなまれてきた。しかし、世界は今なお、日本企業の底流に脈打つ「日本流」に刮目している。なかでも、三つの「フォース（力）」は、世界遺産クラスだと考えられている。

第一に、「現場力」。これはまさに自他ともに認める日本の宝だ。もちろん、ヨーロッパにもアジアにも、「たくみ」の世界で切磋琢磨している職人は少なくない。しかし、海外では産業革命がこのような非効率な「たくみ」を、近代的な「しくみ」に置き換えていった。そして、今ではＤＸの波が、残り少なくなった現場の「たくみ」をも巻き取ろうとしているかのように見える。

今なお世界をリードする日本企業の本質的な強さは、「たくみ」を「しくみ」に転換し続ける能力だ。前述したとおり、トヨタ生産方式（ＴＰＳ）は「考える現場」をつくるしくみである。現場は「Ｗｈｙ五回」を繰り返し、常に本質に迫る。その現場の創意工夫の結果をしくみに落とす一方、現場はさらにその先のたくみを磨く。単なる標準化ではなく、進化し続けるしくみなのである。同様にセブン‐イレブンにおける「仮説検証」は、現場の知恵をしくみに落とし込むことで、しくみが進化し続けるプロセスなのである。

デジタルは、この現場力をますます高度化するツールとなる。特にＩｏＴのパワーによって現場が「見える化」されることで、さらに「Ｗｈｙ五回」や「仮説検証」というたくみのプロセスがさらに強化される。デジタルはＣＰＳ、すなわちCyber（仮想）とPhysical（現実）がSystemとして統合される時代に入ってきた。そこで鍵を握るのは、コモディティであるデジタル演算力ではなく、理論どおりに動かない現実の世界を知り尽くした現場力なのである。
トヨタは、産業革命の最前線に立ちながら、「自動化」と呼ばず、「自働化」という「ニンベン」のついた「働」を使い続けてきた。デジタル革命においても、「仮想化」ではなく「仮創化」、さらには「可創化」をめざしていくことを期待したい。空想の世界ではなく、現実の世界を創るためのツールとしてデジタルを位置づければ、現場力に強い日本企業は「日本流」をさらに進化させることができるはずだ。

第二の世界遺産が「組織力」である。スポーツの世界では、体格・体力では劣後する日本人が、チーム力を発揮して、世界の強豪を震撼させるシーンを何度となく目にしてきた。「なでしこジャパン」「侍ジャパン」「スマイルジャパン」「マーメイドジャパン」などというチーム名が、すぐ思い浮かぶだろう。

なかでも、最も象徴的なチームが、ラグビー・ワールドカップの日本代表だ。二〇一九年に日本中を熱狂させたあのチームである。さまざまな言語や文化が集まる選手たちが、「一つ」となって組織力を発揮した。まさに「ワンチーム」だ。この言葉が二〇一九年の流行語大賞に選ばれたのもうなずける。

日本、そして日本企業は、従来、金太郎飴のような同質性を、組織力の基盤としてきた。一つにまとまる求心力や、以心伝心のチームプレーが売り物だが、一方で、異質な力を集結することによる破壊力、俊敏性、変化力が弱い。

しかし、他の純潔ジャパンチームと違って、ラグビージャパンのチームは、多様な国籍の選手が一体となってチームワークを発揮する。これこそが、令和時代の日本企業がめざすべき「新日本流」である。

そのような新日本流を叶えて実践しているのが、堀場製作所だ。同社は、海外社員の比率が六割を超える日本発グローバル企業である。これらの社員は、みな「ホリバリアン」を自称している。

同社の堀場厚は「ステンドグラス」経営を標榜する。ステンドグラスは、一つ一つのピースは色も形も大きさも違うものの、全体を見ると人々を感動させる美しい絵になっている。堀場は次のように語っている[10]。

「従業員一人一人が同じことをやっていたら、企業として生き残れない。それぞれが強みや個性を出し合って協力し、『スーパー・ドリーム・チーム』として、一つの方向に進むのです」

このような新日本流をめざすためには、今盛んに取り沙汰されている「ジョブ型」に移行するだけでは十分ではない。ジョブ型はプロ集団を採用するためには有効だが、彼ら・彼女らはより良い機会があれば、すぐに転職してしまう。「ワンチーム」にとっては借り物の傭兵にすぎない。

リクルートは、「ジョブ型」を超えるモデルとして、「ロール型（役割型）」を提唱している。日本的雇用の本質である人財起点という特徴を残したまま、仕事内容を明確にし、賃金の重点配分を実現するモデルである。

自社への帰属意識を持たせるためには、「志」レベルでどこまで惹きつけ続けることができるかが勝負となる。リクルートが提唱するように、「日本流」のメンバーシップ型と欧米流の「ジョブ型」を融合させたハイブリッド型の雇用形態を編み出して初めて、和魂洋才の新日本流をめざすことが可能となるはずだ。

そして、第三の世界遺産が「瞑想力」である。今、「マインドフルネス」が世界的に静かなブームを呼んでいる。特にクリエイティブ人財にとって、マインドフルネス活動は日課になっている。マインドフルネスとは「『今・ここ』と一体化すること」を意味する。それによって時空間の制約から逃れることができる、まさに、先述した「而今」、あるいは西田幾多郎のいう「絶対矛盾的自己同一」の境地である。

事の発端は、スティーブ・ジョブズが禅に傾倒していたという逸話にさかのぼる。やがて「マインドフルネス」という言葉となってシリコンバレーの中でブームに火がつき、世界中に広がっていった。呼吸法による瞑想からヨガまで、幅広い活動が展開されている。

日本では、最近ようやく知られるようになった。しかし世界からは、日本こそが「聖地」だと目されている。禅はインドから中国、そして日本へと伝えられ、日本で深化・進化してきたからだ。世界に禅を広めたのは、前述した鈴木大拙禅師であったことも、よく知られている。海外の経営者が来日すると、筆者はよく、京都や鎌倉の禅寺にお連れする。京都では妙心寺の松山大耕禅師にお世話になることが多い。時間があれば、比叡山延暦寺で座禅体験をさせていただくこともある。

鎌倉では、もっぱら、前述した藤田一照禅師にお世話になっている。葉山にある拠点・茅山荘も大変味わい深いが、人数が多いと鎌倉の禅寺などをお借りすることもある。先日は建長寺にお邪魔する機会があった。このお寺は臨済宗の大本山ではあるものの、そこで曹洞宗の藤田禅師に教えをいただくことに、禅宗の懐の深さを感じさせられた。

日本の企業人にも、もっと禅に関心を持ってもらいたいものだ。禅こそ、和食や和紙以上に日本の隠れた世界遺産といってよいだろう。しかも経営の真髄に、深いレベルで通底している。禅に代表される日本の瞑想力は、「現場力」と「組織力」同様、新日本流経営の根幹として、日本から世界へと力強く発信していくことが望まれる。

プラットフォームの先へ――日本的編集力の時代

平成の失敗の大きな原因の一つが、上記のとおり、デジタルへの対応の遅れである。政府も今頃になってデジタル庁を創設したものの、三〇年の遅れは、そう簡単には取り戻せそうもない。そこで勢い、欧米流のモデルを、必死で後追いすることになる。

しかし、それでは永遠にキャッチアップゲームに明け暮れてしまう。そうではなく、先回りしてゲームのルールそのものをずらすこと、すなわちゲームチェンジを仕掛けなければならない。

たとえば今、猫も杓子も「プラットフォーム」というビジネスモデルを構想(夢想?)している。これは一頃の「ソリューション」という流行語と同様、きわめて多義的で曖昧である。図らずも、中味をよく考えていないことを暴露しているようなものだ。

「プラットフォーム」は、日本語でいえば「場」である。場は単に空間を指しているだけで、何のための場かが示されなければ価値を持たない。そもそもは「停車場」という意味で使われた言葉である。それが「油田発掘基地」などにも使われるようになり、ＩＴの世界では、「ソフトウェア基盤」という意味合いで使われている。

二一世紀に入って、データの価値が注目され始めると、「データの集積地」という意味合いでもっぱら使われるようになった。プラットフォーマーといえば、アメリカ西海岸のＧＡＦＡＭや中国のＢＡＴＨの代名詞だ。誰がビッグデータを握るかが、グローバル競争の最前線である。一方で各国政府は、プラットフォーマーによるデータの独占を憂慮する。いずれにせよ、そこには今さら日本企業が割って入る隙間はない。

しかし、データはそれ自体では何の価値も持たない。ここでも何が目的で、そのために必要なデータを意味のある情報、さらには知識や知恵のレベルにまで編集することが鍵となる。ビッグデータの時代になると、データはコモディティにすぎない。希少価値を持つのは、その「編集力」なのである。そして前述したとおり、実は古来、日本流の本質は、異質なものを編集する力だったはずだ。そのパワーをビッグデータ環境にうまく「ずらす」ことができれば、新日本流のアルゴリズム（方法論）を確立することができるのではないだろうか。

たとえば、食と健康。世界遺産である日本食は、美味しいだけでなく、体にも心にも優しい。しかも世界各国の料理、たとえば、フランス料理もイタリア料理も中華料理も、日本流に仕立てることによって、さらに独特の価値を醸し出すことは証明済みだ。だとすると、日本は世界の食と健康のプラットフォーマーをめざしうるはずである。

同様に、世界一の長寿国であることを生かして、シニアが幸福に生活するためのプラットフォーマーをめざすこともできるのではないだろうか。イギリスでは『SAGA Magazine』という雑誌が、シニア層向けに月間五〇万部を売り上げている。情報誌全体で、全英トップだ。中を開くと、ペットやガーデニングなどといった趣味の世界、お金周りや住宅周り、さらには出会いの場やセックスの話題から、果ては墓場や葬式の案内まで多彩だ。日本もシニア向けのモビリティサービスや介護サービス、バーチャル禅体験などといったものを自在に編集できれば、世界にフランチャイズ展開することも夢ではないはずだ。

たとえばSOMPOホールディングスは、「安心・安全・健康のテーマパーク」というパーパス(志)を掲げている。その実現はこれからだが、いずれテーマパークの中の「シニアゾーン」をのぞくと、シニアの楽園が広がっているかもしれない。

いずれにせよ、コモディティとしてのビッグデータ・プラットフォーマーを超えて、異質なデータを価値のある情報に編集する知恵がこれからの勝負となる。それを筆者は「セマンティック(価値軸を持った)プラットフォーマー」と呼んでいる。そこで問われるのは日本的な細部へのこだわりであり、異次元の質の高さである。

ビッグデータの時代には、編集力に加えて、あと二つ希少価値が高まるものがある。それは外に向けての「信頼」と、内に向けての「信念」である。

データはコモディティであり、利用者は多種多様なデータにアクセスできる。しかし、その真偽については、確かめようがない。「フェイクニュース」がまことしやかに飛び交う。心なき誹謗や中傷が人を死に追いやる。そして「ポストトゥルース(脱・真実)」、すなわち虚偽であっても個人の感情に訴えるもののほうが強い影響力を持つ時代である。

何が真実かは、利用者にはわからない。だからこそ、信頼できるかどうかがきわめて重要な意味を持つ。

ここで、「信用(credit)」と「信頼(trust)」の違いに留意しなければならない。信用とは信じて任用することである。物理的、理性的な判断に基づく。ある種、きわめてビジネスライクである。一方、信頼とは信じて頼ることである。精神的、感性的な判断に基づく、全人格的なものだといってもよい。

前述した「食」と「健康」、さらには「安心(peace of mind)」は、まさにこの信頼が鍵となる。信頼は獲得するには時間がかかり、一瞬の疑義で喪失する。ここでも日本的な細部へのこだわりと、異次元の質の高さを持続することが新日本流の切り札となるはずだ。

一方、組織の内側では、一人一人が「信念(belief)」を共有することで一体感を醸成しなければならない。「信念」とは「信じ念《おも》う」ことである。さらに「信」は誓いを立てることであり、「念」は「今を思う心」である。まさに禅の教え「而今」そのものだ。

共通善のような「理念(idee)」では、当たり前すぎて心に響かない。「ワクワク」「ならでは」の想いが込められて初めて自分ごと化され、各人が「できる!」と信じるようになる。「客観正義」ではなく「主観正義」にこだわる日本流の本領発揮といったところだ。

ただし、これまでは、メンバーシップ型の同質的なコミュニティだったからこそ、信念のレベルにまで共有することができた。これからは、人財の多様性が広がり、フリーランサーやノマド型ワーカーが増えるなかで、求心力をどこまで高められるかが鍵となる。「ダイバーシティ&インクルージョン」という新常態に向けて、「新日本流」へとバージョンアップしていかなければならない。

ここでも、堀場製作所から学べることが多い。

①同社の信念は「おもしろおかしく」。まさに「ワクワク」「ならでは」の主観正義である。これを「Joy & Fun」と訳して、世界中のホリバリアンと共有している。

②その信念を「Joy & Fun」という英語の社歌にしている。社歌を歌う日本企業は、今では数少なくなったが、堀場では世界中の社員がこの歌を口ずさむ。行きつけのカラオケには、必ずこの歌が置いてあるという。

③ＨＯＲＩＢＡの思いを共有・伝達するための「原典」として、「HORIBA Brand Book」を作成し、全世界の社員に配布。その中には、第7章で述べたように、ホリバリアンが大切にしている「五つのおもい」が記されている。そこには、まさに、堀場「ならでは」、かつ「ワクワク」する思いが込められている。

④ＨＯＲＩＢＡのフィロソフィーをすべての社員と共有し、次世代に継承していくために、「HORIBA Philosophy Workshop」を世界中で展開している。ＨＯＲＩＢＡグループのこれまでの歩みや「Joy & Fun」に込められた思いを共有したうえで、議論を通じてＨＯＲＩＢＡの企業文化や社風を体感する場となっている。

⑤社員の意識と行動の変革を目的として、「ブラックジャックプロジェクト」を展開。業務改善やコスト削減から、人財育成や組織強化まで幅広いテーマが対象となる。二〇一九年

には世界中から一二一一プロジェクトが登録されたという。毎年開催されるワールドカップは、世界中の代表チームが経営陣に対して想いをぶつける晴れ舞台となっている。

このように多様な仕掛けや仕組みを通じて、「ステンドグラス経営」を実践している。まさに「新日本流」、そして、「志本経営」の先進事例である。

資本主義においては、企業経営の軸を「ＭＶＶ」で表現するのが流儀だった。Mission（使命）―Vision（構想）―Value（価値観）である。しかし、これはいかにも一神教の欧米流である。そもそもMissionというものは、神から与えられた使命である。Visionは理念的で、よそよそしく、Valueは教条主義的な響きがある。一言でいえば、先述した客観正義を装っている。

筆者が提唱する志本経営においては、これらは「ＰＤＢ」に置き換えられる。Purpose（志）―Dream（夢）―Belief（信念）である（図15―1）。ＭＶＶが外部から与えられた客観的な指標であるのに対して、ＰＤＢは自分自身の心の奥底から湧き上がってくるものである。一言でいえば、主観正義の世界なのだ。

志本経営の基軸は、ＰＤＢ、すなわち主観正義である。日本企業は、その独自の主観正義をいかんなく発揮し、世界の共感を得ることができれば、志本主義時代の旗手に躍り出ることもできるはずだ。

図15-1

MVVからPDBへ

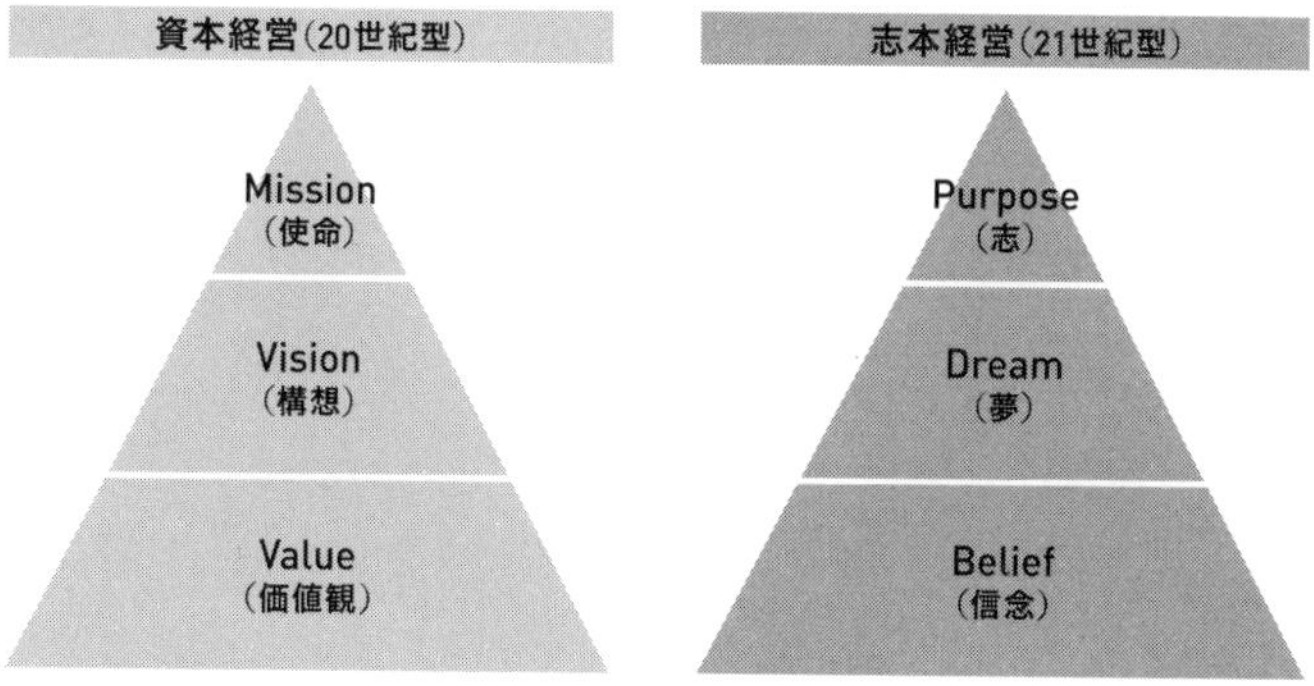

残された三つの課題

ここまで見てきたように、日本企業は、志本経営のフロントランナーになれる可能性がある。ようやくのびのびと活躍する機会が巡ってきたというのに、勤勉な日本の経営者の多くは、ＥＳＧやＤＸ、働き方改革やジョブ型人事などといった欧米流の時代遅れのモデルに飛びついてしまっている。

前著『経営変革大全』の読者からのフィードバックの中に、「志があれば勝てるのか？」「日本型経営を取り戻せばよいのか？」といった声があった。もちろん、それだけでは駄目だ。日本企業が世界をリードできるようになるためには、いくつか大きな課題が残っている。

図８－１を再度見ていただきたい。ここから読み取

れる課題は大きく三つある。戦略、資産と成果、そして、志とその発信の三つだ。いずれも第８章で触れておいたが、もう一度俯瞰しておこう。

第一に、戦略。図８－１に示したとおり、日本が海外に大きく劣後しているところだ。かつてマイケル・ポーターは、「日本企業にはオペレーションはあるが、戦略がない」と看破した。勤勉な日本人は、平成を通じて、ポーターをはじめとして数々の戦略論を必死に「外付け」してきたが、それでも相変わらず、欧米流の戦略脳は身についていないようだ。

最近では、サステナビリティを経営戦略の主軸に据えている企業が多い。ＥＳＧやＳＤＧｓが時代の潮流としてもてはやされ、社会や環境を大切にする日本企業にとってもすこぶる相性が良い。サステナビリティを掲げておけば、「今風」の経営を装うこともできる。

しかし、サステナビリティに取り組んでも、企業価値は向上しない。それどころか、真面目に取り組めば取り組むほど、投資が増え、当面の利益を圧迫する。企業価値を向上させるには、サステナビリティを実現する上で、事業や業務のイノベーションに取り組むことが不可欠である。そのためには、デジタルという飛び道具を活用し、他社の資産を活用することが必須となる。

日本でも遅ればせながら、政府の旗振りの下、ＤＸ旋風が巻き起こっている。しかし、その多くが、今の業務をデジタルに置き換える、取引をオンラインで行うなどというレベルにとどまっている。新型コロナはＤＸを加速する絶好の機会だったものの、リモートワークに移行しただけで、しかも、これまでより生産性を落としてしまっている事例が後を絶たない。欧米では生産性の一桁アップがめざされている中で、差はますます開くばかりだ。

何度も繰り返すように、ＤＸの本質はＤ（Digital）ではなくＸ（Transformation）にある。Ｄは単なるツールであり、今やコモディティにすぎない。デジタルを活用して、いかに資産の多重化を図るかが変革の一丁目一番地である。その対象となるのは、人的資産、顧客資産などの無形資産である。

そのためには、ＰＸ（People Transformation）やＣＸ（Customer Transformation）を実践しなければならない。より高い視座で捉えれば、有形資産から無形資産へと資産価値を変革させるＡＸ（Asset Transformation）や、経営手法そのものを変革するＭＸ（Management Transformation）こそが本質なのである。これらを筆者は「ＸＸ」と呼んでいることは、前述したとおりである。目的語が不明のＤＸからは、そろそろ卒業しようではないか。

また、「グローバルズ」という経営の面的広がりにおいても、日本企業は圧倒的に出遅れている。今回の新型コロナで、経営のグローバル化は停滞はおろか、縮退を余儀なくされている企業も少なくない。

今こそ、世界中に情報センサーを張りめぐらせ、変転する地経学の綾を読み解き、グローバル経営のトポロジーをダイナミックに再構築し続けなければならない。そのためには各地域で、生産や販売といった機能レベルのみならず、経営レベルでのディープインサイダー化すること

である。キーエンスやリクルートは、そのようなX型企業の典型である。
現場が「たくみ」力を進化させればさせるほど、「しくみ」も進化していく。これが「新日本流」の真骨頂である。日本企業は「和力」を駆使することによって、従来の日本型と海外型のハイブリッドモデルをめざす必要がある。

　さて、第三の課題は、志す力とその発信力だ。図8－1に示したとおり、ここも海外と日本は、対照的な構図となっている。海外は客観正義を振りかざし、理念ストーリーを展開する。国連お墨付きのＳＤＧｓの一七項目などは、その典型的な主張である。

　一方、日本の先進企業は、主観正義を掲げ、共感ストーリーを共有しようとする。ファーストリテイリングの「LifeWear」、トヨタの「waku-doki」、花王の「Kirei Lifestyle」、三菱ケミカルの「KAITEKI」などがその典型である。そこでは、各社「ならでは」の「ワクワク」ストーリーが発信されている。

　しかし、各社独自のコンセプトだけに、世界中に広く受け入れられるかどうかは未知数だ。たとえばファーストリテイリングの「LifeWear」ですら、欧米市場においては、これからが勝負だ。しかし、コロナの先のニューノーマル時代には、世界をリードする価値観となるものと期待される。

　残念ながら、日本企業の多くはＳＤＧｓの一七枚のカードに自らをはめ込もうとしている。このように「規定演技」を黙々とこなしているだけでは、世界のトップアスリートになることはできない。

日本流の真骨頂は、「習破離」だったはずだ。そろそろ学習から脱学習に転じて、のびのびと自由演技を演じてほしいものである。

そのためにはまず、自社ならではの志を高らかに掲げることから始めなければならない。そして社員の心に火をつけ、顧客、パートナー企業、コミュニティメンバー、株主などへと、共感の輪を広げていかなければならない。そうすれば、志本主義の時代の新しい旗手に躍り出ることができるはずだ。


日本企業はこれら三つの課題に直面している。どれも簡単にクリアできるものではない。現在、筆者が経営支援させていただいている企業はいずれも、これらの課題解決に懸命に取り組んでいる。その具体的な手法やプロセスは、いずれまた別の機会に紹介することとしたい。

ここでは少し先回りして、三つ朗報をお伝えしておこう。

第一に、これらの課題は、いずれも自ら解決できるということ。言い換えれば、制約は外部ではなく内部にあるのだ。「新SDGs」も、「たくみ」の「しくみ」化も、志の確立と発信も、自らが本気になって取り組めば、必ず実現することができるはずだ。

第二に、その答えも自らの内部にあるということ。グローバルスタンダードという卑屈な和製英語にまどわされてはならない。日本企業ならではの現場力と編集力を駆使すれば、日本流を進化させ続けることができるはずだ。

第三に、これらの課題を乗り越えれば、次世代成長が期待できるということ。平成時代の自縄自縛から自らを解き放ち、ニューノーマルの時空間へと飛び立とう。志が高ければ高いほど、成長機会も大きくなるはずだ。

志だけで成功できるわけではない。しかし、志本主義時代の扉を開けられるかどうかは、あなたの志次第である。

おわりに

本書は、コロナ禍の下、半年間のリモートワーク生活の中で書き上げたものである。このエアポケットのような日常の中で、古今東西の名著をじっくり読み返す機会が持てたことは、想定外の幸運だった。先が見えないときにこそ、温故知新である。

おそらく読者の多くも、同じような体験をされたことだろう。たとえば、フランスのノーベル賞作家アルベール・カミュの『ペスト』を手に取った方も少なくなかったはずだ。[1] 七〇年以上前の作品であるにもかかわらず、品切れになってしまうほどのベストセラーとなった。実存主義者の医師リウーが、自らの使命感に突き動かされて不条理と闘い続ける姿は、パンデミックを生き抜く勇気を与えてくれる。

ただし、この本の最後の一文は、ポストコロナへの淡い期待を厳しい現実に引き戻す。

「ペスト菌は決して死ぬことも消滅することもないものであり、（中略）おそらくいつか、人間に不幸と教訓をもたらすために、ペストが再びそのネズミどもを呼び覚まし、どこか幸福な都市に彼らを死なせに差し向ける日が来るであろう」

コロナ禍は、人間性のさらなる進化のきっかけとなった。フランスの思想家ジャック・アタリは、NHK特集のインタビューの中で、「利他主義こそ、最善の利己主義であることに人々は気づいた」と語っていた。まさに、『ペスト』に登場する実存主義者タルーの姿が映し出されていたようだった。

ソーシャルディスタンスが唱えられる中、読者の多くは、リモート会議に明け暮れたのではないだろうか。そしてクラウド上では、共感の輪が世界中に広がっていくことを実感したはずだ。

筆者もこの間、毎週のように中国の方々とも議論を進めている。筆者が提唱する「志本主義」に、中国の方々も共感を強く示してくれているからだ。今、中国では、「エシカル（倫理的）消費」が大きな潮流となっている。コロナが中国を襲った二〇二〇年二月に、中国の有力経済誌『第一財経』が実施した調査によると、三人中二人が、エシカル消費に共感を示している。

翻って日本はどうか。二〇二〇年二月に発表された二〇一九年度の消費者庁の調査によれば、全体の約六〇％がエシカル消費に「興味がある」と答えている。前回の二〇一六年度の数字（約三六％）からは大きな前進だ。しかし、ヨーロッパはもちろん、中国にも後れをとっている感は免れない。

本書でも示したように、そもそも「志本主義」は日本の「国技」だったはずだ。ところが、平成に入ってアメリカ流株主資本主義に迎合し始めるや、多くの企業がその美徳をすっかり封印してしまったかのように見える。世界が資本主義から志本主義へと転換し始めた中で、この時代錯誤はあまりにも残念である。

もう一度、志本主義という日本の原点に立ち返ろうではないか。くしくも、二〇二一年のＮＨＫ大河ドラマは渋沢栄一が主人公だ。日本資本主義の父が唱えた「論語と算盤」は、まさに志本主義（渋沢は「合本主義」と呼んでいたが）の原点である。

ただし、懐古趣味に浸っていたのでは進化はない。デジタルパワーを駆使して日本流の「たくみ」を西欧流の「しくみ」に組み込むことにより、新日本流を確立しようではないか。それができれば、日本企業が世界の舞台で、志本経営のフロントランナーに躍り出ることも夢ではないはずだ。

本書の執筆にあたっては、前の二作と同様、東洋経済新報社の佐藤敬さんに大変お世話になった。心からお礼を申し上げたい。

ある意味で、これらは三部作ともいえる。二〇一五年に上梓した『ＣＳＶ経営戦略』では、ＣＳＶという欧米流の発想の限界を超えたＪ－ＣＳＶ（日本版ＣＳＶ）モデルを提唱した。本書のテーマ「志本経営」の原型である。

そして、二〇一八年に上梓した『企業変革の教科書』では、日本企業が現状維持にとどまることも欧米追随に走ることもなく、日本流を大きく進化するための方法論を披露した。前の二つが、それぞれＷｈａｔであり、Ｈｏｗであるとすれば、本書はＷｈｙ（パーパス）を深めることを目論んだものである。

本書をきっかけに、日本企業が新時代に向けて新しい第一歩を大きく踏み出していくことを心から願ってやまない。

二〇二一年四月　箱根にて

名和高司

【著者紹介】

名和高司（なわ　たかし）

京都先端科学大学ビジネススクール教授、一橋大学ビジネススクール客員教授。1980年東京大学法学部卒業、三菱商事入社。90年ハーバード・ビジネススクールにてMBA取得（ベーカー・スカラー）。その後、約20年間、マッキンゼーのディレクターとして、日本、アジア、アメリカなどを舞台に、多様な業界において次世代成長戦略、全社構造改革などのコンサルティング活動に幅広く従事。2011～16年ボストン コンサルティング グループのシニアアドバイザー。14年より30社近くの次世代リーダーを交えたCSVフォーラムを主宰。10年一橋大学大学院国際企業戦略研究科特任教授などを経て、22年より現職。問題解決、イノベーション、アントレプレナーシップ、グローバル経営、コーポレートガバナンス、DX、CSV経営などの講座を担当。ファーストリテイリング、味の素、NECキャピタルソリューション、SOMPOホールディングスの社外取締役、朝日新聞社の監査役、三菱ケミカル、日本電産、インターブランドジャパン、アクセンチュアなどのシニアアドバイザーを兼務。主な著書に『学習優位の経営』（ダイヤモンド社）、『CSV経営戦略』『パーパス経営』（ともに東洋経済新報社）、『経営改革大全』（日本経済新聞出版社）などがある。

パーパス経営

30年先の視点から現在を捉える

2021年5月6日　第1刷発行
2023年3月16日　第7刷発行

著　者――名和高司
発行者――田北浩章
発行所――東洋経済新報社
〒103-8345　東京都中央区日本橋本石町 1-2-1
電話＝東洋経済コールセンター　03(6386)1040
https://toyokeizai.net/

装　丁………………竹内雄二
本文デザイン・DTP……米谷　豪（orange_noiz）
印　刷………………港北メディアサービス
製　本………………積信堂
編集協力……………重田祐子
編集担当……………佐藤　敬
　ISBN 978-4-492-53436-6

事項索引

▶ A～Z

▶ ア行

▶ カ行

▶ サ行

▶ タ行

▶ ナ行

▶ ハ行

注

第Ⅰ部

(1) ジョセフ・E・スティグリッツ(2019)『プログレッシブキャピタリズム』山田美明訳，東洋経済新報社.

(2) レベッカ・ヘンダーソン(2020)『資本主義の再構築――公正で持続可能な世界をどう実現するか』高遠裕子訳，日本経済新聞出版.

▶ 第1章

(1) アントニオ・R・ダマシオ(2010)『デカルトの誤り――情動，理性，人間の脳』田中三彦訳，ちくま学芸文庫.

(2) 川上浩司(2019)「『不便益』という視点が浅い思考を深い思考へと導く」『DIAMOND Quarterly』秋号.

(3) バルーク・レブ／フェン・グー(2018)『会計の再生――21世紀の投資家・経営者のための対話革命』伊藤邦雄訳，中央経済社.

(4) ジョナサン・ハスケル／スティアン・ウェストレイク(2020)『無形資産が経済を支配する――資本のない資本主義の正体』山形浩生訳，東洋経済新報社.

(5) 太田康広(2010)「IFRS異説　会計基準は世界でひとつは本当に正しいか――会計学者の多くはIFRSの強制適用に反対」ダイヤモンド・オンライン特別リポート，10月5日(https://diamond.jp/articles/-/9610).

(6) リンダ・グラットン(2012)『ワーク・シフト――孤独と貧困から自由になる働き方の未来図〈2025〉』池村千秋訳，プレジデント社.

(7) ジェームス・C・アベグレン(1958)『日本の経営』占部都美監訳，ダイヤモンド社.

(8) 「会社の壁を崩せ――ロート製薬」『日経ビジネス』2019年1月7日号.

(9) 「さらば正社員　タニタの挑戦(番外編)――成長機会が就職の決め手に　激変する働き方に備えよ」日本経済新聞電子版，2020年4月11日.

▶ 第2章

(1) 伊丹敬之(1987)『人本主義企業――変わる経営変わらぬ原理』筑摩書房.

(2) 「『人本主義』は死んだのか――伊丹敬之・東京理科大学教授に聞く」日経ビジネス電子版，2015年7月31日.

(3) 井上礼之(2011)『人の力を信じて世界へ――私の履歴書』日経ビジネス人文庫.

(4) 名和高司(2016)『成長企業の法則――世界トップ100社に見る21世紀型経営のセオリー』ディスカヴァー・トゥエンティワン.

(5) マックス・ヴェーバー(1989)『プロテスタンティズムの倫理と資本主義の精神』大塚久雄訳，岩波文庫．

(6) 和辻哲郎(1934)『人間の学としての倫理学』岩波書店．

(7) イザヤ・ベンダサン(1970)『日本人とユダヤ人』山本書店．

(8) A・H・マズロー(1971)『人間性の心理学――モチベーションとパーソナリティ』小口忠彦監訳，産業能率短期大学出版部．

(9) アブラハム・H・マスロー(1998)『完全なる人間――魂のめざすもの』上田吉一訳，誠信書房．

(10) P・F・ドラッカー(2007a)『断絶の時代(ドラッカー名著集7)』上田惇生訳，ダイヤモンド社．

(11) A・トフラー(1982)『第三の波』徳岡孝夫監訳，中公文庫．

(12) 堺屋太一(1985)『知価革命――工業社会が終わる 知価社会が始まる』PHP研究所．

(13) このあたりのドラマは，アメリカのジャーナリストのデヴィッド・ウォルシュ(2020)『ポール・ローマーと経済成長の謎』(小坂恵理訳，日経BP)に詳しい．

(14) 野中郁次郎・竹内弘高(1996)『知識創造企業』梅本勝博訳，東洋経済新報社．

(15) 野中郁次郎・竹内弘高(2011)「賢慮のリーダー――『実践知』を身につけよ」『DIAMONDハーバード・ビジネス・レビュー』9月号．

(16) 両氏の近著『ワイズカンパニー』は，この論点をさらに肉付けしたものになっている．野中郁次郎・竹内弘高(2020)『ワイズカンパニー――知識創造から知識実践への新しいモデル』黒輪篤嗣訳，東洋経済新報社．

(17) ジム・ステンゲル(2013)『本当のブランド理念について語ろう――「志の高さ」を成長に変えた世界のトップ企業50』池村千秋訳，CCCメディアハウス．

(18) サリム・イスマイルほか(2015)『シンギュラリティ大学が教える飛躍する方法』小林啓倫訳，日経BP社．

(19) 「エクスポネンシャル・オーガニゼーション――飛躍的組織とは『シンギュラリティ大学』創業ディレクター サリム・イスマイル氏に聞く」DIAMONDハーバード・ビジネスレビュー・オンライン，2018年3月6日(https://www.dhbr.net/articles/-/5238)．

(20) 丹羽真理(2018)『パーパス・マネジメント――社員の幸せを大切にする経営』クロスメディア・パブリッシング．

(21) 「特集：PURPOSE」『DIAMONDハーバード・ビジネス・レビュー』2019年3月号．

(22) ショーン・エイカー(2011)『幸福優位7つの法則――仕事も人生も充実させるハーバード式最新成功理論』高橋由紀子訳，徳間書店．

(23) チャディー・メン・タン／ダニエル・ゴールマン(2016)『サーチ・インサイド・ユアセルフ――仕事と人生を飛躍させるグーグルのマインドフルネス実践法』マイ

ンドフルリーダーシップインスティテュート監修，柴田裕之訳，英治出版.
(24) World Happiness Report 2020（https://worldhappiness.report/ed/2020/#read).
(25) Glassdoor "2019 BEST PLACES TO WORK"（https://www.glassdoor.com/Award/Best-Places-to-Work-2019-LST_KQ0,24.htm).
(26) トマス・モア（1957）『ユートピア』平井正穂訳，岩波文庫.
(27) オルダス・ハクスリー（1974）『すばらしい新世界』松村達雄訳，講談社文庫.
(28) ジョージ・オーウェル（1972）『1984』新庄哲夫訳，早川NV文庫.
(29) ユヴァル・ノア・ハラリ（2018）『ホモ・デウス――テクノロジーとサピエンスの未来 上・下』柴田裕之訳，河出書房新社.
(30) イヴォン・シュイナード／ヴィンセント・スタンリー（2012）『レスポンシブル・カンパニー』井口耕二訳，ダイヤモンド社.
(31) イヴォン・シュイナード（2007）『社員をサーフィンに行かせよう――パタゴニア創業者の経営論』森摂訳，東洋経済新報社.
(32) 坂本光司（2008-20）『日本でいちばん大切にしたい会社 1～7』あさ出版.
(33) フレデリック・ラルー（2018）『ティール組織――マネジメントの常識を覆す次世代型組織の出現』嘉村賢州・鈴木立哉訳，英治出版.

▶ 第3章

(1) アダム・スミス（1978）『国富論Ⅰ・Ⅱ』大河内一男訳，中公文庫.
(2) トーマス・セドラチェク（2015）『善と悪の経済学』村井章子訳，東洋経済新報社.
(3) カール・マルクス（1972）『資本論 1～9』岡崎次郎訳，大月書店.
(4) カミュ（1963）『異邦人』窪田啓作訳，新潮文庫；同（1969）『ペスト』宮崎嶺雄訳，新潮文庫.
(5) カミュ（1969）『シーシュポスの神話』清水徹訳，新潮文庫.
(6) カミュ（1973）『カミュ全集 6 反抗的人間』佐藤朔・高畠正明訳，新潮社.
(7) 朱戸アオ（2017-18）『リウーを待ちながら 1～3』講談社.
(8) ピーター・M・センゲ（1995）『最強組織の法則――新時代のチームワークとは何か』守部信之訳，徳間書店.
(9) Kenneth J. Arrow（1962）"The Economic Implications of Learning by Doing." *Review of Economic Studies* 29(3): 155-173.
(10) W・ブライアン・アーサー（2011）『テクノロジーとイノベーション――進化／生成の理論』有賀裕二監修，日暮雅通訳，みすず書房.
(11) Paul M. Romer（1986）"Increasing Returns and Long-run Growth." *Journal of Political Economy* 94(5): 1002-1037.
(12) P・F・ドラッカー（2008a）『産業人の未来（ドラッカー名著集10）』上田惇生訳，ダイヤモンド社；同（2008b）『企業とは何か（ドラッカー名著集11）』上田惇生訳，ダイヤモンド社.

(13) P・F・ドラッカー(2006)『現代の経営　上・下(ドラッカー名著集2・3)』上田惇生訳，ダイヤモンド社.

(14) ドラッカー(2007a)；同(2007b)『ポスト資本主義社会(ドラッカー名著集8)』上田惇生訳，ダイヤモンド社；同(1994)『すでに起こった未来――変化を読む眼』上田惇生ほか訳，ダイヤモンド社.

(15) P・F・ドラッカー(2008a)『傍観者の時代(ドラッカー名著集12)』上田惇生訳，ダイヤモンド社.

(16) P・F・ドラッカー(2008b)『マネジメント　上・中・下(ドラッカー名著集13・14・15)』上田惇生訳，ダイヤモンド社.

(17) 渋沢栄一(2010)『現代語訳　論語と算盤』守屋淳訳，ちくま新書.

(18) 住友商事「受け継いできた『住友』の事業精神 経営理念と行動指針」(http://www.sumitomocorp-recruiting.com/company/policy/).

(19) 鈴木善久「伊藤忠，企業理念を『三方よし』に　28年ぶり改訂」日本経済新聞電子版，2020年1月16日

(20) 立命館大学ビジネススクールAMP，2020年4月29日.

▶ 第4章

(1) 宮本武蔵(1985)『五輪書』渡辺一郎校注，岩波文庫.

(2) 新渡戸稲造(1938)『武士道』矢内原忠雄訳，岩波文庫.

(3) 菅野覚明ほか(2017-18)『新校訂　全訳注　葉隠　上・中・下』講談社学術文庫.

(4) 三島由紀夫(1967)『葉隠入門――武士道は生きている』光文社.

(5) 新渡戸(1938).

(6) マックス・ヴェーバー(1989)『プロテスタンティズムの倫理と資本主義の精神』大塚久雄訳，岩波文庫.

(7) 鈴木大拙(1940)『禅と日本文化』北川桃雄訳，岩波新書.

(8) 鈴木大拙(1955)『無心といふこと』角川文庫.

(9) 鈴木大拙(1965)『禅』工藤澄子訳，筑摩書房.

(10) 鈴木俊隆(2010)『禅マインド ビギナーズマインド』松永太郎訳，サンガ.

(11) 藤田一照(2018)「マインドフルネスで自分自身を解き明かす」『DIAMONDハーバード・ビジネス・レビュー』6月号.

(12) 西田幾多郎(1911)『善の研究』弘道館.

(13) 水上勉(1986)『破鞋――雪門玄松の生涯』岩波書店.

(14) 鈴木(1940).

(15) 西田(1911).

(16) 鈴木大拙(1972)『日本的霊性』岩波文庫.

(17) 湯川秀樹(1973)『天才の世界』小学館.

(18) 湯川秀樹(1966)『創造的人間』筑摩書房.

(19) 今西錦司（1941）『生物の世界』弘文堂.
(20) 今西錦司（1980）『主体性の進化論』中公新書.
(21) 福岡伸一（2007）『生物と無生物のあいだ』講談社現代新書.
(22) 福岡伸一（2009）『世界は分けてもわからない』講談社現代新書.
(23) 池田善昭・福岡伸一（2017）『福岡伸一，西田哲学を読む――生命をめぐる思索の旅』明石書店.
(24)「ウイルスは撲滅できない――福岡伸一さんが語る動的平衡」『朝日新聞』2020年4月6日.
(25) アーサー・ケストラー（1969）『機械の中の幽霊』日高敏隆・長野敬訳，ぺりかん社；同（1983）『ホロン革命』田中三彦・吉岡佳子訳，工作舎.
(26) 名和太郎（1985）『ホロン経営革命』日本実業出版社.
(27) 野中郁次郎（1985）『企業進化論――情報創造のマネジメント』日本経済新聞出版.
(28) 清水博（1978）『生命を捉えなおす――生きている状態とは何か』中公新書.
(29)「松岡正剛の千夜千冊」2005年9月22日（https://1000ya.isis.ne.jp/1060.html）.
(30) 名和高司（2010）『学習優位の経営――日本企業はなぜ内部から変われるのか』ダイヤモンド社.
(31) 九鬼周造（1930）『「いき」の構造』岩波文庫.
(32) 和辻哲郎（1935）『風土――人間学的考察』岩波文庫.
(33) ルース・ベネディクト（1948）『菊と刀　上・下』長谷川松治訳，社会思想研究会出版部.
(34) 加藤周一（1956）『雑種文化――日本の小さな希望』講談社；中根千枝（1967）『タテ社会の人間関係――単一社会の理論』講談社現代新書；土居健郎（1972）『「甘え」の構造』弘文堂.
(35) イザヤ・ベンダサン（1970）『日本人とユダヤ人』山本書店；山本七平（1977）『「空気」の研究』文藝春秋.
(36)『遊』（1971～1982）工作舎.
(37) 松岡正剛（2006）『松岡正剛　千夜千冊』求龍堂.
(38) 松岡正剛（1996）『知の編集工学』朝日新聞社.
(39) 松岡正剛（2000a）『日本流――なぜカナリヤは歌を忘れたか』朝日新聞社；同（2006）『日本という方法――おもかげ・うつろいの文化』NHK出版；同（2011）『フラジャイルな闘い――日本の行方（連塾／方法日本Ⅲ）』春秋社.
(40) 松岡正剛（2020b）『日本文化の核心――「ジャパン・スタイル」を読み解く』講談社現代新書.
(41) 司馬遼太郎（1990-96）『この国のかたち　1～6』文藝春秋.

▶ 第5章

(1) 「ESG投資は死語になる？――ロベコ・ジャパン坪田史郎社長に聞く」『日経ビジネス』2018年10月11日号.

(2) “Warren Buffett on Why Companies Cannot Be Moral Arbiters,” *Financial Times,* Dec. 29, 2019.

(3) 「GPIF，運用資産すべてESG考慮」『日本経済新聞』2020年3月3日.

(4) ジョセフ・L・バウアー／リン・S・ペイン「健全な資本主義のためのコーポレートガバナンス――エージェンシー理論から企業主体の理論へ」『DIAMONDハーバード・ビジネス・レビュー』2017年12月号.

(5) ヘンダーソン(2020).

(6) 「特集　電機・自動車の解毒 Part 2――大減産ショック　小林喜光(三菱ケミカルHD取締役会長，経済同友会前代表幹事)」『週刊ダイヤモンド』2020年5月16日.

(7) 「良品計画・松﨑曉社長が語る　無印良品が食品を強化する理由――2030年頃までに売上構成比30％へ」ダイヤモンド・チェーンストア・オンライン，2020年4月3日(https://diamond-rm.net/management/51907/).

(8) 「MUJIが生まれる『思考』と『言葉』」JB Press，2019年12月24日.

(9) Michael E. Porter, George Serafeim, and Mark Kramer (2019) “Where ESG Fails.” *Institutional Investor* Oct. 16.

(10) 注7と同じ.

第Ⅱ部

▶ 第6章

(1) 「時代を先取りしてきたノボ ノルディスクの経営」ノボ・ノルディスク・ジャパン ウェブサイト(https://www.novonordisk.co.jp/content/dam/nncorp/jp/ja/about-novo-nordisk/novo-nordisk-in-brief/interview01/pdfs/2017-No1.pdf).

(2) “These Are 2018’s World’s Best Workplaces,” *Fortune,* Oct. 15, 2018 (https://fortune.com/2018/10/15/worlds-best-workplaces-2018/).

(3) マーク・ベニオフ／モニカ・ラングレー(2020)『トレイルブレイザー――企業が本気で社会を変える10の思考』渡部典子訳，東洋経済新報社.

(4) 「米カリスマ経営者が語る『デジタル変革，米中問題，TIME誌買収』」ダイヤモンド・オンライン，2019年5月16日(https://diamond.jp/articles/-/202243).

(5) 張燕(2014)『ジャック・マー――アリババの経営哲学』永井麻生子訳，ディスカヴァー・トゥエンティワン.

(6) ジョン・マッキー／ラジェンドラ・シソーディア(2014)『世界でいちばん大切に

したい会社——コンシャス・カンパニー』(野田稔解説，鈴木立哉訳，翔泳社）の推薦文より．

(7) 名和高司(2015)『CSV経営戦略——本業での高収益と，社会の課題を同時に解決する』東洋経済新報社.

▶ 第7章

(1) 名和(2015).

(2) 柳井正(2015)「世界一の企業を目指すならCSVは当然である」『DIAMONDハーバード・ビジネス・レビュー』1月号.

(3) 「今こそ若者がパラダイムシフトを担うとき——次世代人材を育て，鍛える企業をたたえる」ダイヤモンド・オンライン，2020年7月13日(https://diamond.jp/articles/-/239632?page=4).

(4) 澤田道隆(2019)「C-SUITE INTERVIEW 自らの殻を破り，世界での勝ちパターンを築くESGを経営戦略のど真ん中に据える」『ダイヤモンドクォータリー』冬号.

(5) この土屋社長のインタビューの全容は，「J-naradewa」というサイトで紹介されている．このサイトは朝日広告社の編集の下，筆者が提唱するJ-CSV(日本版CSV)をフィーチャーしている．J-CSVの用語解説やおすすめ図書，筆者のインタビューなどがアップされている．またカインズのほか，堀場製作所や中川政七商店などのJ-CSV企業のトップインタビューも掲載されているので，ぜひご覧いただきたい．「J-CSV企業の考察02 暮らしの『ちょっとしたこと』を変えることが世界を変えていくことにつながる(土屋裕雅)」J-naradewa，2019年1月11日(https://www.rashii-branding.com/j-naradewa/story/20190111_cainz1.html).

(6) ご興味のある方は，日立グループが運営する「Executive Foresight Online」をご覧いただきたい．筆者が「日本発の経営戦略『J-CSV』の可能性」という連載コラムを担当しており，J-CSVモデル企業のトップインタビューも掲載されている．YKKの吉田忠裕前会長のインタビューも必見である．

(7) 「J-CSV企業の考察04 どんな人でも皆いい仕事をしたいという欲望がある(足立正之)」J-naradewa，2020年1月29日(https://www.rashii-branding.com/j-naradewa/story/20200129_horiba1.html).

(8) 堀場厚(2011)『京都の企業はなぜ独創的で業績がいいのか』講談社.

▶ 第8章

(1) 名和(2010).

(2) 「BACKSTAGE REPORT——ユニクロが問い続ける『人はなぜ服を着るのか？』」ユニクロ・プレスリリース，2017年1月10日(https://www.uniqlo.com/jp/ja/contents/corp/press-release/2017/01/17011011_kangaeruhito.html)．初出は，新潮社刊『考える人』2017年春号.

第Ⅲ部

▶ 第9章

(1) 坂本(2008-20).

(2) 永守重信(2020)「対談　日本電産は『遠近複眼経営』で飛躍する 危機の時こそ，リーダーはチャンスを探し，夢を語れ」『DIAMONDハーバード・ビジネス・レビュー』9月号.

(3) チャールズ・A・オライリー／マイケル・L・タッシュマン(2019)『両利きの経営――「二兎を追う」戦略が未来を切り拓く』入山章栄監訳・解説，冨山和彦解説，東洋経済新報社.

(4) ニーアル・ファーガソン(2019)『スクエア・アンド・タワー――ネットワークが創り変えた世界(上・下)』柴田裕之訳，東洋経済新報社.

(5) ピーター・M・センゲ(1995)『最強組織の法則――新時代のチームワークとは何か』守部信之訳，徳間書店；同(2011)『学習する組織――システム思考で未来を創造する』枝廣淳子ほか訳，英治出版.

(6) カズオ・イシグロ(2021)『クララとお日さま』土屋政雄訳，早川書房.

▶ 第10章

(1) ケヴィン・ケリー(2016)『〈インターネット〉の次に来るもの――未来を決める12の法則』服部桂訳，NHK出版.

(2) ジョン・ヘーゲル3世ほか(2011)『「PULL」の哲学――時代はプッシュからプルへ――成功のカギは「引く力」にある』桜田直美訳，主婦の友社.

(3) 名和高司(2003)「学習優位の戦略」『DIAMONDハーバード・ビジネス・レビュー』3月号.

(4) サティア・ナデラほか(2017)『ヒット・リフレッシュ――マイクロソフト再興とテクノロジーの未来』山田美明・江戸伸禎訳，日経BP.

(5) 名和(2010).

(6) エリッヒ・ヤンツ(1986)『自己組織化する宇宙――自然・生命・社会の創発的パラダイム』芹沢高志・内田美恵訳，工作舎.

(7) オリヴァー・ガスマンほか(2016)『ビジネスモデル・ナビゲーター』渡邊哲・森田寿訳，翔泳社.

(8) ジョン・P・コッター(2015)『実行する組織』村井章子訳，ダイヤモンド社.

(9) 名和(2010).

▶ 第11章

(1) クリストファー・A・バートレット／S・ゴシャール(1990)『地球市場時代の企

業戦略――トランスナショナル・マネジメントの構築』吉原英樹監訳，日本経済新聞社．

(2) Pankaj Ghemawat and Henricus J. Stander (1992) “Nucor at a Crossroads.” Harvard Business School Case 793039-PDF-ENG.

(3) パンカジュ・ゲマワット(2020)『VUCA時代のグローバル戦略』琴坂将広監訳，月谷真紀訳，東洋経済新報社．

(4) 名和高司(2015)「進化するアービトラージ(裁定)」DIAMONDハーバード・ビジネス・レビュー・オンライン，4月27日(https://www.dhbr.net/articles/-/3242)．

(5) 野中・竹内(1996)．

(6) 大前研一(1990)『ボーダレスワールド』田口統吾訳，プレジデント社．

(7) イリヤ・プリゴジン／イザベル・スタンジェール(1987)『混沌からの秩序』伏見康治ほか訳，みすず書房．

(8) スチュアート・カウフマン(2008)『自己組織化と進化の論理――宇宙を貫く複雑系の法則』米沢富美子訳，ちくま学芸文庫．

▶ 第12章

(1) グラットン(2012)．

(2) ボルトンほか(2000)

(3) 三冨正博(2017)『「見えない資産経営」――企業価値と利益の源泉』東方通信社．

(4) ドラッカー(2007a)『断絶の時代』．

(5) 「今こそ若者がパラダイムシフトを担うとき――次世代人材を育て，鍛える企業をたたえる」ダイヤモンド・オンライン，2020年7月13日(https://diamond.jp/articles/-/239632?page=4)．

(6) ハスケル／ウェストレイク(2020)．

(7) 名和(2010)．

▶ 第13章

(1) 「『できない理由』に逃げていたら，真のイノベーションは生まれない」DIAMONDハーバード・ビジネス・レビュー・オンライン，2016年7月29日(https://www.dhbr.net/articles/-/4396)．

(2) クレイトン・M・クリステンセンほか(2017)『ジョブ理論――イノベーションを予測可能にする消費のメカニズム』依田光江訳，ハーパーコリンズ・ジャパン．

(3) 永守(2020)．

(4) 脱炭素化，デジタルデータ爆発，省電力化，省人化，5Gのサーマルソリューション．

(5) 固定費半減をめざす「ダブル・プロフィット・レシオ」プログラムの第4弾．

(6) ガスマンほか(2016)．

(7) 福岡(2007).

(8) シュレーディンガー(2008)『生命とは何か――物理的にみた生細胞』岡小天・鎮目恭夫訳，岩波文庫.

(9) サイモン・シネック(2012)『WHYから始めよ！――インスパイア型リーダーはここが違う』栗木さつき訳，日本経済新聞出版.

(10) 名和高司(2018)『企業変革の教科書』東洋経済新報社.

(11) 野中郁次郎・勝見明(2020)『共感経営――「物語り戦略」で輝く現場』日本経済新聞出版.

(12) 名和(2010).

(13) 野中郁次郎・勝見明(2004)『イノベーションの本質』日経BP社.

(14) 名和(2010).

第Ⅳ部

(1) ルイス・トマス(1996)『人間というこわれやすい種』石館康平・石館宇夫訳，晶文社.

(2) 「調査データ 2020年版100年企業〈世界編〉 世界の長寿企業ランキング，創業100年，200年の企業数で日本が1位」周年事業ラボ，2020年3月18日(https://consult.nikkeibp.co.jp/shunenjigyo-labo/survey_data/I1-03/).

(3) リチャード・ドーキンス(1991)『利己的な遺伝子』日高敏隆ほか訳，紀伊國屋書店.

▶ 第14章

(1) 「ファストリ柳井氏『変わらねば日本は潰れる』」日経ビジネスオンライン，2020年9月4日(https://business.nikkei.com/atcl/NBD/19/special/00589/).

(2) 「明治維新は『革命』ではなかった」論座，2019年5月23日(https://webronza.asahi.com/business/articles/2019051400003.html).

(3) 山本七平(1979)『日本資本主義の精神――なぜ，一生懸命働くのか』光文社.

(4) 鷲田清一ほか(2018)『大正＝歴史の踊り場とは何か――現代の起点を探る』講談社選書メチエ.

(5) ジェームズ・P・ウォマック／ダニエル・T・ジョーンズ(1990)『リーン生産方式が，世界の自動車産業をこう変える．――最強の日本車メーカーを欧米が追い越す日』沢田博訳，経済界.

(6) マイケル・ハマー／ジェイムズ・チャンピー(1993)『リエンジニアリング革命――企業を根本から変える業務革新』野中郁次郎監訳，日本経済新聞社.

(7) 名和高司(1991)『ハーバードの挑戦――数字万能経営を超えて』プレジデント社.

(8) 名和(2016).

(9) 名和高司(2013)『「失われた20年の勝ち組企業」100社の成功法則――「X(エックス)」経営の時代』PHP研究所.

(10) 野地秩嘉(2018)『トヨタ物語――強さとは「自分で考え，動く現場」を育てることだ』日経BP社.

(11) 野中・竹内(1996).

(12) 名和高司(2020)『経営改革大全――企業を壊す100の誤解』日本経済新聞出版.

(13) 坂本(2008-20).

▶ 第15章

(1) 岡倉覚三(1929)『茶の本』村岡博訳，岩波文庫.

(2) 松岡(2000a).

(3) 松岡正剛(2008)『神仏たちの秘密――日本の面影の源流を解く(連塾／方法日本Ⅰ)』春秋社.

(4) 長谷川櫂(2009)『和の思想――異質のものを共存させる力』中公新書.

(5) 出口康夫「『われわれとしての自己』とウェルビーイング」渡邊淳司／ドミニク・チェン編(2020)『わたしたちのウェルビーイングをつくりあうために――その思想，実践，技術』BNN.

(6) 「NTTに学ぶMXの本質」ダイヤモンドクォータリー・ウェブセミナー，2021年3月18日.

(7) 松岡正剛(2008)『山水思想――「負」の想像力』ちくま学芸文庫.

(8) ナデラほか(2017).

(9) 沖正弘(1976)『ヨガ総合健康法(上)――沖ヨガの考え方と修業法』竹井出版.

(10) 堀場(2011).

▶ おわりに

(1) カミュ(1969).